Bicentenaire du passage des Alpes par Bonaparte 1800-2000

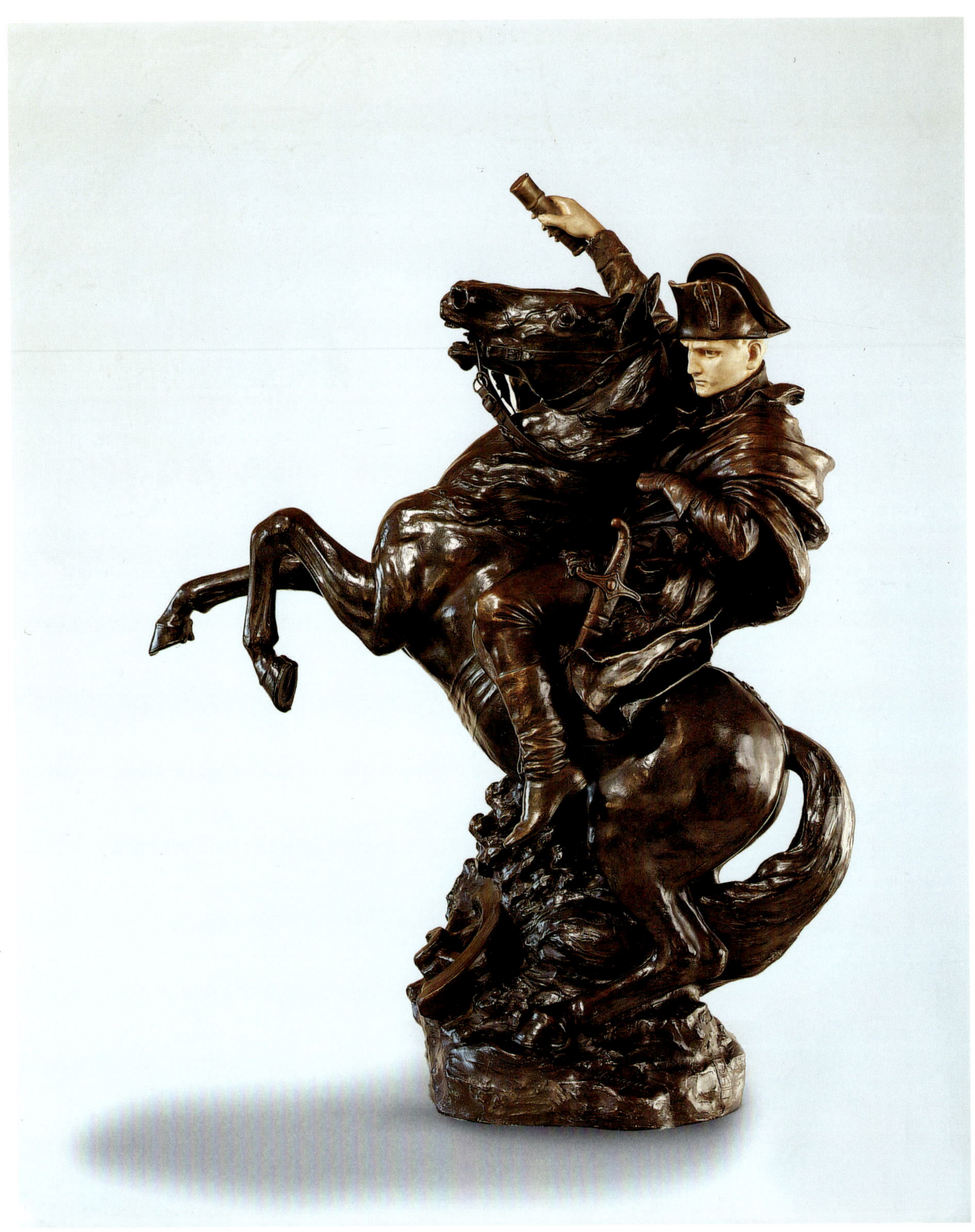

Voir description de l'œuvre en page 154.
Collection de M. et Mme Antoine-Jacques Massimi-Marrel, Lyon

Fondation Pierre Gianadda
Martigny Suisse

Bicentenaire
du passage des Alpes par Bonaparte
1800-2000

Commissaire de l'exposition et auteur du catalogue
Frédéric Künzi

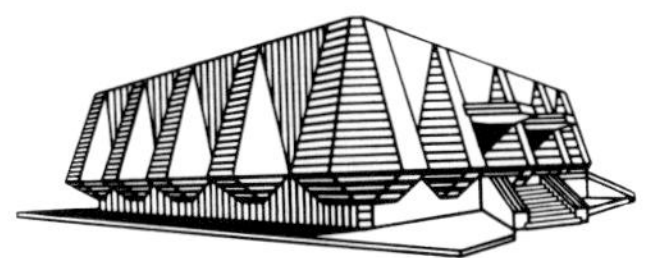

20 mai au 22 octobre 2000
Tous les jours de 10 h à 18 h

Cette exposition a été réalisée grâce au soutien de la Délégation valaisanne
à la Loterie Suisse Romande

A Martigny, l'Aigle prend son envol ou quelques rapprochements de l'histoire

De Martigny à Marengo, il y a deux cents ans…

Lorsque, le 17 mai 1800, Napoléon Bonaparte arrive à Martigny, nul ne sait encore que les trente jours qui vont suivre seront décisifs pour l'avenir de toute l'Europe. Porté au pouvoir par le coup d'Etat du 18-Brumaire, six mois auparavant, le Premier Consul, qui n'a pas encore 31 ans, se doit de raffermir son autorité par une campagne éclair contre l'Autriche, campagne dont le théâtre des opérations se déroulera pour la seconde fois en Italie, après les succès remportés quatre ans plus tôt au cours de batailles demeurées célèbres, telles Arcole et Rivoli.
Cette seconde campagne durera un mois et se soldera par la victoire de Marengo.
L'armée française, composée de quelque 46 000 hommes, de 6000 à 7000 chevaux, de 50 canons et de 300 véhicules de train, représenterait, si chacune de ces composantes était placée à la suite, une colonne ininterrompue de Genève à Martigny. C'est cette troupe, dite «armée de réserve», que Bonaparte va conduire jusqu'à Martigny, en passant par Dijon, Genève et Lausanne, puis à Marengo, dans le Piémont. De Bonaparte, précisément, et des généraux de cette armée, la chose la plus frappante est leur âge. Six futurs maréchaux d'Empire et un grand maréchal du palais ont franchi le Grand-Saint-Bernard. Pour les maréchaux, ce sont: Berthier, 47 ans; Victor, 36 ans; Murat, 33 ans; Bessières, 32 ans; Lannes, 31 ans; Marmont, 26 ans. Le grand maréchal Duroc était, quant à lui, âgé de 28 ans.
Le hasard voudra que, durant le séjour de Bonaparte à Martigny, soit le 18 mai 1800, s'éteigne en Russie le généralissime Souvarov, qui conduisait une année auparavant les troupes du tsar, alliées à l'Autriche, à travers le massif du Gothard pour une autre épopée mémorable.
Le même hasard voudra que, douze ans plus tard, Napoléon, devenu empereur, se perde à son tour dans les neiges, russes cette fois-ci.
Telle est l'histoire…
C'était il y a deux cents ans. C'était donc hier à l'échelle du temps. Ainsi, qu'il me soit permis, à titre d'exemple, de rapprocher, dans un raccourci saisissant, les protagonistes de Marengo: en effet, n'est-il pas étonnant de réaliser que l'empereur d'Autriche François-Joseph de Habsbourg aurait pu connaître à la fois la mère de Napoléon Bonaparte et… François Mitterrand!

* * *

De Marengo à Waterloo…

Il est communément admis que la première victoire de Napoléon Bonaparte, en qualité de chef suprême des armées, est celle de Marengo. Il est non moins reconnu que sa dernière bataille est celle de Waterloo.
Il m'a paru intéressant de tracer quelques parallèles entre ces deux batailles qui, toutes deux à leur manière, marquèrent les esprits et le cours de l'histoire.
D'abord, le graphisme et la phonétique des deux noms présentent certaines analogies frappantes, en particulier au niveau des voyelles.
Ensuite, quinze ans jour pour jour après la bataille de Marengo, soit le 14 juin 1815, Napoléon entamera la campagne de Belgique, qui se soldera le 18 juin de la même année par le désastre de Waterloo.
Enfin, l'engagement tactique de ces deux affrontements présente des similitudes troublantes. En effet, tant à Marengo qu'à Waterloo, Bonaparte, contrairement à son schéma habituel, commet l'erreur qu'il a si souvent exploitée chez l'adversaire, à savoir diviser ses troupes… au point que, sur les deux champs de bataille, c'est un élément extérieur qui décidera, vers seize heures, de la victoire de la journée. A Marengo, c'est le général Desaix qui permet à Bonaparte de l'emporter. A Waterloo, c'est le maréchal prussien Blücher, à défaut de son homologue français Grouchy ne ralliant pas le champ de bataille, qui donnera la victoire à la Coalition.
Des futurs maréchaux qui passèrent le Grand-Saint-Bernard, les principaux feront défaut à Waterloo: Berthier se suicidera, semble-t-il; Bessières, Lannes et Duroc tomberont au champ d'honneur; Marmont et Victor suivront Louis XVIII, et Murat tentera vainement, au prix de sa

vie, de sauver le royaume de Naples qui lui avait été donné par Napoléon.
Le temps avait fait son œuvre.
Qu'il soit simplement rappelé ici les contrastes significatifs entre le message adressé par Bonaparte à Desaix au cours de la bataille de Marengo: «Je croyais attaquer l'ennemi. Il m'a prévenu. Revenez, au nom de Dieu, si vous pouvez encore», et celui destiné à Grouchy, à Waterloo: «Sa Majesté désire que vous dirigiez vos mouvements afin de vous rapprocher de nous.»
A propos du 14 juin 1800, un autre épisode, trop peu souvent mis en évidence, revêt une importance capitale: le même jour est assassiné en Egypte le général Kléber, qui s'était vu confier le commandement suprême de l'armée d'Egypte après le départ de Bonaparte pour son coup d'Etat du 18-Brumaire.
Cet événement marque le terme définitif du rêve oriental qu'avait caressé Bonaparte, rêve qui s'était en fait déjà brisé devant Saint-Jean-d'Acre qu'il assiégea vainement.
C'est le lieu de rappeler que la bataille de Waterloo – dont le centre stratégique était constitué par une ferme nommée «La Haie-Sainte» – est également appelée bataille du Mont-Saint-Jean, laquelle marqua l'apocalypse du rêve napoléonien.
Ainsi, au registre des saints et des saintes, dans lequel Sainte-Hélène ne doit pas être oubliée, seul le Grand-Saint-Bernard aura été favorable aux destinées de Napoléon Bonaparte, en qui Chateaubriand – passé quelque temps après lui à Martigny – reconnut néanmoins, malgré une opposition farouche à son régime durant de nombreuses années, «le plus puissant souffle de vie qui jamais anima l'argile humaine».

François Gianadda
Membre du Conseil de la
Fondation Pierre Gianadda

Remerciements

La Fondation Pierre Gianadda et les organisateurs de l'exposition, notamment la Fondation Napoléon, expriment leurs remerciements aux musées, institutions, bibliothèques, collectionneurs particuliers, consultants et sympathisants qui, de près ou de loin, ont participé à cette exposition par des prêts, des conseils, du travail ou leur appui personnel

Antille antiquités, Sierre, par M. Fernand Antille, Antiquaire

Armurerie royale, Turin, par M. Paolo Venturoli, Directeur, et M. Fulvio Cervini, Vice-directeur

Arsenal cantonal de Berne, Berne, par M. le Colonel Paul Krähenbühl, Intendant des arsenaux

Bibliothèque cantonale et universitaire, Fribourg, par M. Christian Mauron, Responsable du service du prêt

Bibliothèque cantonale du Valais, Sion, par M. Alain Cordonnier, Directeur adjoint

Bibliothèque nationale de France, Paris, par Mme Laure Beaumont-Maillet, Conservateur général, Directeur du département des Estampes et de la Photographie, et Mme Hélène Fauré, Responsable des prêts aux expositions

Bibliothèque nationale suisse, Berne, par Mme Silvia Kurt, Directrice du service du prêt, et Mme Erika Parris, Conservatrice du cabinet des estampes

Bibliothèque publique et universitaire, Genève, par M. Philippe Monnier, Directeur adjoint

Bouby antiquités, Corminbœuf, par M. Yves Piller, Antiquaire

Bourgeoisie de Martigny, Martigny, par Mme Mireille Morand, Présidente, et MM. Patrick Frasseren et Raphaël Lugon-Moulin, Forestiers

Cabinet cantonal de numismatique, Sion, par M. Patrick Elsig, Conservateur

Centre d'iconographie genevoise de la BPU, Genève, par M. Michel Piller, Responsable du service iconographique

Centre valaisan de l'image et du son, Martigny, par M. Jean-Henry Papilloud, Directeur

Commune de Bourg-Saint-Pierre, Bourg-Saint-Pierre, par M. Gilbert Tornare, Président

Commune de Martigny, Martigny, par M. Pierre Crittin, Président, et M. René Pierroz, Secrétaire

Dépôt des bibliothèques universitaires, Genève, par Mme Marina Chalier, Bibliothécaire responsable

Etablissement public du Musée et du Domaine national de Versailles et de Trianon, Versailles, par M. Pierre Arizzoli-Clementel, Directeur général, Mlle Claire Constans, Conservateur en chef, et M. Xavier Salmon, Conservateur en chef

Hospice du Grand-Saint-Bernard, Grand-Saint-Bernard, par M. le Chanoine Bernard Gabioud, Prieur

Institut de France, Bibliothèque Thiers, Paris, par Mme Danuta Monachon, Conservateur en chef

Institut de France, Fondation Dosne-Thiers, Paris, par Mme Sandrine Arnold Folpini, Administrateur

Médiathèque Jean-Jacques Rousseau, Chambéry, par Mme Marie-Claude Brun, Directrice

Musée de l'armée, Paris, par M. le Colonel Gérard-Jean Chaduc, Directeur, et M. Frédéric Lacaille, Conservateur du département de l'iconographie

Musée d'armes du château de Joux, Pontarlier, par M. Roland Lambalot, Conservateur

Musée d'art et d'histoire, Neuchâtel, par Mme Caroline Junier Clerc, Directrice

Musée des beaux-arts de Chambéry, Chambéry, par Mme Chantal Fernex de Mongex, Conservateur du Patrimoine, et M. Claude Fournet, Conservateur en chef des Musées de Chambéry

Musée cantonal d'archéologie et d'histoire, Lausanne, par M. Gilbert Kaenel, Directeur, et Mme Claire Huguenin, Conservatrice des collections historiques

Musée cantonal des beaux-arts, Lausanne, par M. Jörg Zutter, Directeur, et Mme Catherine Lepdor, Conservatrice

Musée cantonal d'histoire et d'ethnographie, Sion, par Mme Marie-Claude Morand, Directrice des Musées cantonaux et Conservatrice des collections historiques du Musée cantonal d'histoire

Musée cantonal d'histoire militaire, Saint-Maurice, par M. Gérard Delaloye, Directeur

Musée du cheval, La Sarraz, par Mme Barbara Walt, Conservatrice

Musée de la communication, Berne, par M. Christian Voyame, Conservateur du cabinet des estampes

Musée Espace Alpin, Verbier, par M. Pierre Dorsaz, Architecte, et Mlle Martine Carron, Conservatrice

Musée du Grand-Saint-Bernard, Bourg-Saint-Pierre, par M. Jacques Clerc, Conservateur

Musée historique de Lausanne, Lausanne, par M. Jean-Claude Genoud, Conservateur des collections iconographiques, et Mme Catherine Kulling, Conservatrice des collections d'arts appliqués

Musée historique et des porcelaines, Nyon, par M. Vincent Lieber, Conservateur des collections historiques

Musée historique du Vieux-Vevey, Vevey, par Mme Françoise Lambert, Conservatrice

Musée militaire vaudois, Morges, par M. Pascal Pouly, Directeur adjoint

Musée national des châteaux de Malmaison et Bois-Préau, Rueil-Malmaison, par M. Bernard Chevallier, Directeur du musée et Conservateur général du Patrimoine, et M. Jérémie Benoît, Conservateur

Musée national suisse, Zurich, par M. Bruno Schwitter, Conservateur du cabinet des estampes

Napoleon-Museum Arenenberg, Salenstein, par M. Hans Peter Mathis, Conservateur, M. Paul Krog, Muséologue, et Mme Erika Schoberth, Déléguée au secrétariat

Office fédéral des armes et des services d'appui, Berne, par M. le Colonel EMG Hans-Peter Wütrich, Chef de l'instruction de l'artillerie

Säuberlin + Pfeiffer SA, Vevey, par M. Michel Zangger, Rédacteur

Zentralbibliothek Zürich, Zurich, par M. le Dr Bruno Weber, Chef du département des arts graphiques

Leurs remerciements s'adressent également aux collectionneurs, plus particulièrement à

Mme Brigitte Chollet, Veytaux

M. Albert Christen, Neuchâtel

M. Léonard-Pierre Closuit, Martigny

M. Jean-Pierre Demierre, Martigny

M. Léo Garin, Courmayeur

Me François Gianadda, Martigny

M. Michel Marguet, Lausanne

M. et Mme Antoine-Jacques Massimi-Marrel, Lyon

Famille de Ferdinand Moret-Gay, Bourg-Saint-Pierre

M. Philippe Picot, Thonon-les-Bains

M. Georges Pillet, Martigny

M. Hubert de Varine Bohan, Paris

Mme Colette Vocat, Martigny

ainsi qu'à toutes les personnes qui, nommées ou non, ont aidé ou cautionné cette exposition, notamment à

M. Michel Abbet, Martigny

Mme Dora Andres, Conseillère d'Etat, Directrice de la police et des affaires militaires, Berne

M. Michel Barnier, Sénateur et Président du Conseil Général de la Savoie, Chambéry, et son successeur, M. Hervé Gaymard, Député, Chambéry

M. Jean-Marc Biner, ancien Chef de la protection des biens culturels du canton du Valais, Bramois

Mme Catherine Christen, La Conversion

Electricité d'Emosson SA, Martigny

M. Anton Gattlen, ancien Bibliothécaire cantonal, Sion

M. André Gilbertas, Maire de Chambéry, Chambéry

Mme Michèle Grote, Archiviste communale, Villeneuve

M. Fernand Jacquier, Chef technique de l'Association romande des troupes motorisées, Martigny

M. Henri Jaquenod, Martigny

M. Emile Joyet, Expert en armes anciennes, Cheseaux

M. Bertrand Malvaux, Expert en art militaire, Nantes

M. Franck Meily, Genève

M. Maurice Messiez, Vice-président de la Société savoisienne d'histoire et d'archéologie, Cruet

M. André Palluel-Guillard, Président de la Société savoisienne d'histoire et d'archéologie, Chambéry

M. Marco Patruno, Directeur d'Info-Alp Valais, Martigny

M. Alain Pigeard, Docteur en histoire en Sorbonne, Docteur en droit, Directeur historique de la revue *Napoléon*, Dijon

M. Dominique Quendoz, Bibliothécaire, Sion

M. Rudi Roth, Historien de l'artillerie, Schwarzenburg

S. E. Bénédict de Tscharner, Ambassadeur de Suisse en France, Paris

M. le Lieutenant-colonel Jean-Paul Vodoz, Chef des transports de la brigade territoriale 10

M. le Comte et Mme la Comtesse Alexandre et Rita Walewski, Verbier

Bibliographie

De nombreux renseignements concernant les estampes (dimensions, peintre, graveur, etc.) sont cités intégralement du catalogue *L'estampe topographique du Valais*. Les autres ouvrages ont été exploités pour la recherche. Les citations sont majoritairement extraites des lettres rédigées par les généraux de l'armée de réserve. Chaque auteur est clairement mentionné. Le lieu et la date d'expédition ne sont évoqués que si cela apporte un élément historique déterminant.

Bibliothèque nationale de France
Inventaire du Fonds français après 1800, T. 1 à 15
Paris, 1930-1985

Léonard-Pierre Closuit
Passage de Bonaparte au Grand-Saint-Bernard en mai 1800
Association Saint-Maurice d'études militaires
Saint-Maurice, 1999

De Cugnac
Campagne de l'armée de réserve, vol. I et II
Librairie Militaire R. Chapelot et Cie, Paris, 1900

Anton Gattlen
L'estampe topographique du Valais 1548-1850 (vol. I) et *1850-1899* (vol. II)
Editions Gravures, Martigny, 1987-1992

Ada Peyrot
La Valle d'Aosta nei secoli
Vedute e piante dal IV al XIX secolo
Bibliografia, Iconografia, Repertorio degli artisti
Torino, 1972

Ada Peyrot
Immagini della Valle d'Aosta nei secoli
Vedute e piante dal IV al XIX secolo
Bibliografia, Iconografia, Repertorio degli artisti
Torino, 1983

France militaire, Histoire des armées françaises de terre et de mer de 1792 à 1833, T. 3
Revu et publié par A. Hugo
Delloye, Paris, 1836

Genèse d'un catalogue

par Frédéric Künzi

A la fin de 1998, j'ai été sollicité par M. Léonard-Pierre Closuit, membre du Comité pour le bicentenaire du passage de Bonaparte et de l'armée de réserve au Grand-Saint-Bernard, afin de réaliser une exposition de gravures sur le sujet du franchissement des Alpes par l'armée de réserve.

Connaissant le nombre impressionnant d'estampes éditées sur cet événement historique (près de 200 uniquement pour le versant suisse), le seul thème de l'estampe m'est apparu comme fastidieux par sa redondance sans toutefois être à la hauteur de l'«immortelle entreprise». En effet, seuls les habitants de ces contrées hostiles, qui bravent tempêtes de neige et avalanches, peuvent comprendre les difficultés rencontrées par une telle expédition pour franchir ce col. Les livres d'histoire sur Napoléon Ier ne s'y sont d'ailleurs pas trompés; bien rares sont ceux qui ne font pas état de cet épisode. Par surcroît, ce passage est constamment inclus par les auteurs dans les scènes de batailles. Cela est symptomatique des problèmes rencontrés.

D'autres figures sont apparues comme indispensables pour démontrer véritablement l'ampleur de l'événement. Dans la sélection des pièces les mieux appropriées, j'ai avant tout retenu celles qui suscitent le plus d'émotion. Les objets qui nous parlent le mieux de cette épopée et de ses implications historiques sont ceux, personnels et rares, qui découlent de l'histoire de Napoléon Bonaparte, de ses généraux, de ses soldats, ou qui étaient présents lors du passage du col.

Considérant la variété et la qualité de ce qui m'était proposé par les prêteurs, l'estampe s'est révélée, dans un premier temps, comme un simple fil conducteur. Dans un deuxième temps, une fois l'ensemble collecté, ma préférence pour la gravure a repris tous ses droits. J'ai alors décidé de lui redonner une place de choix.

Evoquant les difficultés rencontrées pour visualiser les techniques touchant aux supports papier et constatant les questions fort naïves posées en de nombreuses occasions sur ce sujet, j'ai imaginé qu'un volet didactique sur les techniques de l'estampe s'ajusterait parfaitement à la teneur historique de l'exposition.

Je prie toutefois le lecteur de considérer qu'il n'a pas entre les mains un manuel d'histoire, ni un ouvrage technique sur la gravure, mais un catalogue d'exposition. Les sujets traités le sont donc succinctement.

Ce catalogue a été rédigé de façon vulgarisatrice et comporte des notions simples à mémoriser et des exposés courts présentés sous forme d'introductions aux différents thèmes de l'exposition.

J'ai aussi sciemment accordé aux légendes une place beaucoup plus large qu'elles n'en ont habituellement. Ainsi, de nombreuses informations accompagnent l'illustration, le regard pouvant courir librement et rapidement des unes aux autres. Selon mon vœu, le visiteur devrait pouvoir, par la seule

lecture de ces légendes, reconstituer entièrement ce chapitre de l'histoire napoléonienne.
Je souhaite que le Comité du bicentenaire et la Fondation Pierre Gianadda, qui ont financé cette exposition et m'ont fait entière confiance pour sa réalisation, trouvent leur récompense dans la vision des pièces prestigieuses présentées.
Je tiens aussi à remercier personnellement M. Léonard Gianadda des surfaces mises à disposition, conscient qu'il a été plus facile pour moi de faire du bon travail dans un cadre adapté plutôt que restreint, mais surtout pour les contacts agréables que j'ai eus avec lui pendant toute la période de conception et de réalisation de l'exposition.

Avertissement

Certains objets de l'exposition ne sont pas illustrés par une photographie. Ils sont accompagnés de la mention «non illustré». Les raisons qui ont motivé cette décision ont été les suivantes: éluder la répétition de sujets trop ressemblants, éviter une disparité entre les illustrations en couleur et celles en noir et blanc, maintenir un équilibre entre les différents types d'objets. D'autre part, certaines pièces ne sont pas mises en valeur, mais au contraire désavouées par la photographie. En dernier lieu, certains prêteurs n'ont pas répondu à notre demande de fourniture d'un document photographique. L'absence d'illustration n'altère cependant en aucune manière la qualité des objets décrits. Tous les prêts ont bénéficié d'un descriptif et d'un traitement égaux en matière de renseignements techniques.

F. K.

L'artillerie présente au passage du Grand-Saint-Bernard

par Frédéric Künzi

Les canons de type Gribeauval

En 1800, pour des raisons exposées plus avant dans ce catalogue, le Premier Consul Bonaparte décide de franchir les Alpes pour entrer par surprise en Italie. Après quelques hésitations, il choisit le col du Grand-Saint-Bernard comme lieu de passage principal (Fig. 116). Des unités de moindre envergure sont dépêchées par le Petit-Saint-Bernard sous les ordres du général Chabran (Fig. 191), le Simplon (général Béthencourt), le Saint-Gothard (général Gency) et le Mont-Cenis (général Turreau). Au Grand-Saint-Bernard, ce sont 46 000 hommes et 6000 chevaux qui défilent par unités successives de 5000 à 6000 hommes. Le franchissement de ce col au mois de mai, et avec une armée de cette importance (Fig. 1 et 114), est déjà un défi titanesque. Mais cela n'est qu'un jeu en regard du passage de ce qui est le plus important pour une campagne militaire: l'artillerie (Fig. 7). Le chiffre exact des pièces hissées au sommet n'est pas connu. On parle toutefois d'une soixantaine de canons Gribeauval (Fig. 3), soit des pièces de 4, 8 et 12 livres, et des obusiers. A cela s'ajoute tout ce qui doit servir à leur fonctionnement: en tout, plus de 300 véhicules hippomobiles (Fig. 1).
L'appellation de «Gribeauval» s'applique en réalité à la conception de l'affût, la bouche à feu (Fig. 3 et 9) pouvant être antérieure au système. On en veut pour preuve le fait que ce dernier a été conçu en 1776 et que les pièces d'artillerie présentées dans cette exposition datent de 1752, n'usurpant toutefois aucunement le nom de «canons Gribeauval».
Ces pièces sont servies par deux sortes de militaires: les artilleurs et les soldats du train d'artillerie (Fig. 39). En janvier 1800, le Premier Consul Bonaparte décide de remplacer les employés des entreprises privées, jusque-là seules pourvoyeuses d'attelages et de charretiers, par des hommes du train, dits «charretiers d'artillerie». Un train d'artillerie est composé d'un affût, de la bouche à feu et d'un avant-train pourvu d'un timon (Fig. 7). Deux ou plusieurs caissons à munitions en font aussi partie (Fig. 6), chaque caisson étant assorti de sa roue (parfois aussi de son cheval) de rechange. Chaque véhicule est tracté par trois paires de chevaux. Les trois chevaux de la file de gauche sont montés par des soldats du train. Occasionnellement, en campagne, des bœufs peuvent être affectés au trait des pièces: «Les 30e et 59e de ligne étaient restés sur la montagne [...] pour protéger l'artillerie qu'on eut beaucoup de peine à faire passer et ce ne fut qu'à l'aide de vingt paires de bœufs qu'on réussit à la faire arriver sur les bords de la Scrivia à 9 heures du matin» (W. Dalton, adjudant-général).
Pour équiper son armée en matériel, particulièrement en artillerie, le Premier Consul réquisitionna au passage ce qui lui était utile. Des arsenaux s'en trouvèrent littéralement pillés. Ainsi en fut-il de celui de Morges, malencontreusement placé sur la route de l'armée de réserve.

Certains de ces canons sont revenus en Suisse. L'exposition en présente deux qui ont réellement franchi le Grand-Saint-Bernard (Fig. 3). La démonstration de cette laborieuse traversée est faite par l'usure anormale bien marquée sous la bouche à feu d'Officiosus et de Liberator. Il s'agit d'un replat dû au frottement sur les pierriers. Le canon démonté et encastré dans son tronc, tels qu'ils franchirent le col (Fig. 1 et 2), nous dévoile le processus qui a conduit à cet effet spectaculaire. En effet, la bouche à feu dépassant du tronc permettait de diriger l'arrière au moyen d'une branche introduite dans l'âme (Fig. 4 et 85). Par l'effet de la traction sur les cordes (Fig. 134 et 140), l'arrière s'abaissait, frottant par endroits le sol rocailleux. Le seul autre cas connu d'une usure inaccoutumée sur une bouche à feu est celui d'une pièce de marine restée longuement ensablée.
Il fallait atteler 100 hommes aux cordes pour tirer les deux tonnes de cette pièce de 12 (livres) le long des pentes abruptes qui précèdent le col. Les affûts et les roues suivaient à dos de mulet (Fig. 14 et 15) ou transportés à bras sur des bois servant de prolonges (Fig. 31).
Le général Gassendi avait été chargé de concevoir des affûts-traîneaux, qui étaient prétendument capables de glisser sur la neige et de rouler sur la terre (Fig. 4 et 5). Ils furent fabriqués à Auxonne, transportés sur place, mais se révélèrent inutilisables. C'est sur le conseil des autochtones que l'ingénieux système des troncs évidés prit forme (Fig. 10, 31, etc.).

F. K.

Les canons de 12 livres de l'arsenal bernois

Extrait d'un texte bilingue de l'Arsenal cantonal bernois

Les canons de 12 livres de l'arsenal bernois ont été fabriqués en 1750/1752 par le célèbre fondeur de canons Samuel Maritz de Berthoud (Fig. 3). La conception des décorations est due au sculpteur Nahl (Fig. 9). La série se composait à l'origine de douze canons. Ils portaient les noms de: Intrepidus, Generosus, Liberator, Officiosus (Fig. 3), Furiosus, Offensor, Vulnerator, Fortunatus, Defensor, Violentus, Praeciosus et Expugnator.
Au début de 1798, ces douze pièces se trouvaient réparties dans le Seeland, à Morat et en Haute-Argovie. Le 3 mars 1798, huit pièces furent rassemblées à Hofwil, au quartier général du commandant en chef d'Erlach. Lors de la capitulation de Berne, les Français s'emparèrent des canons et les utilisèrent dans les batailles de Suisse orientale, en particulier à Zurich en 1799. Après leur départ de Zurich, ils laissèrent à Bâle plusieurs de ces canons ainsi que d'autres pièces d'artillerie. Une partie de ces canons de 12 livres connurent un autre sort. Quelques-uns firent partie du célèbre transport par le Grand-Saint-Bernard. Les tubes de bronze furent placés dans des troncs d'arbre évidés et traînés par-dessus le col. En 1803, les canons purent être ramenés à Berne.
En 1804, Berne partagea l'artillerie, le fonds du sel et d'autres choses encore avec les nouveaux cantons d'Argovie et de Vaud. Berne garda sept canons de 12 livres. Vaud en reçut trois et Argovie deux. Une des sept pièces de Berne fut refondue peu après. Les six premiers canons mentionnés ci-dessus sont placés dans la cour d'entrée de l'Arsenal cantonal de Berne.

1
«Préparatifs de l'armée française à Bourg-Saint-Pierre dans le Valais suisse avant sa mise en marche pour la traversée du col du Grand-Saint-Bernard le 20 Mai 1800» – 1808
Charles Thévenin[1]
Huile sur toile,
188 × 168 cm
Musée national des châteaux de Versailles et de Trianon, Versailles
N° d'inventaire MV 1694/

85EE1210

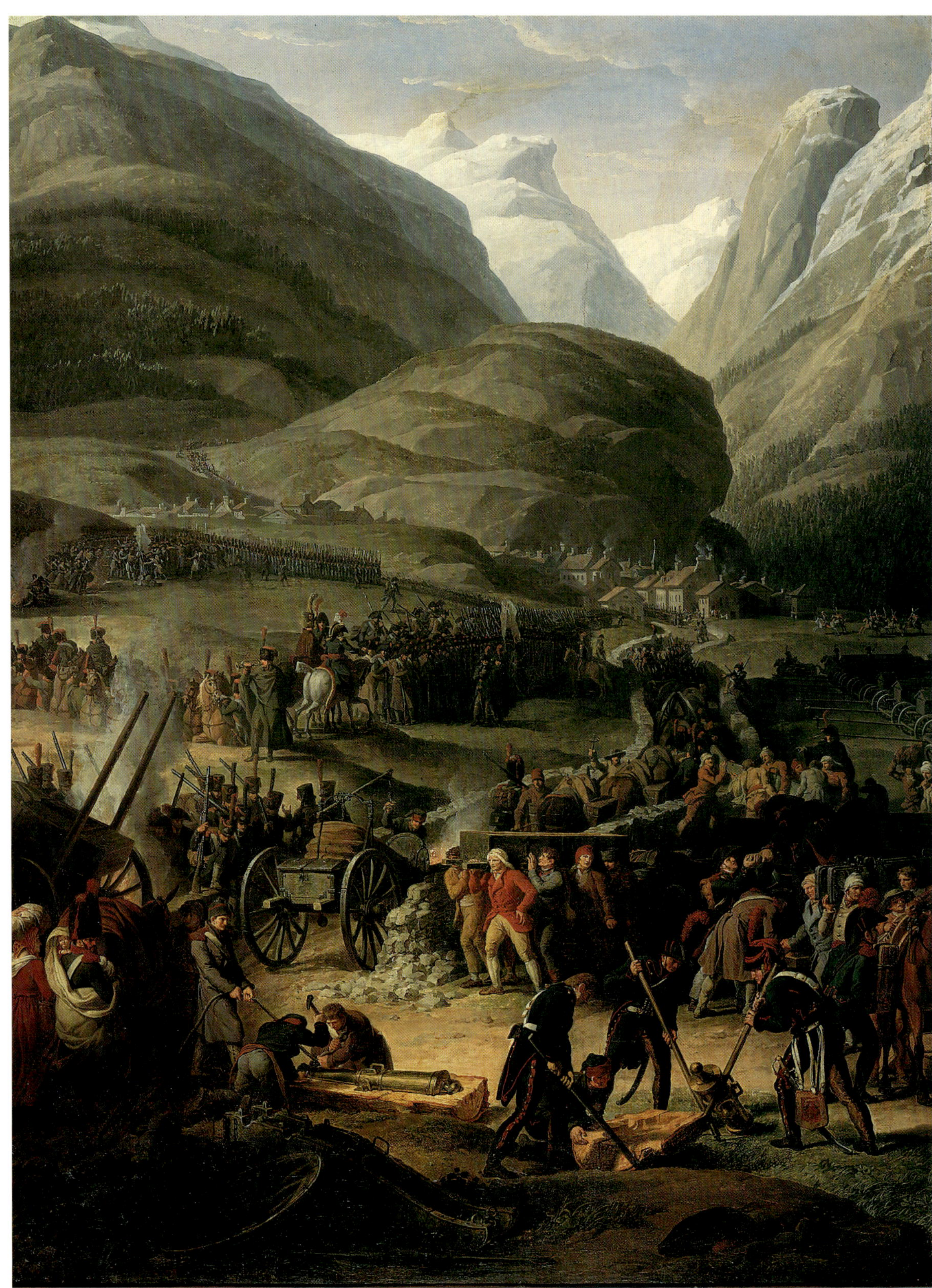

Le commentaire se rapportant à l'illustration n° 2 est applicable au présent original.
Ce tableau est peut-être l'un des quatre dessus-de-porte commandés en 1808 pour la galerie de Diane au Palais des Tuileries.

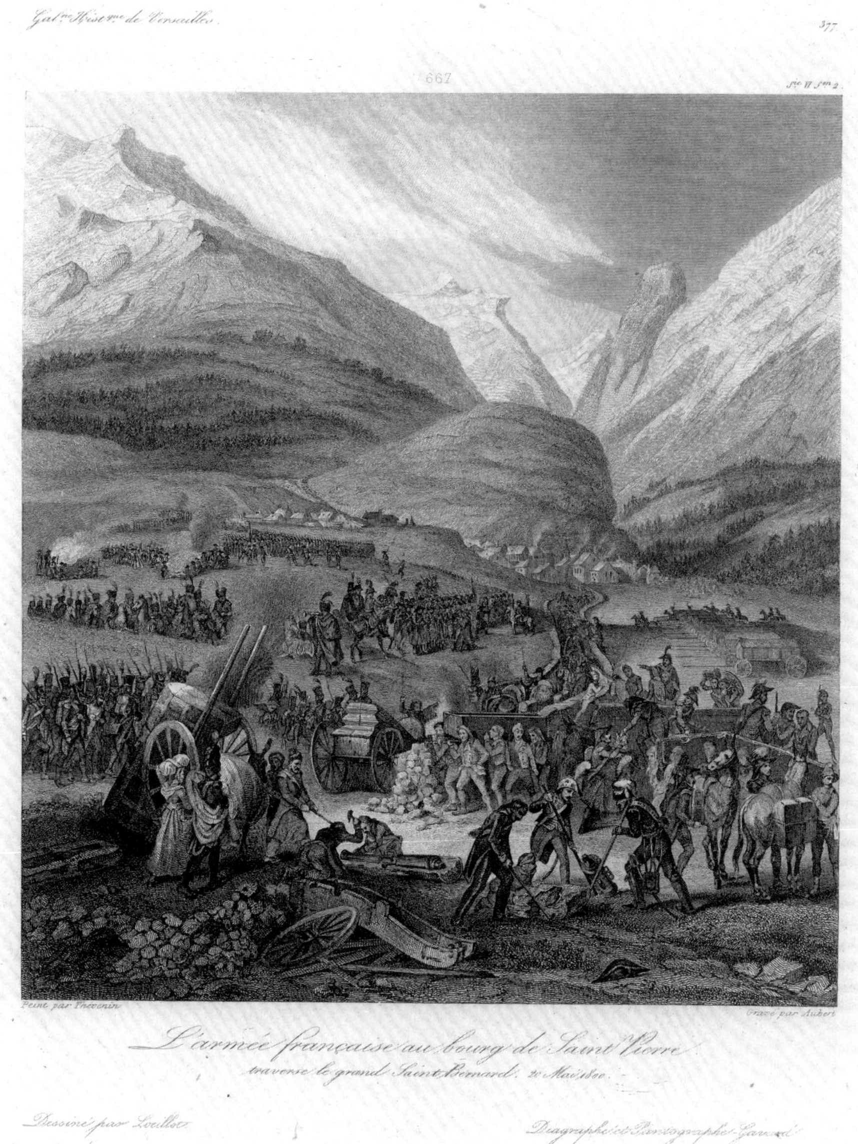

2
«L'armée française au bourg de Saint Pierre traverse le grand Saint Bernard. 20 Mai 1800» – 1837-1844
Peint par Thévenin; Gravé par Aubert; Dessiné par Loeillot;
Diagraphe et Pantographe-Gavard
Gravure sur acier, 20,7×18,4 cm
Collection Georges Pillet, Martigny

Il n'y a qu'un très petit nombre d'estampes qui interprètent l'œuvre de Thévenin représentant le camp de l'armée de réserve devant Bourg-Saint-Pierre. En voici une, remarquablement fidèle et pouvant être considérée comme une «estampe originale».

L'auteur fait preuve de beaucoup de réalisme. Dans un paysage relativement conforme à la réalité – le hameau fait l'objet d'une certaine touche de naïveté –, l'armée est évoquée dans un style détaillé. A l'entour du village, on remarque le chaos imposé par un campement mis sur pied pour un nombre considérable d'hommes et de chevaux. Le démontage des canons et leur moyen de transport inédit s'affichent immédiatement comme des thèmes clés, le premier plan y étant entièrement consacré. Derrière la forge de campagne, une colonne de mulets bâtés s'achemine déjà en direction du village, puis du col.

La gauche est consacrée aux unités de combat et à l'état-major, l'opposé à l'alignement des fameux caissons à munitions. Avec la forge et la carriole de gauche, ils donnent un aperçu des trois cents véhicules hippomobiles qui accompagnaient l'artillerie. Un tel enchevêtrement de soldats, de pièces démontées, une telle cohue, tout cela met en évidence, par l'abondance des éléments, les structures qu'il a fallu déployer pour mener à bien cette entreprise démesurée.

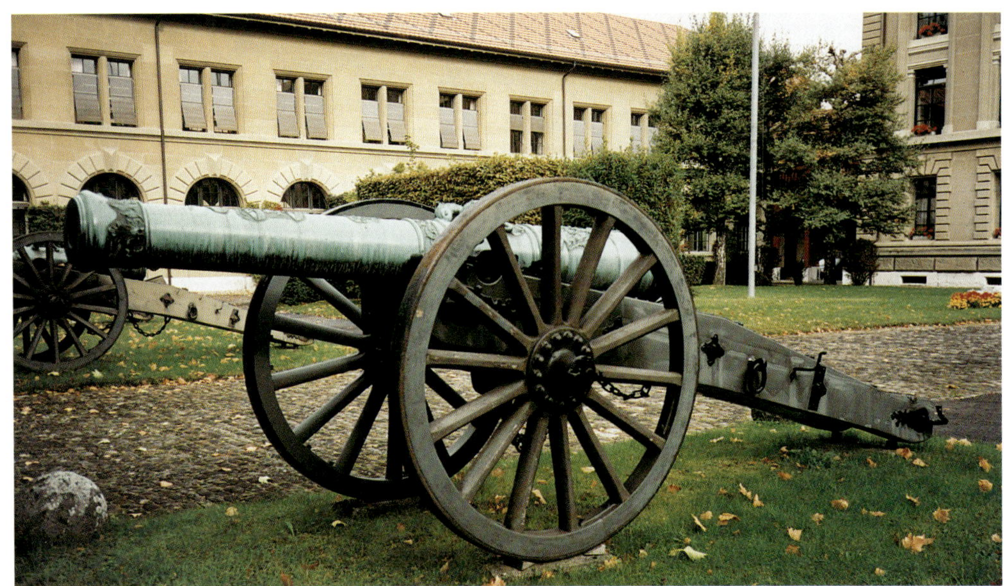

3
«Officiosus» – 1752
Canon de 12 livres fondu chez Samuel Maritz de Berthoud
Conception des décorations du sculpteur Nahl
Affût de type Gribeauval
Longueur 495 cm
Largeur 184 cm
Hauteur 155 cm
Arsenal cantonal de Berne, Berne

Les canons de 12 livres, les plus gros qui aient franchi le Grand-Saint-Bernard, étaient tirés par trois paires de chevaux, ceux de 4 livres ne nécessitant que deux paires. Un avant-train prolongé d'un timon permettait de les atteler. L'avant-train étant outrageusement mis à contribution, il n'est pas parvenu jusqu'à nous. Néanmoins, il est déjà miraculeux de retrouver ici une pièce d'artillerie réquisitionnée pour aller au feu. Rappelons que, sur l'ensemble des pièces importées par les Alpes ou prises à l'ennemi en Italie, les Français n'en alignèrent qu'une quinzaine à Marengo. Cela est certainement dû tout à la fois à l'impossibilité de franchir le fort de Bard avant le 1er juin, aux combats d'avant-garde et aux obstacles naturels mettant le matériel à rude épreuve.

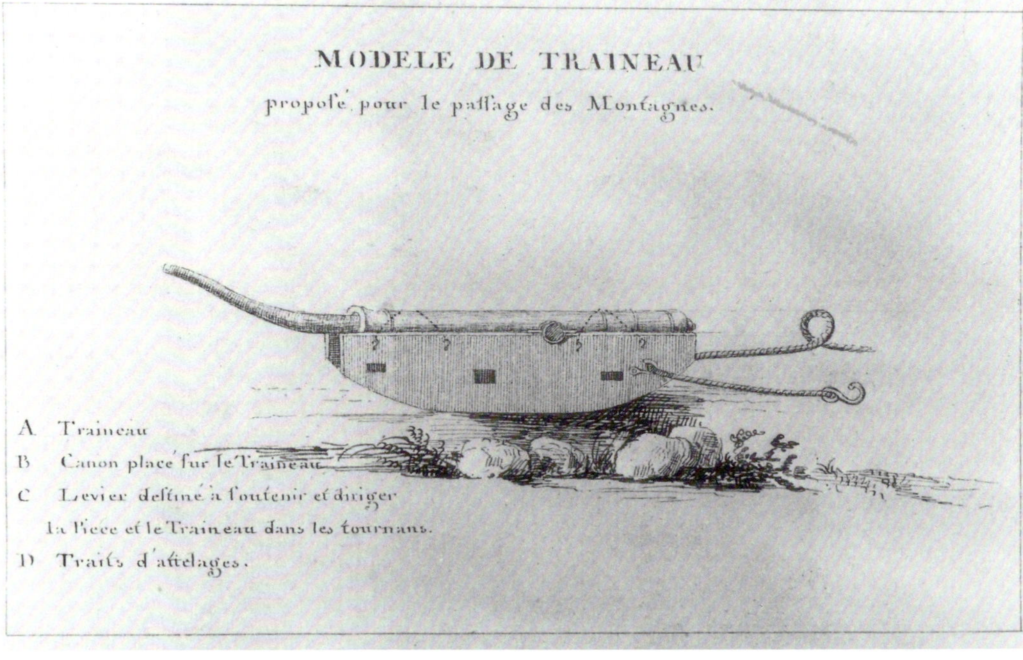

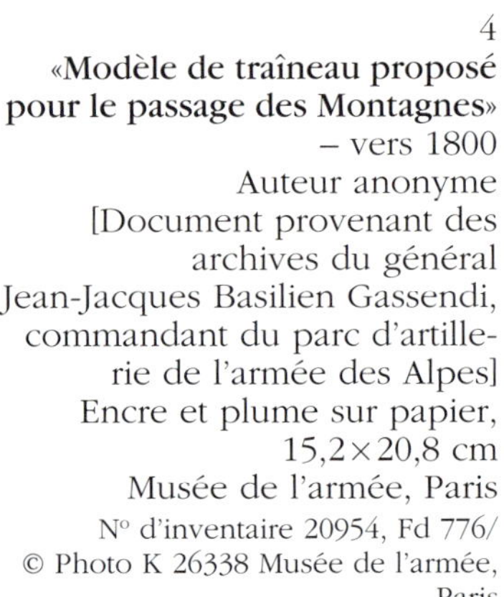

4
«Modèle de traîneau proposé pour le passage des Montagnes»
– vers 1800
Auteur anonyme
[Document provenant des archives du général Jean-Jacques Basilien Gassendi, commandant du parc d'artillerie de l'armée des Alpes]
Encre et plume sur papier, 15,2×20,8 cm
Musée de l'armée, Paris
N° d'inventaire 20954, Fd 776/
© Photo K 26338 Musée de l'armée, Paris

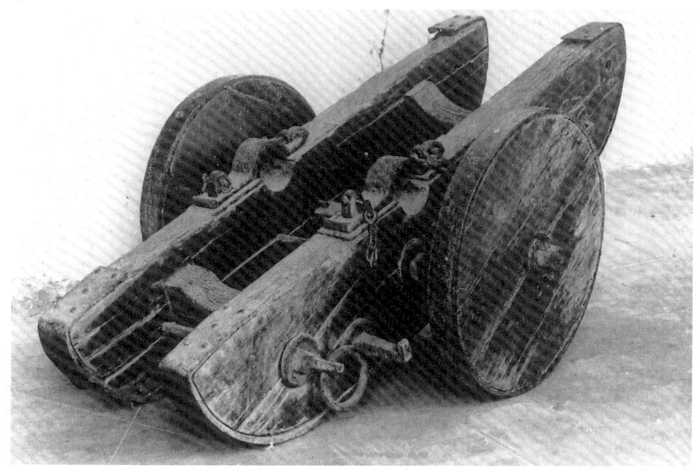

5
Affût de traîneau utilisé pendant les campagnes d'Italie – 1800
Photographie du modèle détenu par le Musée de l'armée à Paris
Musée de l'armée, Paris

Ce modèle fut élaboré par le général Gassendi pour transporter les canons au-delà des montagnes. Fabriqués à Auxonne, transportés sur le lieu de l'action, ces affûts-traîneaux se révélèrent inopérants. Ils furent remplacés par l'ingénieux système des troncs évidés.

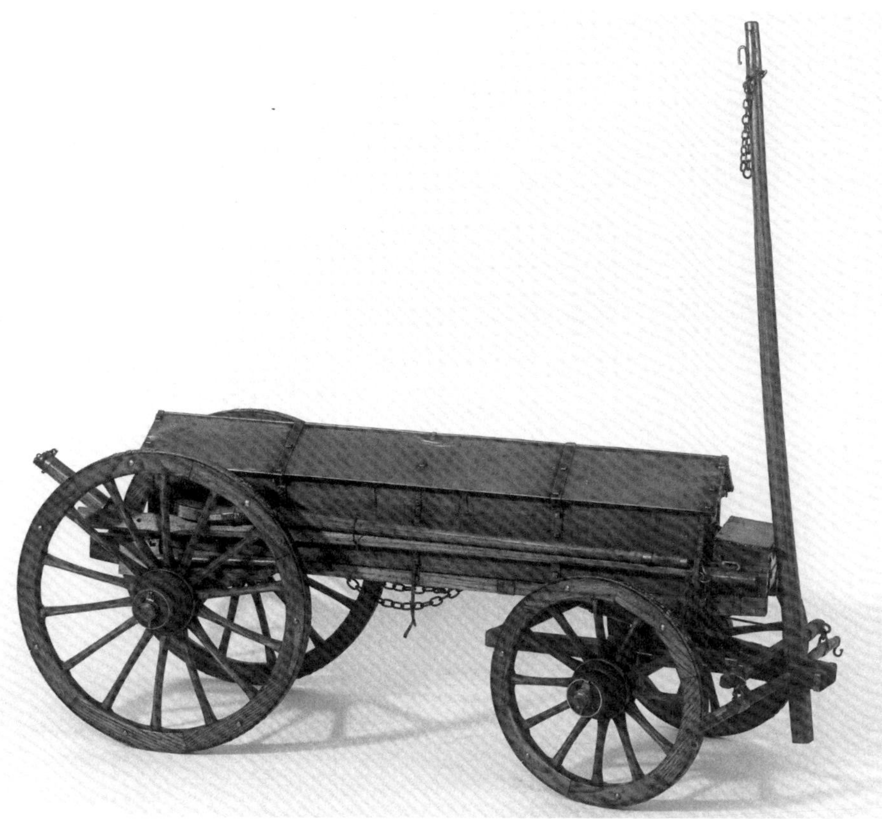

6
Modèle réduit d'un caisson à munitions – s.d.
Alex Hofer, Berne
Noyer
Longueur totale 191 cm
Longueur du caisson 76 cm
Largeur 44 cm
Diamètre des roues 40,5 cm
Département militaire, division d'artillerie, Berne
En dépôt au Musée militaire vaudois, Morges
N° d'inventaire 32/Photo Musée militaire vaudois

Le parc des véhicules hippomobiles accompagnant l'artillerie représente un aspect non négligeable de l'effort à fournir pour franchir le col. Pour 50 canons, le matériel annexe représente près de 300 voitures. Si l'épisode des canons a été abondamment commenté, celui des munitions est passé sous silence dans la presque totalité des publications. Cela ne représentait pourtant pas un poids sans conséquence: «Douze pièces de canon ont déjà passé le Saint-Bernard; mais ce n'est pas sans quelques peines, moins pour les pièces que pour ces maudits caissons» *(Bonaparte)*.

7
Modèle réduit du canon de campagne «Le Foudroyant, 1768» avec son avant-train – s.d.
Longueur totale 126 cm
Longueur de l'affût 60 cm
Longueur de l'avant-train 84 cm
Largeur de l'affût 34 cm
Largeur de l'avant-train 32 cm
Diamètre des roues de l'affût 24 cm
Longueur du canon 32 cm
Tube en bronze profilé avec deux dauphins. Derrière, couronne et double L. Inscription «T. F. S. DURTRUBIL 1768». Devant, blason à couronne avec inscription «Le Foudroyant»
Affût de couleur vert foncé avec avant-train tournant doté d'un caisson pour les munitions d'urgence.
Avant-train à deux roues avec timon pour attelage en paire
Département militaire, division d'artillerie, Berne
En dépôt au Musée militaire vaudois, Morges
N° d'inventaire 12/Photo Studio Yves Burdet, Morges

C'est en règle générale le canon de 4 livres qui est représenté sur les gravures et les œuvres picturales dépeignant le passage du Grand-Saint-Bernard. Il est manifeste que le profil simple de ce modèle est plus accessible à la reproduction, surtout par la gravure, que les motifs entrelacés des magistrales pièces de 12 présentées concrètement dans cette exposition.

8 non illustré
«Liberator» – 1752
Canon de 12 livres fondu chez Samuel Maritz de Berthoud
Conception des décorations du sculpteur Nahl
Affût de type Gribeauval
Longueur 458 cm / Largeur 179 cm / Hauteur 157 cm
Arsenal cantonal de Berne, Berne

«Quant aux canons et aux caissons des munitions de guerre, il avait fallut les démonter pièce à pièce et les faire traîner ou transporter à dos de mulets et à bras. On avait creusé des troncs d'arbres en forme de navette, pour y encastrer les pièces de canon et les obusiers [...] Les affûts étaient portés par pièces détachées sur des perches, excepté ceux des pièces de 4 qui l'étaient par 10 hommes, sur un brancard [...] Les munitions de guerre étaient divisées en caisses...» *(Brossier).*
Comme décrit par le capitaine Coignet [grenadier au 96e] et illustré par Dumoulin dans *Le véritable Messager boiteux de Vevey pour 1801*, la bouche à feu du canon est en porte-à-faux par rapport au tronc. Il est dirigé en arrière à l'aide d'un levier introduit dans la bouche de la pièce. Une usure anormale de la section du bronze non protégé par le bois – un replat visible sous la bouche à feu – a été provoquée par frottement sur les rochers affleurant la neige.

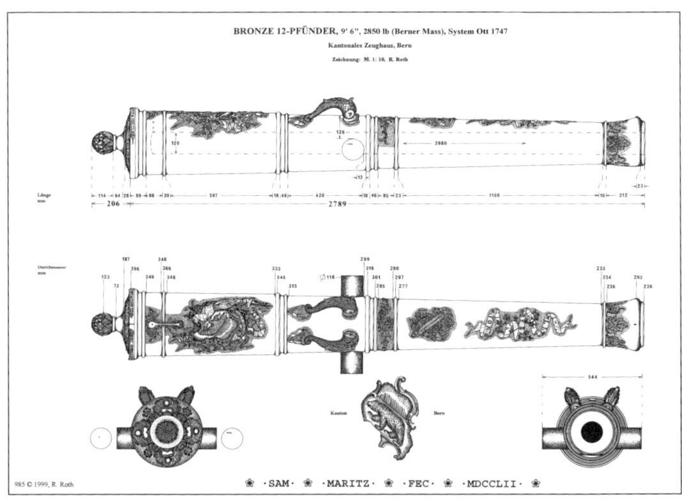

9
«Plan de Liberator» – 1999
Plan à l'échelle 1:10 réalisé par Rudi Roth, Historic Artillery Consultant, Schwarzenburg
Comité pour le bicentenaire du passage de Bonaparte et de son armée à Martigny et au Grand-Saint-Bernard en 1800, Martigny
© Rudi Roth, Schwarzenburg

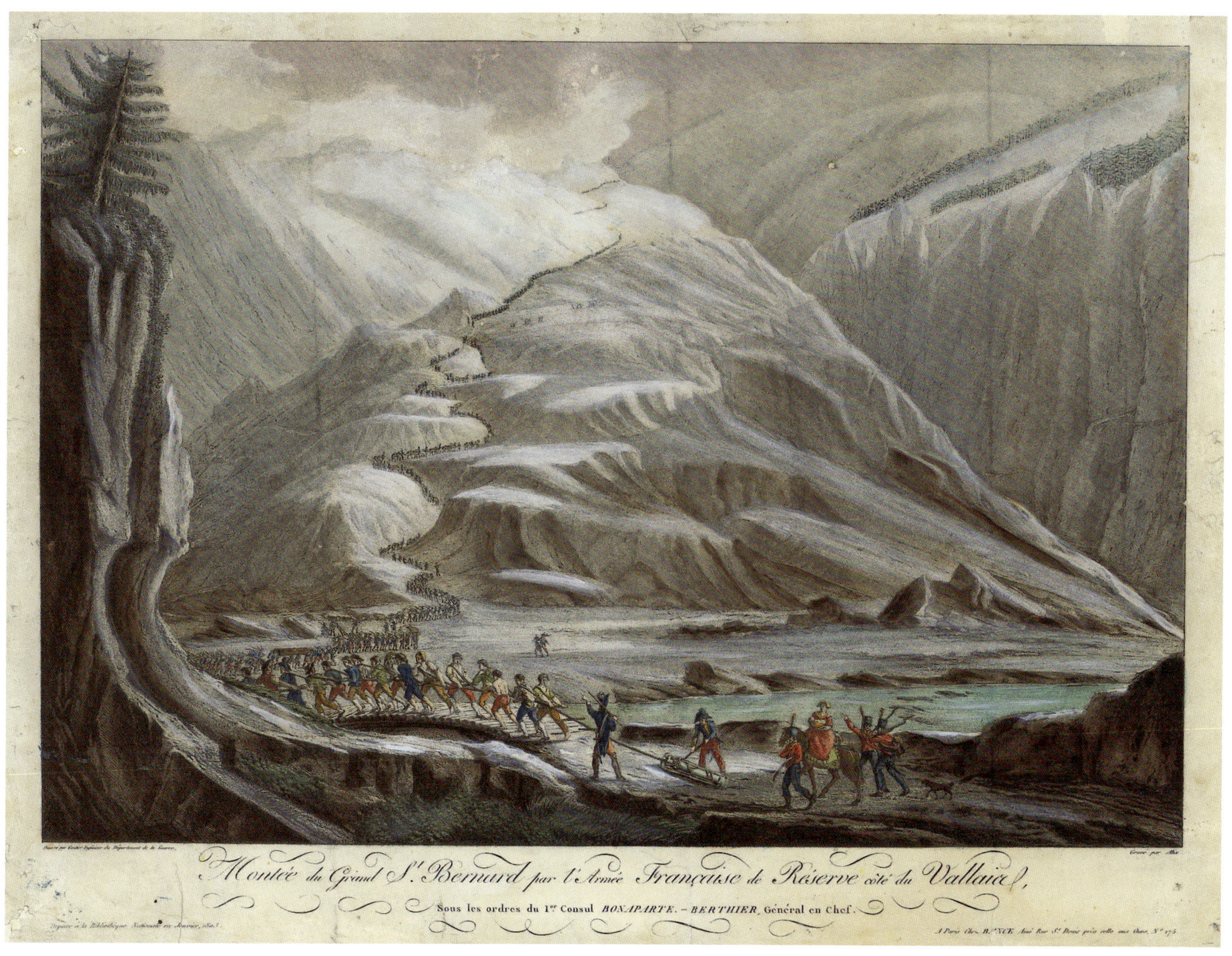

10
«Montée du Grand S^t^. Bernard par l'Armée Française de Réserve côté du Vallais. Sous les ordres du 1er Consul Bonaparte – Berthier, Général en Chef» – 1802-1803
Dessiné par Gautier Ingénieur du Département de la Guerre;
Gravé par Alix
Eau-forte, lavis, coloriée, 39,7×57,7 cm
Collection Léo Garin, Courmayeur

Il est étonnant de voir que la silhouette de Bonaparte est absente des deux dessins sur le passage du Grand-Saint-Bernard réalisés par Gauthier. D'ailleurs, il faut souligner que le Premier Consul n'apparaît pas toujours distinctement dans les gravures retraçant cet épisode. D'autre part, le canon, les soldats, le caisson à munitions porté à bras sont relégués au second plan, le rôle saillant étant détenu par une cavalière avec son nourrisson. Il est vrai que la féminité tempère fréquemment les austères scènes militaires sur le passage du col. La gravure de Gauthier représentant la descente du côté italien fait aussi la part belle au beau sexe. Il s'agit d'une vision objective, car les récits citent souvent le cas de vivandières ou de blanchisseuses accompagnées de leurs nourrissons.
A ce sujet, citons Bonaparte qui écrit à Joséphine depuis Martigny: «De vaillantes citoyennes, qui voulaient accompagner à la guerre leurs maris ou fiancés, se sont vu barrer le passage et ont été ramenées de Saint-Pierre à Martigny entre des baïonnettes et bousculées. Ces femmes, dont plusieurs ont suivi la première campagne d'Italie, se placent aujourd'hui sous ma protection.»

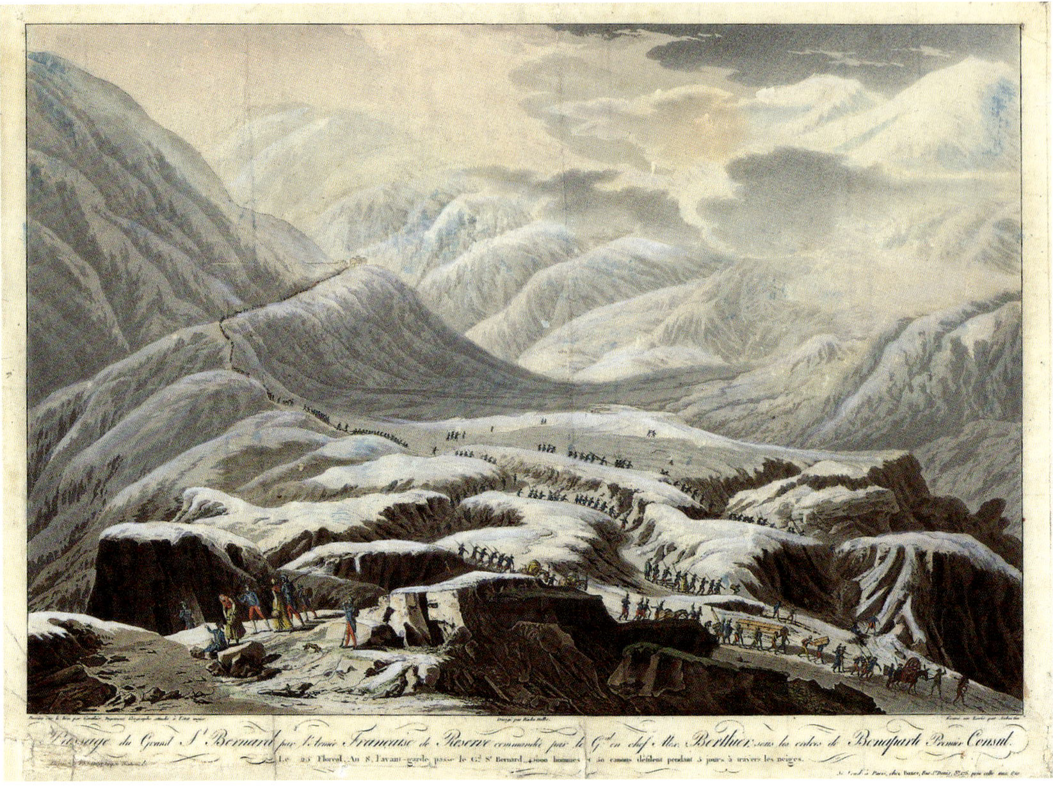

11
«Passage du Grand S^{t}. Bernard par l'Armée Française de Réserve commandée par le G[énér]^{al} en chef Alex. Berthier, sous les ordres de Bonaparte Premier Consul. Le 25 Floréal, An 8, l'avant-garde passe le G^{d}. S^{t}. Bernard, 45 000 hommes et 50 canons défilent pendant 5 jours à travers les neiges» – 1802-1803
Dessiné sur le lieu par Gauthier, Ingénieur Géographe attaché à l'état-major; Dirigé par Bacler Dalbe; Gravé au Lavis par Aubertin
Eau-forte, lavis, coloriée, 39,7×57,7 cm
Collection Léo Garin, Courmayeur

Cette deuxième eau-forte de Gauthier est composée de manière à suggérer la petitesse des soldats par rapport à l'immensité du lieu. Elle a la véridicité du vécu. En effet, comme à son habitude, Bonaparte avait eu soin de s'entourer, dans cette campagne comme dans celle d'Egypte, d'artistes et de scientifiques chargés d'immortaliser son image et ses hauts faits d'armes.
Sous l'appellation d'ingénieur géographe sont incorporés le capitaine Bagetti, l'adjudant-commandant Brossier, les lieutenants Amédée, Gauthier et Lapie, ainsi que le sous-lieutenant Tourné.
Nous retrouvons dans cette exposition les noms de Giuseppe-Pietro Bagetti (aquarelles gouachées), Jean-Rodolphe Gauthier (aquarelle et eaux-fortes), Pierre Lapie (cartographie) et Pierre Tourné (rapport géopolitique sur le Valais). Quant à Brossier, il rédige le «Journal de la campagne de l'armée de réserve». On peut prêter une crédibilité satisfaisante aux documents libellés, composés ou dressés par eux.

12 non illustré
Mannequin de mulet – s.d.
Bois
Longueur 200 cm / Largeur 60 cm / Hauteur 140 cm
Musée cantonal d'histoire militaire, Saint-Maurice
N° d'inventaire MMS 2844

Le commissaire ordonnateur Lambert signale le nombre de 2000 mulets bâtés acquis pour l'armée de réserve par voie d'achat après le 15 floréal an VIII (le 5 mai 1800). C'est toutefois sans compter les mulets des régions valaisannes traversées, quasiment tous réquisitionnés, souvent avec leur propriétaire.

13 non illustré
Bât de mulet – début du XXe siècle
Albert Kehrli, Innertkirchen
Bois
Longueur 65 cm / Largeur 70 cm / Hauteur 50 cm
Musée du cheval, La Sarraz
N° d'inventaire 41.395

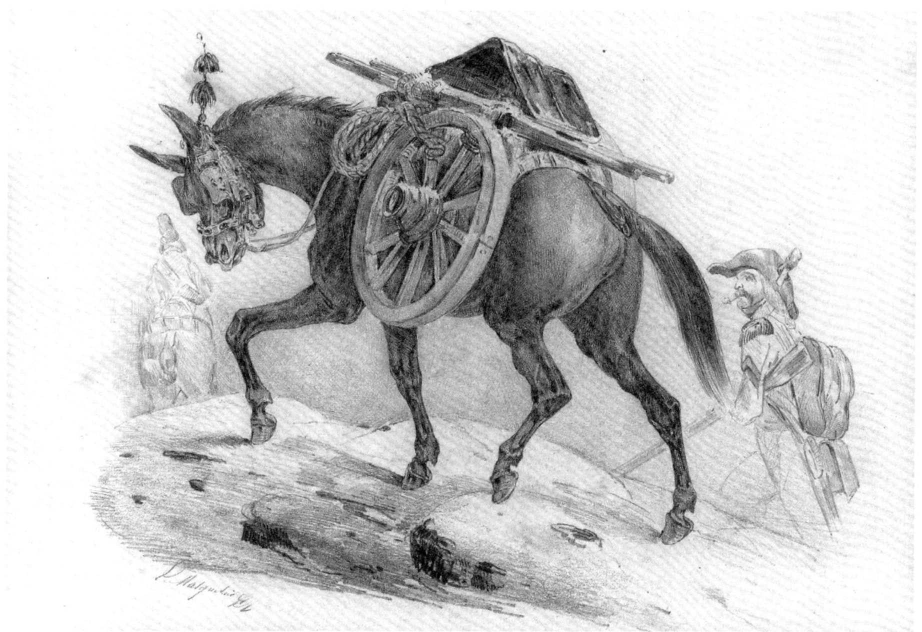

14
[Mulet de l'armée de réserve lors du passage du Grand-Saint-Bernard en 1800] – s.d.
Signé en bas à gauche *L. Masquelier*[2]
Crayon sur papier, 15,5×20,5 cm
Collection Frédéric Künzi, Praz-de-Fort

Si les canons furent halés par les soldats (et parfois par les indigènes), la majorité des pièces détachées (affûts, roues) franchirent le col sur des mulets. Les roues, d'un diamètre d'un mètre cinquante, étaient traditionnellement faites d'un bois ayant vingt ou trente ans d'âge. Après 1808, au vu de la consommation abondante faite par les armées napoléoniennes, il n'a plus été possible de maintenir cette pratique destinée à garantir la longévité des pièces d'usure.

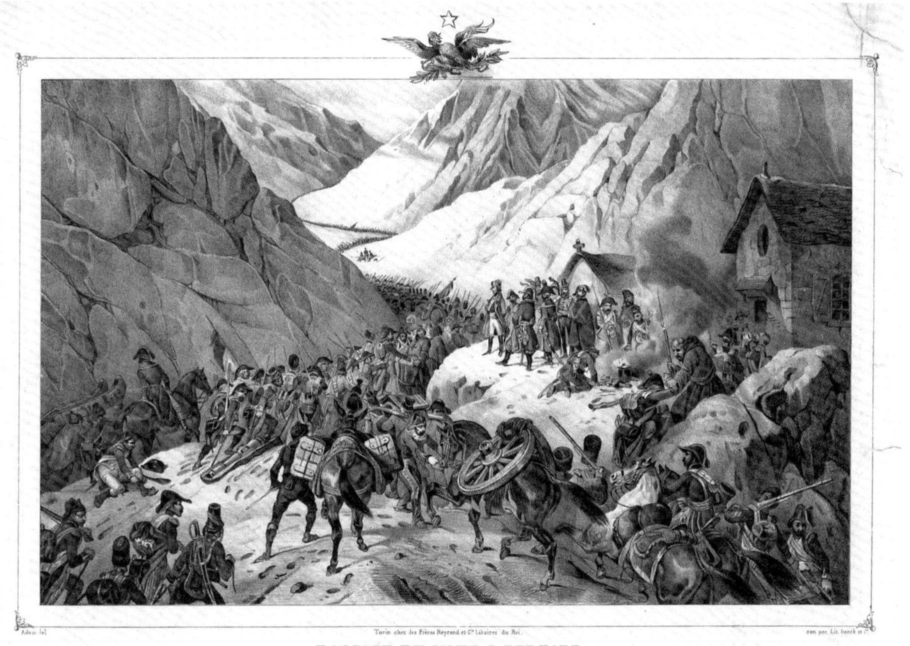

15
«Passage du Mont S. Bernard 20 Mai 1800» – vers 1841
Adam del.; con. per Lit. Iunck et Ce.
Sous la légende, sur deux colonnes, quatre lignes de texte:
Bonaparte porte […] à grandes journées sur Milan
Lithographie, 24,5×38,5 cm
Collection Léo Garin, Courmayeur

En confrontant le cheval porteur des roues (au centre) avec celui du dessin de Masquelier, on s'aperçoit que l'un s'est assurément inspiré de l'autre. Il en est de même de la tête du cavalier sur sa droite. L'œuvre de Masquelier ayant pour elle la préséance du temps, c'est sans doute Victor Adam qui s'en est inspiré.

L'armée de réserve

par Alain Pigeard,
Docteur en histoire en Sorbonne
Docteur en droit
Directeur historique de la revue *Napoléon*
Président de la Fédération Française de Reconstitution Historique

A l'époque de la reprise des hostilités avec l'Autriche, au printemps 1800, la France avait deux armées principales: celle d'Allemagne et de Suisse représentant environ 130 000 hommes et celle de Ligurie réduite à 40 000 hommes au plus. Il y avait en outre des troupes en Hollande et en Vendée. Bonaparte imagina le plan suivant: il se servirait des troupes de Masséna, à Gênes, comme point d'ancrage vis-à-vis des Autrichiens. Pendant ce temps, l'armée d'Allemagne, sous les ordres du général Moreau, opérerait sur la Bavière. La troisième armée, dite de réserve, dont les éléments existaient à peine, devait se former entre Genève et Dijon. Bonaparte en prendrait le commandement en personne.

La priorité du Premier Consul avait été d'augmenter les effectifs de son armée, diminués par les désertions, les maladies, le feu. Il restait encore en France environ 250 000 hommes parfaitement aguerris. Bonaparte avait demandé au Corps législatif de lui fournir 100 000 conscrits, le tout devant former une armée excellente. Les préfets, tout juste installés, s'activaient pour faire imprimer des affiches et mobiliser la jeunesse. La loi sur la conscription votée en septembre 1798 n'était pas très bien perçue dans les campagnes françaises. Bonaparte fit appel également au sentiment patriotique des Français et tâcha de ramener à lui des soldats mis en liberté par des congés absolus. C'est à la même époque qu'il créa le corps des inspecteurs aux revues, chargés de vérifier les effectifs réels et de faire payer la solde des troupes; il réorganisa également les charretiers de l'artillerie et procéda à une levée forcée de chevaux (levée forcée et extraordinaire du trentième cheval).

Afin de mieux tromper les services de renseignements ennemis, Bonaparte créa une armée dite de réserve, nom d'ailleurs très vague et sans qualificatif opérationnel comme l'armée du Rhin ou de Ligurie. Il chercha également à la mettre sur pied sans que l'on y croie réellement. C'était en quelque sorte l'arlésienne de l'armée… Il prit des troupes stationnées sur les côtes de la France, en Vendée particulièrement, en Hollande et forma cinq petits camps pour donner le change. Ces dispositions prises, il lui restait environ 30 000 hommes parfaitement solides, excellents soldats, qui reçurent l'ordre de se rendre vers la frontière de l'est; le tout dans la plus grande discrétion.

Le plus difficile consistait à mettre sur pied une artillerie efficace et opérationnelle rapidement. Il fit prélever dans les dépôts d'Auxonne, de Besançon et de Briançon une soixantaine de pièces ainsi que le personnel adéquat. Deux officiers généraux d'artillerie, très habiles, furent chargés de cette opération: il s'agissait de Gassendi et de Marmont. Ils furent dépêchés vers ces divers dépôts pour les organiser, mais sans dire où ces pièces seraient concentrées et réunies.

Restait à désigner un lieu de rendez-vous, point de concentration de toute cette armée. Le Premier Consul (Fig. 130) procéda alors à une forme d'intoxication militaire en prenant un arrêté, publié dans le *Moniteur universel*, portant création d'une Armée de réserve, qui devait être formée à Dijon, et se composer de 60 000 hommes. Berthier (Fig. 189) fut chargé de se rendre dans la capitale bourguignonne pour y commencer son organisation. On incita les vieux officiers à la retraite et les ouvriers spécialistes en armement à se diriger sur cette ville. Cette activité, nouvelle, attira sur Dijon tout un ensemble de curieux et d'espions pour y constater les préparatifs. En fait, le gros des divisions qui étaient en France se dirigeait sur Genève et Lausanne, mais en prenant soin d'éviter de passer à Dijon. Si bien que le chiffre annoncé de 60 000 hommes apparaissait à tous comme exagéré. Les espions arrivés à Dijon n'y voyaient qu'un corps de conscrits à peine exercés, quelques vieux soldats volontaires qui semblaient bien esseulés et quelques hussards volontaires qui se pavanaient dans les rues de la ville en uniforme jaune et bleu. Tout cela ne faisait pas sérieux et, rapidement, l'armée dite de réserve devint le sujet de moqueries et de circonspection. Le plan de Bonaparte avait réussi à merveille.

Le 6 mai au matin, Bonaparte quittait Paris (Fig. 92) en direction de Dijon (Fig. 94). Arrivé dans cette ville, il passa en revue des corps de conscrits, donnant ainsi le change aux espions étrangers qui furent confortés dans leur idée. Cette armée n'était qu'une armée de papier. Des pamphlets et des caricatures circulèrent alors pour la moquer. La réalité était en fait bien différente.

Bonaparte avait constitué un solide état-major pour le seconder. Berthier y faisait fonction de major-général, aidé en cela par les chefs de brigade Dutaillis et Dalton. Des adjudants-généraux (qui deviendront plus tard adjudants-commandants) étaient affectés à l'état-major de l'armée (Fig. 21 et 22). Quelques ingénieurs géographes (Fig. 11) devaient se charger des relevés topographiques (Fig. 154). Un secrétariat de l'état-major préparait les dépêches et des officiers de correspondance étaient chargés de les transmettre. Le génie était confié au général Marescot et l'artillerie à Marmont (Fig. 200). Celle-ci comprenait 618 hommes. Le commandement de cette armée revenait naturellement au général Bonaparte. La Garde des consuls (Fig. 29, 30, 32, 33) était de cette campagne; elle comprenait: un bataillon de grenadiers (Fig. 32) et de chasseurs à pied (environ 800 hommes), quelques pièces d'artillerie servies par 72 hommes; la cavalerie n'était forte que de deux escadrons à 180 hommes chacun, un de grenadiers (Fig. 29) et un de chasseurs (Fig. 33).

Le commandement de la réserve de cavalerie était confié au général Murat (Fig. 202); le frère du général Berthier, l'adjudant-commandant César Berthier remplissait les fonctions d'adjudant-commandant. Murat avait sous ses ordres les brigades Kellermann (Fig. 198), Champeaux, Rivaud (Fig. 203), Duvignaud. La cavalerie était composée de dragons (Fig. 28), de hussards (Fig. 34), de chasseurs (Fig. 37a) et de régiments de cavalerie lourde (Fig. 35). En tout 40 escadrons formant 3688 cavaliers.

L'infanterie était sous les ordres de trois divisionnaires: Desaix (Fig. 187 et 193), Lannes (Fig. 188 et 199) et Victor (Fig. 204). Ils avaient sous leurs ordres, respectivement, les généraux Monnier (Fig. 201) et Boudet, Watrin, Gardanne et Chambarlhac (Fig. 192). En tout 45 bataillons formant 23 792 hommes. Bonaparte allait aligner à Marengo 28 169 hommes (dont environ 21 000 au début de la bataille, la division Desaix n'arrivant qu'en fin de journée); les Autrichiens étaient 30 837.

L'infanterie portait l'habit bleu à la française, boutonné sur le devant et laissant apparaître le gilet blanc, les boutons indiquant le numéro des demi-brigades (Fig. 20). Elle était coiffée d'un bicorne de feutre noir (Fig. 24), léger et confortable, mais peu pratique par temps de pluie car se déformant, et surtout peu résistant aux coups de sabre. Les guêtres boutonnées (Fig. 119) ajustaient les mollets; les chaussures, dont les bouts étaient de forme carrée, n'avaient ni pied gauche, ni pied droit. Le soldat portait un sac à dos dans lequel il rangeait ses effets de rechange: chemise, linge de corps, guêtres blanches pour la parade, mais aussi des chaussures, son petit matériel de toilette. Le fusil était celui du modèle 1777 (il sera modifié légèrement en l'an IX) tirant des balles de plomb de 17 millimètres à une portée efficace de 100 à 150 mètres. Il est parfois armé d'un sabre court appelé sabre-briquet. Le soldat porte dans sa giberne de cuir ses cartouches (une trentaine), ainsi que quelques pierres à fusil de rechange et le petit outillage.

La cavalerie légère (Fig. 36) est composée de chasseurs (Fig. 37a) et de hussards (Fig. 34); ils portent le shako à flamme, le dolman et la pelisse, et les unités se reconnaissent par des couleurs distinctives. L'armement est constitué du sabre courbe, de pistolets et d'une carabine ou d'un mousqueton. Les dragons et la cavalerie lourde (les futurs cuirassiers de l'Empire) portent un long sabre droit et doivent faire des charges dont le but est d'enfoncer l'ennemi quand il est formé en carré ou en colonnes.

L'artillerie utilise le canon Gribeauval, le plus manœuvrier d'Europe, qui tire des boulets de 4 ou de 12 livres à une portée efficace de 800 à 1000 mètres. Les pièces sont traînées par quatre ou six chevaux et les munitions apportées par le train d'artillerie (Fig. 39a et 39b).

L'armée française marche vite et ne transporte que le minimum vital, contrairement aux armées autrichiennes ou prussiennes. Les soldats font la soupe par escouades sous la direction d'un caporal (petit groupe de dix à douze hommes) et trempent le pain dans le bouillon; la boisson est le plus souvent de l'eau légèrement vinaigrée (pour la purifier) et parfois un supplément sous la forme d'un verre d'alcool.

Le soir, arrivés à l'étape, les fourriers distribuent les billets de logement et la troupe part à la recherche du foyer qui doit l'abriter et la nourrir (voir à ce sujet le texte de la figure 152). Le lendemain matin, tout le monde se retrouve au point de concentration donné qui est souvent la sortie du village, dans la direction que l'on doit prendre. Il arrive parfois que le bivouac se fasse en campagne, dans des conditions souvent difficiles (pluie, neige, froid, absence de nourriture, d'un point d'eau).

C'est avec cette armée, accompagnée de son artillerie et de sa cavalerie, que Bonaparte va franchir les Alpes et surprendre les Autrichiens, après avoir fait étape à Martigny (Fig. 105), passé le Grand-Saint-Bernard et pris le fort de Bard.

Demain, ce sera la gloire de Marengo (Fig. 172).

A. P.

16 non illustré
«Passage du Mont Saint Bernard
Peint par Thévenin, Salon de 1806» –
1819
Ambroise Tardieu, Direxit;
Ch. Normand Sculpsit.
Eau-forte, 18,8×20,8 cm
Collection Léo Garin, Courmayeur

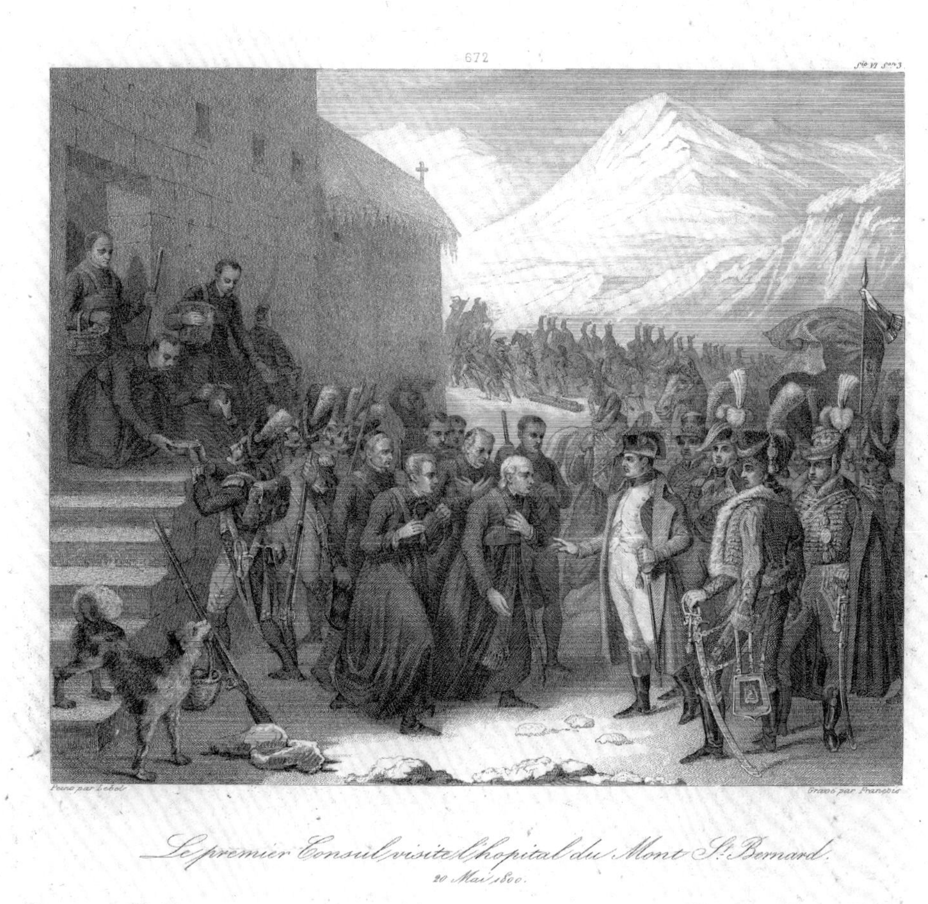

17
«Le premier Consul visite l'hopital
du Mont St.-Bernard.
20 Mai 1800» – 1837-1844
Peint par Lebel; Gravé par François
Dessiné par Loeillot;
Diagraphe et Pantographe-Gavard
Gravure sur acier, 16,6×19,5 cm
Collection Georges Pillet, Martigny

Le tableau de Lebel ayant servi de modèle pour cette gravure fait ressortir quelques personnalités marquantes de cette expédition hors du commun. Le peintre est un excellent visagiste. On peut y voir le chanoine Berenfaller, qui reçut à l'hospice le Premier Consul, et le muletier Pierre-Nicolas Dorsaz avec son bâton de guide. Parmi les généraux qui entourent Bonaparte apparaît Berthier, qui, tel un oracle, place la main dans sa veste comme le fera plus tard Napoléon Ier. Au premier plan se dégage Murat, toujours somptueusement vêtu. A l'arrière-plan, tenant la monture de Bonaparte, Roustam, le mamelouk que Bonaparte avait privilégié comme garde du corps dès la campagne d'Egypte.

L'artiste a aussi soigné les détails. Il reproduit scrupuleusement les soutanes des chanoines avec leurs rochets et a voulu, par la déférence exagérée des religieux, révéler le futur restaurateur de la religion que sera Bonaparte. Sur le parvis de l'hospice, la distribution de pains et de boissons aux grenadiers de la Garde des consuls témoigne du rôle marquant des chanoines dans le réconfort apporté aux soldats.

18 non illustré
«The Hospice of Mount St. Bernhard with the Halt of Napoleon and his Army on Crossing the Alps which latter is seen on holding the Print before a strong light» – vers 1835
Spooner Protean Views, London
Lithographie en couleur, 13,3×19,4 cm
Collection Léo Garin, Courmayeur

Lorsqu'elle est éclairée, cette vue de l'hospice du Grand-Saint-Bernard se transforme pour devenir une interprétation de la lithographie de Bellangé visible ci-après.

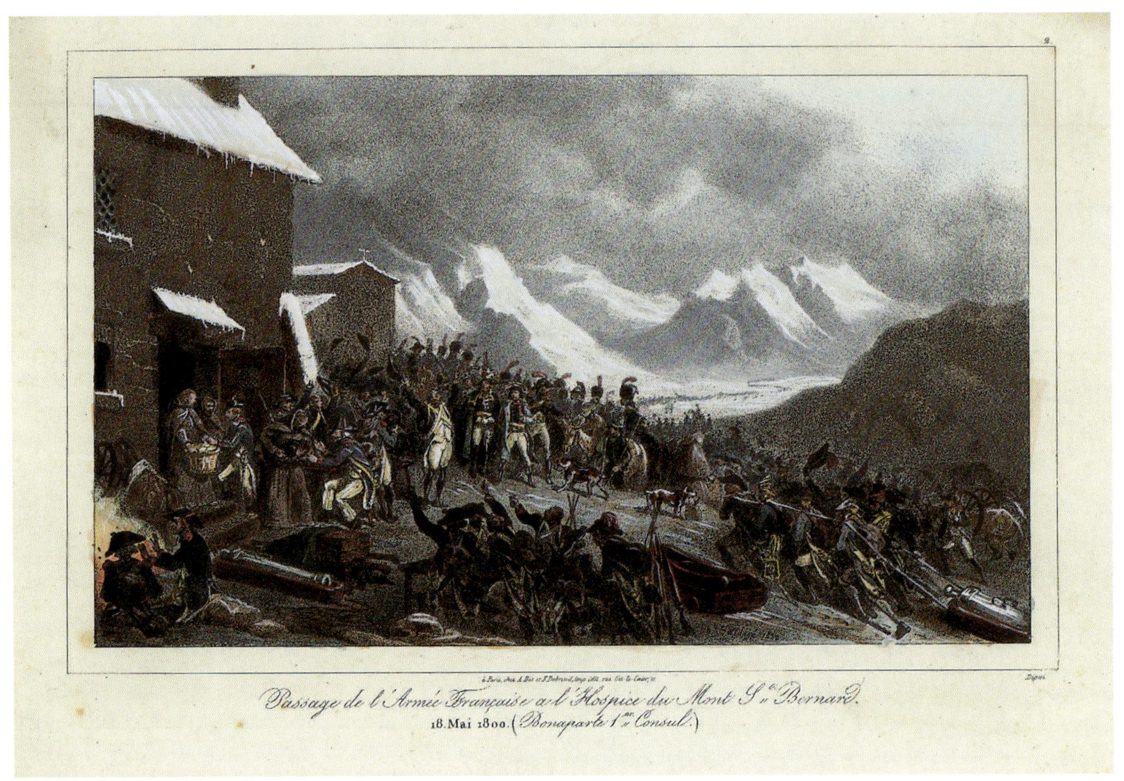

19
«Passage de l'Armée Française a l'Hospice du Mont S^t^. Bernard. 18 Mai 1800. (Bonaparte 1er. Consul.)» – 1834
[Josephe-Louis] H[ippoly]te Bellangé 1832;
à Paris, chez A. Bès et F. Dubreuil,
imp. édit. rue Git-le-Cœur, 11.
Lithographie coloriée, 19×30,8 cm
Collection Léo Garin, Courmayeur

Cette illustration, malgré l'imbroglio des diverses actions représentées, reflète parfaitement l'enthousiasme des soldats pour le Premier Consul et leur joie du devoir accompli.
En dépit de quelques rares épisodes préjudiciables à cette image, il est notoire que le comportement de l'armée de réserve a été exemplaire. L'intrépide passage du col et les abondants succès qui se dégagent de la deuxième campagne d'Italie en témoignent.

D'ailleurs, le retrait des premières lignes est ressenti par les soldats comme une sanction: «Il est expressément défendu à tout individu composant l'avant-garde de faire aucune espèce de réquisition sans y être autorisé par le général qui la commande, sous peine d'être envoyé sur les derrières de l'armée» *(Isard, adjudant général chef de l'état-major)*. Dans la majorité des armées, c'est le front qui est perçu comme une expiation.

21
Chapeau d'officier général, petite tenue
Bouton au règlement du 7 août 1798
Hauteur à l'arrière 25 cm
Largeur 50,4 cm
Profondeur 19,9 cm
Musée d'armes du château de Joux, près Pontarlier
N° d'inventaire 510/Photo Vision 25 pour le Musée de Joux

Pièce très rare, ce chapeau est magnifiquement représentatif des modèles de la deuxième campagne d'Italie.

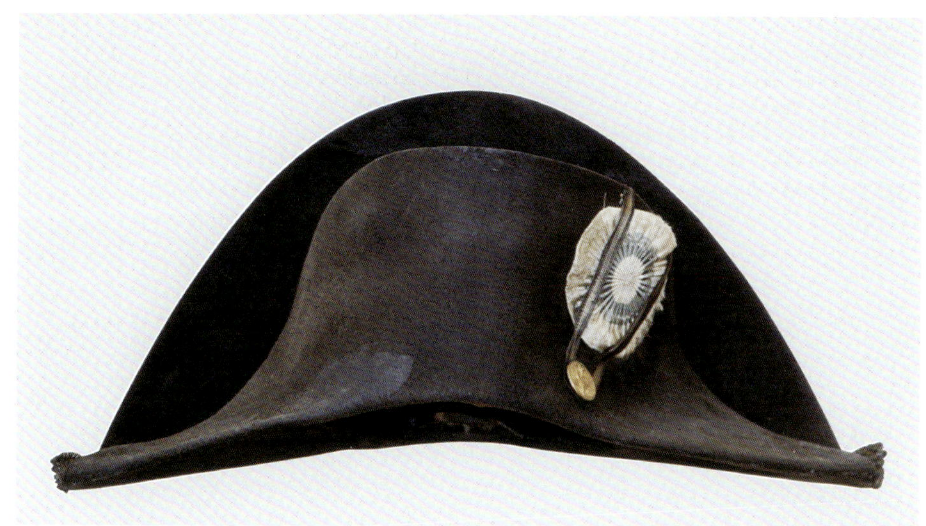

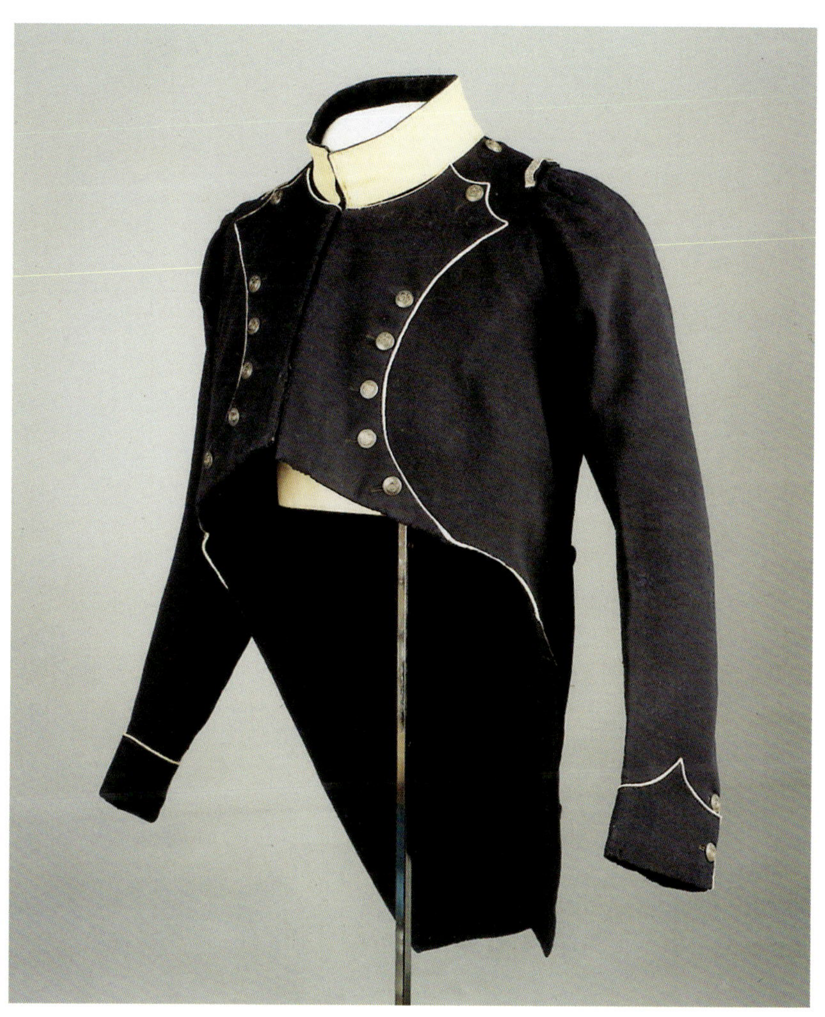

20
Habit-veste d'officier de carabinier de la 21e demi-brigade d'infanterie légère –
1806-1812
Passepoil blanc, parements bleu foncé et jaune, retroussis bleu foncé avec grenades et cors
Boutons plats, avec chiffre 21 et cors
Musée militaire vaudois, Morges
N° d'inventaire 1-046/Photo Studio Yves Burdet, Morges

Bien qu'il soit légèrement postérieur à l'époque de la deuxième campagne d'Italie, cet habit-veste est identique à ceux portés en 1800.

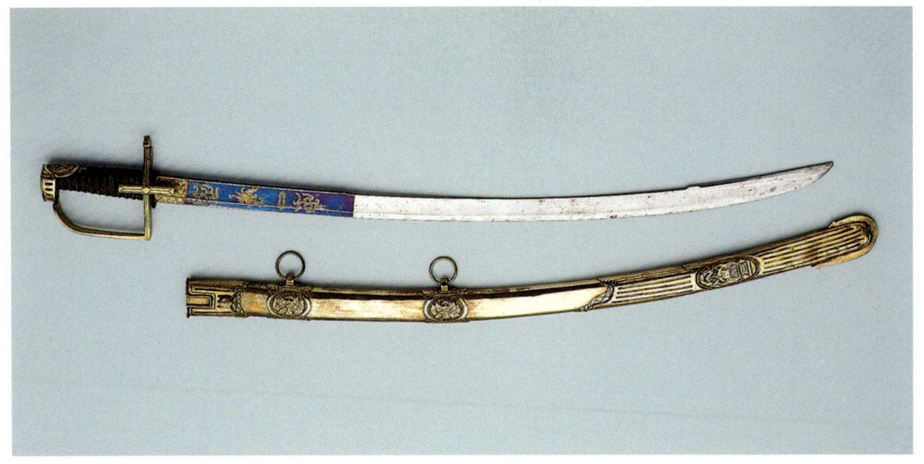

22
Sabre d'officier d'état-major – 1800
Monture à une branche
à l'allemande, dorée
Fusée filigrane
Belle lame bleuie et dorée
avec inscription *Klingenthal* sur le dos
Fourreau laiton doré,
médaillon richement ciselé
Longueur totale avec fourreau 96,3 cm
Largeur de la monture 13,1 cm
Musée d'art et d'histoire, collection
Henri Strübin, Neuchâtel
N° d'inventaire AAS147/Cliché Musée d'art et d'histoire de Neuchâtel/Jean-Marc Breguet

Les officiers d'état-major comprennent aussi les aides de camp, tels que Duroc pour Bonaparte, Morin pour Dupont ou Favre pour Rivaud.
Au cours des combats, ils bravaient les plus grands dangers pour transmettre les ordres aux unités combattantes. Soutenant le feu de l'infanterie, se glissant entre deux charges de cavalerie, ignorant le tonnerre de l'artillerie, il n'est pas étonnant de voir leurs rangs décimés au soir de la bataille. Celle de Marengo a privé le général Rivaud de tous ses aides de camp, sauf un. Blessé mais vivant, Favre sera nommé au grade de chef d'escadron pour ses actes de bravoure.

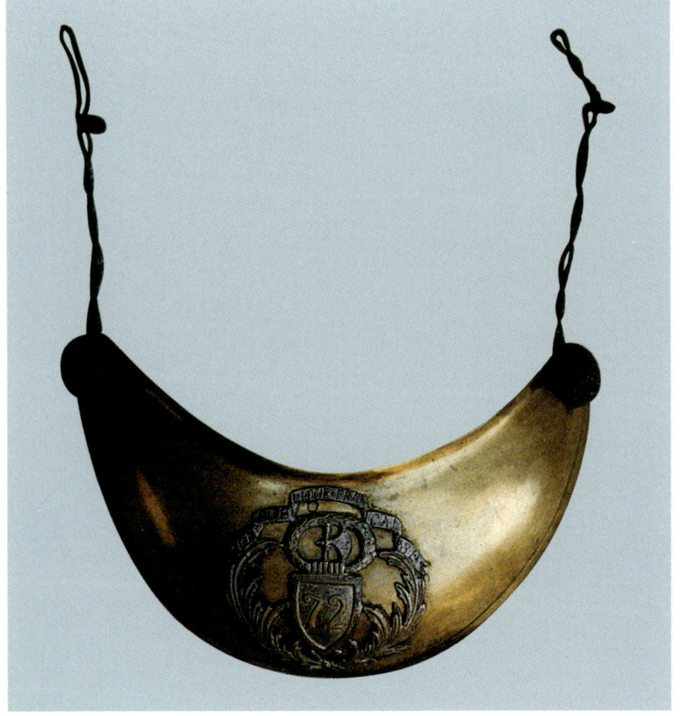

23
Hausse-col d'officier de la 72e demi-brigade d'infanterie
Largeur 19 cm
Largeur du plateau 5,3 cm
Musée d'armes du château de Joux, près Pontarlier
N° d'inventaire 950/Photo Vision 25 pour le Musée de Joux

Le hausse-col est porté par les officiers lorsqu'ils sont en service. Il est attaché aux boutons des pattes d'épaule et pend sous le cou.
La 72e demi-brigade est présente à Marengo à la brigade Saint-Cyr (3 bataillons, 1240 hommes, chef de brigade Mercier), division Monnier, corps de Desaix.
«Il [Bonaparte] ordonne différents mouvements à la 72e demi-brigade; il veut même prendre l'ennemi en flanc et charger à la tête de cette demi-brigade» *(Rapport de Berthier sur la bataille de Marengo).*
«La conduite des 19e, 70e et 72e est digne des plus grands éloges; elles prouvèrent, hier, que les braves ne savent que vaincre, mais qu'ils ne comptent jamais le nombre des ennemis qu'ils ont à combattre» *(Rapport de Monnier sur la bataille de Marengo).*

24
Chapeau d'infanterie (32e demi-brigade)
Hauteur à l'arrière 22,2 cm
Largeur 51,9 cm / Profondeur 18,6 cm
Musée d'armes du château de Joux, près Pontarlier
Nº d'inventaire 511/Photo Vision 25 pour le Musée de Joux

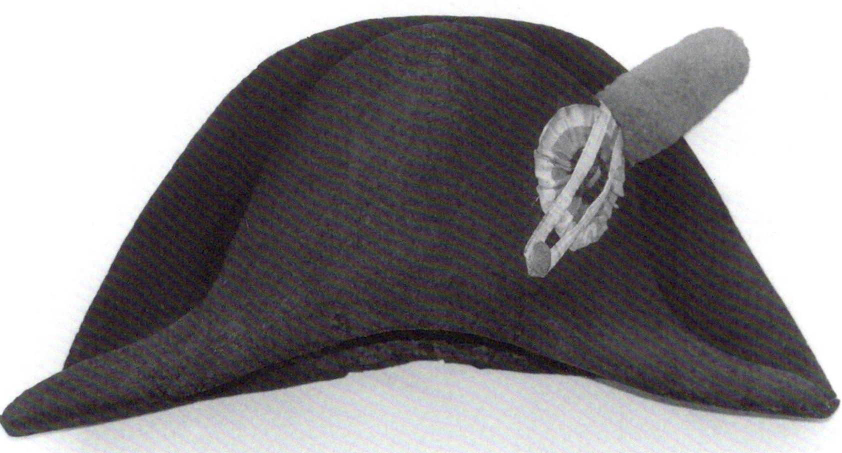

La 32e demi-brigade n'était pas présente à Marengo. Ce modèle de bicorne est toutefois celui qui équipait les demi-brigades qui ont franchi le Grand-Saint-Bernard. Le visiteur peut en retrouver fréquemment l'image dans les documents iconographiques présents. Si le chapeau est un élément distinctif du soldat d'infanterie, les souliers sont, eux, vitaux. Le déplacement de l'armée de réserve ayant eu lieu depuis Dijon jusqu'à Alexandrie, leur consommation en fut colossale: «Je vous prie, Citoyen, d'employer votre autorité et vos soins pour faire faire sur-le-champ trente mille paires de souliers pour l'armée [...] Le moyen d'accélérer cette fourniture serait de mettre tous les cordonniers en réquisition et de régler le nombre de paires que chacun aurait à fournir dans 5 jours. Cet objet est de la plus grande urgence; je réclame pour son exécution toute votre sollicitude» *(Petiet, conseiller d'Etat détaché près le Premier Consul, à Milan le 12 juin 1800, soit deux jours avant Marengo).*

25 non illustré
Sabre d'infanterie, dit «briquet», type de 1790
Longueur de la lame 56,4 cm / Longueur totale 75,4 cm
Largeur de la monture 13,9 cm
Fourreau en cuir à deux garnitures en laiton
Musée d'armes du château de Joux, près Pontarlier
Nº d'inventaire 224

26
Pique réglementaire 1794-1804, surmontant les drapeaux des demi-brigades d'infanterie françaises et helvétiques
Longueur de la hampe, y compris la pique et le talon, 3,06 m
Longueur des glands 5 cm
Longueur de la pique 18 cm
La pique est en cuivre, sa base est fixée sur une douille – elle-même adaptée au sommet de la hampe – dont les bords sont ornés de moulures à profils variés. Elle est retenue par quatre clous de cuivre dont deux sont plantés de telle sorte qu'ils débordent de 4 cm, servant ainsi de points d'attache à la cravate et à la cordelière. Cette dernière est maintenue au moyen d'un cordonnet tricolore. Elle est en soie tricolore tressée d'argent. Chacune de ses extrémités est terminée par un gland.
Collection François Gianadda, Martigny
Photo Studio & Prolabo Bonnardot, Sion

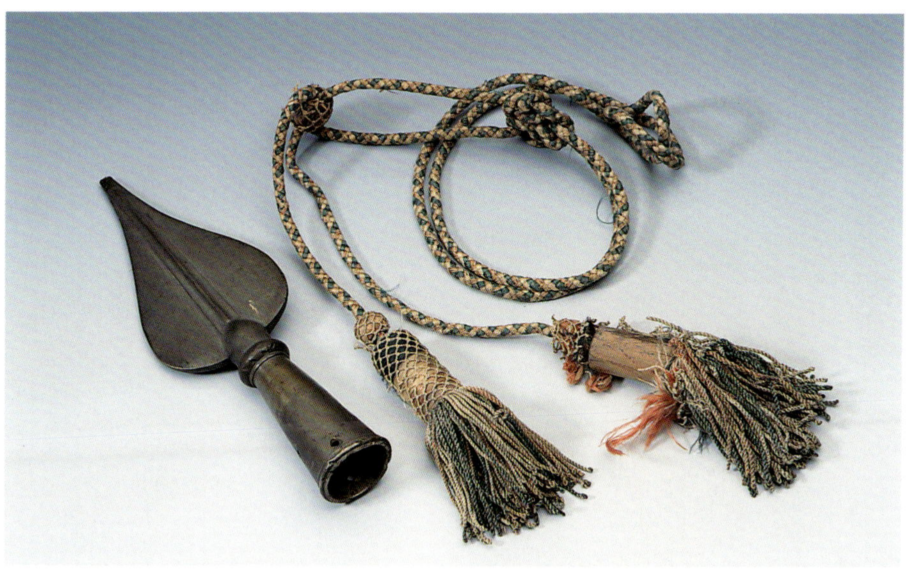

Le drapeau tricolore date, dans l'armée française, du décret du 27 pluviôse an II (15 février 1794).

27 non illustré
Le numéraire hypothétique d'un soldat de l'armée de réserve
Cabinet cantonal de numismatique, Sion

En 1800, lorsque l'armée de réserve franchit les Alpes, le numéraire que les soldats emportent avec eux reflète les turbulences géopolitiques du moment. Et comme à cette époque la validité des pièces dépend plus de leur contenu métallique que des frontières politiques, il n'est pas étonnant de trouver associées les frappes de la plupart des autorités émettrices de la région.
Le pécule demeure généralement modeste. Il ne comprend vraisemblablement pas de dénomination en or, peut-être quelques unités en argent, mais bien plus sûrement de nombreuses pièces de billon ou de cuivre utilisées pour les transactions courantes. Les monnaies émises par le gouvernement républicain français voisinent avec des pièces locales valaisannes, genevoises, bernoises, ainsi qu'avec les frappes de la toute nouvelle République helvétique.
Peut-être un soldat aura-t-il conservé l'un de ces fameux assignats, ancêtres du billet de banque, mis en circulation dès 1789 mais tellement dépréciés qu'ils ne sont plus imprimés dès 1797.
A la bataille de Marengo, le général Boudet a été atteint d'une balle qui s'est amortie sur l'argent qui se trouvait dans sa poche.

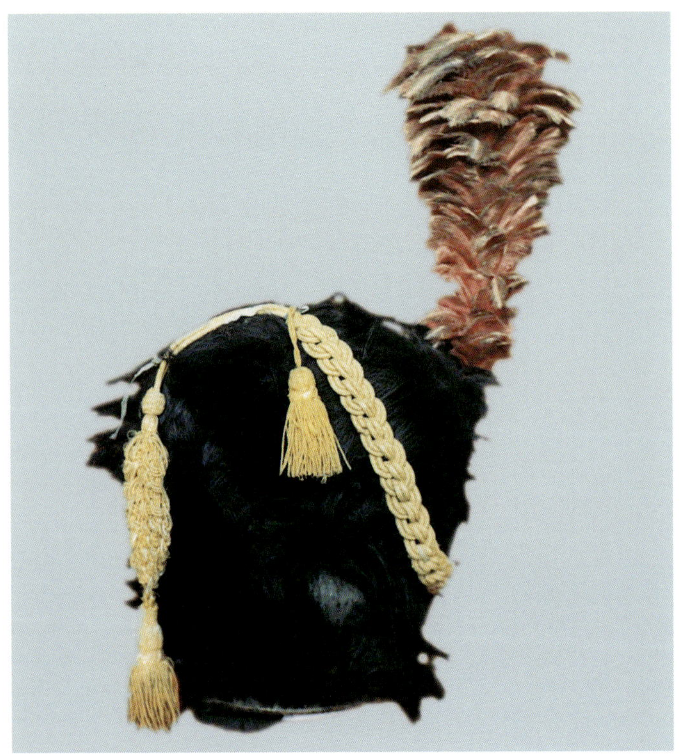

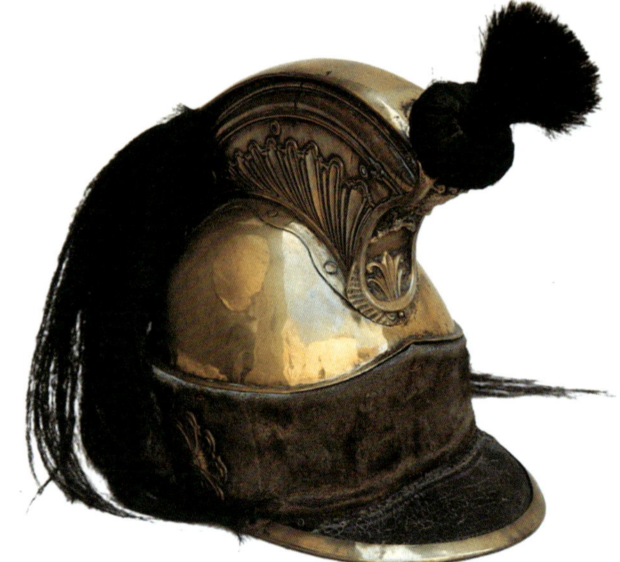

28
Casque de dragon – 1805/1806
Hauteur 26,5 cm
Largeur 17,9 cm
Profondeur avec visière 26 cm
Musée d'armes du château de Joux, près Pontarlier
N° d'inventaire 553/Photo Vision 25 pour le Musée de Joux

Ce casque de dragon, qui date des années 1805-1810, nous est parvenu avec ses jugulaires et un marmouset métallique. Ceux-ci ont été retirés provisoirement pour l'exposition afin de lui redonner l'aspect de ceux portés lors de la deuxième campagne d'Italie.

29
Bonnet à poils de grenadier à cheval de la Garde
Hauteur à l'avant 34,2 cm
Largeur à la calotte 27 cm
Musée d'armes du château de Joux, près Pontarlier
No d'inventaire 550/Photo Bertrand Malvaux

Coiffure rarissime qui équipait ces cavaliers d'élite qui seront surnommés «Les gros talons». Ce bonnet à poils, légèrement postérieur au passage du Saint-Bernard, date d'avant 1808. En 1800, la coiffure des grenadiers à cheval de la Garde était semblable à celle présentée ici. Placés sous les ordres du général Bessières, deux escadrons de 180 hommes chacun franchirent le col, l'un de grenadiers à cheval, l'autre de chasseurs à cheval de la Garde.
«Le chef de la brigade Bessières, à la tête des casse-cols et des grenadiers de la garde, exécuta une charge avec autant d'activité que de valeur, et perça la cavalerie ennemie; ce qui acheva l'entière déroute de l'armée» *(Bulletin de l'armée de réserve du 15 juin 1800).*

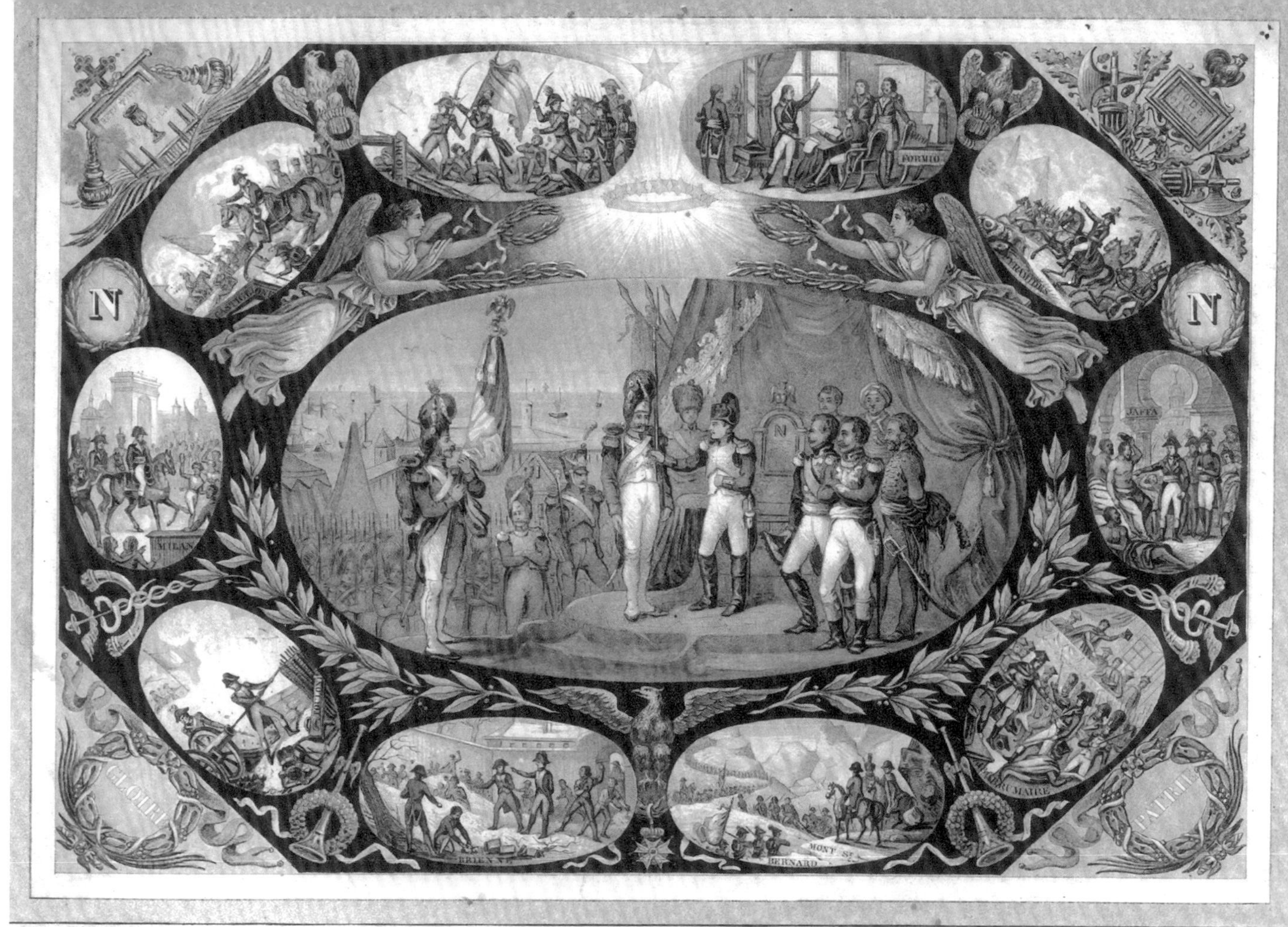

1re ÉPOQUE DE LA VIE DE NAPOLÉON 1ra EPOCA DE LA VIDA DE NAPOLEON

30
«1re. époque de la vie de Napoléon - 1ra. epoca de la vida de Napoleon» – vers 1843
à Paris, chez Me. Ve. Turgis rue St. Jacques No. 16
et à Toulouse rue St. Rome No. 36; Impe. par Camus
Grand motif central ovale entouré de 10 petites vignettes de même forme. La vignette située en bas, côté droit,
est intitulée *Mont St. Bernard*
Eau-forte, 20,4×28,8 cm;
dimensions de la vignette 3,7×6,8 cm
Zentralbibliothek Zürich, Zurich
Cote Ia, 54 © Photo Zentralbibliothek, Zurich

Les vignettes sur les hauts faits d'armes de Napoléon entourent la remise de la Légion d'honneur au camp de Boulogne. En bas, à droite, *Le passage du Mt. St. Bernard.* La remise de cette précieuse décoration à un membre de la Garde offre l'opportunité d'aborder la condition de ce corps prestigieux.

Née de la transformation en 1799 d'un corps de parade créé par le Directoire pour assurer la sauvegarde du Gouvernement, la Garde sortira pour la première fois de la métropole en 1800 pour la deuxième campagne d'Italie et connaîtra son véritable baptême du feu à Marengo. De nombreux privilèges accompagneront la Garde, cette élite, tout au long des campagnes napoléoniennes. Au nombre de ceux-ci, l'équipement (souliers, habillement) n'est pas le moindre. Mais l'armement, notamment le mousqueton manufacturé à Versailles, présente un avantage majeur au combat. On ne peut nier que cette élection crée une certaine jalousie parmi les soldats de la ligne, souvent mal habillés et mal payés.

«Je vous prie, Citoyen, de faire solder trois mois d'appointements aux soldats et officiers de la 12e demi-brigade, à laquelle il en est dû 7 [...] Je vous prie également de procurer à la 12e demi-brigade 400 habits, vestes ou capotes, de manière que cette demi-brigade soit un peu habillée; elle l'est d'une manière à faire peur» *(Bonaparte).*

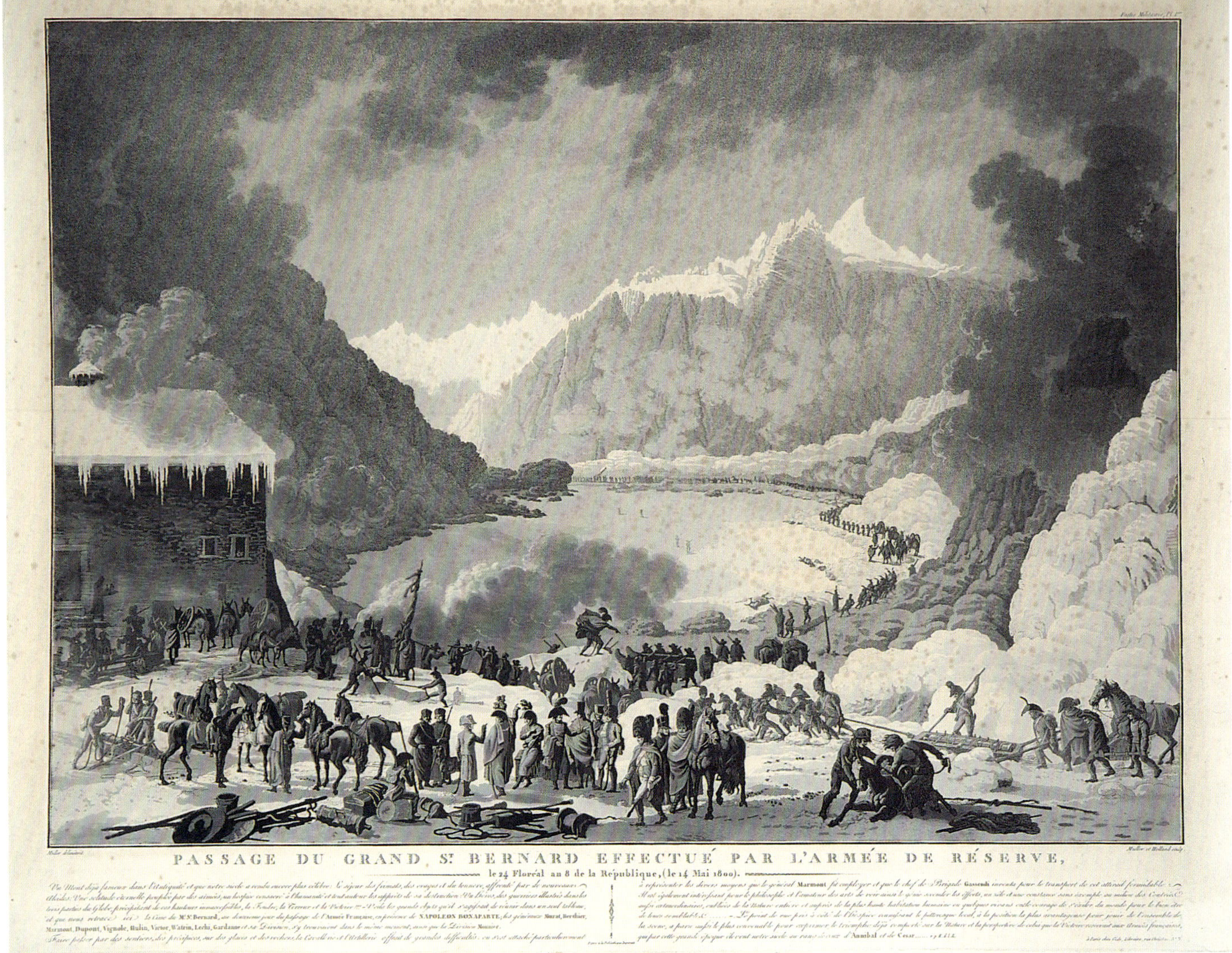

Le texte sous l'aquatinte dit, entre autres: «[...] on s'est attaché particulièrement à représenter les divers moyens que le général Marmont fit employer et que le chef de brigade Gassendi inventa pour le transport de cet attirail formidable.»

En effet, plusieurs scènes sont remarquables, notamment dans les moyens de transport, mais aussi dans la représentation des diverses unités de l'armée de réserve.

Au premier plan, au voisinage d'un fantassin assis sur son tambour, un tas de matériel épars: limonières, essieu, caisses et mortier, le tout semblant ne plus avoir de possesseur.

Au deuxième plan, à gauche, des artilleurs dissertent sur le matériel de traction d'un canon de petit calibre dans son écrin de bois. Au centre, Bonaparte est en conversation avec quelques membres de son état-major. Leurs chevaux sont sous la surveillance d'un cavalier de la Garde consulaire. A la gauche de Bonaparte, deux marronniers (conducteurs de chiens de l'hospice). Sur la droite, des grenadiers de la Garde des consuls semblent ne porter aucune attention aux indigènes qui ôtent le bât d'un mulet pour lui permettre de se relever. En effet, un animal de bât qui tombe lourdement chargé, particulièrement dans la neige, ne peut pas se relever sans qu'on le décharge.

Au troisième plan, de droite à gauche, nous voyons deux indigènes portant une caissette avec des munitions. Le canon tracté devant eux est d'un gros calibre, probablement de 8 ou 12 livres.

Le dernier plan débute, sur la gauche, par des scènes en rapport avec le calme de l'hospice: collation pour les hommes (vin, pain et fromage), repos pour les mulets portant les roues, feu bienfaiteur pour divers soldats dont un porte-drapeau. Derrière ce dernier, la colonne reprend sa route avec, abordant la descente, le portage d'un de ces mémorables caissons à munitions. Devant eux, quelques mulets et les porteurs d'un affût. Sur un promontoire neigeux, un officier donne le ton. Et de quelle manière! La colonne s'étire ensuite le long du lac où des cadavres d'équidés rappellent que ce sont eux qui ont payé le plus lourd tribut à cette grande aventure.

◁ 31
«Passage du Grand S^t. Bernard effectué par l'armée de réserve, le 24 Floréal an 8 de la République, (le 14 Mai 1800)» – 1812
Muller delineavit; Muller et Helland sculp.
Déposé à la Bibliothèque Impériale;
A Paris chez Gide, Libraire, rue Christine, n° 3
Sous la légende, sur deux colonnes, six lignes de texte:
Un Mont déjà fameux [...] r.p.K.d.l.R
Aquatinte, sur papier vergé replié, 54×73 cm
Collection Léo Garin, Courmayeur
Photo Studio & Prolabo Bonnardot, Sion

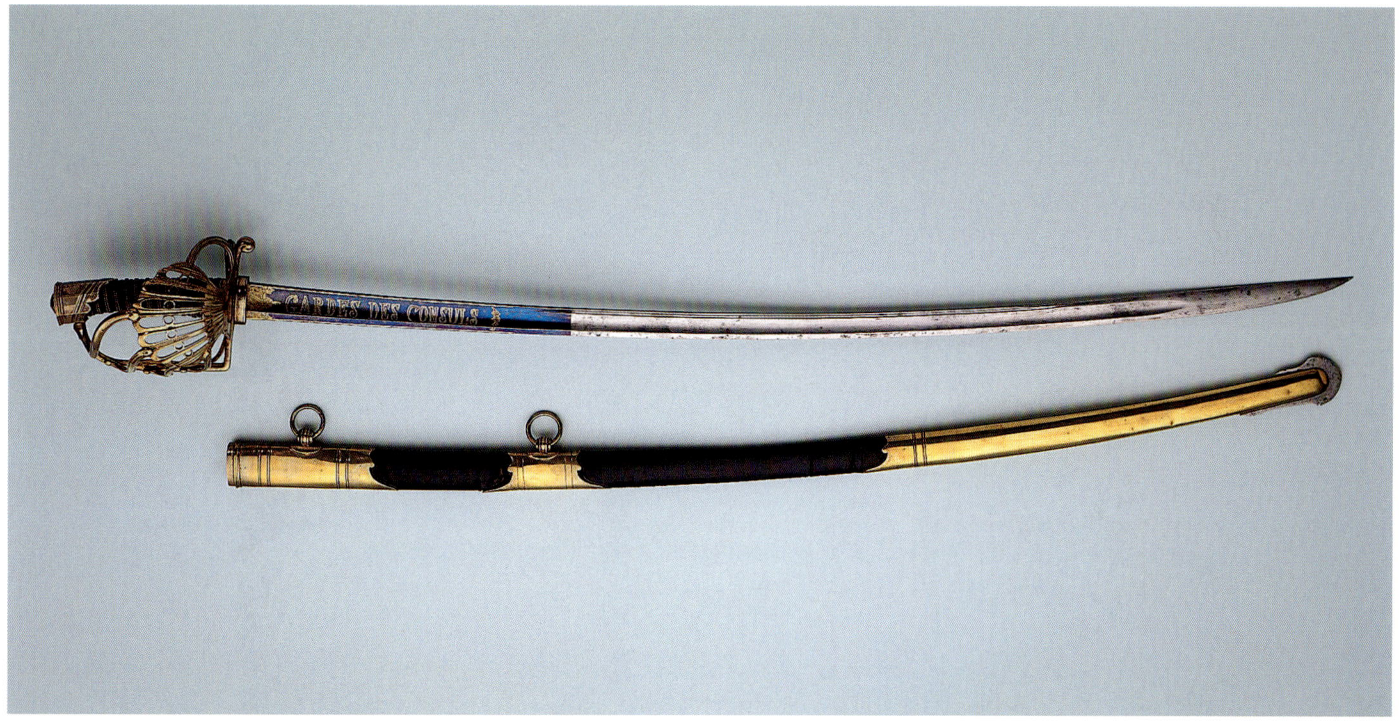

32
Sabre d'officier des grenadiers de la Garde des consuls – Consulat
Lame en acier
Garde de bataille
Inscription *Garde des Consuls* sur la lame
Fourreau en cuir
Longueur totale 110,7 cm / Largeur de la monture 11,5 cm
Musée d'art et d'histoire, collection Henri Strübin, Neuchâtel
N° d'inventaire AAS497/Cliché Musée d'art et d'histoire de Neuchâtel/ Jean-Marc Breguet

«Les grenadiers à pied des Consuls que vous m'avez envoyés, ont soutenu à la droite plusieurs charges de cavalerie l'arme au bras, et ont arrêté pendant longtemps le succès de l'ennemi. Ce corps a perdu 121 hommes tués ou blessés. Je lui dois des éloges particuliers, et, si j'ai pris quelques soins à l'organiser*, je suis bien récompensé de le voir répondre d'une manière si brillante à mon attente» *(Rapport de Murat sur la bataille de Marengo).*

«La gauche de l'ennemi continuait à combattre avec ordre et opiniâtreté la division Watrin, appuyée des grenadiers à pied des Consuls, qui se sont signalés pendant toute la bataille» *(Premier rapport de Berthier sur la bataille de Marengo).*

* La Garde des consuls est née en 1799 seulement. Même si elle s'y est couverte de gloire, la bataille de Marengo n'était que son baptême du feu.

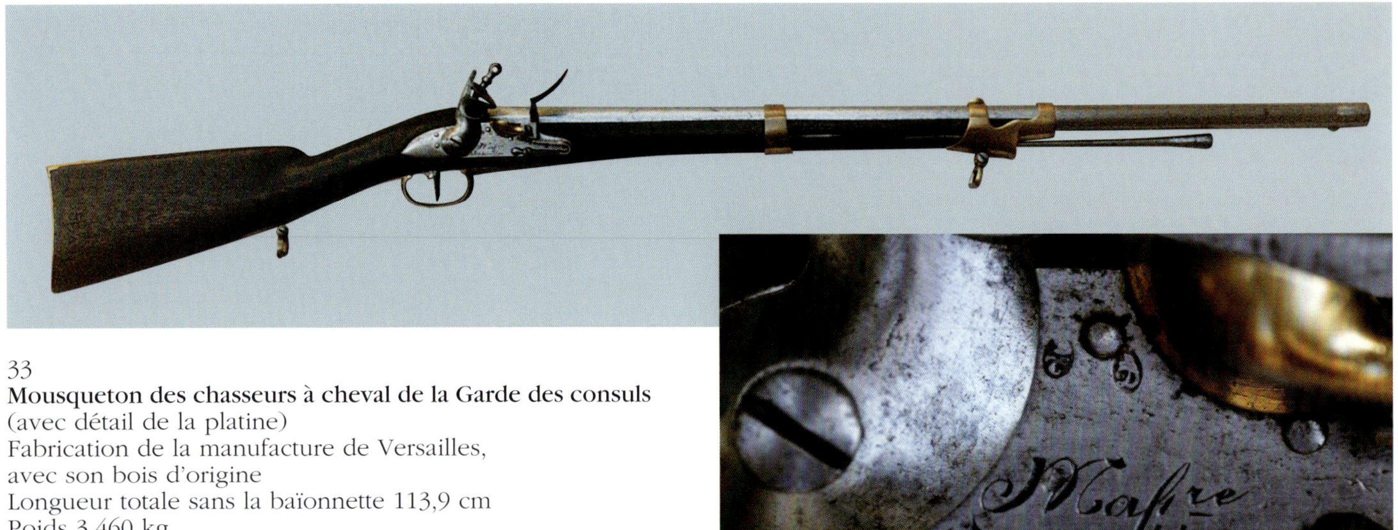

33
Mousqueton des chasseurs à cheval de la Garde des consuls
(avec détail de la platine)
Fabrication de la manufacture de Versailles,
avec son bois d'origine
Longueur totale sans la baïonnette 113,9 cm
Poids 3,460 kg
Musée d'armes du château de Joux, près Pontarlier
N° d'inventaire 64/Photos Vision 25 pour le Musée de Joux

Sur les sept exemplaires connus, ce mousqueton est le seul à avoir son bois d'origine. Les chasseurs à cheval de la Garde des consuls étaient au nombre de 180 lors du passage du Grand-Saint-Bernard.
Par tradition, la Garde ne se bat qu'en grande tenue, car, pour ces troupes d'élite, la bataille est considérée comme un «jour de fête».

C'est d'ailleurs un tel jour que vécurent lesdits chasseurs à Marengo juste après la fameuse charge de Kellermann: «En même temps, les grenadiers et les chasseurs de la garde renversaient sur la droite tout ce qui était devant eux» *(Berthier, dans sa* Relation de la bataille de Marengo*)*.

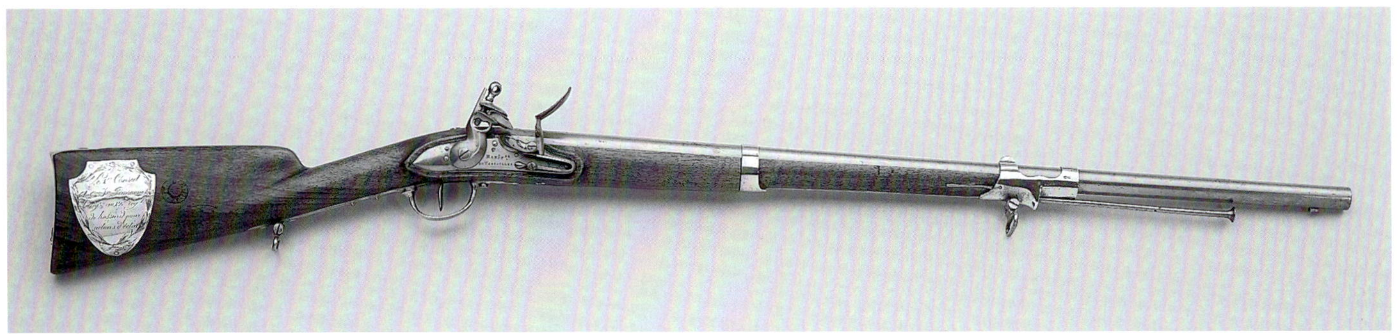

34
Mousqueton d'honneur décerné par le Premier Consul au citoyen Jean Pansonnet, brigadier au 12e Régiment de Hussards, pour action d'éclat
Garniture en argent, poinçon sur la crosse
Manufacture de Versailles sur la platine et le canon
Crosse en noyer poinçonnée *P. Cerisier*
Canon poinçonné *Boutet*
Longueur totale 115,5 cm
Musée d'art et d'histoire, collection Henri Strübin, Neuchâtel
N° d'inventaire AAS214/Cliché Musée d'art et d'histoire de Neuchâtel/Jean-Marc Breguet

Le 12e régiment de hussards (quatre escadrons, brigade Rivaud, affecté à la réserve de cavalerie) se fit remarquer par sa valeur aux batailles de Casteggio et de Montebello les 8 et 9 juin 1800.
«Le village de Casteggio a été pris et repris plusieurs fois, ainsi que plusieurs positions. Le brave 12e régiment d'hussards, qui luttait seul contre la cavalerie ennemie, a fait des prodiges» *(Alex. Berthier)*.
«Lorsque le Premier Consul a été au 12e de hussards, il a ordonné au chef de brigade de dire au régiment qu'il était très content de sa bravoure» *(Bulletin de l'armée de réserve du 29 mai)*.

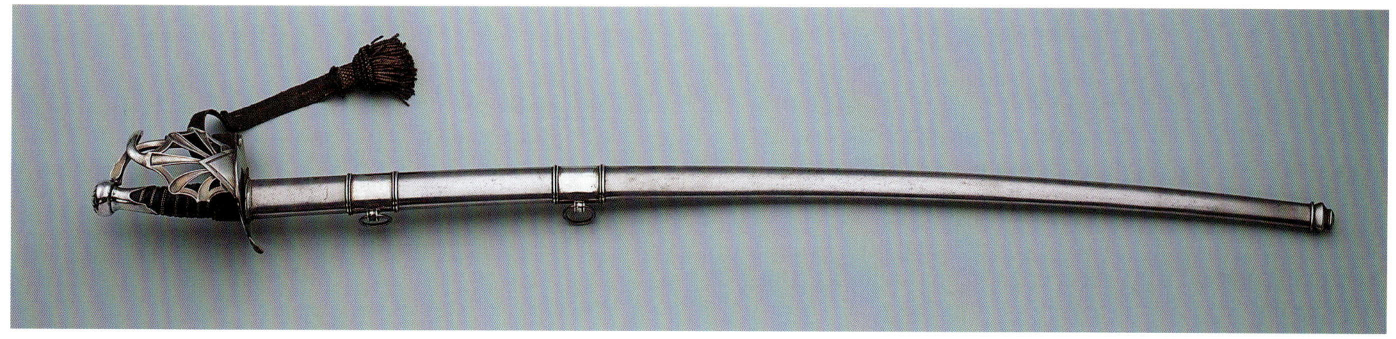

35
Sabre d'honneur de grosse cavalerie décerné par le Premier Consul le 5 mars 1801 au citoyen R. Conrot, maréchal des logis, chef au 1er Régiment de cavalerie
(futur régiment de cuirassiers)
Sabre de la Manufacture de Versailles dans son intégralité
Monture et bracelet argent
Fourreau avec sa dragonne
Longueur totale 111,5 cm / Largeur de la monture 12 cm
Musée d'art et d'histoire, collection Henri Strübin, Neuchâtel
N° d'inventaire AAS212/Cliché Musée d'art et d'histoire de Neuchâtel/ Jean-Marc Breguet

Le 1er régiment de cavalerie (deux escadrons, 182 hommes) faisait partie de l'armée de réserve. Il franchit le Grand-Saint-Bernard avec l'avant-garde de Lannes, dans le Corps de Duhesme, division Harville.
«La grosse cavalerie et le 8e de dragons se sont couverts de gloire» *(Bulletin de l'armée de réserve du 15 juin 1800).* En effet, à Marengo, ces régiments font partie de la brigade Kellermann, déterminante dans l'issue victorieuse de la bataille.

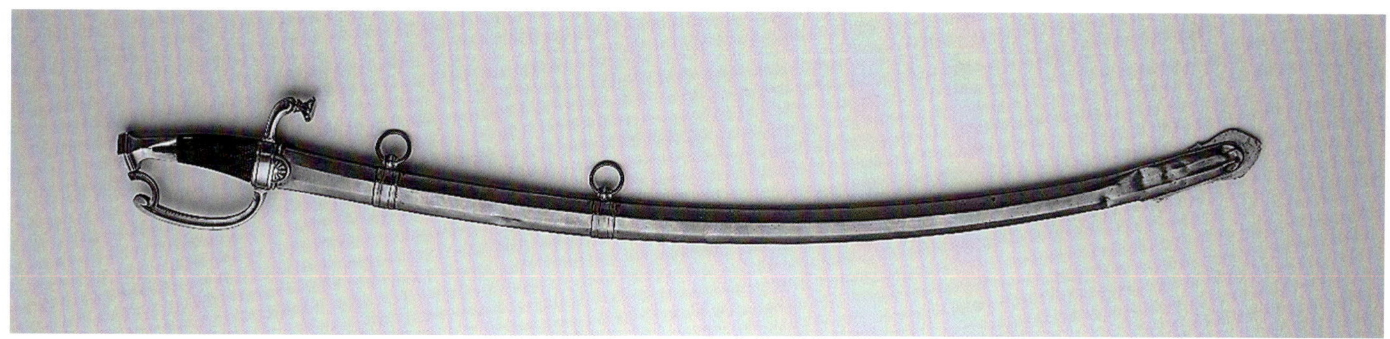

36
Sabre d'officier de cavalerie légère – 1800
Monture en laiton à branche unique, fusée en ébène quadrillée
Lame en acier damasquiné
Fourreau en laiton, à côtes
Longueur totale avec fourreau 101,2 cm
Largeur de la monture 13 cm
Musée d'art et d'histoire, collection Henri Strübin, Neuchâtel
N° d'inventaire AAS221/Cliché Musée d'art et d'histoire de Neuchâtel/ Jean-Marc Breguet

N'ayant aucune nouvelle des troupes autrichiennes depuis Montebello, le Premier Consul, inquiet, ordonne le 13 juin, veille de la bataille de Marengo, une reconnaissance de la cavalerie légère qui est très habile dans ce genre d'action. «Toute la cavalerie légère de l'armée française reçoit sur le champ l'ordre de battre la plaine; l'armée la suit, mais sans autre but que celui de pénétrer les projets de l'ennemi, et sans penser à engager une affaire sérieuse dans le champ de Marengo» *(Relation de la campagne de 1800, faite en 1803 par Berthier).*

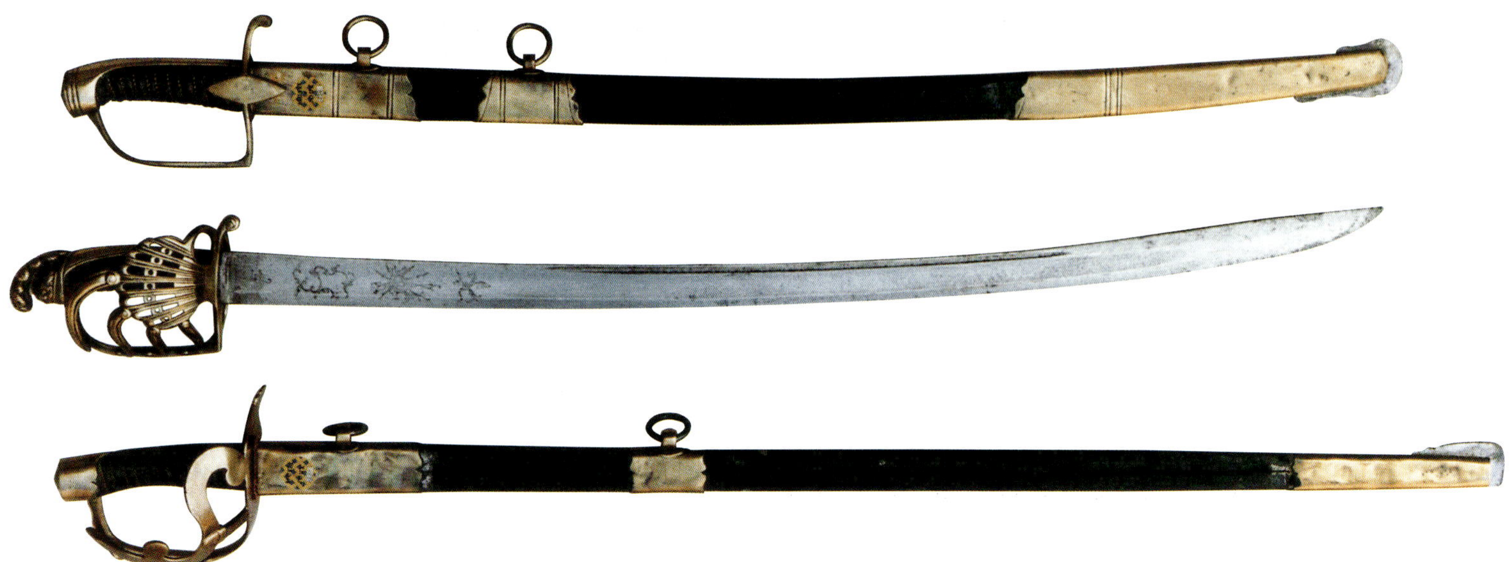

37a (en haut)
Sabre d'officier de chasseurs à cheval
Lame 88,7 cm
Longueur totale avec fourreau 105 cm
Largeur de la monture 12,1 cm
Fourreau en cuir noir à trois garnitures en laiton
Musée d'armes du château de Joux, près Pontarlier
Nº d'inventaire 234/Photos Vision 25 pour le Musée de Joux

«Le jeune Beauharnais faisant briller à la tête des chasseurs l'impétuosité de son âge réunie à l'expérience d'un guerrier consommé, montrait dès lors qu'il était digne des destinées qui l'attendaient» *(Berthier, dans sa* Relation de la bataille de Marengo*)*.

37b (au centre)
Sabre d'officier de cavalerie à garde de bataille
(avec détail de la monture)
Lame 91,8 cm
Longueur totale 108 cm
Largeur de la monture 16,2 cm
Sans fourreau
Musée d'armes du château de Joux, près Pontarlier
Nº d'inventaire 252

«Je vous demande, pour le citoyen Lamberty, officier plein d'intelligence, de bravoure et d'exactitude, la première place de capitaine qui viendra à vaquer dans le 2e de cavalerie, où il sert actuellement…» *(Kellermann)*.

37c (en bas)
Sabre de cavalerie modèle an IV
Lame 97,1 cm
Longueur totale 114 cm
Largeur de la monture 15,6 cm
Fourreau en cuir noirci à trois garnitures en laiton
Musée d'armes du château de Joux, près Pontarlier
Nº d'inventaire 230

Les armes révolutionnaires équipaient encore abondamment les soldats de l'armée de réserve.
«J'essayerais en vain, si vous n'en aviez été témoin, de vous peindre la bravoure et l'intrépidité de toute la cavalerie; il n'y a pas eu d'escadron qui n'ait eu à soutenir, dans la journée, plusieurs charges de cavalerie, toutes ont été reçues et données avec le plus grand succès» *(Murat)*.

38 non illustré
Fusil d'infanterie du type 1777
Fabrication de la Manufacture de Moulins vers 1795
Longueur totale avec la baïonnette 192 cm
Longueur totale sans la baïonnette 151,1 cm
Poids 4,760 kg
Musée d'armes du château de Joux, près Pontarlier
N° d'inventaire 40

Lorsque l'infanterie se plaçait en carré face à la cavalerie, elle pouvait, par le feu de ses trois rangs de soldats et le fer de ses baïonnettes, résister à des charges réitérées. Berthier en dit: «La cavalerie ennemie les entoure: on vit alors tout ce que peut l'infanterie d'élite.»
«La ligne de cavalerie ennemie, composée de 4000 hommes, attaque à son tour. Les 40e et 22e demi-brigades soutiennent sa charge avec fermeté, les baïonnettes en avant. Jamais infanterie ne montra plus de sang-froid et de courage. Trois charges successives sont repoussées.»

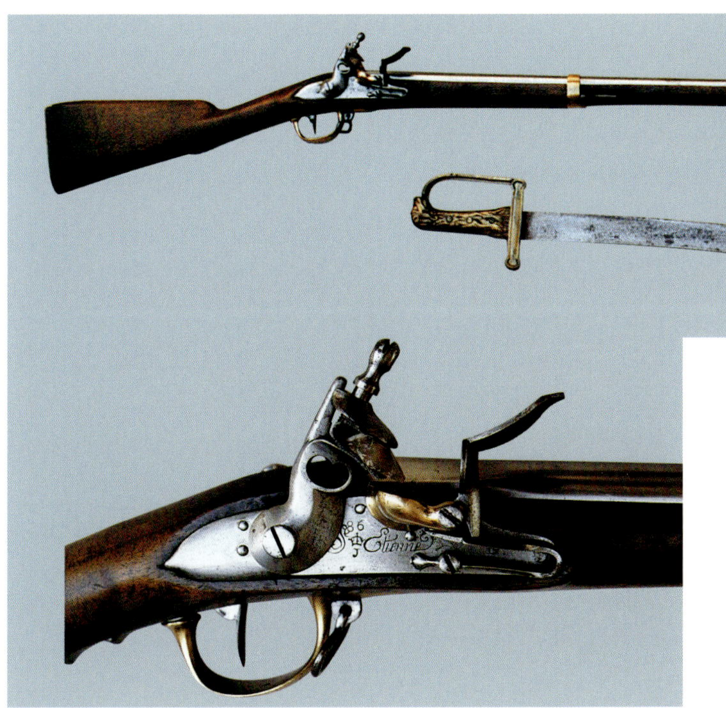

39a (en haut)
Fusil d'artillerie à silex, système 1777 (avec détail de la platine)
Fabrication 1788 par la Manufacture de Saint-Etienne
Longueur totale avec la baïonnette 162 cm
Longueur totale sans la baïonnette 130 cm
Calibre 0,0175 m
Poids 4,371 kg
Musée d'armes du château de Joux, près Pontarlier
N° d'inventaire 25/Photos Vision 25 pour le Musée de Joux

En 1800, les fusils à silex du système 1777 sortis des arsenaux royaux étaient encore utilisés par les soldats de l'armée de réserve.

39b (en bas)
Sabre d'artillerie montée, modèle 1792
(avec détail de la monture)
Lame 58,6 cm / Longueur totale 72,6 cm
Largeur de la monture 14 cm
Sans fourreau
Musée d'armes du château de Joux, près Pontarlier
N° d'inventaire 228

En 1800, ce sabre équipait surtout le train d'artillerie, dont les soldats étaient fréquemment appelés à se défendre. En effet, les canons précédaient souvent l'infanterie et accompagnaient la cavalerie. Rassemblée en masse au contact même des lignes ennemies, l'artillerie était une proie privilégiée. Les soldats du train et les artilleurs devaient pouvoir se défendre avec efficacité contre les attaques.

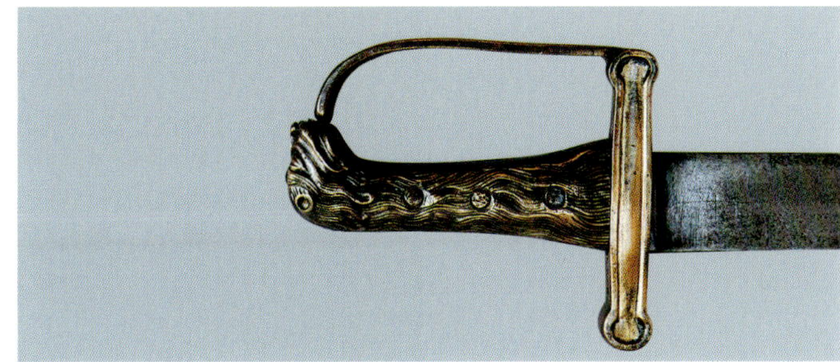

«[…] l'ennemi s'est emparé de quatre bouches à feu servies par la 4e compagnie du 5e régiment d'artillerie à cheval; qu'une pièce de 4 commandée par le citoyen Michel, lieutenant de la dite compagnie, s'est sauvé. Cette compagnie a eu cinq canonniers blessés dont trois ont perdu des membres» *(Demarçay)*.

40 non illustré
Boulet de canon de 4 (livres) – s.d.
Diamètre 8,5 cm / Poids 2,8 kg
Collection Léonard-Pierre Closuit, Martigny

Ce boulet provient d'une fouille effectuée dans la commune de Liddes, sur la route du Grand-Saint-Bernard. Il est rationnel d'imaginer que c'est une relique du passage de l'armée de réserve.
Le calibre des canons désignait le poids du boulet exprimé en livres (canons de 4, de 8 ou de 12 livres), celui de l'obusier le diamètre de l'âme exprimé en pouces (obusier de 4 pouces).

41 non illustré
Demande de mutation du citoyen Villersvaudey, lieutenant des hussards volontaires – 30 messidor an VIII
Lettre manuscrite d'une page 32×21 cm écrite au recto, sans adresse. Comporte le sceau du Secrétariat général, une recommandation signée de Marin de la Barbée, chef de brigade, commandant des hussards volontaires, et l'approbation de Mathieu Dumas.
Collection Frédéric Künzi, Praz-de-Fort

Cette supplique est écrite et signée depuis le quartier général de l'armée de réserve à Dijon. Sa datation du 19 juillet 1800 et l'affectation du requérant démontrent qu'il rentre fraîchement de la deuxième campagne d'Italie où il a combattu dans les hussards volontaires. En mauvaise santé, il demande sa mutation dans la gendarmerie nationale.

42 non illustré
«Troupes Françaises - Hussards volontaires 1799»
Extrait de *France militaire, Histoire des armées françaises de terre et de mer de 1792 à 1833*, T. 3
Revu et publié par A. Hugo, Paris, Delloye, 1836
Reproduction d'une gravure sur acier, 9,7×11,1 cm
[Pierre Martinet] del.; [Lacauchie] sculp.
Bibliothèque cantonale du Valais, 1950 Sion
Cote TB370/3

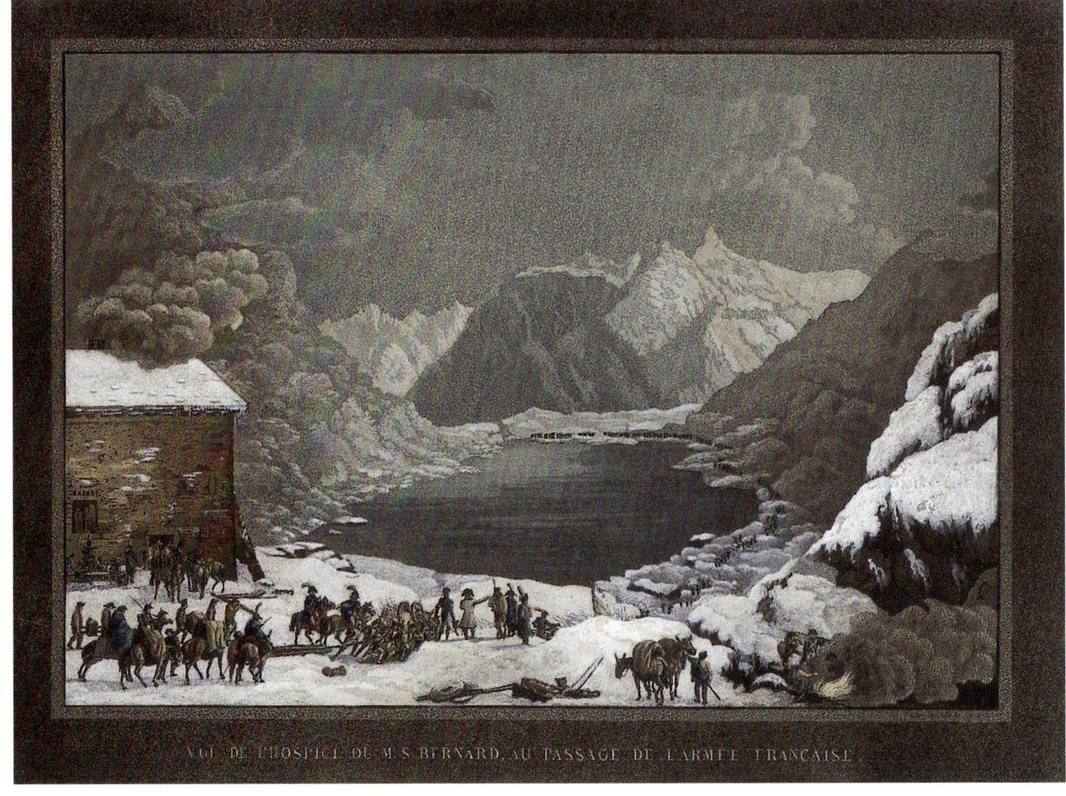

43
«Vue de l'Hospice du M^{t}. S^{t}. Bernard, au Passage de l'Armée Française»
– vers 1825
Dessiné par [Christian] Muller et Gravé par Moreau; A Paris chez Bulla, Rue St. Jacques N° 38
Aquatinte coloriée, 35×49,5 cm
Collection particulière, Courmayeur

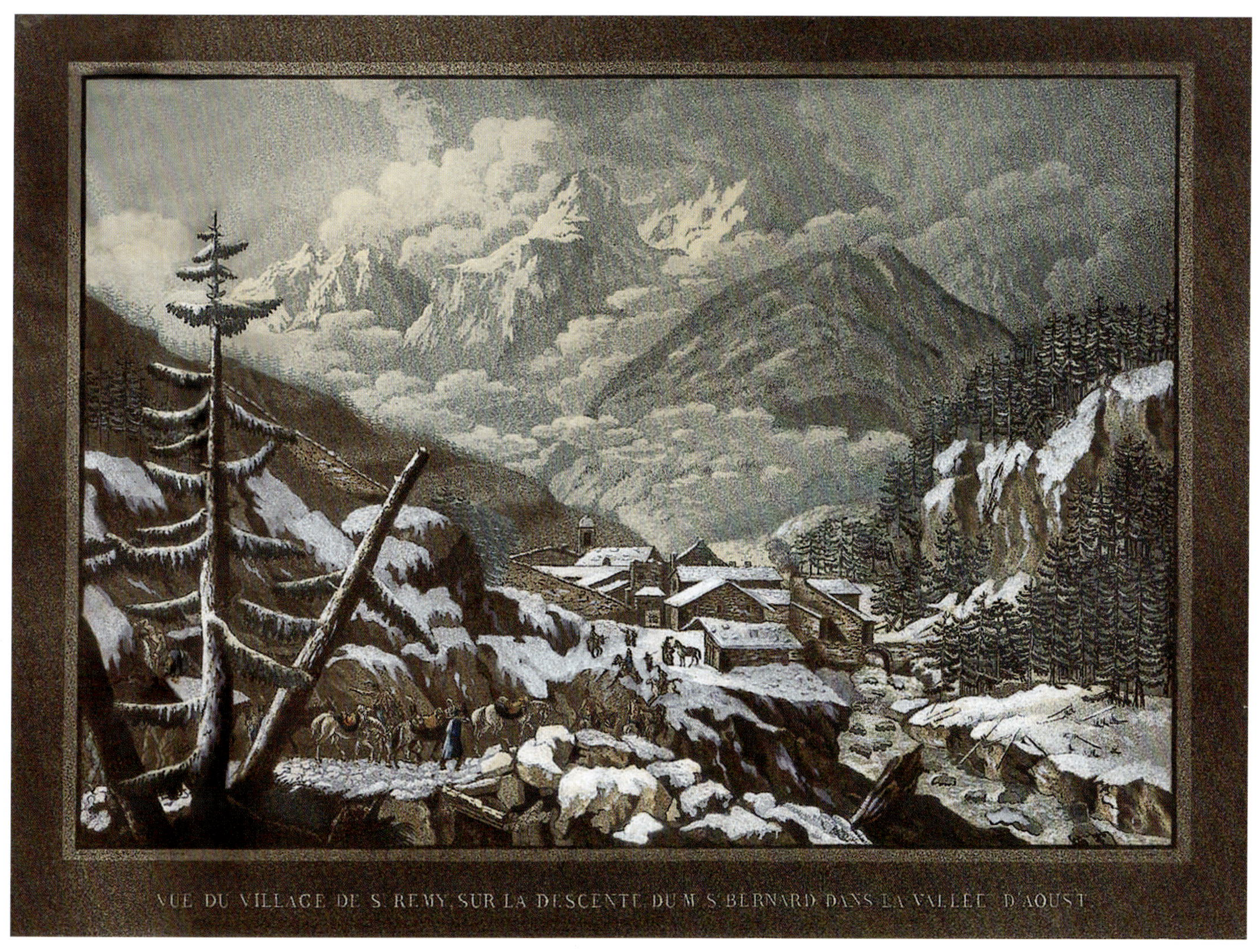

44
«Vue du village de St. Rémy sur la descente du Mt. St. Bernard dans la Vallée d'Aoust» – vers 1825
Dessiné par [Christian] Muller et Gravé par Moreau;
A Paris chez Bulla, Rue St. Jacques N° 38
Aquatinte coloriée, 34,5×48,7 cm
Collection particulière, Courmayeur

«D'après les dispositions du général commandant la division, il est ordonné au capitaine commandant la 7e compagnie du 3e bataillon de la 22e demi-brigade, de cantonner à Saint-Rémy avec sa compagnie jusqu'à nouvel ordre. Il y remplira les fonctions de commandant de la place. Il aura le plus grand soin de surveiller la correspondance et de s'y garder militairement» *(Hulin).*
Cette lettre est datée du 25 floréal an VIII (15 mai 1800) et concerne l'avant-garde. Bonaparte et Berthier ne sont encore qu'à Lausanne.

46 non illustré
«Passage du Mont Saint-Bernard» – vers 1831
[François] Georgin
De la Fabrique de Pellerin, imprimeur-libraire, à Epinal
Sous l'image, texte sur cinq lignes: *Le Mont S^{t}. Bernard […] dans les moindres détails*
Gravure sur bois, 31,5×52 cm
Collection Georges Pillet, Martigny

47 (en haut des pages 42 et 43)
[Passaggio del Gran San Bernardo 15-20 Maggio 1800] – 1818
A. Appiani inv. et pinx.; [Francesco Rosaspina sc.]
Eau-forte, 27,7×59,7 cm
Collection Léo Garin, Courmayeur

Andrea Appiani, de 1803 à 1807, a décoré de frises illustrant les hauts faits de Napoléon la salle des cariatides du Palais Royal de Milan. A la demande du gouvernement, ces œuvres ont été gravées sur cuivre, de 1807 à 1817, par divers artistes. Nous avons sous les yeux les deux eaux-fortes relatant le passage de l'armée de réserve au Grand-Saint-Bernard, qui font pendant, l'une illustrant la montée au col, l'autre la descente. Hormis la magnificence de ces œuvres, on remarquera la tournure de sculpture romaine conférée à ces bas-reliefs.

48 (en bas des pages 42 et 43)
[Passaggio del Gran San Bernardo 15-20 Maggio 1800] – 1818
[A. Appiani inv. et pinx.]; Francesco Rosaspina sc.
Eau-forte, 23×59 cm
Collection Léo Garin, Courmayeur

49 non illustré
«Passaggio del Monte S. Bernardo fatto dall'Armata Francese il 19 Mag. 1800» – vers 1835/1840
Vernet dis.; Antonio Verico incise.
Sous la légende, deux lignes de texte:
Il San Bernardo […] Ogni dire
Eau-forte, 30,7×42 cm
Musée de la communication, Berne
Cote MUS VS.Gr.SB 30

50 non illustré
«Vue du Grand S^{t}. Bernard. Marche de l'armée Française, pour entrer dans la vallée d'Aoste. 15 Mai 1800» – 1835
Dessiné sur les lieux par le Cap[itai]^{ne} Ing[énieu]^{r}-Géographe Bagetti; Gravé par Desaulx
Eau-forte, 49,5×79 cm
Collection Frédéric Künzi, Praz-de-Fort

45
«La montée était rude: mais la musique se faisait entendre et le pas de charge, dans les endroits difficiles, redoublait l'ardeur de ces précurseurs de nos petits chasseurs alpins»
[G. de Montorgueil]
Fac-similé d'une chromotypogravure grand in-4°, d'après une aquarelle de Job illustrant le *Bonaparte* de Montorgueil
Collection Alain Pigeard, Dijon

Une certaine controverse s'est élevée sur la volonté des soldats à faire franchir le col aux canons. Les archives démontrent toutefois que, comme dans toutes les armées, rien n'était absolu.
«J'ai employé un bataillon de la 59e et un détachement de 600 hommes de la division Loison à monter des pièces et porter des effets d'artillerie. Ils s'en sont tirés avec une peine excessive, et grâce aux coups que les officiers ont distribués; mais ils sont si fatigués, harassés et mécontents qu'il est impossible de les faire recommencer» *(A. Marmont).*
«J'ai l'honneur de vous prévenir que la 24e légère, jalouse de contribuer par tous ses moyens à la gloire et à la prospérité de l'armée de réserve, fait don des 2600 livres qui lui avaient été accordées par le Premier Consul Bonaparte, pour le transport de Saint-Pierre à Etroubles de deux pièces de 8, une de 4 et de tout leur attirail.
»Elle s'estime trop heureuse d'avoir fait quelque chose qui puisse être agréable au Premier Consul…» *(Ferey).*

51 non illustré
«Napoleon and His Army, Effecting the Wonderful Passage of the Alps, at Mount St. Bernard» – 1823
Engraved by Mr. George Cruikshank, from the original design of C. Vernet, executed at Paris, by I. Duplessi Bertaux.
John Cumberland, 2, Cumberland Terrace, Camden New Town
Aquatinte coloriée, 19×27,5 cm
Collection Georges Pillet, Martigny

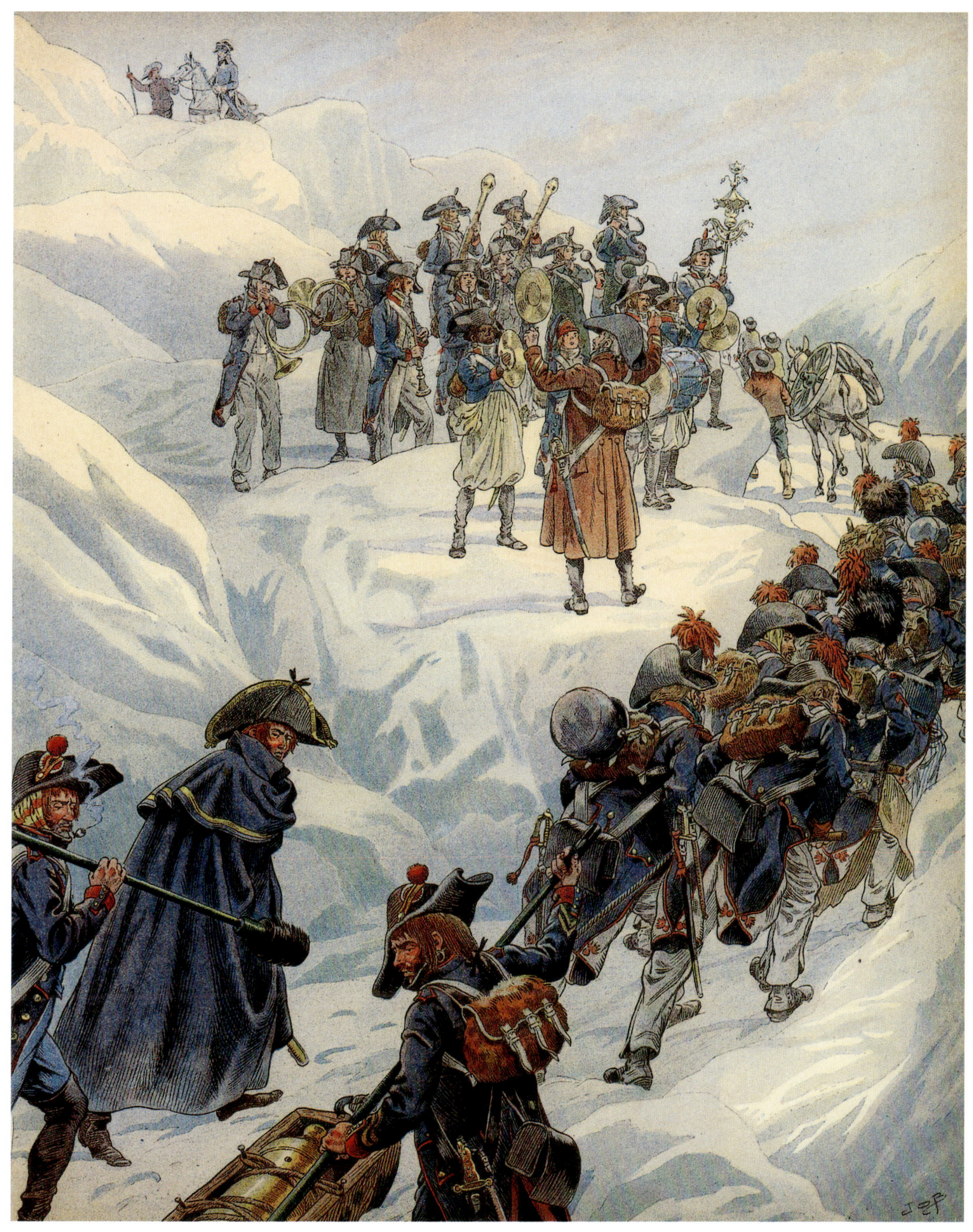

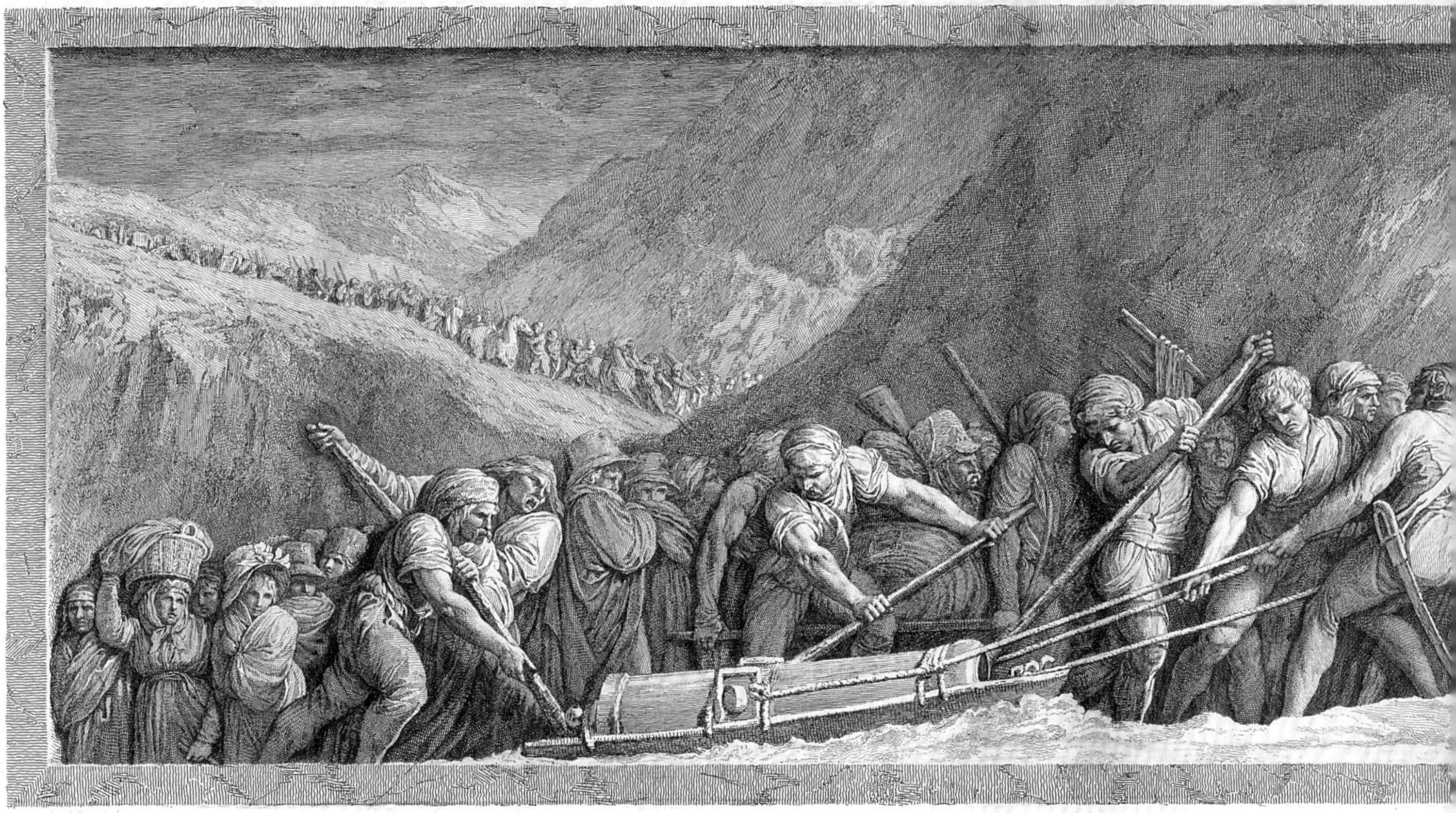

A. Appiani inv. et pinx.

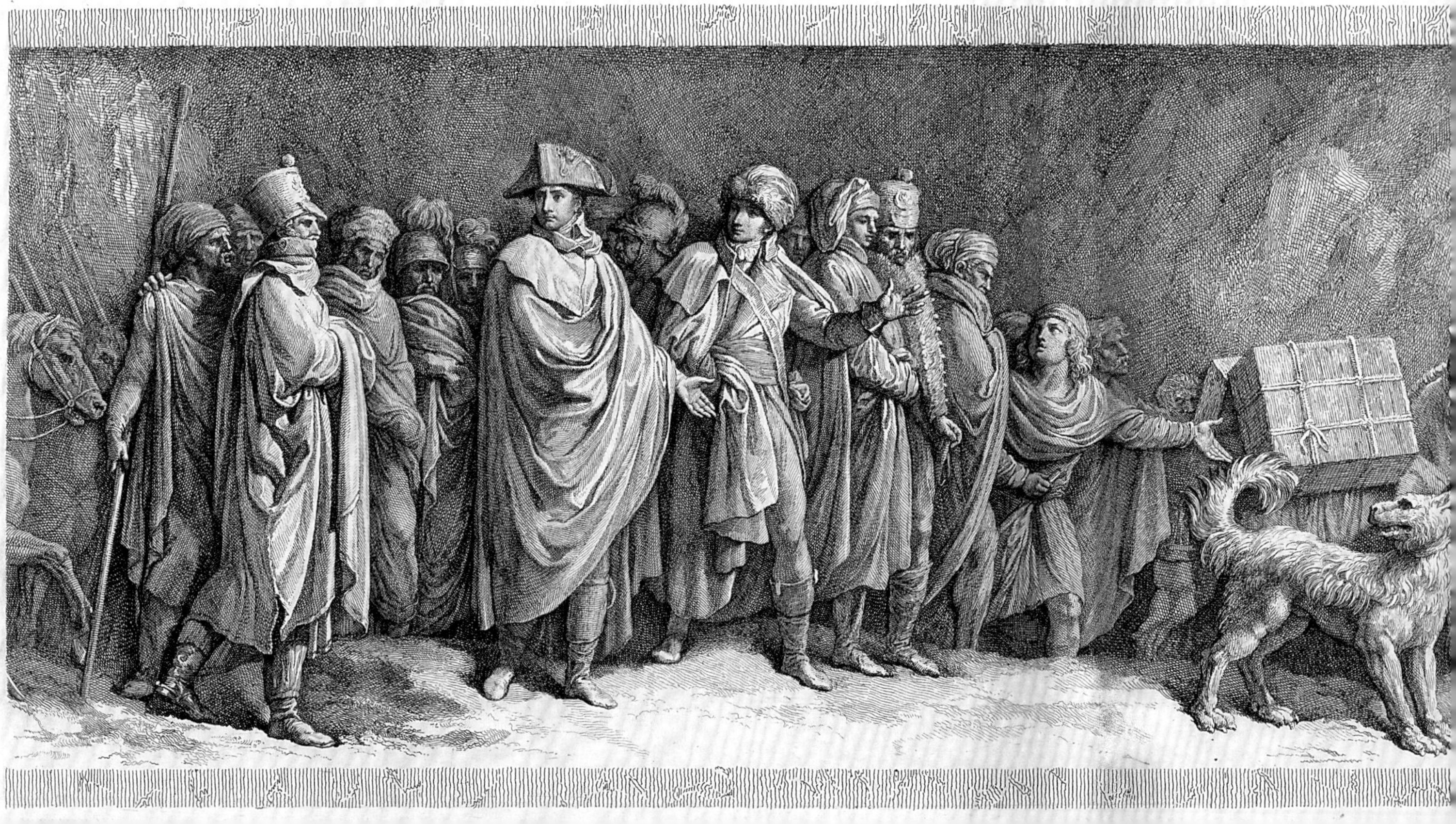

47

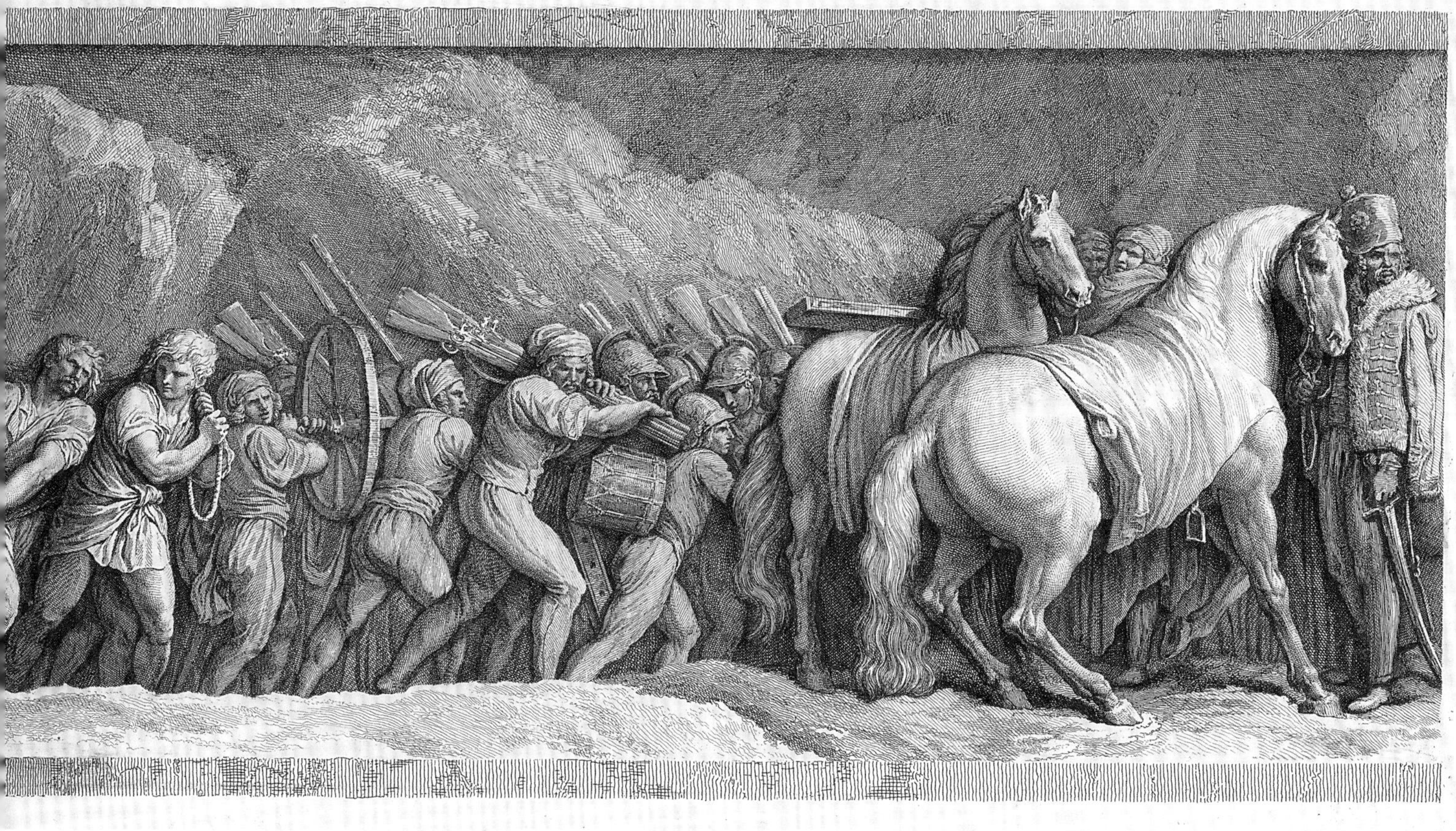

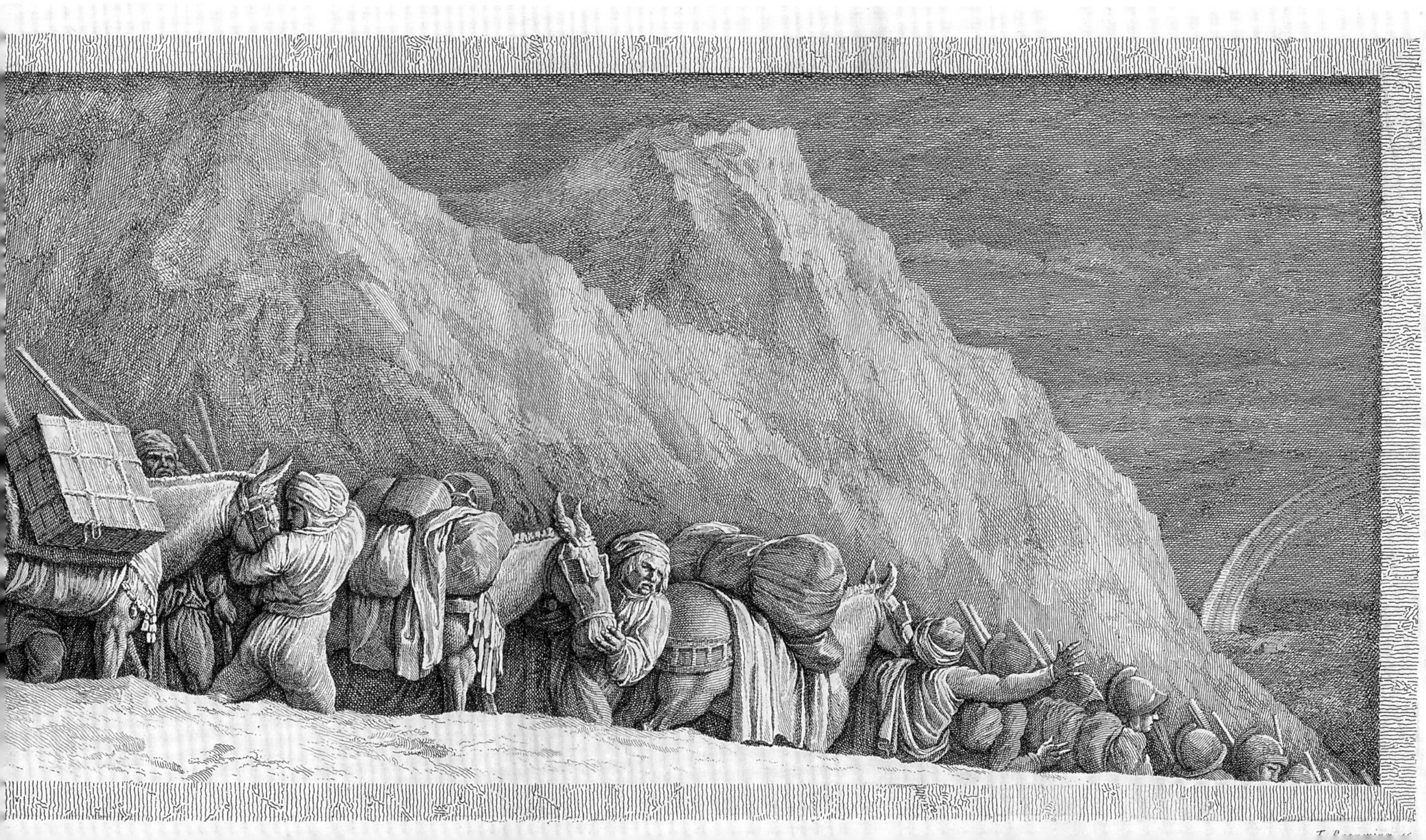

48

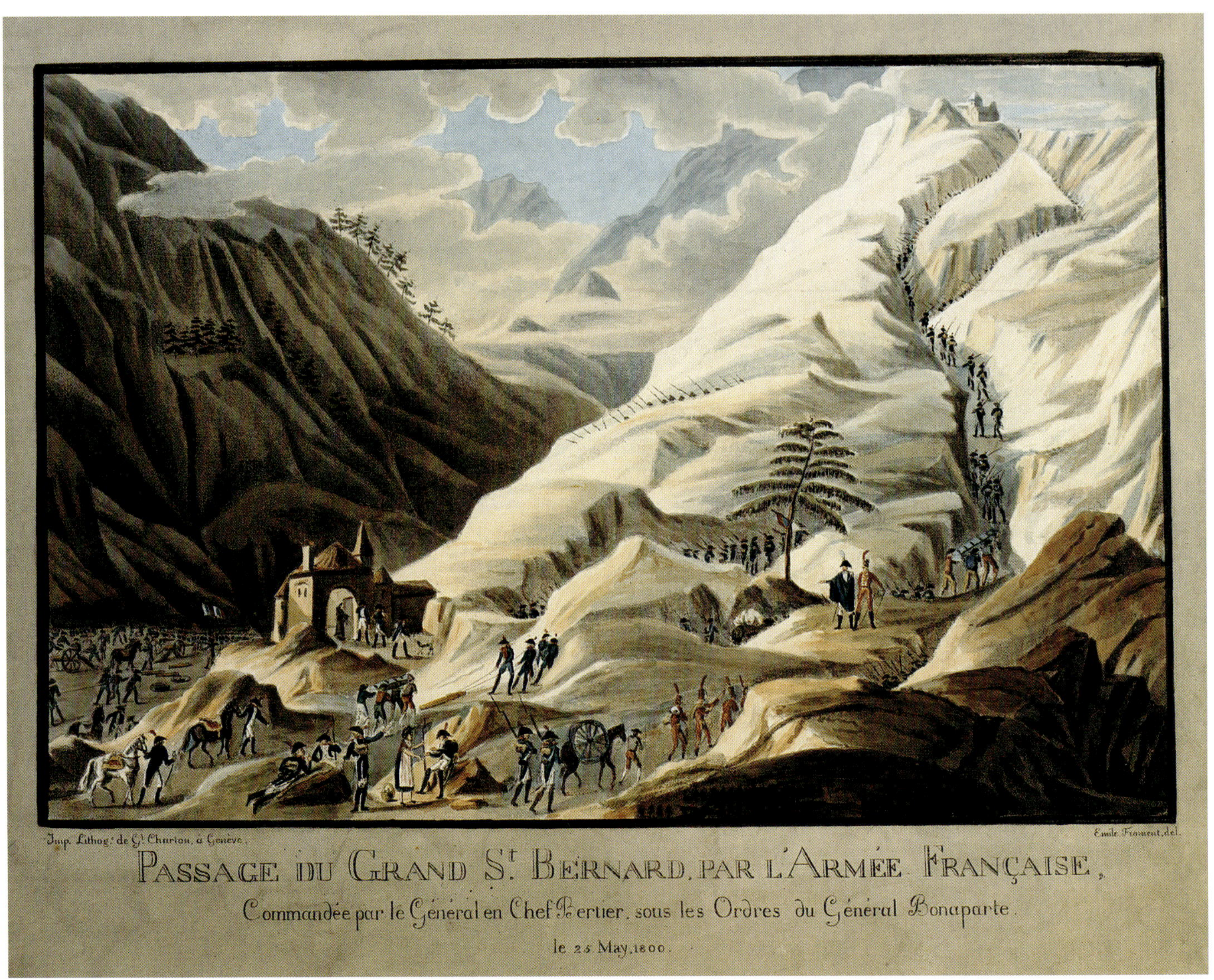

52
«Passage du Grand St. Bernard, par l'Armée Française, Commandée par le Général en Chef Berthier, sous les Ordres du Général Bonaparte, le 25 May 1800» – vers 1830
Imp. Lithog[raphiqu]e de Gl. Charton, à Genève;
Emile Froment, del.
Lithographie en couleur, 18,5×27,5 cm
Musée national suisse, Zurich
N° d'inventaire LM 26030/© Photo MNS, Zurich-Neg. CO 10857

53 non illustré
«Passage du mont St. Bernard. Übergang über den St. Bernhard. Overgang over de St. Bernhard. 20 Mai 1800» – vers 1845/1850
Lithographie, 23,3×33,5 cm
Musée national suisse, Zurich
N° d'inventaire LM-62760

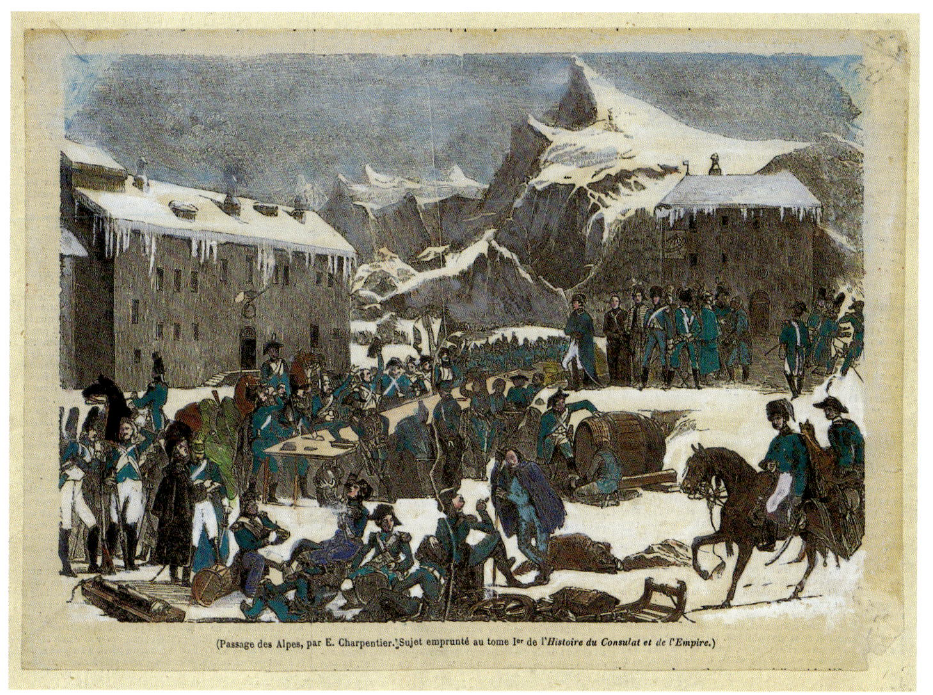

54
«Passage des Alpes» – 1845
Par E. Charpentier.
Sujet emprunté au tome Ier de l'*Histoire du Consulat et de l'Empire*
Xylogravure coloriée, 14,5×20,5 cm
Collection Georges Pillet, Martigny

«Les religieux dressèrent aussitôt des tables devant l'hospice; chaque soldat y reçoit deux verres de vin avec une petite ration de pain de seigle et de fromage. Cette distribution est continuée jusqu'à l'épuisement presque total des provisions» *(Notes manuscrites conservées aux archives de l'hospice du Grand-Saint-Bernard).*

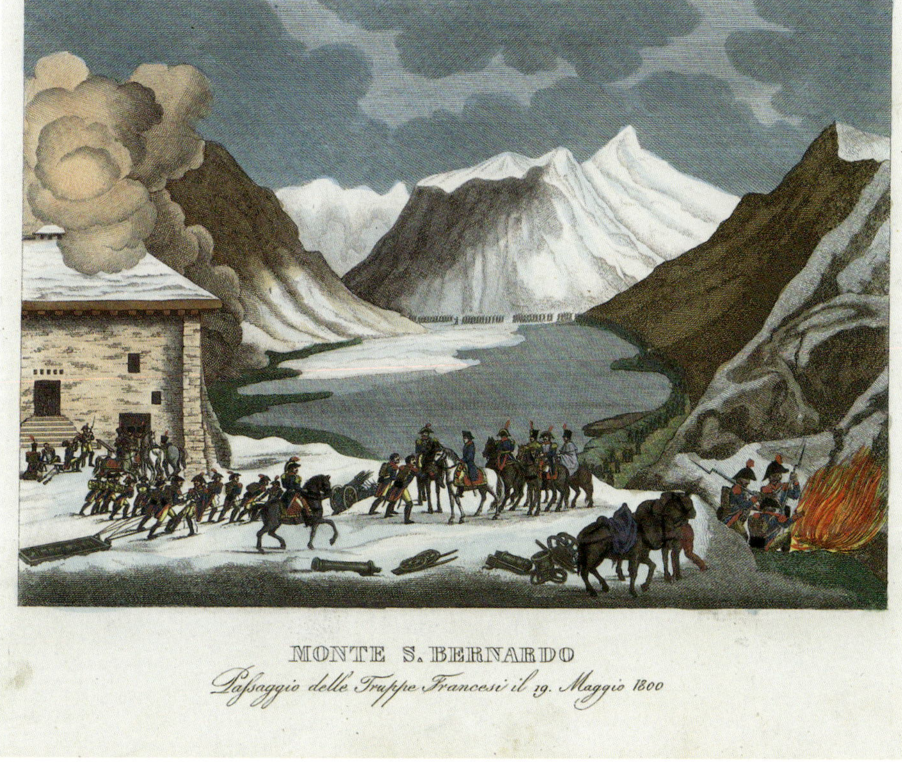

55
«Monte S. Bernardo. Passaggio delle Truppe Francesi il 19. Maggio 1800» – 1845
[D'après le tableau de Carle Vernet]
Gravure sur acier coloriée,
14,4×20,3 cm
Collection Léo Garin, Courmayeur

Corps de troupe de l'armée de réserve selon un tableau dressé à partir d'un document de l'hospice du Grand-Saint-Bernard et de la littérature spécialisée

Etat-major général
Commissaires des guerres
Trésor public
Etat-major du Premier Consul
Grenadiers à cheval des Consuls
Grenadiers sapeurs à pied des Consuls
Train d'artillerie des Consuls
Infanterie de ligne: 26 demi-brigades (dont les 13e, 22e, 30e, 40e, 43e, 58e, 59e, 60e, 70e, 72e et 96e)
Infanterie légère: 8 demi-brigades (6e, 9e, 13e, 17e, 19e, 22e, 24e et 28e)
Sapeurs: infanterie légère des 2e et 3e bataillons
Légion italique: 2 demi-brigades
Légion helvétique: 7e compagnie
Cavalerie: 1er, 2e, 3e, 5e, 19e et 20e régiment
Hussards: 1er, 2e, 6e, 11e et 12e régiment
Chasseurs à cheval: 1er, 2e, 3e, 5e, 7e, 15e et 21e régiment
Dragons: 5e, 7e, 8e et 9e régiment
Artillerie à cheval: 2e, 3e et 5e régiment
Artillerie à pied: 1er régiment d'infanterie légère des 2e, 3e, 5e et 6e bataillons
Ouvriers d'artillerie: 2e et 6e compagnie
Mineurs: 1 compagnie
Armuriers
Equipages d'ambulance, officiers de santé, administration des hôpitaux, équipages militaires et des vivres

57 non illustré
«Vue de l'hospice du grand St. Bernard, prise sur les bords du Lac; passage d'une armée française de 80 000 hommes et 58 pièces de canon, le 16 mai 1800, en présence du premier consul Bonaparte» – vers 1825-1830
Publié par J[ean]-P[ierre] Lamy, Berne, Bâle, etc.
Aquatinte en couleur, 11,5×15,5 cm
Collection Georges Pillet, Martigny

58 non illustré
«Les époques de la Révolution» – vers 1831
[François] Georgin
De la Fabrique de Pellerin, imprimeur-libraire, à Epinal
Gravure sur bois, 41×33 cm
Malmaison, Musée national du château, Rueil-Malmaison
No d'inventaire N 1978

59 non illustré
«Bonaparte au Mont St. Bernard» – 1843
h. Scheffer del.; Villerey sculps.; Publié par E. V. Penaud fr.
Gravure sur acier, 9×12,5 cm
Collection Léo Garin, Courmayeur

60 non illustré
«Passaggio del gran S. Bernardo» – 1845
Frontispice de l'ouvrage *Consolato e Impero*, par Thiers
Borroni e Scotti, Milano, 1845
Santa Maria inc.
Xylographie, 15×9 cm
Collection Frédéric Künzi, Praz-de-Fort

61 non illustré
«Übergang über den St. Bernhard durch Bounaparte 1er Consul, 1800. Passage du grand St. Bernard, par Bounaparte 1er Consul, 1800» – 1836-1837
Danzer del.; Nilson sculp.;
No. 31. St.; Basel bey. Maehly & Schabelitz.
Aquatinte, 7,7×11,1 cm
Collection Frédéric Künzi, Praz-de-Fort

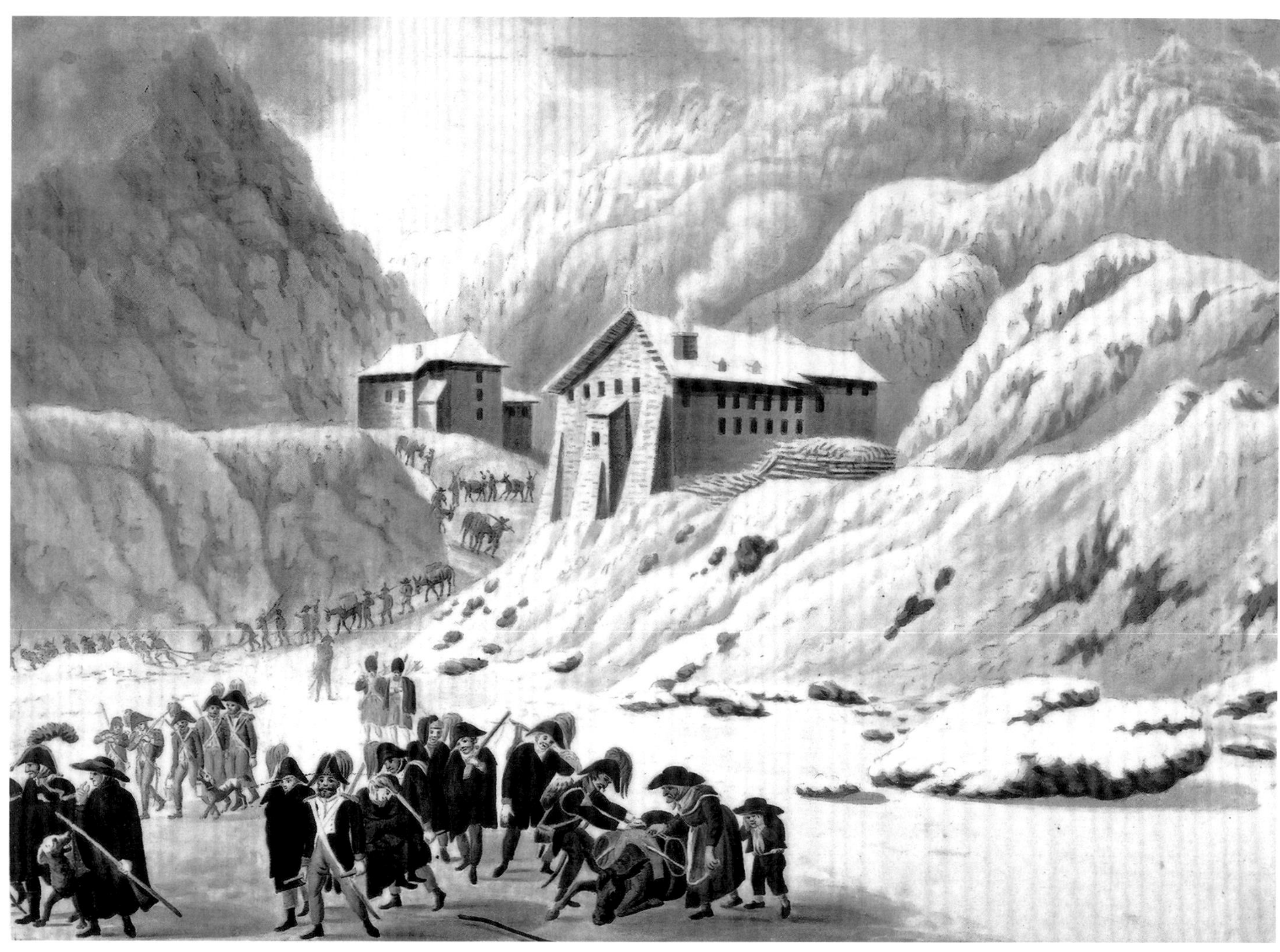

56
[Vue de l'Hospice du Mont St. Bernard prise du milieu du Lac]
– s.d.
Attribué à [Johann Christian Ernst Müller, dit Christian Müller][3]
Aquarelle, 33,5×45,5 cm
Bibliothèque nationale suisse, cabinet des estampes, Berne

Ce dessin se distingue par l'importance accordée au mulet tombé à terre et à ce qui semble être ses propriétaires. L'expression apeurée de la mère et les pleurs de l'enfant sont justifiés. En effet, dans les vallées extrêmement pauvres du Valais, où de nombreuses familles ne possédaient qu'une seule vache, le mulet appartenait souvent à plusieurs propriétaires. C'était un bien précieux, dont la disparition se traduisait par de notables privations.

Le tableau de Jacques Louis David: *Le Premier Consul franchissant les Alpes au col du Grand-Saint-Bernard*

par Frédéric Künzi

L'œuvre

Si les circonstances de commande de cette œuvre ne sont pas connues, on sait avec certitude que l'initiative en revient au roi d'Espagne Charles IV. Dans une lettre du 3 mai 1803, David réclame le solde dû pour les trois tableaux commandés par Bonaparte, faisant aussi état des 24 000 francs payés par le roi Charles IV pour le premier spécimen. Il n'est pas fait état d'un cinquième. Comme suggéré dans la légende de l'illustration N° 63b, peut-être n'était-il pas encore peint.

Jacques Louis David peindra maintes fois Napoléon Bonaparte, mais *Le Premier Consul franchissant les Alpes au col du Grand-Saint-Bernard* est le premier portrait qu'il en ait fait (Fig. 62). Un des traits distincts de son œuvre apparaît d'emblée: celui de l'importance accordée au geste. En effet, paré de son habit bleu de général de la République et de son sabre, calme sur son cheval fougueux, Bonaparte désigne prophétiquement du doigt le col comme le but à atteindre, le chemin de la gloire éternelle. Tout comme celui, ample et souverain, de l'Empereur couronnant l'Impératrice dans *Le Sacre*, ce geste du Premier Consul est capital, car il symbolise aussi la future ascension vers l'empire. Cette détermination, qui s'affirme fortement dans l'œuvre, mènera Bonaparte à Marengo, bataille reconnue comme une étape capitale vers l'empire.

Mais le rôle du cheval n'est pas moins saillant. Il apparaît spontanément comme l'instrument du mouvement en avant, de la charge ardente et impétueuse. L'œil de la monture, dont on voit le blanc, révèle sa vivacité, mais aussi sa méfiance. Son cavalier, usant à la fois de son savoir et d'une main inflexible, peine à la contenir.

Des grottes de Lascaux à Hans Erni, la représentativité du cheval dans l'art, de manière picturale ou sculpturale, est permanente. Il a partagé sur les toiles, dans la pierre ou le bronze les espérances superstitieuses de l'homme de Cro-Magnon, la commémoration des chasses d'Assurbanipal, le symbolisme de la religion, la désolation des champs de bataille, mais aussi, tout comme le cheval de Bonaparte, la gloire des vainqueurs.

Une bonne compréhension de cette œuvre emblématique passe donc – sans pour autant formuler la moindre critique négative – par une analyse de l'attitude de la monture. Le cheval est représenté tel que tous les artistes l'ont fait quasiment jusqu'au moment où la photographie a permis une étude scientifique des allures et de leurs mouvements successifs. En effet, jusqu'aux nombreuses études réalisées par Ernest Meissonier (1815-1891), les chevaux au galop sont tous représentés dans une position irréelle, qui oscille entre la cabrade, la levade et l'appui précédant un saut d'obstacle. A l'origine de ce mécanisme hybride se trouve le cheval du tableau de Raphaël *Saint Georges terrassant le dragon*, chef-d'œuvre s'il en est. A dater de ce moment, le modèle est déposé; tous les grands noms de la peinture reprennent cette image. Donnons ici quelques exemples d'œuvres où apparaît cet archétype du cheval: *La Bataille de Fleurus, 26 juin 1794* par Mauzaisse, *La Bataille d'Aboukir*, peinture du général Lejeune, *La Bataille d'Iéna*, peinture de Charles Thévenin, *Arrivée de Napoléon et Marie-Louise aux Tuileries le 2 avril 1810*, peinture d'E. B. Garnier, *Portrait équestre du roi Jérôme de Westphalie*, gouache sur vélin du baron Gros, *Wellington dans la forêt de Soignes visite les avant-postes*, peinture d'Hippolyte Lecomte, *Officier des chasseurs à cheval,* peinture de Théodore Géricault. Ne sont nommés ici que des exemples en rapport avec la vie de Napoléon Bonaparte. Mais d'autres noms viennent encore à l'esprit: Van der Meulen, Rubens, Vélasquez ou Horace Vernet, pour ne citer qu'eux.

Géricault, esprit inquiet et chercheur, est le premier à tenter un changement dans la représentation picturale du cheval, particulièrement au galop. Mais le véritable novateur en ce domaine est Meissonier. Bien que ne faisant pas partie des grands maîtres de la peinture, son tableau *La Campagne de France - 1814* est cependant le premier à représenter parfaitement les appuis d'un cheval au pas. Parallèlement, il travaille sur des études de chevaux au galop. Dans *1807*, le colonel et le trompette (Fig. 0.1) sont déjà représentés de manière plus réelle. Précis, soucieux de perfection, Meissonier n'hésite pas à corriger son dessin. En 1889, il présente une répétition de *1807* avec une représentation des chevaux déjà très réaliste. Cette perfection tant attendue, il nous l'offre sous la forme de la maquette de la statue du général Duroc (Fig. 0.2). L'art s'est alors enrichi d'une nouvelle dimension dans les scènes équestres.

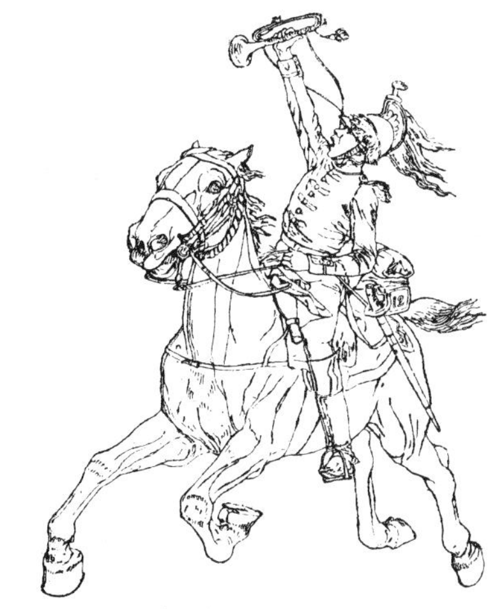

0.1 Fac-similé du trompette de *1807* par Meissonier

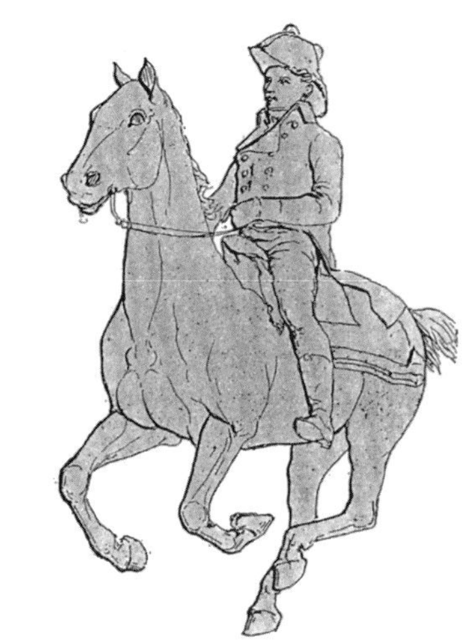

0.2 Fac-similé de la statue du général Duroc par Meissonier

Son utilisation populaire

Le Premier Consul franchissant les Alpes au col du Grand-Saint-Bernard compte parmi les évocations picturales des grands moments de l'histoire de France. Chacun se rappelle avoir vu au moins une fois Bonaparte évoluer entre les glaciers, que cela soit sur le cheval adopté par David ou le mulet préféré par Delaroche. La célèbre œuvre de David a, de tout temps, captivé l'attention populaire. Estampes d'interprétation (Fig. 68 et 70 à 74), travaux d'atelier ou de dilettante (Fig. 64), mais aussi livres, publicité, puzzles, cartes à jouer, souvenirs pour touristes, médailles, boîtes de toutes sortes (Fig. 66) ont été abondamment créés avec, comme modèle, l'image de Bonaparte sur son fougueux cheval (Fig. 67).

Jacques Louis David lui-même a réalisé plusieurs tableaux, des travaux d'atelier, sur le même modèle (Fig. 63a à 63d). La couleur du manteau ou du cheval, quelques détails d'une importance plus ou moins accentuée différencient chacune des versions de cette œuvre emblématique. Cette figure est devenue rapidement indissociable de l'image du passage du Grand-Saint-Bernard. Bien que Delaroche (Fig. 75 à 77) soit historiquement plus proche de la réalité*, il n'est pas contestable que la multitude a essentiellement retenu l'emblématique version popularisée par le maître du néoclassicisme.

F. K.

* On sait avec certitude que c'est Pierre-Nicolas Dorsaz, muletier de Bourg-Saint-Pierre, qui conduisit le mulet de Bonaparte jusqu'au col. Le Premier Consul était aussi vêtu plus commodément qu'il n'est représenté sur les tableaux de David.

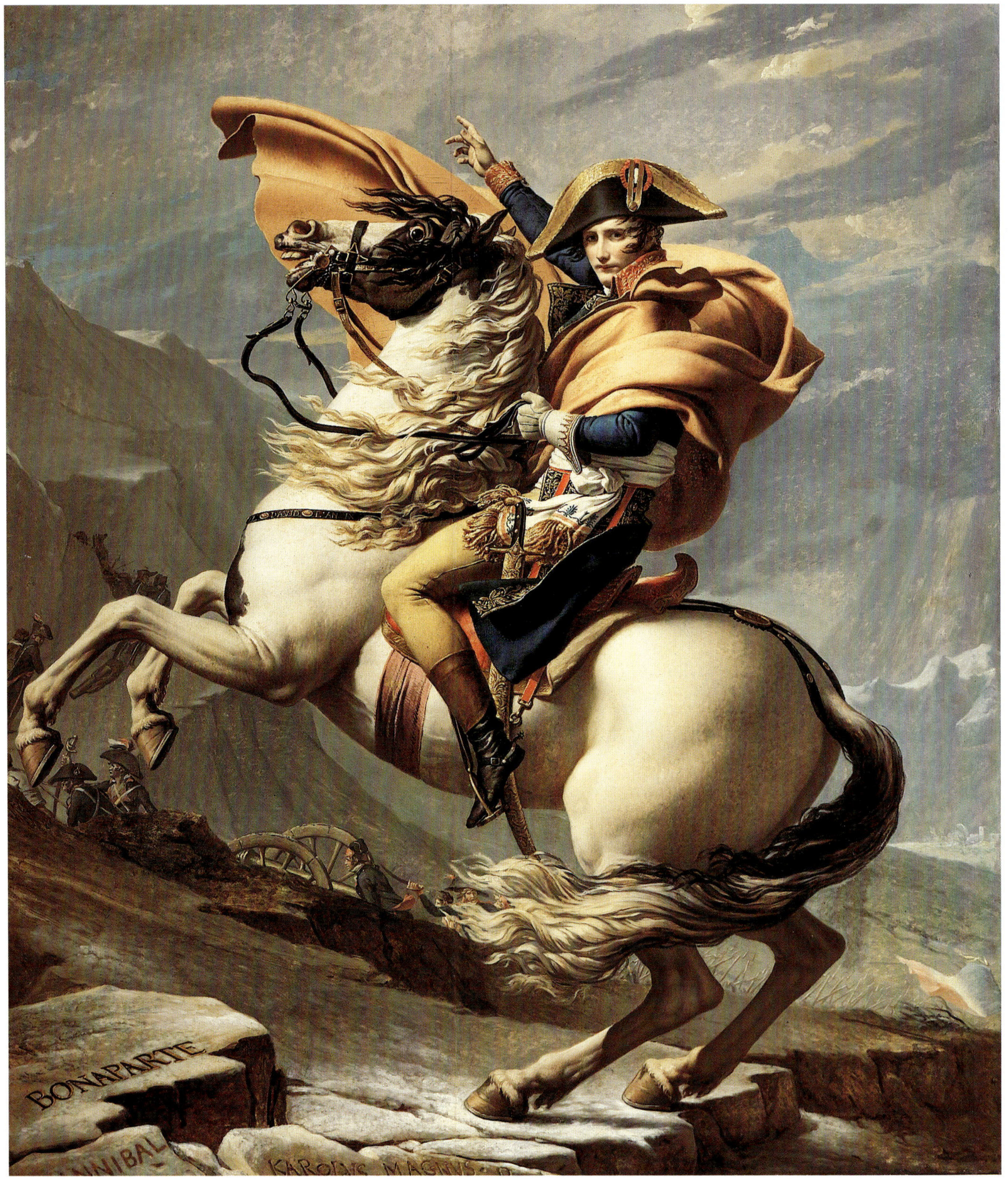
BONAPARTE
NNIBAL
KAROLVS MAGNVS

◁ 62
«Le Premier Consul franchissant les Alpes au col du Grand-Saint-Bernard» – 1801
Jacques Louis David[4]
Huile sur toile, 259 × 221 cm
(présentée en fac-similé dans l'exposition)
Musée national des châteaux de Malmaison & Bois-Préau, Rueil-Malmaison
N° d'inventaire MM.49.7.1/© Photo RMN/86EE5326

Bonaparte, désignant du doigt le but à atteindre, exhorte ses soldats au courage, leur prédisant prophétiquement gloire et reconnaissance historique. Au profit de ce geste, capital dans l'œuvre de David, la main droite s'est dégantée. La gauche, gantée de cuir blanc, maîtrise le cheval par une position de la main fort académique. Cette première œuvre est la seule qui représente le Premier Consul vêtu de son uniforme bleu de général de la République, avec un manteau orange, les autres versions étant ornées d'un manteau rouge. Le visage reflète une jeunesse proche de l'adolescence, alors que les autres tableaux révèlent un Bonaparte à l'air soucieux, préoccupé, les traits s'étant creusés.
La monture, agrémentée d'une robe pie (et non pas blanche comme cela est habituellement décrit), est embouchée d'une bride complète*.
Mais ces détails ne sont là que pour servir le vrai sujet du tableau: la vision héroïque d'un général animé par le souffle de l'intrépidité. Ce vent impétueux s'engouffre dans le manteau du jeune Premier Consul, balayant d'une même rafale les crins du cheval et entraînant Bonaparte au pinacle de la gloire.
Ce tableau a été légué par la princesse de la Moskova.

*La bride complète comporte deux rênes, l'une reliée au mors de bride, l'autre au filet.

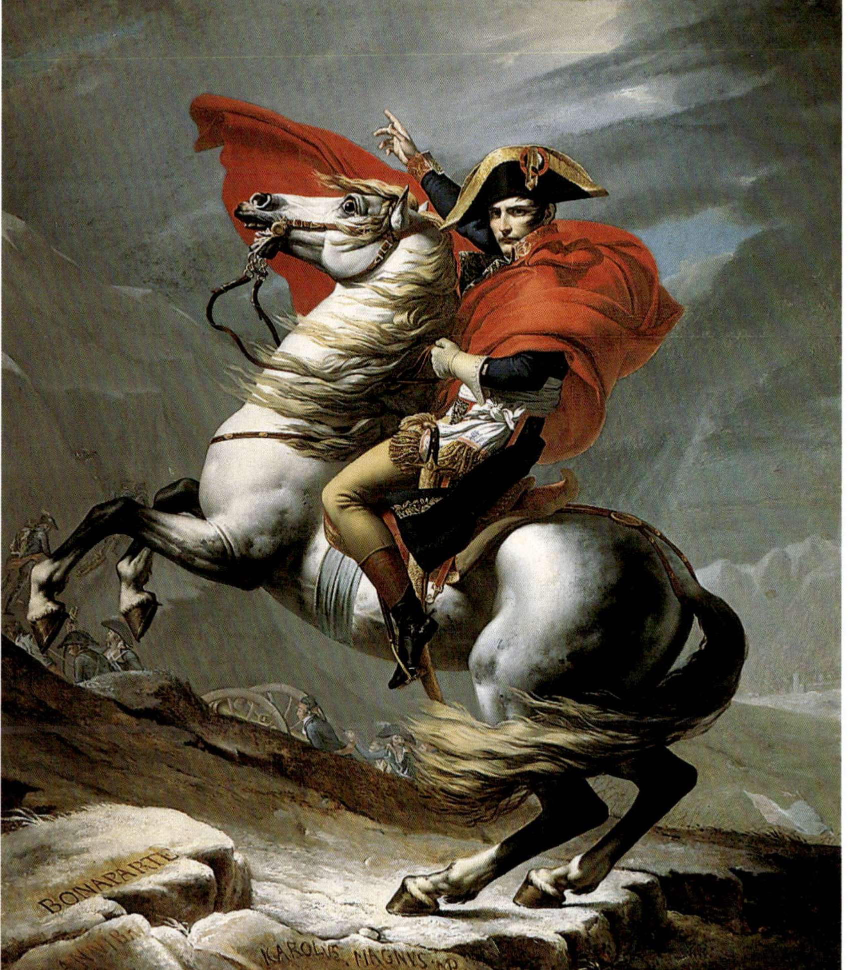

63a, b, c, d
Photographies révélant les différentes versions du tableau de Jacques Louis David: *Bonaparte franchissant les Alpes au Grand-Saint-Bernard*

a) *Le 1er Consul Bonaparte franchissant le Mont Saint-Bernard, 20 mai 1800*
Musée national des châteaux de Versailles et de Trianon, Versailles
N° d'inventaire MV 1567/© Photo RMN-Amaudet/J. Schormans/82EE1478

Cette œuvre fait l'objet d'une exposition permanente dans la salle Empire du Musée historique de Versailles. Elle provient des Invalides et, avec celle du Musée de Malmaison, est la plus représentée dans les publications.
Au chapitre de la différenciation de l'œuvre, relevons le ciel assorti à la robe grise du cheval, l'absence de rêne de filet et le premier changement de physionomie de Bonaparte.

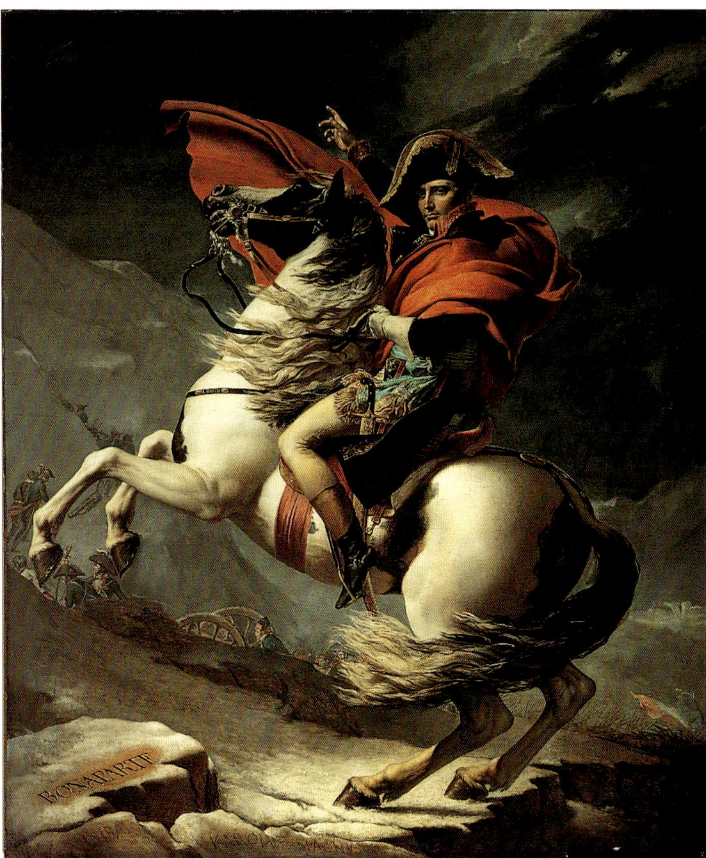

b) *Bonaparte au Mont Saint-Bernard*
Musée national des châteaux de Versailles et de Trianon, Versailles
N° d'inventaire MV 8550/© Photo RMN-G. Blot/C. Jean/80EE883

Cette version, retrouvée dans l'atelier de David, a appartenu à la baronne Janin, fille de David, ainsi qu'au prince Napoléon. Elle est la plus particularisée. Le visage de Bonaparte a pris quelques années, mais reste réaliste. Cela suppose que le tableau a pu être remanié au fil du temps ou a été peint ultérieurement. Le visage de Napoléon, le ciel plombé, l'habit plus foncé, la ceinture-écharpe de couleur, les ombres accentuées du manteau, tout semble maintenant présager d'un avenir plus sombre que l'avant-Marengo. Les décorations du gant se sont atténuées au profit d'un galon plus complexe sur le bicorne. Le cheval, lui, a retrouvé sa robe pie et sa bride de la première version.

d) *Le Premier Consul franchissant les Alpes au col du Grand-Saint-Bernard*
Musée Charlottenburg, Berlin-Potsdam
© Musée Charlottenburg, Berlin-Potsdam

Ce tableau, le seul ayant réellement appartenu à Bonaparte, est paradoxalement agrémenté d'un cheval à la robe baie, alors que la couleur fétiche de ses montures était le blanc. Le paysage fait la part belle à la seule neige suffisamment resplendissante pour paraître éternelle. Les concessions techniques faites aux soldats et au canon dans son écrin de bois n'en sont ici que plus évidentes.

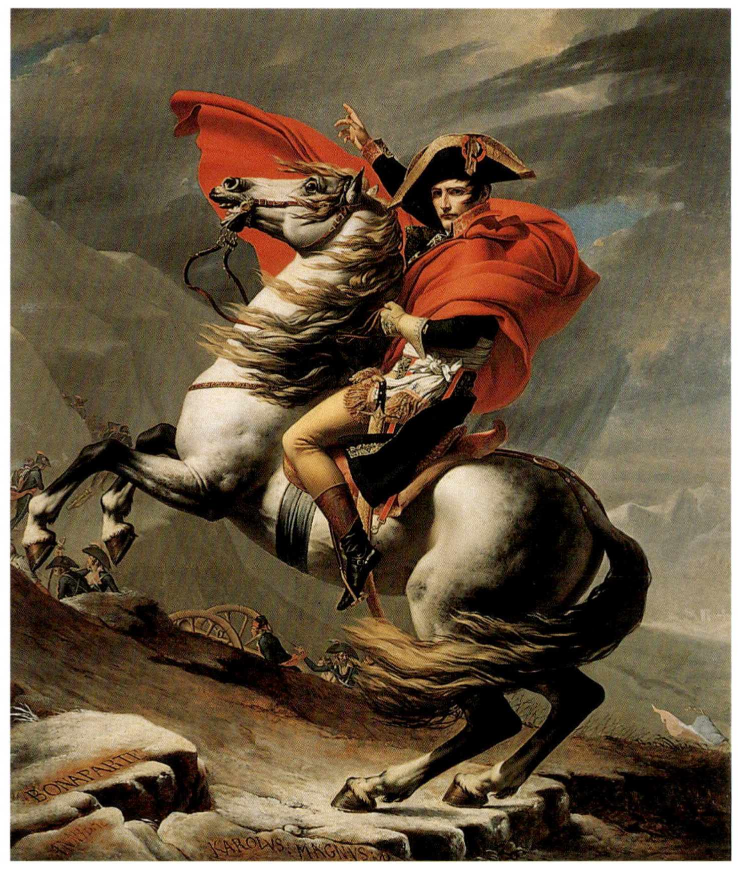

c) *Napoleon am St. Bernhard* – 1801
Österreichische Galerie Belvedere, Wien
© Österreichische Galerie Belvedere, Wien/1801 ÖG 2089/Photo Fotostudio Otto, Wien

En provenance de Milan, ce tableau est très proche de celui du Musée de Versailles mentionné sous a). Les blancs sont rosés au lieu de bleutés, et il est aussi le seul où le nom de David ne figure pas sur la bricole du cheval.

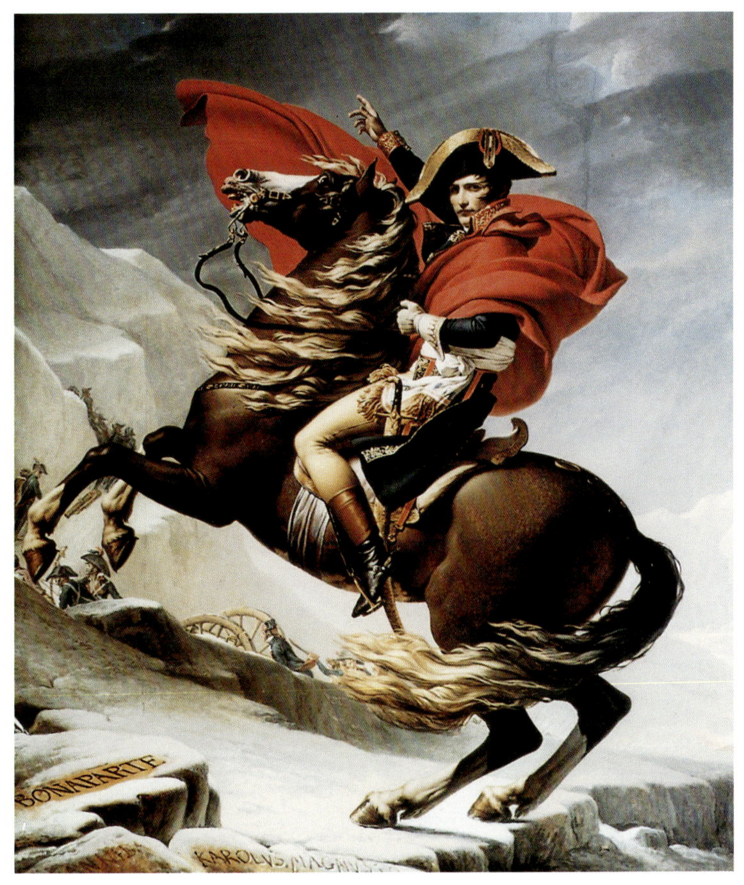

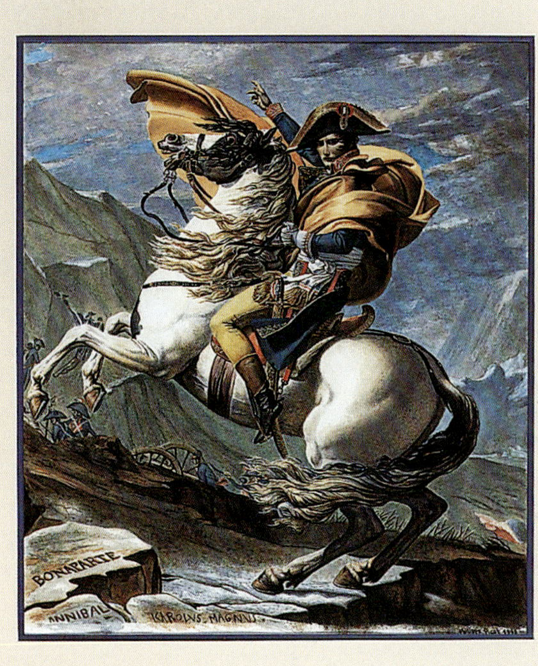

64
«Napoléon Bonaparte» – 1995
Signé et daté *Philippe Picot 1995*
[d'après l'œuvre de Jacques Louis David]
Aquarelle, 48×40,7 cm
Philippe Picot, Thonon-les-Bains
© Cliché délivré par l'auteur, sans mention

Il faut remarquer qu'il s'agit là de l'unique œuvre de cet artiste autodidacte. Le choix de ce modèle est significatif de l'attrait particulier du tableau de David, certainement en raison d'une grande médiatisation.

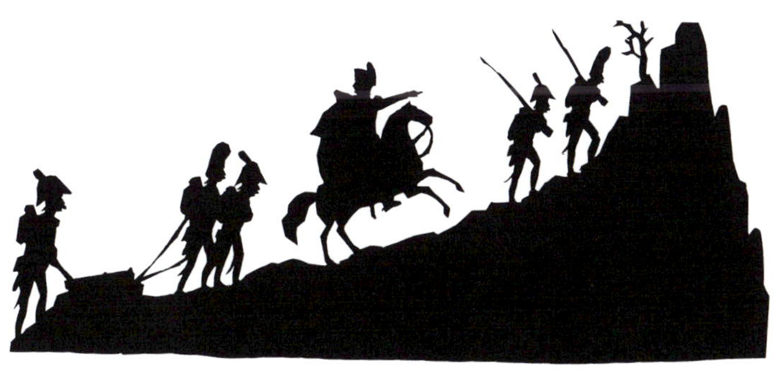

65
Silhouettes. «Vie de Napoléon» – vers 1825
Papier vergé découpé et entièrement noirci à la plume
et à l'encre au recto
Numérotation et légende manuscrite au verso
Boîtier, supports et protections de facture contemporaine
Dimensions 55-105×100-200 mm
Collection Frédéric Künzi, Praz-de-Fort

Très rare collection de 25 silhouettes découpées peu après la mort de l'Empereur. La deuxième (passage des Alpes, 14-25 mai 1800) est fortement inspirée de l'œuvre de David. La cinquième (Bonaparte dirige la bataille) s'apparente à Marengo de manière admissible.

66
Boîte ornée d'une silhouette apparentée au tableau de Jacques Louis David: *Le Premier Consul franchissant les Alpes au col du Grand-Saint-Bernard* – s.d.
Auteur inconnu
Technique de l'or gratté sur verre
Dimensions 7×8,7 cm
Musée historique de Lausanne, Lausanne
N° d'inventaire L1-C38/Photographie Sylviane Pittet, MHL

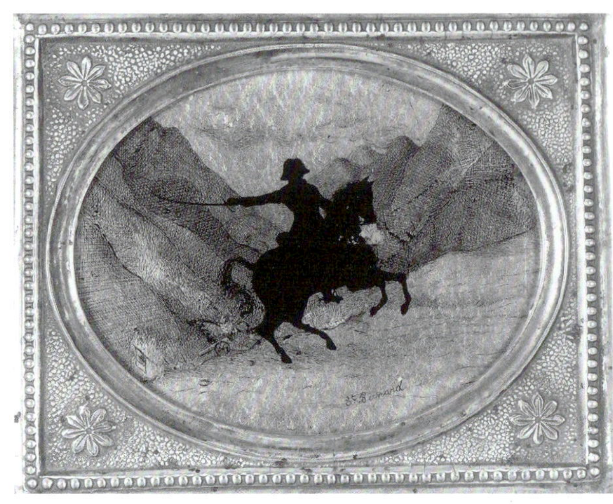

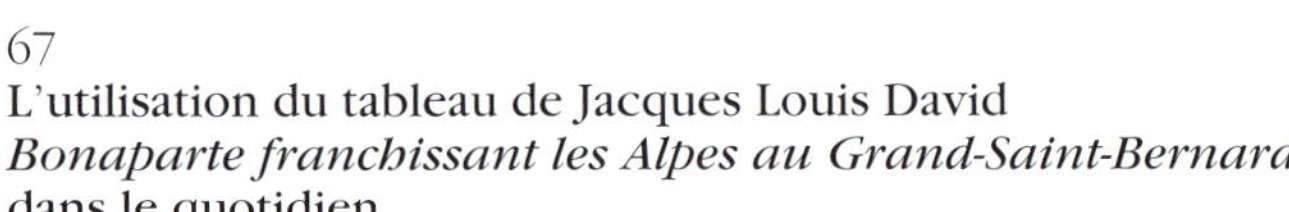

67
L'utilisation du tableau de Jacques Louis David *Bonaparte franchissant les Alpes au Grand-Saint-Bernard* dans le quotidien

Boîte contenant une liqueur «Mandarine Napoléon»
Largeur 33 cm / Profondeur 9 cm / Hauteur 9 cm

Puzzle de 54 pièces dans une boîte cylindrique, Art Lyss-Versailles
Diamètre 7,2 cm / Hauteur 9,8 cm

Jeu des 7 familles, Musées napoléoniens, carte brune N° 2
Hauteur 12,2 cm / Largeur 7,3 cm / Epaisseur 1,6 cm

Aimant presse-papiers, Musée de Malmaison
Hauteur 7,8 cm / Largeur 5,4 cm / Epaisseur 0,3 cm

Porte-clés
Diamètre 3,5 cm / Longueur 9 cm / Epaisseur 0,2 cm

Reproductions de 20 gravures *1800-2000 Bicentenaire du passage de Napoléon Bonaparte au col du Grand-Saint-Bernard* dans un emboîtage-livre, sans éditeur, 1999

Vingt siècles d'histoire de Martigny
Léonard-Pierre Closuit, Martigny, 1997

L'album de l'Empereur
Max Gallo, Robert Laffont, Paris, 1997

Projet pour une flamme publicitaire
Hauteur 10,2 cm / Largeur 20,5 cm

Projet de Michel Dayer pour l'en-tête de lettre du bicentenaire
Diamètre 11 cm

Carte postale au format de 11×9 cm

Statuette en résine synthétique polychrome
Hauteur 20 cm

Figurines plates de Nuremberg, étain polychrome
Hauteur 9,3 cm / Largeur 8 cm
Hauteur 5,1 cm / Largeur 4,1 cm

Médaille commémorative en bronze frappée en 1984
Gravure de F. Montagny d'après F. Andrieu
Diamètre 5,9 cm / Poids 100 g
Frappe de la Monnaie de Paris

Médaille commémorative du 175e anniversaire du passage de Bonaparte à Martigny 1800-1975
Argor, Chiasso / Argent ou or / Diamètre 3,3 cm

Six timbres-poste:
Fiche-réclame pour le bicentenaire (Martigny, de novembre 1999 à octobre 2000)

Collection Léonard-Pierre Closuit, Martigny

Napoleone in val d'Aosta, Silvio Pellini, Aosta, 1912

Collection Mariano Moral, Martigny
Photo Studio & Prolabo Bonnardot, Sion

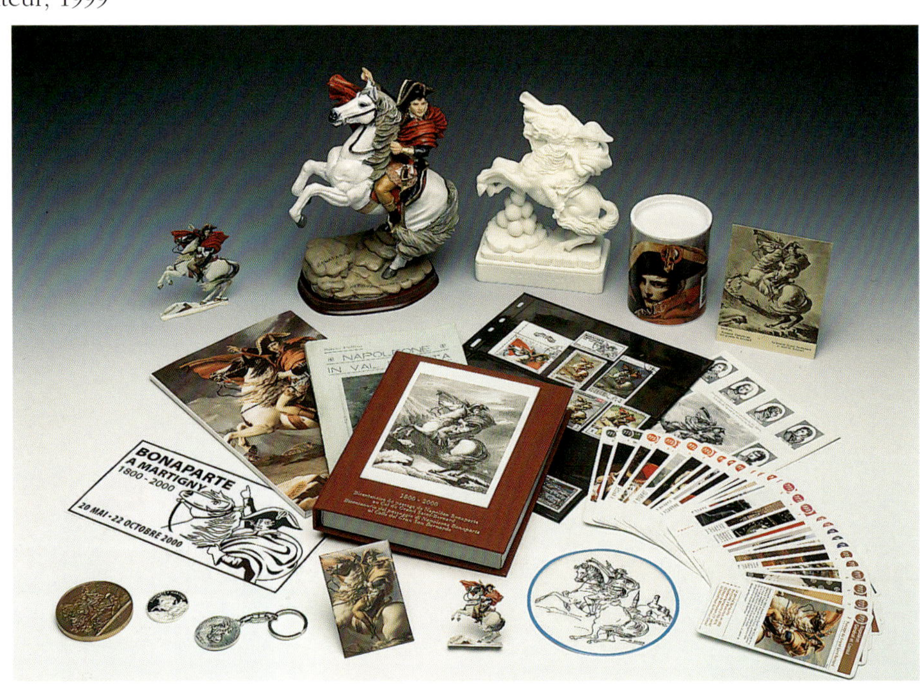

68
[«Napoleone il Grande al Monte S. Bernardo»] – 1809
[David Jacques Louis] [pmo.; Pittore di S.M.I. inv. e dip; Antonio Gilbert dis. et inc. An 1809 G. Longhi ult.]
Dédicace manuscrite dans la marge du haut
Eau-forte, manière noire, 54×41,5 cm
Famille de Ferdinand Moret-Gay, Bourg-Saint-Pierre

La plus fidèle et la plus fastueuse, cette estampe mérite le nom d'estampe originale. L'œuvre représentée par l'illustration 63a en a été le modèle.

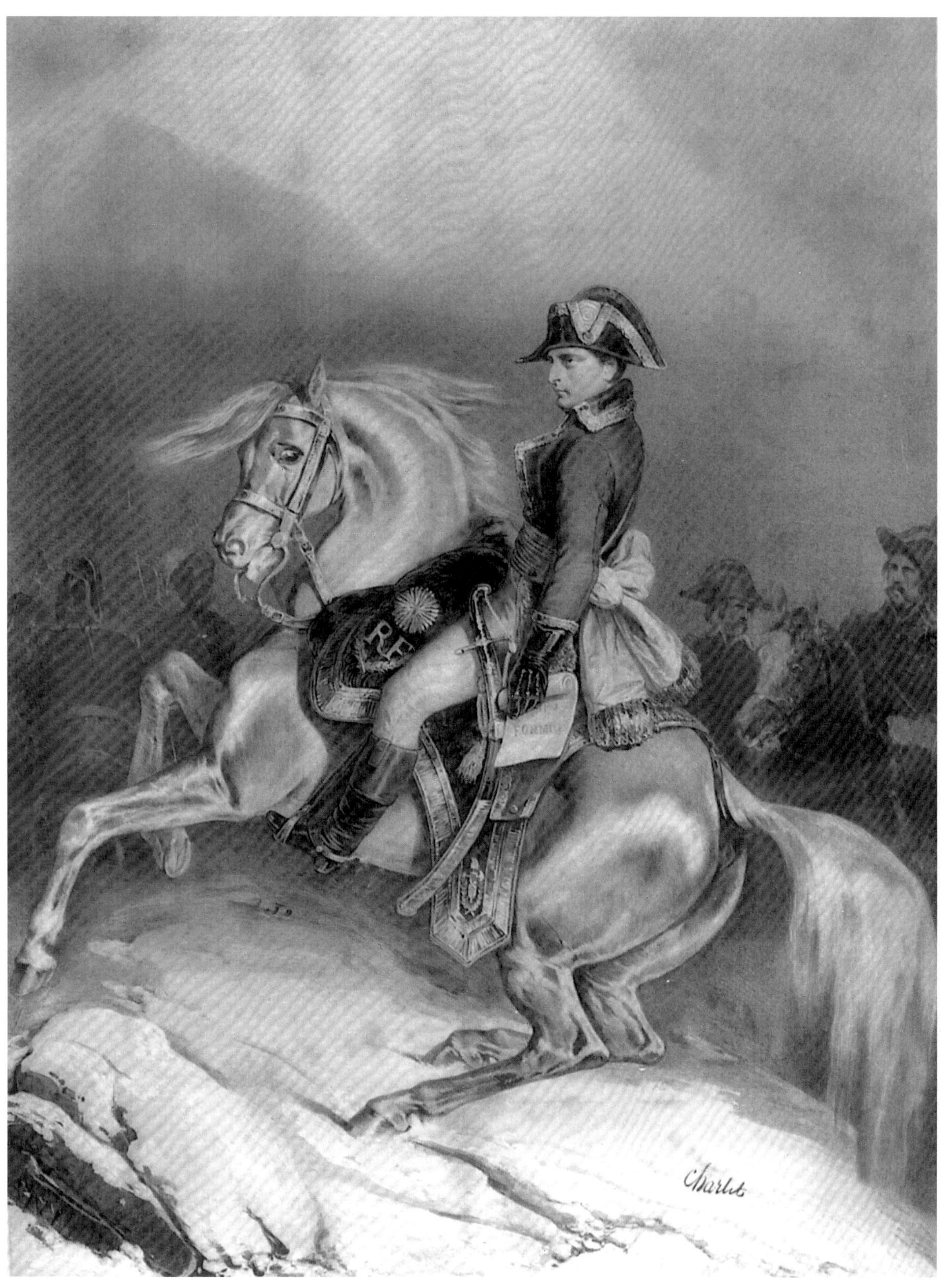

69 non illustré
«Napoléon Bonaparte Premier Consul passant les Alpes Mai 1800» –
1837-1844
Peint par David;
Gravé par Prévost
Diagraphe et
Pantographe-Gavard
Gravure sur acier,
20×17,2 cm;
avec l'encadrement,
33×24,5 cm
Collection Léo Garin,
Courmayeur

70
«Bonaparte au passage des Alpes» – vers 1840
Litho. [de] Julien,
Gembre, Sabathier;
Imp. par Lemercier, à
Paris, [d'après] Charlet
Lithographie, 67×49,3 cm
Malmaison, Musée
national du château,
Rueil-Malmaison
N° d'inventaire 40.47.4811/
© Musée de Malmaison

Une magistrale lithographie oscillant entre l'interprétation et une œuvre d'une séduisante personnalité.

71
[«Il passaggio del Gran San Bernardo»] – vers 1820/1830
Inscription manuscrite Cl. Vernet; [Mauler lith.; Imp. F. Didot & Cie. à Paris]
Lithographie coloriée, 30,5×22,5 cm
Collection Georges Pillet, Martigny

Le procédé de gravure, dit «en miroir» laisse néanmoins transparaître l'influence de l'œuvre de David.

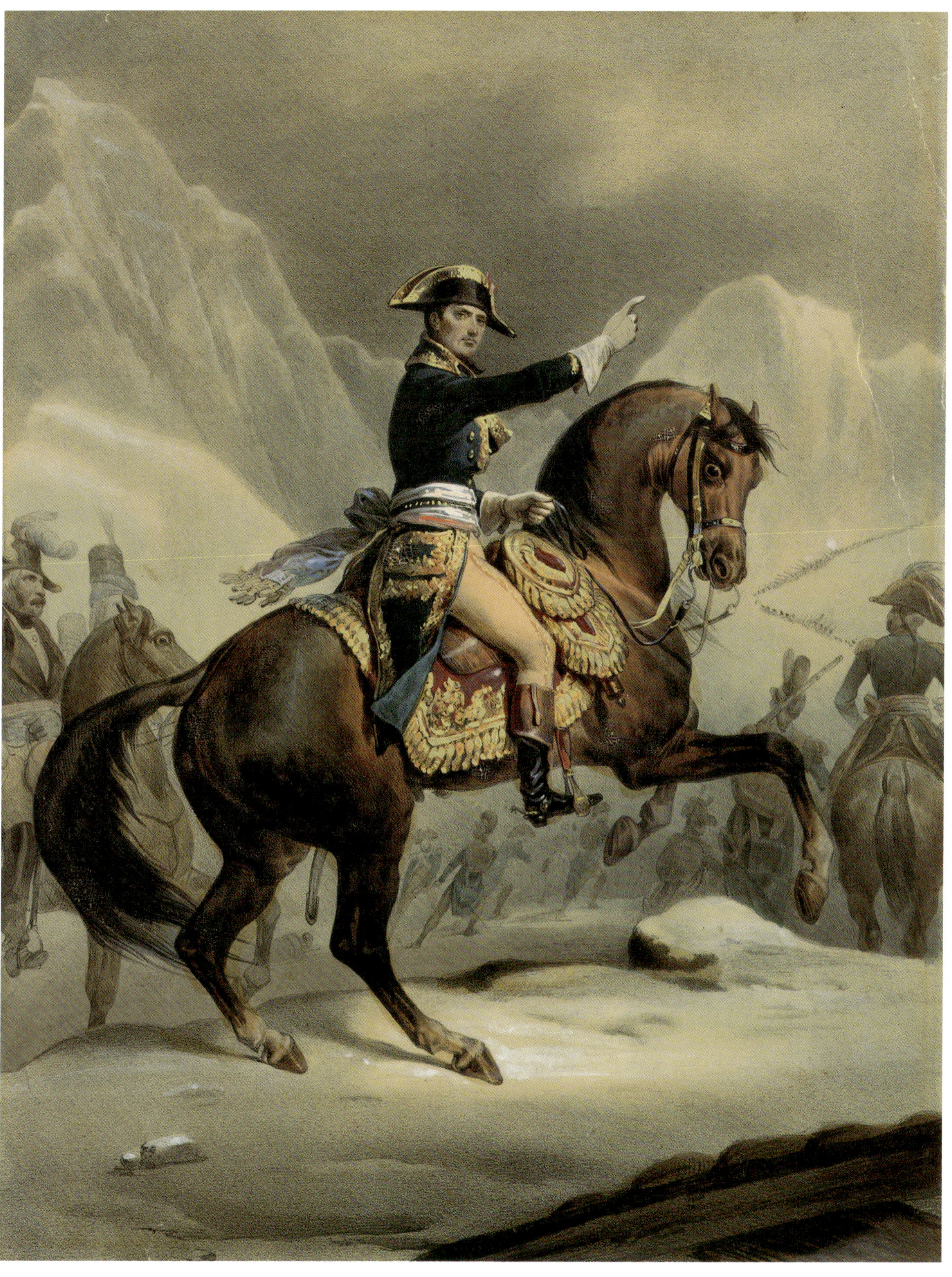

72
«Passage du Mont S[t]. Bernard» –
vers 1853/1855
Fabrique d'Estampes de Gangel, Metz
Sous l'illustration, trois lignes de texte: *Après la célèbre campagne d'Egypte […] pour la postérité* suivies de deux lignes de texte en lettres gothiques: *Uebergang über den […] Unternehmung*
Lithographie, 18,5×29,3 cm
Collection Léo Garin, Courmayeur

Version caricaturale, mais empreinte d'une incontestable saveur d'art populaire.

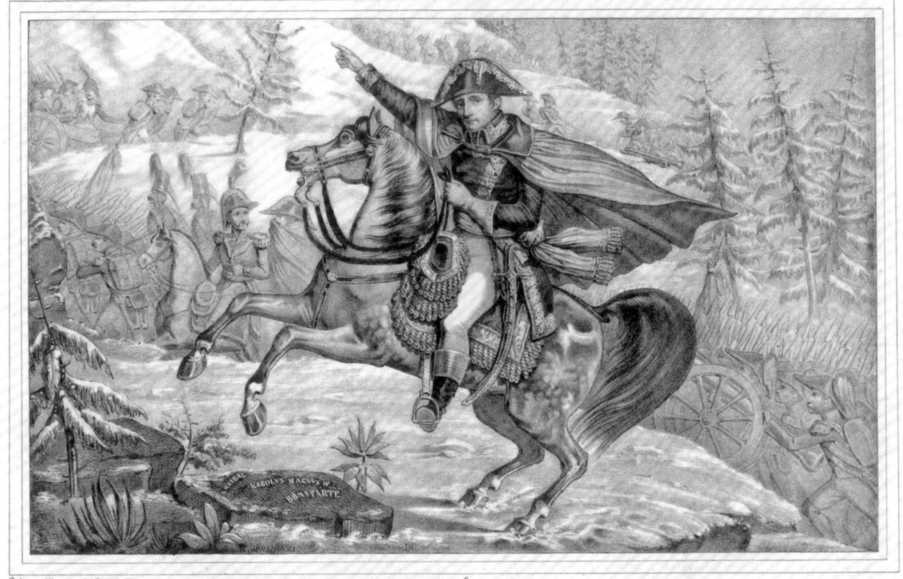

74
«Passage du Mont Saint-Bernard» –
1842
A Sandoz; I Thompson;
Imp. Schnetzer et Langrand
Xylogravure, 12×17 cm
Collection Léonard-Pierre Closuit, Martigny

Imbroglio qui symbolise et préfigure Marengo autant que le passage du col, mais où la silhouette popularisée par David se manifeste avant toute chose.

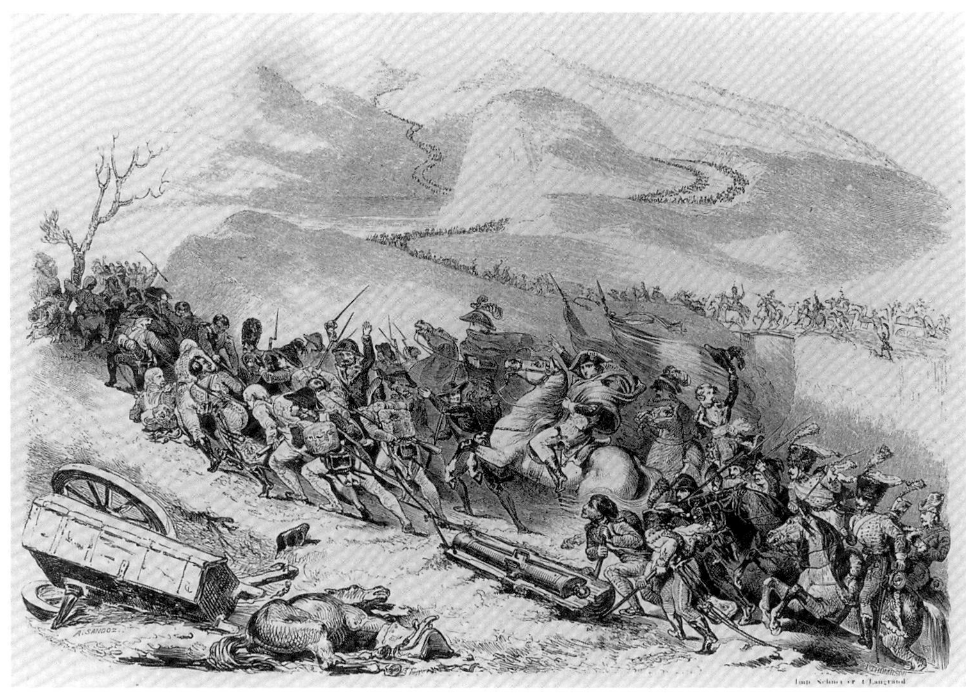

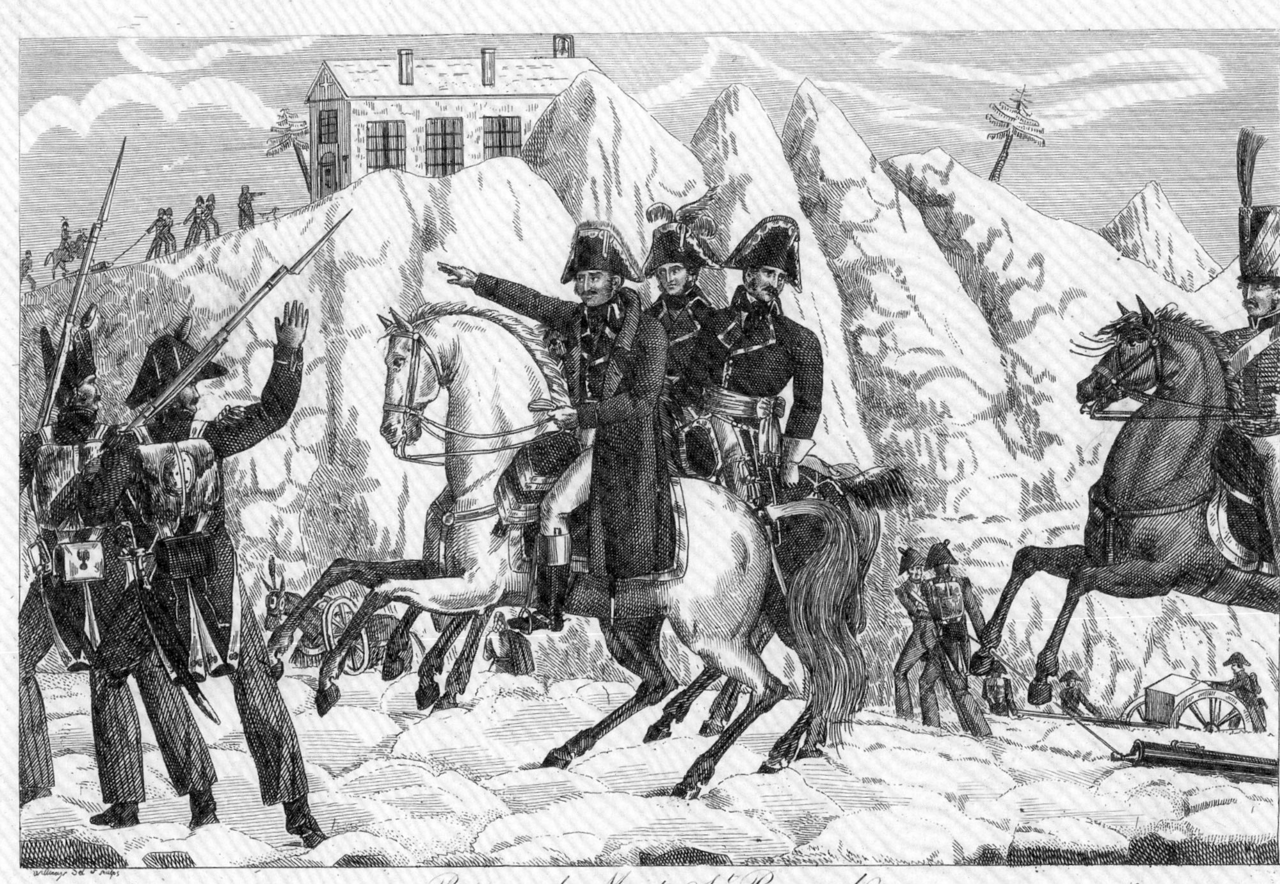

73
«Passage du Mont S^{t}. Bernard par l'Armée française commandée par le P^{ce} Eugène le 17 floréal an 8 de la République Française 17 Mai 1800.» – vers 1830
Willarys del. et sculps.; à Paris chez Dubreuille rue Zacharie N°. 8; Déposé à la Direction
Sous la légende, texte sur deux lignes:
L'armée est en marche […] qu'ils ne veullent que vaincre
Eau-forte, 18,8×28 cm
Collection Léo Garin, Courmayeur

L'auteur a disposé non seulement du tableau de David, mais aussi de l'histoire pour son interprétation. Si Bonaparte annonce par deux fois la venue prochaine d'Eugène à Joséphine depuis Lausanne les 25 et 26 floréal, soit très peu avant le passage du col, Eugène de Beauharnais n'a jamais été le commandant de l'armée de réserve. L'illustration et les écrits, par le passé comme dans le présent, peuvent à l'envi manipuler l'opinion publique.
Cette estampe a été publiée avec la même présentation, en substituant le visage et le nom du prince Eugène par ceux du Premier Consul.

Les techniques de l'estampe

par Frédéric Künzi

Sa vocation d'illustrer

L'estampe est une «image imprimée au moyen d'une planche gravée de bois ou de cuivre ou par lithographie» (Petit Robert). Anciennement, sa fonction la plus usuelle était d'illustrer des ouvrages littéraires, d'histoire (Fig. 134), d'information (Fig. 85), de voyage (Fig. 182), des recueils de vues (Fig. 117), etc. C'était aussi le seul moyen de multiplier des images telles que des cartes (Fig. 154), des en-têtes ou des sujets ornementaux (Fig. 90, 150, 177, etc.). A une époque où les moyens audiovisuels étaient inexistants, l'édification des foules se faisait uniquement par l'imagerie populaire. La gravure se révéla dès lors plus accessible et de plus grande audience que la peinture. Bien conscient de son pouvoir, l'auteur l'utilisait souvent pour suggérer ou manipuler l'information (Fig. 73). Le frontispice de l'ouvrage de Le Gallais en est un exemple (Fig. 83).
Les gravures n'ont été que peu éditées comme œuvres d'art en soi, sauf aux XVIe et XVIIe siècles, avec un renouveau dès la fin du XIXe. Elles s'inspirent toutefois d'originaux (Fig. 75 et 81), particulièrement de gouaches ou d'aquarelles, mais aussi d'huiles, même de grand format, qu'elles viennent compléter (Fig. 76 et 82). Certaines estampes étaient aussi vendues comme souvenirs d'un lieu (Fig. 107, 108 et 117), à l'instar de nos actuelles cartes postales. Le plus fréquemment, le peintre confiait l'élaboration du bois ou du cuivre à un graveur professionnel. Son nom est généralement consigné sous l'illustration, du côté droit, accompagné d'une abréviation diversement perçue (sc., sculpt., sculpsit, inc., incisit, fec., fecit, etc.), alors que le nom du peintre s'inscrit à gauche (pinx., pinxit, del., delineavit). Le lithographe occupe une place à part avec l'indication «Lithographie de…» accompagnée du nom de l'imprimeur.
Contrairement au tableau, qui se contemple de loin, l'estampe se regarde à distance de lecture en raison de sa fonction d'illustration. Mais, captifs de cette notion de visualisation proche, les détails les plus fins, les anecdotes les plus attrayantes ne se révéleront à l'observateur qu'en utilisant une loupe. Faites-en usage pour observer en détail les eaux-fortes de Le Jeune proposées ci-après comme spécimens d'étude (Fig. 79 et 80). Ces deux formes d'estampes sont un état final (Fig. 80), dit à la lettre, et un état préparatoire. Un état préparatoire est un tirage obtenu à partir d'un cuivre qui n'est que partiellement gravé (Fig. 77 et 79). Avec celui-ci, l'artiste peut, par une impression intermédiaire, juger de l'avancement de son travail et des améliorations à y apporter. Par définition, cette estampe est «avant la lettre», c'est-à-dire qu'aucune inscription n'y est imprimée. La notion d'état intermédiaire (1er, 2e ou 3e état) ne peut être attribuée à un tirage que si le support d'impression a subi une correction.

L'estampe et la couleur

Tout comme les photographies qui illustrent brillamment nos ouvrages contemporains, les estampes agrémentaient les livres illustrés d'autrefois. A cette époque, encore plus qu'à l'heure actuelle, la couleur était onéreuse et destinée à de rares éditions. C'est pourquoi beaucoup de pièces qui vous sont présentées ici le sont en noir et blanc, telles qu'elles ont été éditées. Quelques procédés permettent depuis longtemps l'usage de la couleur. Le plus beau est sans conteste celui de l'aquatinte, dont les nuances sans égal charment notre regard. Plus tard, la lithographie en couleurs a supplanté l'aquatinte par sa commodité, mais sans jamais en avoir toutes les vertus. Le procédé le plus laborieux consiste toutefois à rehausser l'estampe de couleurs à l'aquarelle ou à la gouache.
Un coloris de ce type peut être d'époque (le plus précieux), ancien (admissible) ou récent (prêtant le flanc à de médiocres barbouillages). Des coloris dits «anciens» ont été acceptés dans cette exposition. Ils l'ont été pour l'agrément du visiteur.

L'estampe émargée

Les marges, comme le texte, font partie intégrante de l'estampe. Dans l'idéal, elles doivent être pleines, c'est-à-dire non rognées. Par exemple, l'estampe «pleines marges» est celle qui a sans réserve les dimensions du livre dont elle est extraite. Toutefois, les épreuves dites «avant la lettre» ne sont pas des versions émargées. Ce peuvent être des contre-épreuves, des états préparatoires ou des bons à tirer.
Bien que perdant de sa valeur, l'estampe émargée garde tout son intérêt si sa rareté est notoire et si le coloris est d'une qualité parfaite. Une gravure au trait de J.-A. Linck *(Vue de la Pissevache)* est proposée comme un exemple recevable d'estampe émargée (Fig. 103).

Les estampes d'interprétation

Les œuvres d'art, particulièrement celles représentant un événement historique (Fig. 62), engendrent des estampes dites «d'interprétation» qui évoluent selon une dérive relativement accentuée dont vous avez vu plus haut quelques exemples (Fig. 68, 70 à 74). Dans ce cas, le graveur interprète l'œuvre originale selon son goût ou sa technique.
Pour respecter une éthique rigoureuse, seule une estampe conforme au modèle et dont le support d'impression est gravé par l'auteur lui-même porte le nom d'«estampe originale». Il est néanmoins admis qu'une planche comme celle portant le numéro 76 peut être considérée comme l'estampe originale de l'œuvre de Delaroche de la figure 75. A ce sujet, ne perdons pas de vue que la planche est publiée avec l'accord du peintre et sans doute sur sa demande.

Les procédés de gravure

Différentes méthodes permettant de reproduire des dessins ou des tableaux ont été expérimentées par l'homme. Les principales vous sont présentées ci-après selon un ordre chronologique. Toutes ces techniques ont été, et sont encore, utilisées selon les affinités de chaque artiste.
La gravure est dite «en relief» ou «en creux». C'est le «creux» ou, au contraire, le «relief» qui fixe l'encre.

Beaucoup de graveurs mélangent les procédés. Ainsi, l'aquatinte est un complément de l'eau-forte par son grainage. De même, certaines parties d'une gravure sur acier peuvent être retouchées au burin (technique de la gravure au trait) après le travail à l'acide.
En raison d'une plus grande fragilité du support, une gravure sur bois de fil n'autorise pas un tirage aussi élevé qu'une gravure sur acier ou une eau-forte. Cela étant, pénétrons maintenant un peu plus les techniques fondamentales:

La gravure sur bois de fil

Pour réaliser une gravure sur bois de fil (Fig. 85), il faut une planche sciée dans le sens de l'arbre (généralement du bois fruitier) et une série de gouges servant à évider les surfaces qui resteront blanches.
Ce matériel réuni, l'artiste peut «champlever» le dessin, c'est-à-dire creuser les surfaces autour des traits qu'il désire laisser en relief. Les traits du dessin étant épargnés par les gouges, on nomme aussi cette technique en relief «gravure en taille d'épargne». Une fois l'encre appliquée au rouleau sur les traits «épargnés», on appose la feuille de papier sur la planche et on la presse.

L'eau-forte

L'eau-forte (Fig. 87) est une technique en taille douce utilisée pour l'estampe depuis le XVe siècle.
Dans ce procédé largement utilisé, la plaque de cuivre est tout d'abord recouverte d'un vernis dans lequel le graveur incise son trait, mettant par là le métal à nu. Un des avantages de ce procédé réside dans le fait qu'il n'y a pas d'entaille fatale: on peut remettre du vernis et reprendre son dessin.
La planche est ensuite plongée dans un bain d'acide (l'eau-forte) qui mord le métal en épargnant le vernis.
Pour mordre plus ou moins profondément le cuivre, on peut allonger son temps d'immersion ou renforcer la proportion d'acide.
Il est aussi possible, après un premier bain, de recouvrir certains traits de vernis et d'en ronger d'autres une deuxième, voire une troisième fois. Les traits non recouverts s'épaississent après chaque bain.
Un réseau plus ou moins serré de pointillés (à la pointe ou avec une roulette) permet aussi de beaux effets d'ombre et de lumière. La richesse de ces moyens fait de l'eau-forte un art consommé.

L'aquatinte

Pour exécuter une aquatinte (Fig. 43 et 44), il faut tout d'abord grainer la planche de cuivre de l'eau-forte. Pour réaliser cette opération, on pulvérise des grains de résine, qui seront ensuite collés au cuivre par chauffage. Le grainage se fait à l'aide de sachets renfermant la résine et dont la trame de tissu laisse passer des grains plus ou moins gros.
Il peut s'effectuer aussi dans une boîte à grains d'aquatinte. Dans cette dernière, un soufflet projette la résine en poudre. La plaque introduite immédiatement recevra les grains les plus gros. En attendant quelques instants, elle ne recevra que la résine plus fine. La plaque est ensuite chauffée afin de coller les grains, qui vont s'étaler en fondant. Cela forme un réseau vermiculaire de cuivre non protégé.
La plaque couverte de grains de résine est plongée dans l'acide qui mord le métal entre les grains. C'est aux endroits mordus par l'acide que l'encre s'accrochera dans un fin réseau coloré. Cette opération de grainage et de morsure à l'acide peut se répéter plusieurs fois.

On obtient alors sur le cuivre un réseau de plus en plus dense, qui donnera l'impression de valeurs de plus en plus foncées. On peut alors «dessiner» en aplanissant les grains.

La lithographie

La lithographie (Fig. 69) a pour particularité d'être le seul procédé d'impression dont l'image ne comprend ni creux ni reliefs, mais seulement un dessin au crayon gras sur une surface plate, en l'occurrence une pierre calcaire. Le principe d'impression de la lithographie est la répulsion réciproque de l'eau et de la matière grasse. L'artiste trace son dessin avec un crayon ou un pinceau lithographique, qu'il fixe par chauffage de la pierre et application d'un mélange de gomme arabique et d'une petite quantité d'acide nitrique. Après rinçage à l'eau, les surfaces dessinées restent grasses, alors que celles imbibées d'eau refusent l'encre déposée par le rouleau. Le papier, qui est appliqué directement sur la pierre, est pressé pour opérer le transfert de la pierre au papier.
Une lithographie en couleurs requiert la réalisation de plusieurs pierres, une par couleur désirée.

La gravure sur bois de bout (ou xylographie)

La xylographie (Fig. 83) est plus récente, mais procède de la même technique que le bois de fil. La planche est composée de petits cubes taillés dans la tranche de l'arbre, principalement dans le cœur d'un buis ou d'un poirier. Ces cubes sont ajustés, poncés et polis. Le bois de bout autorise des traits plus fins, car le bois est dur et sans défaut. La planche est «champlevée» avec des burins, dont la principale qualité est de laisser des traits d'une grande netteté.
Dans les gravures sur bois, les nuances de gris ne résultent que de l'effet d'optique découlant de la proximité ou de l'éloignement des traits noirs et des traits blancs.
Le bois de bout autorise un tirage beaucoup plus important que le bois de fil, plus tendre.

Les matériaux

Gravure sur bois = bois de fil/gouges
Gravure au trait = cuivre/pointes sèches
Eau-forte = cuivre/corps gras/pointes sèches ou burins/acide
Aquatinte = cuivre/corps gras/burins ou pointes sèches/acide/grains de résine
Lithographie = pierre/crayon ou pinceau lithographique
Gravure sur acier = acier/corps gras/burins/acide
Xylographie = bois de bout/burins

F. K.

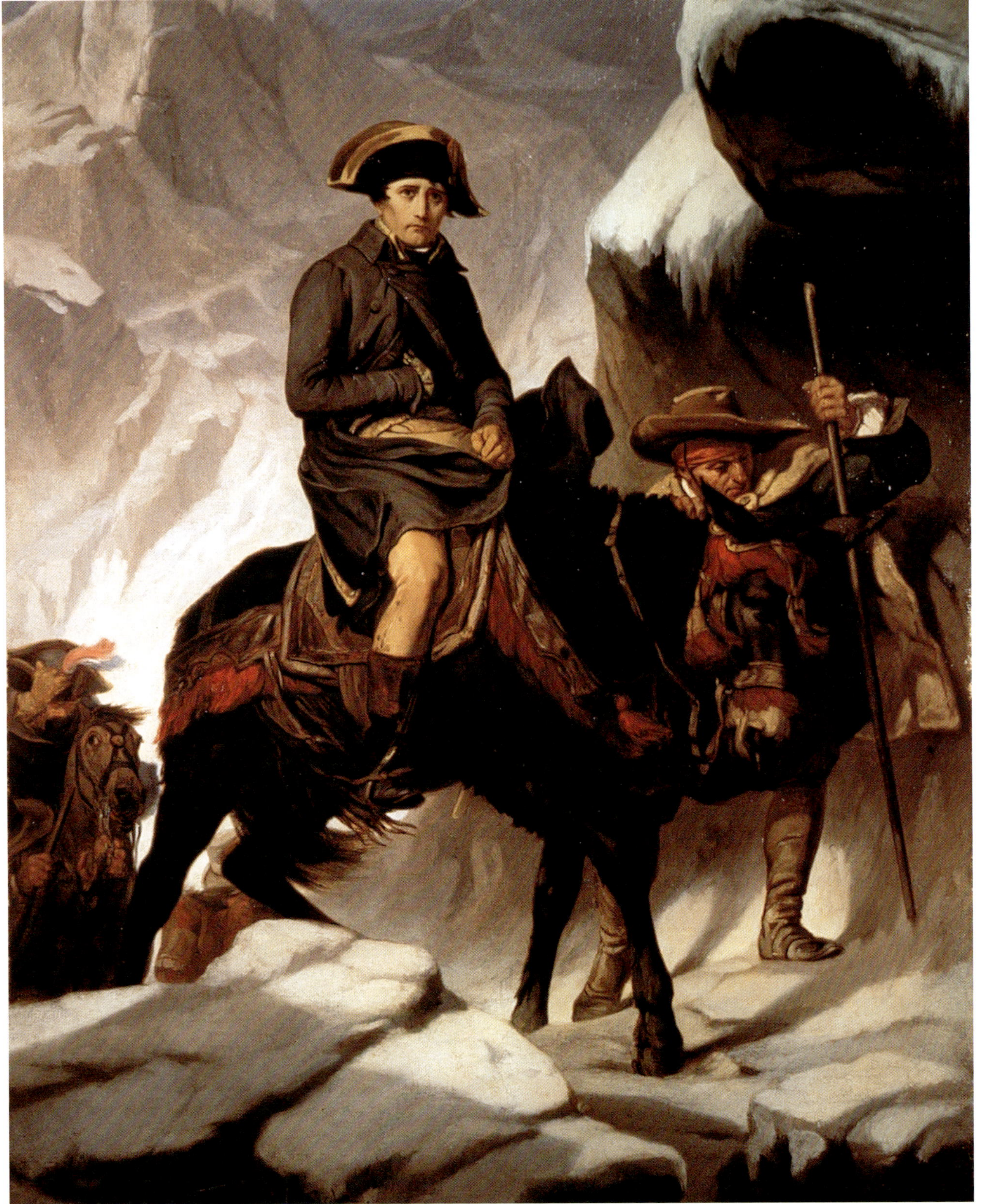

75
«Bonaparte franchissant les Alpes, le Passage du Saint-Bernard» – 1853
Hippolyte de la Roche, dit Paul Delaroche[5]
Signé en bas à gauche
P. Delaroche
Huile sur toile, 64,2×54 cm
Fondation Dosne-Thiers, Institut de France
Collection Frédéric Masson, Paris
N° d'inventaire TM 094/© Cliché propriété du prêteur

Trouvant la version de David certainement trop allégorique, Delaroche termina, en 1848, un tableau plus «vrai». Le côté altier du David a donné à sa version une crédibilité historique encore plus grande. Un collectionneur anglais, John Naylor, en fit l'acquisition peu après pour sa collection.
Delaroche fit plusieurs tableaux presque identiques. Une deuxième grande œuvre fut achetée par Lord Onslow, collectionneur britannique lui aussi. Le soldat à l'extrême gauche, les rochers enneigés, le harnachement du mulet distinguent les tableaux l'un de l'autre. Trois réductions, dont celle présentée ici, sont venues compléter ces deux œuvres majeures. C'est à partir de la présente version qu'Alphonse François a gravé, ou plutôt terminé, à l'eau-forte et au burin, une planche que l'on peut taxer d'estampe originale. Le cuivre avait été commencé à partir du premier tableau, celui daté de 1848 et acquis par Lord Naylor.
Delaroche excellait dans la qualité des informations qu'il réunissait sur le sujet à peindre, se rendant sur les lieux de l'action, réalisant de nombreuses études. Il présente le guide Nicolas Dorsaz comme un rude montagnard qui s'adonne à sa tâche avec compétence. Bien que les couleurs soient moins éclatantes que celles de David, les qualités de coloriste de Delaroche apparaissent rapidement lorsqu'on examine l'œuvre en détail. En effet, il a su rendre tangible l'épaisseur broussailleuse de la robe du mulet ou le froid de la neige sur les bottes du guide. Les touches de rouge du harnachement, de la cocarde, ou encore le bleu de l'habit de Bonaparte, viennent donner un peu de vie à cette atmosphère glaciale.
Dans ce tableau, tout comme dans *Napoléon Ier après l'abdication*, l'artiste humanise Bonaparte, le dépeignant non plus comme une légende, un être mythique, mais comme un homme avec ses contrariétés et ses nécessités pratiques. Il fait deux concessions au tableau composé par David. Il s'agit du bicorne galonné d'or et de l'habit bleu avec son col écarlate à somptueuses broderies. Ce dernier apparaît furtivement sous la redingote grise. Subtilement, et de manière anachronique, le peintre a donné à son personnage le visage et le geste de Napoléon Ier.

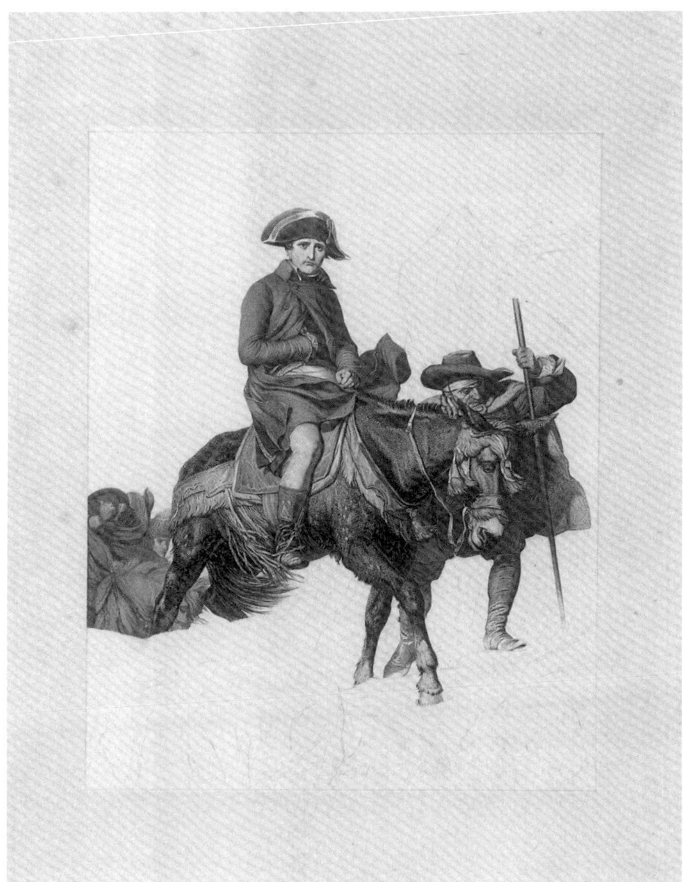

77
«Le Général Bonaparte Franchissant les Alpes» – s.d.
[Peint par Paul Delaroche; Graveur non identifié]
Eau-forte (1er état préparatoire), 20,7 × 15,8 cm
Malmaison, Musée national du château, Rueil-Malmaison
N° d'inventaire MM 54.1.62/© RMN 99CN18637/673806/Gérard Blot

Une forte personnalité se dégage de ce premier état préparatoire en raison de l'absence de paysage. Cela laisse aux personnages de Delaroche l'entière possession du terrain. On remarque dans cette gravure d'un artiste inconnu qu'il n'est point besoin du décor de neige et de roc pour imaginer l'effort, le froid ou le vent. Les éléments de la nature se révèlent dans la seule attitude des personnes, leurs gestes et le mouvement des étoffes.

78 non illustré
Figurines de Nuremberg d'après les tableaux de Paul Delaroche et Jules Girardet – XXe siècle
Etain polychrome
Hauteur de 4,3 à 4,8 cm / Largeur de 5,6 à 7 cm
Collection Léonard-Pierre Closuit, Martigny

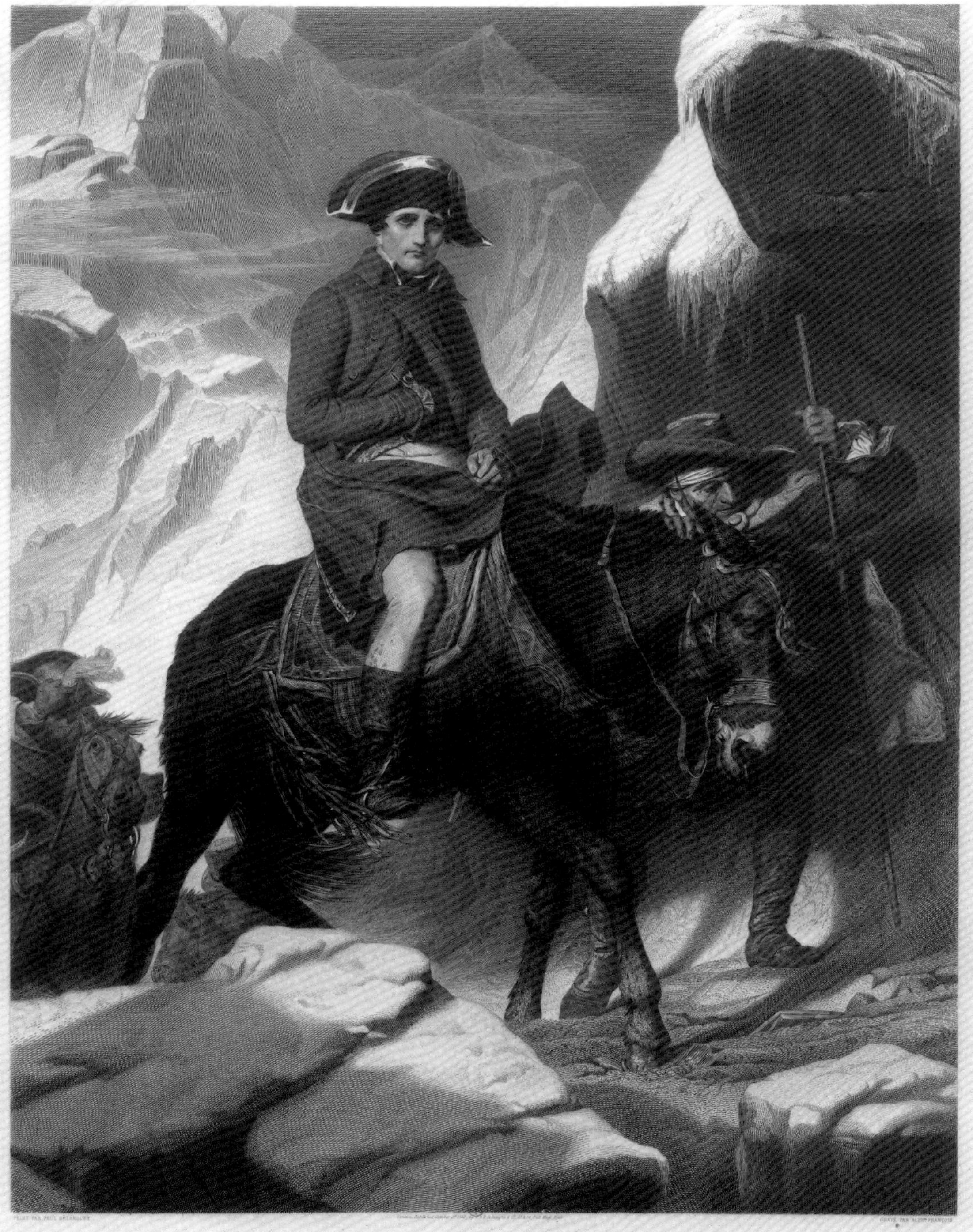

76
«Le Général Bonaparte Franchissant les Alpes» – 1852
Peint par Paul Delaroche
London-published October 1st 1852, by P. & D. Colnaghi & Co, 13 & 14, Pall Mall East;
Gravé par Alph[on]se François
Berlin-Verlag von Goupil & Cie; Imprimé par Goupil & Cie, Paris-London-New York;
Imprimerie de Goupil & Cie
Eau-forte et burin, 63×49,3 cm
Bibliothèque nationale de France, cabinet des estampes, Paris
Cote Ef 400a, ft 5/
© Cliché 83 C 115 510, Bibliothèque nationale de France, Paris

Graveur de talent, Alphonse François a donné ici naissance à une eau-forte parfaitement conforme. On connaît de cet artiste deux états préparatoires. Gauthier a, la même année, gravé une planche sur le même modèle.

79
«Passage du Mont-Saint-Bernard, Bonaparte, 14 Mai 1800» – vers 1810
[Pierre] Martinet invenit;
Lerouge Jeune aqua fort.
Eau-forte (état préparatoire),
19,5×32,2 cm
Collection Léo Garin, Courmayeur

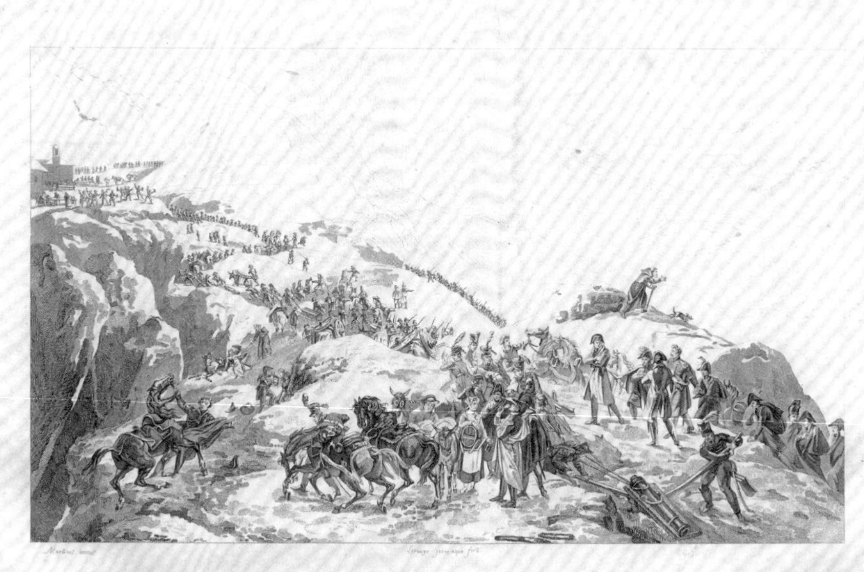

Dans cet état préparatoire, il est manifeste que les personnages, et chacune de leurs anecdotes personnelles, occupent une place prépondérante dans l'esprit de l'auteur. On imagine bien son intention: placer d'abord les sujets déterminants et les enrichir ensuite d'un paysage (montagneux, mais éminemment fantaisiste).
La place dominante occupée au centre par les vivandières n'en est que plus incontestable. Celles-ci, accompagnées de leurs ânes, distribuent des boissons qui semblent fort bienvenues.
Si les vivandières et les blanchisseuses ne portent pas d'uniforme, elles n'en sont pas moins indispensables à la bonne marche de l'armée. Sous le Consulat, le nombre de femmes employées au blanchissage et à la vente de vivres et de boissons à la troupe se trouve précisé par un arrêté. Celui-ci requiert, entre autres exigences, «des citoyennes de bonnes manières, mariées à des soldats ou des sous-officiers en activité de service».

80
«Passage du Mont-Saint-Bernard, Bonaparte – 14 Mai 1800» – vers 1810
[Pierre] Martinet del.; Lejeune sc.
Eau-forte (état final), 19,5×32,2 cm
Collection Léo Garin, Courmayeur

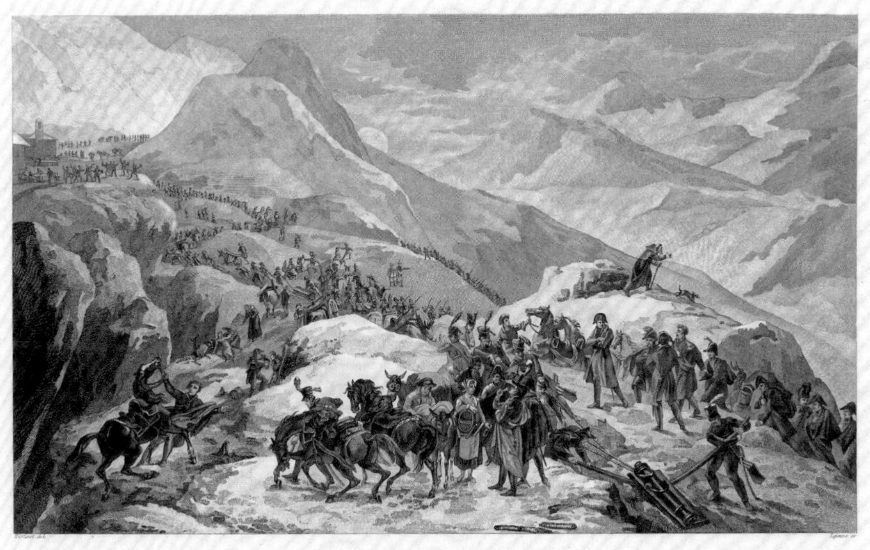

L'auteur a mis l'accent sur les difficultés du terrain. Bonaparte, l'air perplexe, assiste à des scènes qui semblent le laisser songeur. Pendant qu'un groupe de soldats tente d'extraire un canon d'une fondrière, un cavalier a maille à partir avec son cheval qui recule vers le gouffre. Tous les chevaux des premiers plans paraissent d'ailleurs en difficulté. Deux religieux se portent au secours d'une femme, elle aussi près de l'abîme, alors qu'un soldat transi est aidé par un compagnon de misère.
Cette eau-forte évoque bien le côté anecdotique que l'on aime retrouver dans les illustrations de texte.

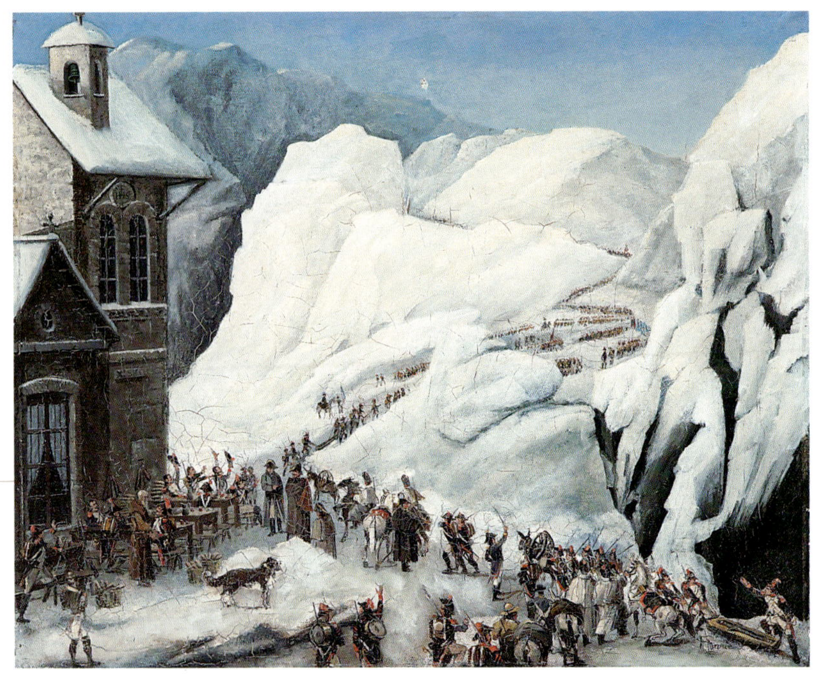

81
[Passage du Grand Saint-Bernard] – s.d.
Signature peu lisible en bas à droite *[F. Marie]*
[d'après Pierre Martinet]
Huile sur toile, 55×65 cm
Collection Léo Garin, Courmayeur
Photo Studio & Prolabo Bonnardot, Sion

L'aspect fantaisiste du bâtiment, comme le fait d'avoir situé l'hospice au pied du col, donne un caractère extravagant à cette vue.

82
Revue *France militaire, Histoire des armées françaises de terre et de mer de 1792 à 1833*, T. 3
Revu et publié par A. Hugo, Paris, Delloye, 1836
Avec en illustration: *Passage du Mont St. Bernard*
[Pierre] Martinet del.; [François-Louis] Couché sculp.
Gravure sur acier, 10,7×15,4 cm
Bibliothèque cantonale du Valais, Sion
Cote TB370/3

A partir d'un original, même très fantaisiste, s'élaborent des estampes destinées à enseigner l'histoire.

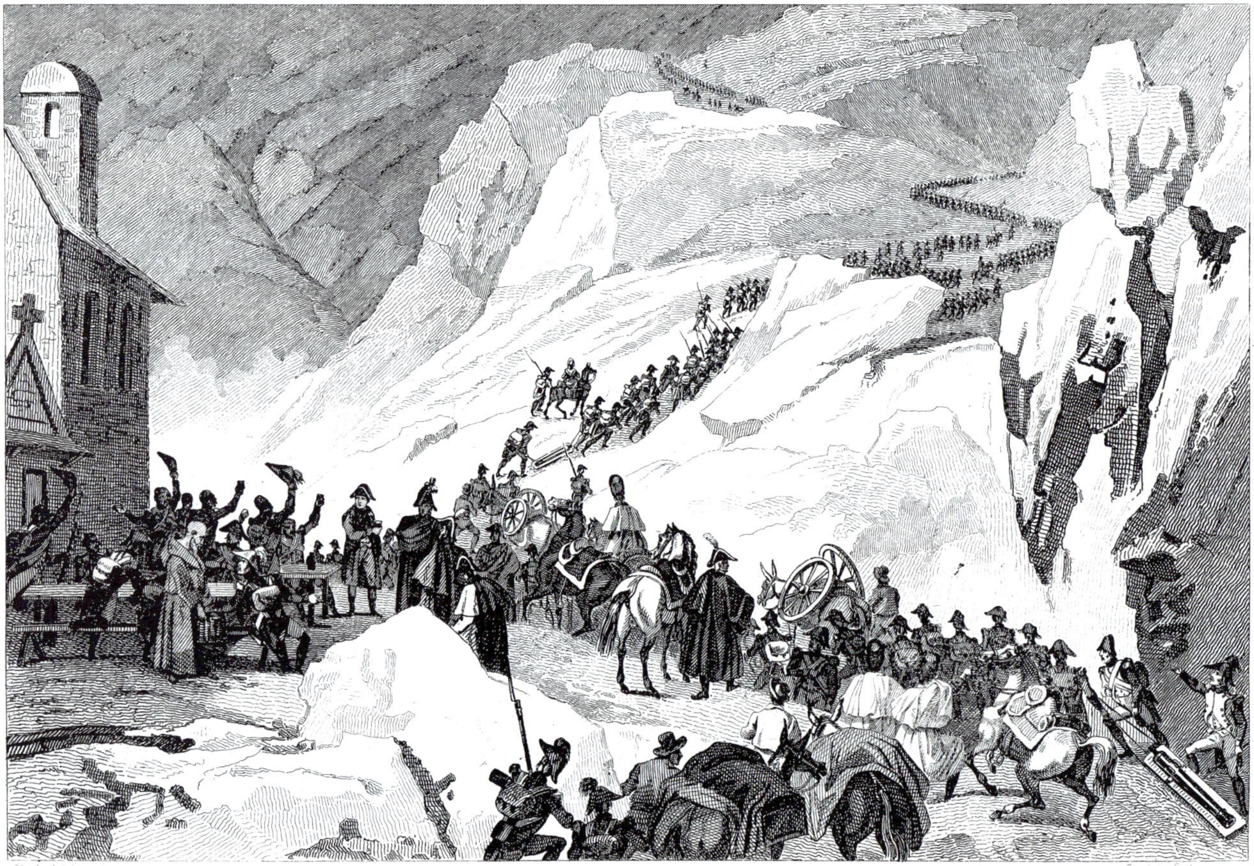

Passage du Mont St. Bernard.

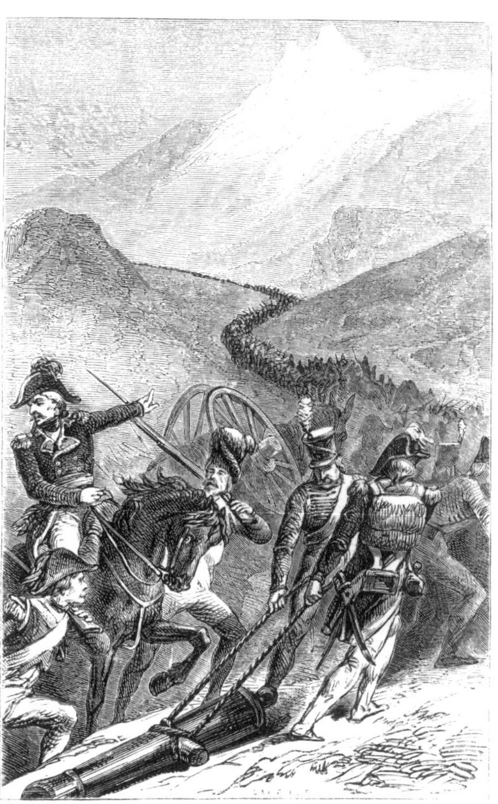

83
Histoire de la Savoie et du Piémont
M. Le Gallais
Tour, Ad Mame, 1860
Frontispice; *Dix jours après avoir franchi le Grand-Saint-Bernard, Bonaparte remportait la victoire de Marengo*
Dans l'image, en bas et au milieu, signature illisible du graveur
Xylographie, 12×7,5 cm
Bibliothèque cantonale et universitaire, Fribourg
Cote FL III 1589/Photo Jean-Marc Biner, Bramois

L'estampe procède parfois à une récupération politique de l'histoire. En cette période faste du second Empire, l'auteur a représenté Bonaparte sous les traits de Napoléon III.

85
«Passage de l'armée française par la montagne du St. Bernard, en May 1800» – XXe siècle
[Vevey, Lörtscher, 1800]
Tirage contemporain de l'illustration de François Aimé Louis Dumoulin parue dans le *Véritable Messager boiteux de Vevey* pour 1801
Gravure sur bois, 16×29,3 cm
Editions Säuberlin + Pfeiffer SA, Vevey

L'ouvrage écrit par de Cugnac sur la campagne de l'armée de réserve fait référence à cette gravure.

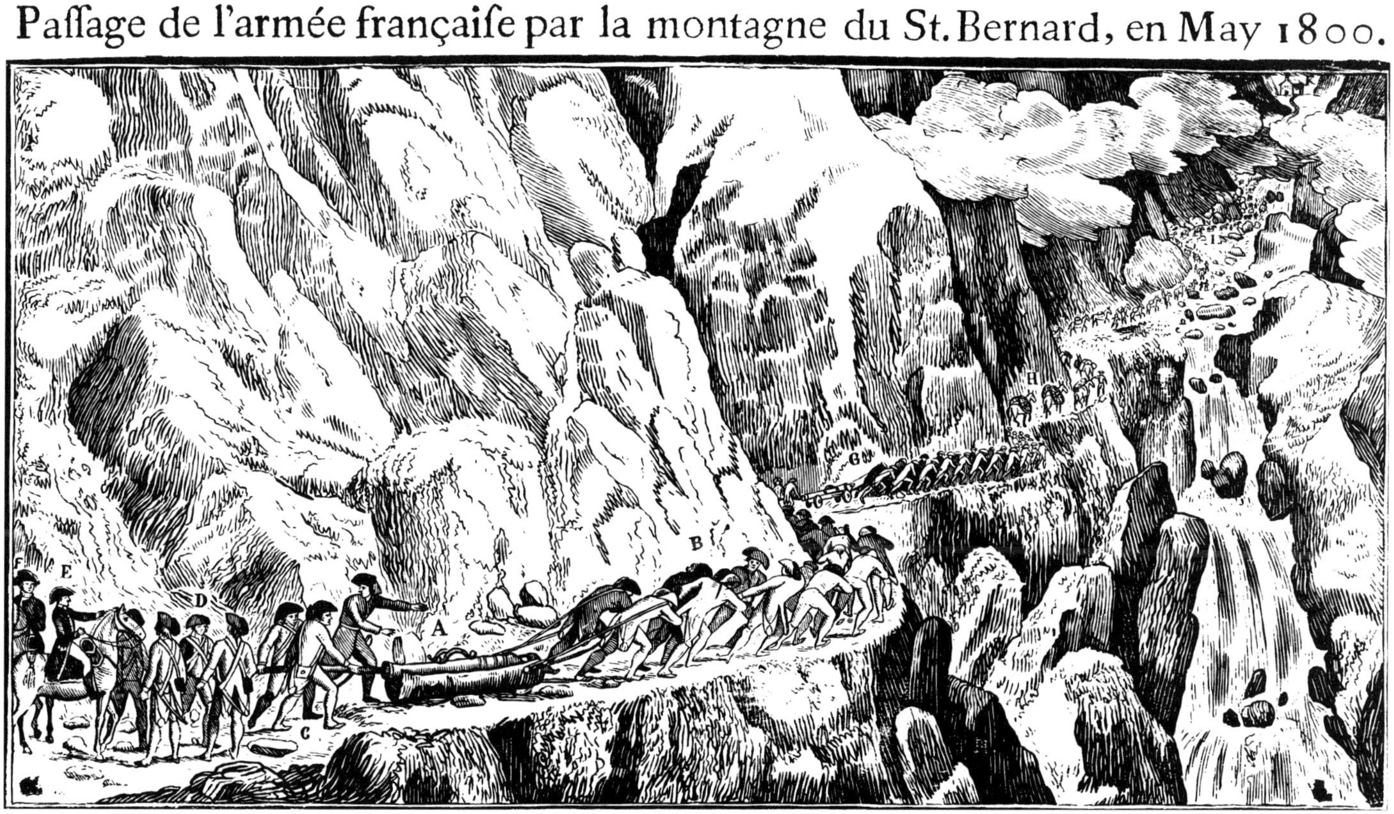

Paſſage de l'armée françaiſe par la montagne du St. Bernard, en May 1800.

84 non illustré
«Le véritable Messager boiteux de Vevey pour 1801»
Vevey, Lörtscher, [1800]
Avec en illustration: *Passage de l'armée française par la montagne du St. Bernard, en May 1800*
MD del.; VL = [Vevey, Lörtscher]; [gravé par François Aimé Louis Dumoulin]
Sous l'image, légende sur trois lignes:
A. Un canon [...] en haut de la montagne
Gravure sur bois, 16×29,3 cm
Editions Säuberlin + Pfeiffer SA, Vevey

Cet almanach, dont la parution est restée sans faille depuis 1708, recèle la première estampe éditée sur le passage des Alpes par Bonaparte.

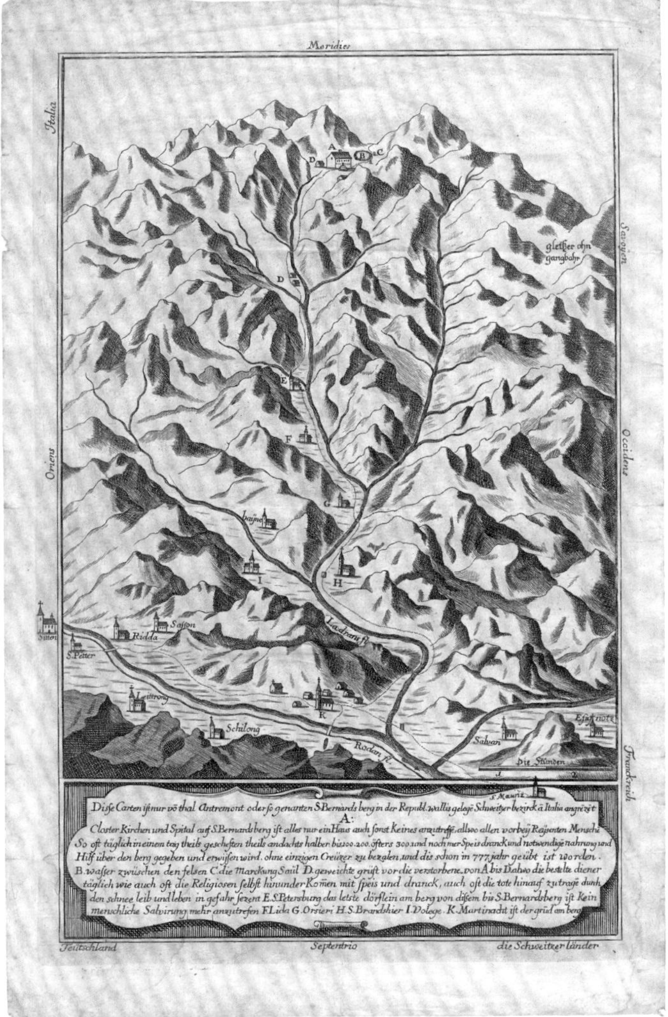

86 non illustré
Bois gravé par François Aimé Louis Dumoulin (1753-1836) pour l'illustration du «Véritable Messager boiteux de Vevey» pour 1801 – 1800
Hauteur 16,2 cm
Largeur 29,8 cm
Epaisseur 2,4 cm
Editions Säuberlin + Pfeiffer SA, Vevey
En dépôt au Musée historique du Vieux-Vevey, Vevey

Rare conjoncture que de posséder l'almanach, l'estampe et le bois ayant servi à l'imprimer.

88 non illustré
Plaque de cuivre gravée à l'eau-forte – milieu du XVIIIe siècle
Hauteur 37 cm
Largeur 23 cm
Epaisseur 0,5-1 mm
Musée du Grand-Saint-Bernard, Bourg-Saint-Pierre

Cette plaque de cuivre est, depuis le milieu du XVIIIe siècle, en possession de l'hospice du Grand-Saint-Bernard.
La conservation rigoureuse qui caractérise un monastère tel que celui-ci nous donne la rare aubaine de mettre en parallèle l'estampe et la plaque de métal ayant servi à l'imprimer.
Le cuivre est, avec le bois, l'un des deux matériaux originels de l'estampe.
Sur l'eau-forte imprimée à partir d'une plaque, on peut voir le creux qu'elle crée lors de l'impression. Il est désigné sous le nom de «cuvette».

87
«Disſe Carten iſt nur von thal Antremont oder ſo genanten S.Bernards berg in der Republ. Wallis gelegen Schweitzer bezirck an Italia angrenzent» – milieu du XVIIIe siècle
Sous l'illustration, légende sur sept lignes dans un cartouche: *A. Closter Kirchen und Spital auſ S.Bernards berg [...] K. Martinacht, iſt der grüd am berg*
Eau-forte, 35,7×22,5 cm, y compris le texte en dehors de l'image
Collection Frédéric Künzi, Praz-de-Fort

Peu de données irréfutables existent sur ce document cartographique fait en Allemagne ou en Suisse alémanique. Assurément réalisé sur la demande de la Maison du Saint-Bernard, il pouvait être destiné aux personnes qui, pour son compte, quêtaient et vendaient des images pieuses. Les quêteurs l'utilisaient sans doute pour situer l'hospice, montrer son escarpement et sa situation nécessairement accueillante pour les pèlerins allant à Rome.

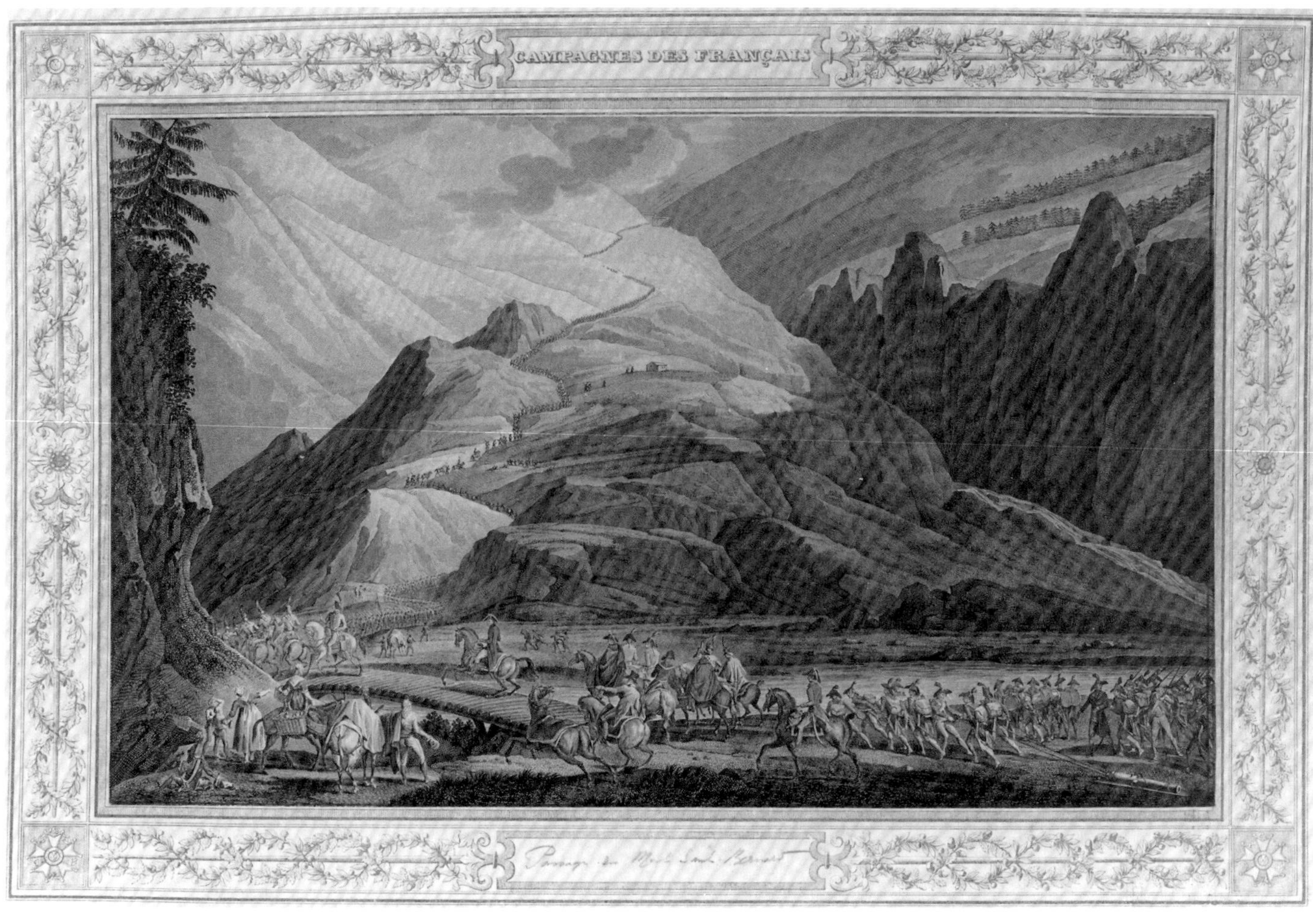

90
«**Mont Saint Bernard**» – 1806
[C. Vernet del.; Duplessi-Bertaux sculp.]
Eau-forte, 26,3×42 cm; avec le cadre, 34×49,6 cm
Bibliothèque nationale suisse, cabinet des estampes, Berne

Cette version est rehaussée d'un imposant cadre décoratif dont nous retrouvons l'un ou l'autre exemple dans l'exposition. Il est, lui aussi, assimilé à l'estampe et gravé à l'eau-forte.

89 non illustré
***La Nature*, Revue des sciences et de leurs applications aux arts et à l'industrie**
Rédacteur en chef: Gaston Tissandier
Paris, Masson & Cie., 1896
Avec quatre illustrations:
Exposition du centenaire de la lithographie…;
Gravé par Dietrich; xylographie, 9×14 cm
Presse à bras servant […] à faire les reports; Gravé par Poyet; xylographie, 7,3×9,1 cm
Type des premières presses lithographiques; Gravé par Poyet; xylographie, 9,1×7,1 cm
Machine lithographique à deux cylindres…; Gravé par Poyet; xylographie, 7,2×9,1 cm
Jean-Pierre Demierre, Martigny

91 non illustré
«**Passage du Mont Saint-Bernard, le 30 Floréal, An VIII**» – 1806
Composé et Dessiné par Carle Vernet; Gravé à l'eau-forte par Duplessi-Bertaux; Terminé par Louvet
Eau-forte, version coloriée, 27,5×42 cm
Collection Georges Pillet, Martigny

L'itinéraire de Bonaparte, de Paris à Paris en passant par Marengo

par Alain Pigeard,
Docteur en histoire en Sorbonne
Docteur en droit
Directeur historique de la revue *Napoléon*
Président de la Fédération Française de Reconstitution Historique

Le 6 mai 1800, Bonaparte quitte les Tuileries à Paris (Fig. 92), à 2 h du matin. A 11 h 15, il est à Sens et s'arrête dans la maison de son ami Bourrienne, chez qui il déjeune en 30 minutes. A 19 h 30, il arrive à Avallon et a parcouru 238 kilomètres. Il dépouille son courrier jusqu'à 23 h et reçoit des nouvelles alarmantes de Masséna, assiégé dans Gênes avec ses troupes.
Le 7 mai à l'aube, il quitte Avallon. Il remonte les colonnes de troupes en route pour Dijon et arrive dans cette ville vers midi. Il séjourne à l'hôtel Bouhier de Lantenay, qui deviendra la Préfecture de la Côte (Fig. 94). Il passe en revue la division Chambarlhac en bordure de la rivière l'Ouche.
Le 8 au matin, il quitte Dijon après avoir passé en revue la division Boudet, et part en direction d'Auxonne, où il séjourne deux heures. Il passe ensuite à Dole, Champagnole, Morbier, où il descend de voiture. Il repart pour Morez, où il arrive à la nuit. A 22 h 30, il est aux Rousses, prend une rapide collation, puis poursuit sur Saint-Cergue et Nyon, où il s'arrête au relais de poste.
Le 9 mai, il arrive à 3 h du matin à Genève et descend chez M. de Saussure (Fig. 97). Il prend un repas froid et étudie la carte du Valais.
Les 10 et 11, il séjourne toujours à Genève et établit le plan de passage du col du Saint-Bernard selon le schéma suivant: *De Villeneuve à Martigny en remontant la vallée du Rhône* (Fig. 103): *40 km; oblique à droite à Martigny pour longer la Dranse, traversée de Martigny-Bourg, Sembrancher* (Fig. 108 et 109), *val d'Entremont* (Fig. 107), *Orsières, Liddes, Saint-Pierre: 33 km; à Saint-Pierre, escalade de la pente du plateau de Charreyre et descente dans le vallon de Proz: 3 km; sentier reliant Proz au Grand-Saint-Bernard: 9 km* (Fig. 114 et 115). *De l'hospice à Saint-Rémy, premier village piémontais: 6 km; de Saint-Rémy, où commence un chemin de voitures, à Etroubles: 5 km; d'Etroubles à Aoste par la vallée du Buttier: 15 km. Soit 111 km dont 15 à travers la montagne. Gîte à Martigny-Bourg, Saint-Pierre et Etroubles.*
12 mai. Il quitte Genève pour se rendre à Lausanne par Vidy et arrive dans cette ville vers 17 h. Il passe en revue les divisions Chambarlhac et Loison dans la plaine de Saint-Sulpice, à une lieue de la ville. Il demeure à la maison Beau-Séjour (Fig. 98).
13 mai. Il passe en revue les troupes à Vevey, les harangue et se rend à Villeneuve (Fig. 102) inspecter la cavalerie du général Rivaud, entre Villeneuve et Aigle. Puis il rentre à Lausanne.
14 et 15 mai. Il est toujours à Lausanne et reçoit des nouvelles lui indiquant que la neige tombe à Bourg-Saint-Pierre.
16 mai. Il quitte Lausanne à 17 h, passe à Vevey (Fig. 100 et 101) vers 20 h et arrive à Saint-Maurice, où il couche. Pendant ce temps, son avant-garde arrive à l'hospice du Saint-Bernard.
17 mai. Il arrive à Martigny en berline à 10 h du matin (Fig. 104). Il descend au couvent des Bernardins (Fig. 105) avec Bourrienne et Duroc. Le chanoine Luder, prévôt des moines, lui souhaite la bienvenue. Il loge au premier étage. Il déjeune avec Luder, puis travaille avec Bourrienne. La Garde des consuls

arrive à Martigny vers 16 h. Il se promène dans le jardin du couvent, une heure avant la nuit.
18 mai. Il est à Martigny, mais s'excuse de ne pouvoir être présent à la messe. Il assiste au défilé de la division Chambarlhac. Ce dernier, tout comme Lannes, Watrin, Murat, Victor, etc., loge à la Grande Maison (Fig. 106).
20 mai. Départ de Martigny. A 8 h, il part à cheval. Il porte une culotte et un gilet de drap blanc, un habit bleu et une redingote grise, un chapeau couvert d'une toile cirée, une épée de parade et une cravache avec pommeau en argent. A 11 h, il arrive à la cure de Liddes, puis passe à Bourg-Saint-Pierre, où il s'arrête à l'auberge A la Collonne Milliaire *(sic)* (Fig. 111 à 113). Il quitte le bourg à 14 h, et continue sur une mule (Fig. 75 à 77). Il arrive à l'hospice du Saint-Bernard à 17 h (Fig. 116), prend un repas qui dure 20 minutes (Fig. 117), puis assiste au passage des troupes (Fig. 119 et 120). Il quitte l'hospice à 18 h 30. A Saint-Rhémy (Fig. 44), il retrouve son cheval; il arrive à 21 h à Etroubles, où il couche.
21 mai. Il quitte Etroubles à 9 h, puis arrive à Aoste, où il séjourne au Palais épiscopal jusqu'au 24 (Fig. 124).
25 mai. Il quitte Aoste, passe à Saint-Vincent. Il se rend au sommet de l'Albaredo (Fig. 157), puis rentre à Verrès au couvent des Augustins.
26 mai. Il quitte Verrès vers 13 h, puis rentre à Ivrée (Fig. 160), où il séjourne également le lendemain.
28 mai. Il quitte Ivrée à 3 h, puis se rend à Chivasso, où il couche au presbytère.
29 mai. Il rentre à Ivrée, où il reçoit des nouvelles de Paris.
30 mai. Il quitte Ivrée à minuit et se dirige, suivi de sa garde à cheval, vers Verceil, où il arrive à minuit et séjourne au palais Avogadro della Motta. Il y reste le lendemain.
1er juin. Il est à Novare.
2 juin. Il séjourne à Turbigo à l'hôtel de la Couronne de France. Il part pour Milan (Fig. 161), s'installe au Palais archiducal et va se coucher à 2 h du matin.
3-8 juin. Il séjourne à Milan (Fig. 126).
9 juin. A 8 h, il quitte Milan, déjeune au château de Binasco et arrive à Pavie à 14 h. Il pousse ensuite jusqu'à Stradella et entend le canon. C'est le combat de Montebello qui se déroule (Fig. 164). Il couche à Stradella.
10 et 11 juin à Stradella.
12 juin. Il se porte sur Voghera et occupe la Maison de commune.
13 juin. A 10 h, il est à San Giuliano, traverse la plaine de Marengo et passe à midi à Sala. A 23 h, il est à San Giuliano Vecchio et va souper à Torre di Garofoli dans la demeure du baron (Fig. 125).
14 juin. Bataille de Marengo (Fig. 165 à 177). Il couche le soir à Torre di Garofoli.
15 et 16 juin. Il est toujours à Torre di Garofoli.
17 juin. Il retourne à Milan et y séjourne jusqu'au 25 au matin.
25 juin. Il quitte Milan à midi et couche à Verceil.
26 juin. Il se rend de Verceil à Turin.
27 juin. Il quitte Turin, passe à Bussoleno, le col du Mont-Cenis et Saint-Jean-de-Maurienne.
28 juin. Il arrive à Lyon à 17 h et descend à l'hôtel des Célestins.
29 juin. Séjour à Lyon.
30 juin. Il arrive à Dijon, où il déjeune et passe en revue les troupes dans la prairie de l'Ouche.
1er juillet. Passage à Nemours et Montereau.
2 juillet. A 2 h du matin, il arrive à Paris, aux Tuileries, accompagné de Bourrienne et de Duroc.

A. P., d'après Louis Garros

92
Revue au Palais des Tuileries
Fac-similé d'une chromotypogravure grand in-4°,
d'après une aquarelle de Job illustrant le *Bonaparte* de Montorgueil
Collection Alain Pigeard, Dijon

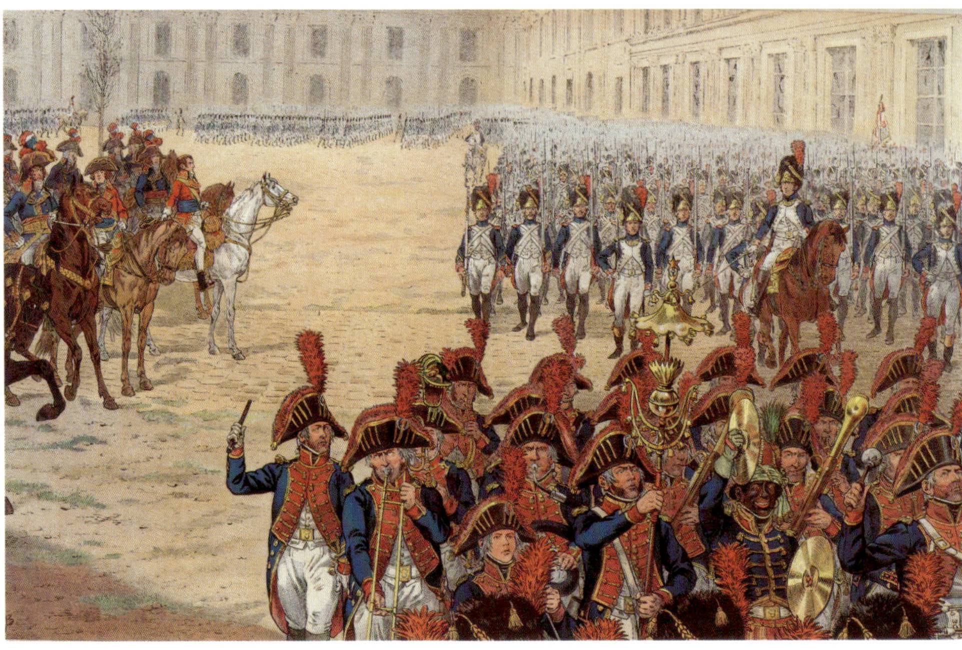

Le 6 mai 1800, Bonaparte quitte le Palais des Tuileries, seuil de la route qui le conduira à la bataille de Marengo.
Il passe en revue la Garde des consuls dans la cour du palais. Devant une belle unité de grenadiers à pied se trouve la fanfare de cette même Garde. Si celle-ci, dans un premier temps, ne paraît pas être une unité indispensable, elle l'est pourtant. Au combat, précédée de deux rangées de tambours, elle joue sur la ligne de feu à une quinzaine de pas seulement du premier bataillon. Les accords et le fracas du combat composent un climat sonore apocalyptique, qui provoque une sorte d'ivresse collective favorable aux actions d'éclat et à l'oubli.

93 non illustré
«Revue du 1er Consul»
Extrait de *France militaire, Histoire des armées françaises de terre et de mer de 1792 à 1833*, T. 3
Revu et publié par A. Hugo, Paris, Delloye, 1836
Reproduction d'une gravure sur acier, 10,8×15,5 cm
[Pierre] Martinet del.; Réville sculp.
Bibliothèque cantonale du Valais, Sion
Cote TB370/3

Revue des troupes dans la cour du Palais des Tuileries.

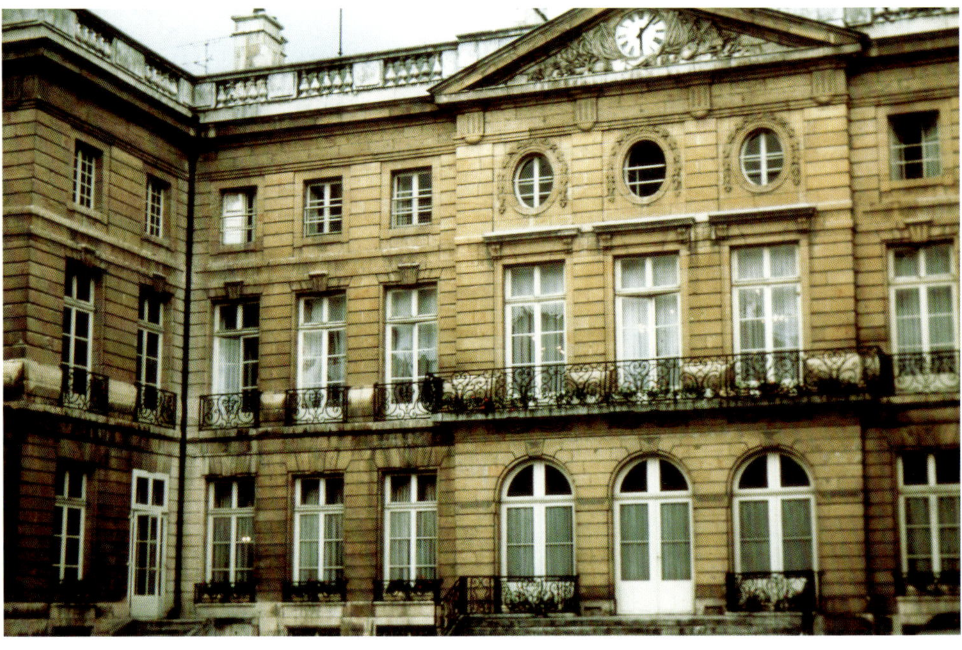

94
La Préfecture de Dijon
Photographie, 17,4×27,5 cm
Alain Pigeard, Dijon
© Alain Pigeard, Dijon

Bonaparte y séjourne les 7 et 8 mai, en route pour le passage des Alpes.

95 non illustré
«Partie du canton du Vallais du département du Mont Blanc / la partie de la Suisse levée et dessinée par J. H. Weiss, la partie hors frontières dessinée et gravée à Arau par J. Scheurmann = 1 lieue de Suisse [= 0.044 m]. – Arau; aux frais du lit. J. R. Meyer, 1800»
Eau-forte coloriée, 56,8×77 cm
Médiathèque Jean-Jacques Rousseau, Chambéry
Cote Carte SAV B 075

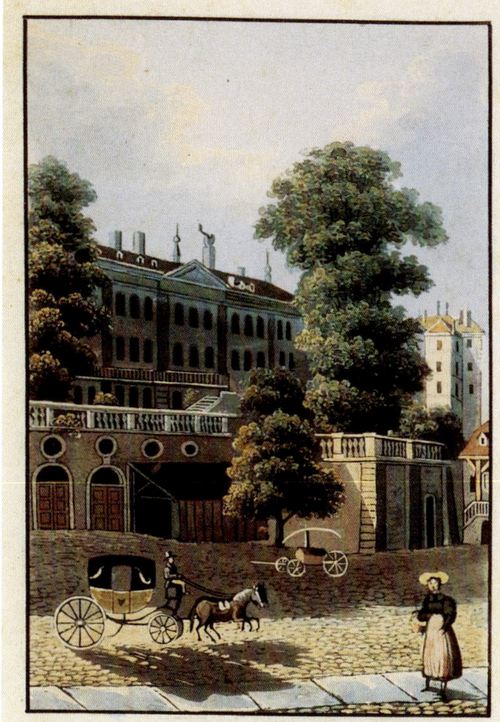

97
«Das Haus de Saussure an d. Corraterie - Strasse. La maison de Saussure, rue de la Corraterie»
Reproduction photographique d'une vignette de l'aquatinte aquarellée de I.[ohann] B.[aptist] Isenring:
Vue de la ville de Genève [...]
Dimensions de la vignette originale 11,2×7,5 cm
Centre d'iconographie genevoise de la Bibliothèque publique et universitaire, Genève
Nº d'inventaire 18M 1918/390/Photo C. Poite, Genève, pour la BPU

Bonaparte arrive à Genève le 9 mai à 3 h du matin pour en repartir le 12 en début de journée. C'est la maison de Saussure qui l'héberge et il y établit ses plans de passage du col. En ce même lieu, il nomme le général Lannes commandant de l'avant-garde, décision dont dépendra le succès des combats précédant la bataille de Marengo.

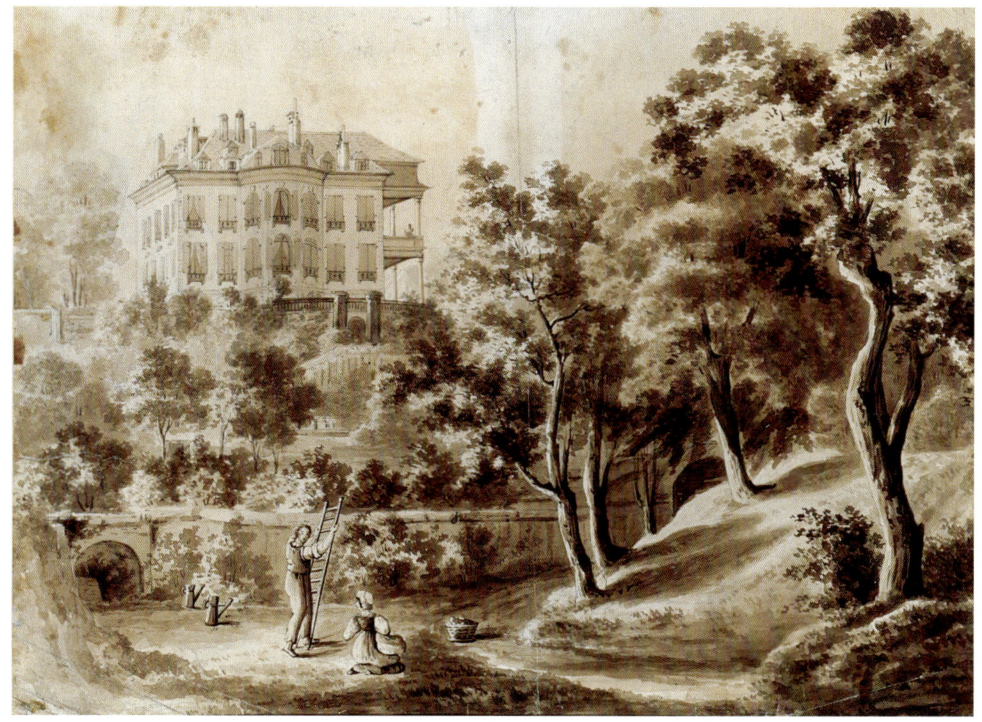

98
«Maison de Beau-Séjour» – 1840
Attribué à [Auguste Louis Piot-Ansermier][6]
Aquarelle-Sépia (plume, encre, crayon) sur papier, 31×41,2 cm
Musée historique de Lausanne, Lausanne
Nº d'inventaire 17.B.30/Photographie Sylviane Pittet, MHL

Bonaparte, Murat et Marmont établirent leur quartier général du 12 au 16 mai dans cette magnifique maison de Lausanne. Watrin y a aussi séjourné début mai.

99 non illustré
Lettres de Napoléon à Joséphine, T. I et II
Paris, Firmin Didot Frères, 1833
Collection Léonard-Pierre Closuit, Martigny

Bonaparte écrit de Lausanne et annonce son départ pour Saint-Maurice.

Par deux fois dans ces lettres, les 25 et 26 floréal, il annonce l'arrivée d'Eugène. C'est le seul document qui fait état de la présence d'Eugène de Beauharnais dans cette expédition en route pour le Grand-Saint-Bernard. On sait toutefois qu'il a été brillant à la bataille de Marengo.

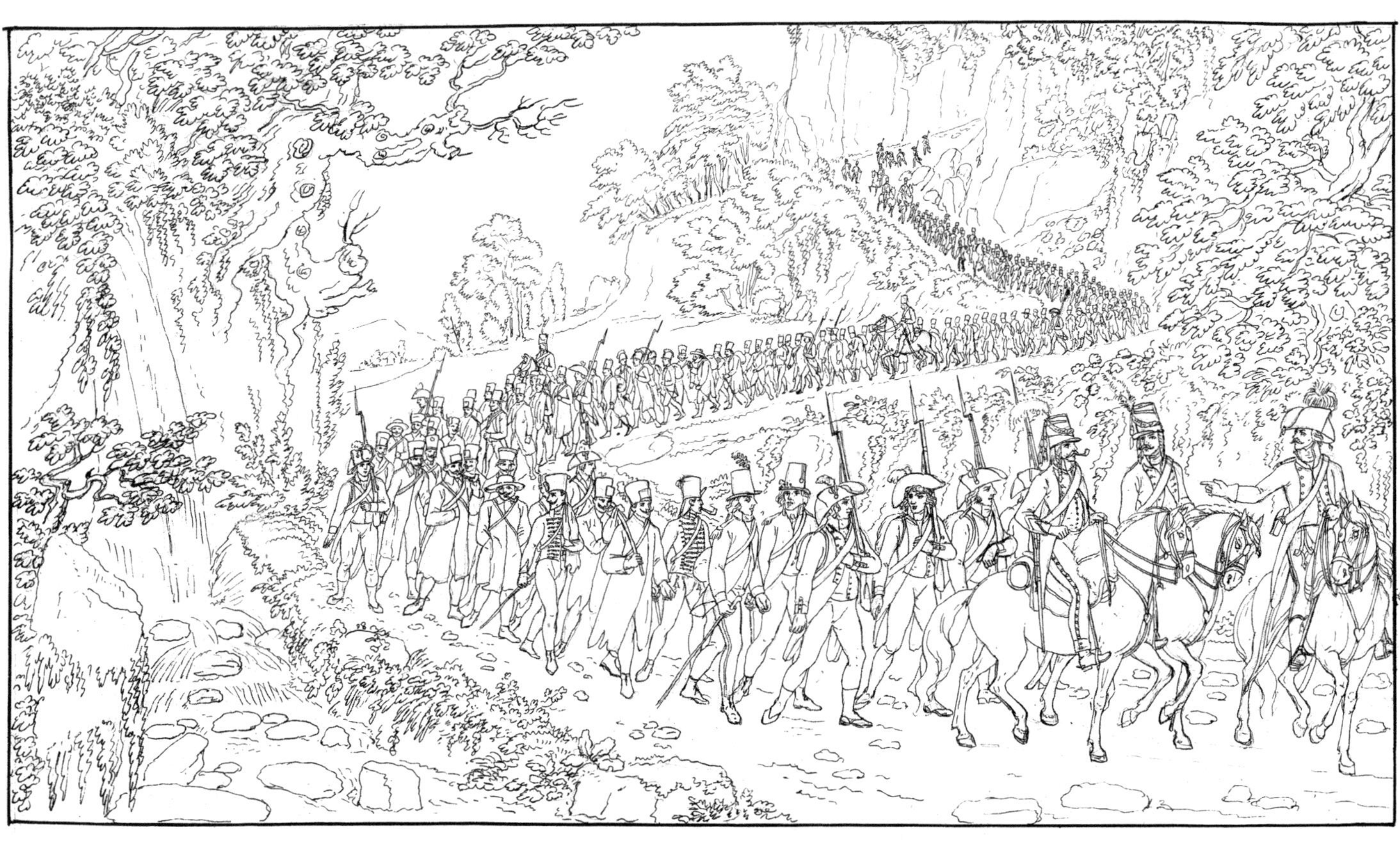

100
Premier dessin du *Second cahier des marches d'Infanterie, Cavalerie, Artillerie et Chariots de Transport, avec d'autres incidents de guerre dessinés d'après nature en 1799* –
dès 1799
Cahier de dessins et d'esquisses attribué à [François Aimé Louis Dumoulin][7]
Crayon, crayon et encre sur papier
Dimensions du cahier 24,7×38,5 cm
Dimensions du dessin 16,1×28 cm
Musée historique du Vieux-Vevey, Vevey

Représentation d'une colonne de prisonniers autrichiens dans les premiers mois de l'an 1800. En tête, trois cavaliers français, dont deux hussards, discutent. Derrière, trois fantassins des demi-brigades d'infanterie (non identifiables) ouvrent la marche du convoi.
Parmi les prisonniers autrichiens, nombreux sont ceux coiffés de la «casquette» typique de leur armée, repérable à la petite visière frontale. Quelques hussards, à pied, portent le dolman largement galonné.
La colonne, qui comporte plus de cent prisonniers, indique qu'ils ont été capturés dans une affaire assez importante. Peut-être est-ce lors du combat de Stockach, le 4 mai, où l'armée du Rhin fit 7000 prisonniers probablement transférés à Genève* par les bords du lac Léman *(Alain Pigeard)*.

*Voir la légende de la figure 96 (lettre de Bonaparte) à la page suivante.

96 non illustré
«Ansicht der Stadt Genf / deren innern Theile und merkwürdigsten Umgebungen / Vue de la Ville de Genève / de son intérieur et de ses environs les plus intéressants / Genf. / Von der Seite Coligni aufgenommen / Prise du côté de Coligni» – 1830
Zu haben bei dem Herausgeber J.[ohann] B.[aptist] Isenring, St. Gallen; D. A. Schmid del.; C. A. Burckhardt sculp.
Aquatinte en couleur, 36,9×49,8 cm
Vue entourée de 12 vignettes, dont l'une, en haut à gauche, de la maison de Saussure
Centre d'iconographie genevoise de la Bibliothèque publique et universitaire, Genève
N° d'inventaire 18M 1918/390/Photo C. Poite, Genève, pour la BPU

Les prisonniers faits à Châtillon et à Montebello, certainement aussi à Stockach, furent regroupés à Genève: «Les 300 prisonniers qui ont été faits, citoyen Général, vont être incessamment envoyés à Genève. Tous ceux que l'on pourrait faire dans la suite seront dirigés sur la même ville. Il est donc nécessaire que vous fassiez choix d'un emplacement où ils seront tenus en sûreté» *(Bonaparte).*

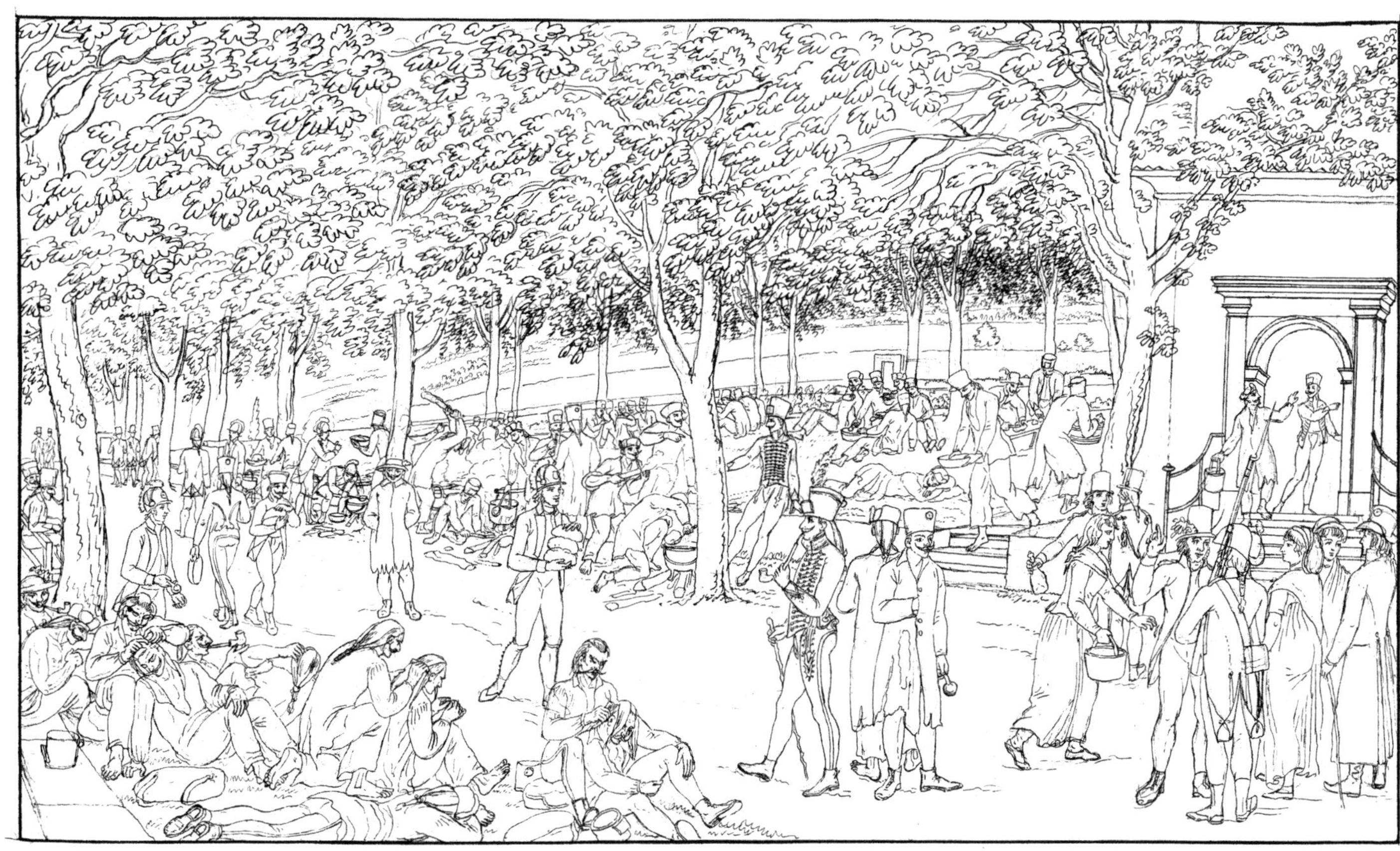

101
Deuxième dessin du *Second cahier [...] dessinés d'après nature en 1799*
Cahier de dessins et d'esquisses attribué à [François Aimé Louis Dumoulin]
Dimensions du dessin 16,6×27,8 cm
Musée historique du Vieux-Vevey, Vevey
© Studio Edouard Curchod, Vevey, et Musée du Vieux-Vevey

Ce dessin, représentant la halte de prisonniers devant l'église Saint-Martin à Vevey, est riche de précieux renseignements anecdotiques sur la vie quotidienne des soldats. On note une présence discrète des militaires français chargés de la garde. Au premier plan, à gauche, des prisonniers coiffent leurs camarades, leur refont des queues ou leur cherchent des poux. Les coiffures posées sur le sol indiquent l'origine de ces troupes. De l'infanterie dite allemande, coiffée de son casque, est au rang des prisonniers. Un soldat portant trois pains, quelques hussards, dont un fumeur de pipe, une cantinière porteuse d'une marmite complètent cette «revue». Des militaires ont des manteaux déchirés ou sont pieds nus. A l'extrême droite, des civils contemplent ce spectacle insolite *(Alain Pigeard).*
En outre, c'est aussi dans cette ville que le Premier Consul passe en revue, le 13 mai, une partie de ses troupes. Le cahier ne contient malheureusement qu'une esquisse rudimentaire de cet épisode.

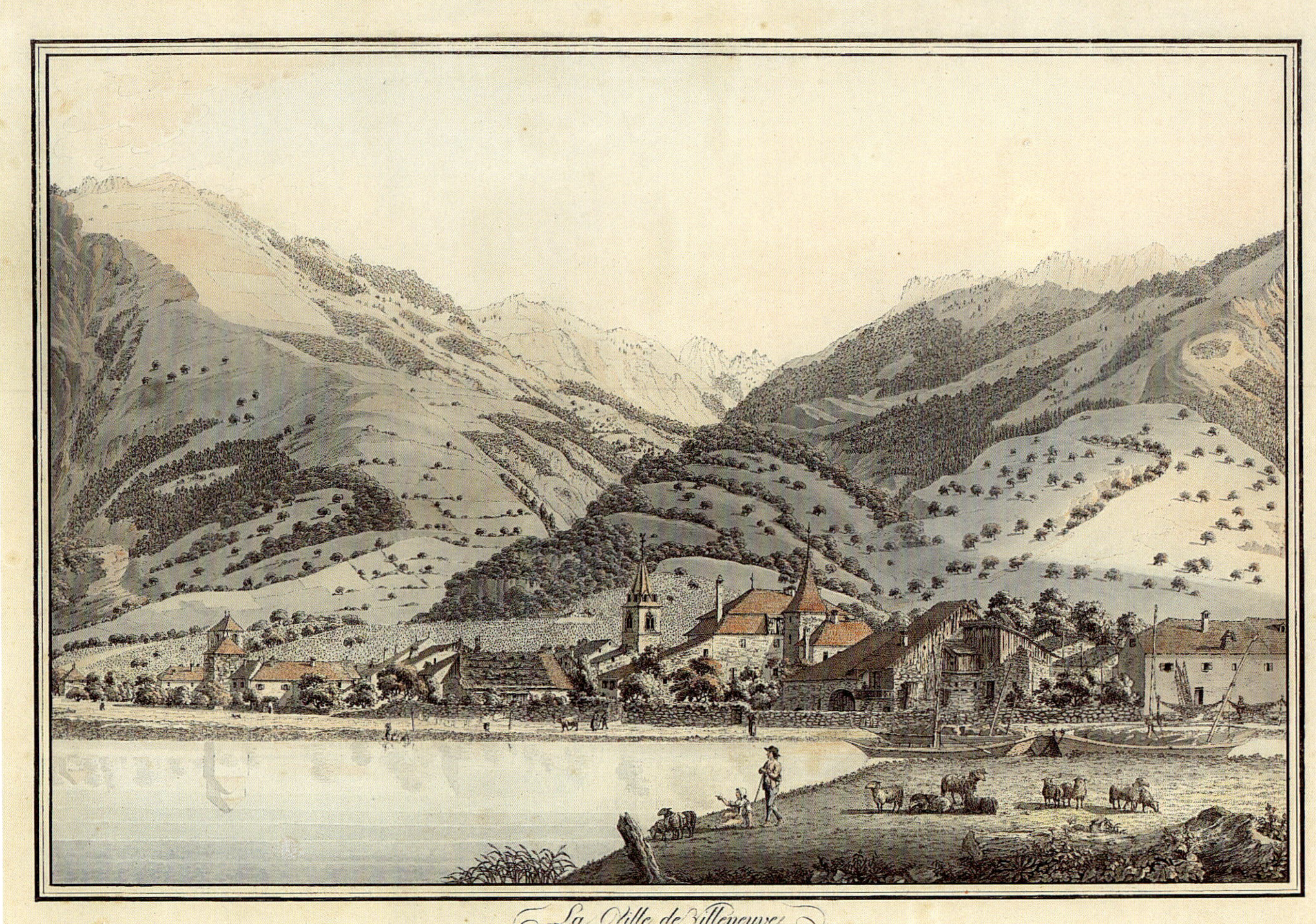

102
«La Ville de Villeneuve dans le Bailliage de Vevey» – 1780/1790
[Dessiné par Pierre-Samuel-Louis Joyeux];
[Gravé par F.-G. Wexelberg]
Gravure au trait coloriée, 33×48,5 cm
Collection particulière

Les vivres (rations de biscuits, pintes d'eau-de-vie), les fourrages (boisseaux d'avoine, foin) et les munitions (poudre, balles, boulets) sont embarqués sur des bateaux à Genève pour Villeneuve, où sont situés les magasins de transit de l'armée de réserve. Selon les quantités à entreposer et la structure urbaine de Villeneuve, on imagine que de très nombreux bâtiments ont été réquisitionnés, tels que le bâtiment des salines, le «château», divers ruraux, des granges et même l'église: «Le citoyen maisonneur est authorisé à faire rétablir à neuf la partie du côté du nord de l'église et relever le planché qui se faira à neuf à la hauteur de la première marche du chœur, la nef ayant été endommagée à la suite de l'employ qui en a été fait pour le dépôt des munitions de guerre consistant en poudre, cartouche à bâle, boulet, etc. de l'armée de réserve allant pour requonquérir l'Italie et le Piémont, et dont notre commune a été le lieu principal pour le dépôt des vivres et munitions artillerie, etc. à l'employ de rôle de 55000 hommes de cavalerie et infanterie française outre celle d'une légion sisalpine composée en cavalerie et infanterie d'environ 8 à 10000 hommes» *(AC Villeneuve, II b n° 16, p. 93, 13 juin 1800).*
Exemples d'approvisionnements: entre les 17 et 25 floréal an VIII, 1120000 rations de biscuits et 36300 boisseaux d'avoine ont été acheminés par eau vers Villeneuve.
Le 13 mai 1800, le Premier Consul passe en revue à Villeneuve l'artillerie des divisions Boudet, Loison et Chambarlhac, qui ont reçu l'ordre de s'y ravitailler.

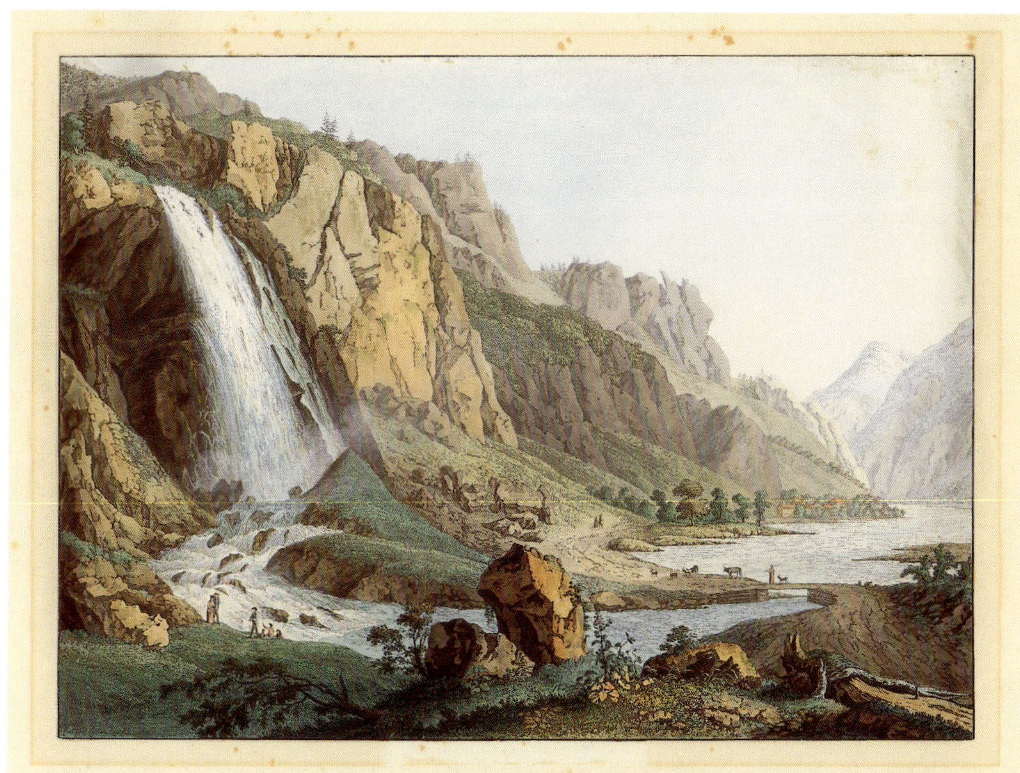

103
[Vue de la Cascade de Pissevache] – vers 1788/1796
Fait par J.[oh] Ant.[on] Linck
Gravure au trait coloriée, 35,8×47,3 cm
Version émargée
Collection Frédéric Künzi, Praz-de-Fort

«Pissevache: 2 pièces de 4, détachement de Suisses.
»On trouve, après Evionnaz, Miéville, 150 habitants; la chute d'eau appelée Pissevache. On passe le Trient, ensuite la Dranse; on arrive à Martigny» *(P. Tourné*).*
«Je fais raccommoder quelques ponts au Pissevache et sur la Dranse» *(Watrin).*

* Voir en fin de chapitre la notice explicative sur le rapport géopolitique de Pierre Tourné.

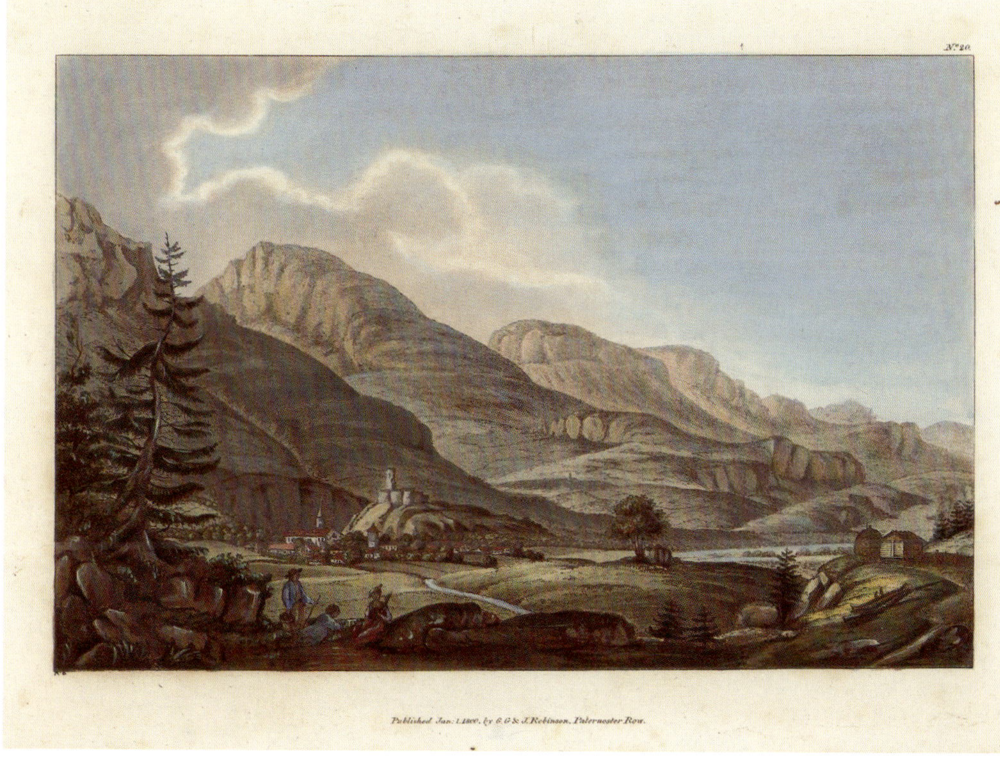

104
[Martigni and the Valley of the Rhone] – 1800
[J.-F. Albanis Beaumont];
Published Jan: 1. 1800. by G. G. & J. Robinson, Paternoster Row
Aquatinte coloriée, 20,5×30,1 cm
Collection de la Bourgeoisie de Martigny, Martigny

«Martigny: magasins pour le Saint-Bernard; ambulance (deux pièces de 4), détachement de Suisses (5 cavaliers, 15 artilleurs). L'endroit est pauvre et de peu de ressources […] Autour de Martigny, la plaine s'étend; elle est assez fertile» *(P. Tourné).*

105
Prévôté de l'hospice du Grand-Saint-Bernard à Martigny
Photographie, 17,4×27,5 cm
Alain Pigeard, Dijon

«Il y a cependant le couvent des moines de Saint-Bernard. C'est la seule maison un peu considérable» *(P. Tourné)*. Bonaparte y établit son quartier général. Il y arrive le 17 mai et en repart le 20.

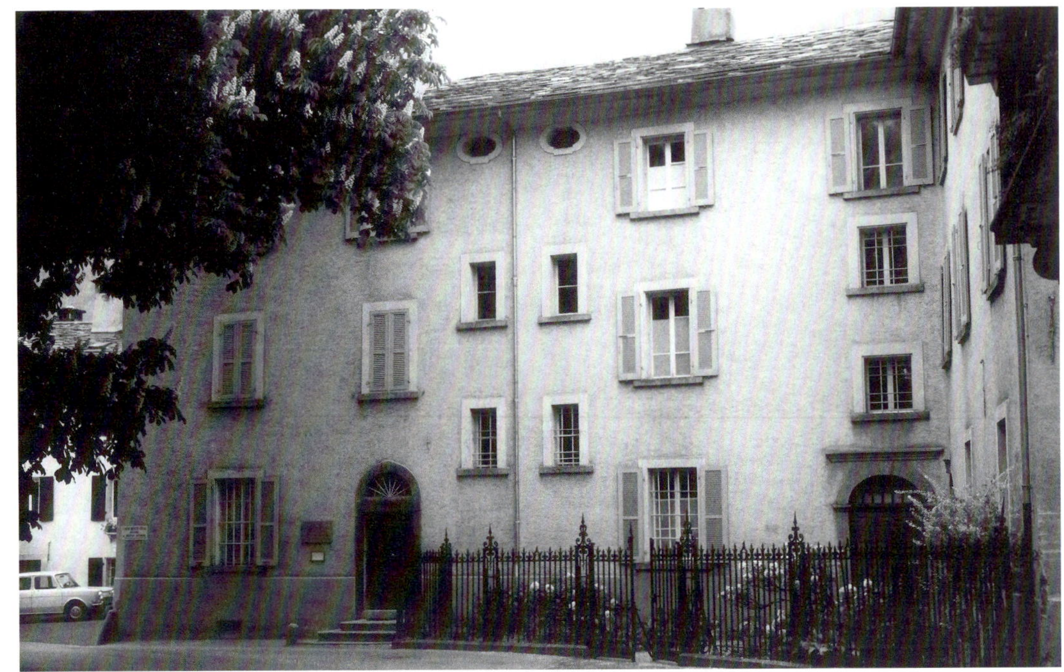

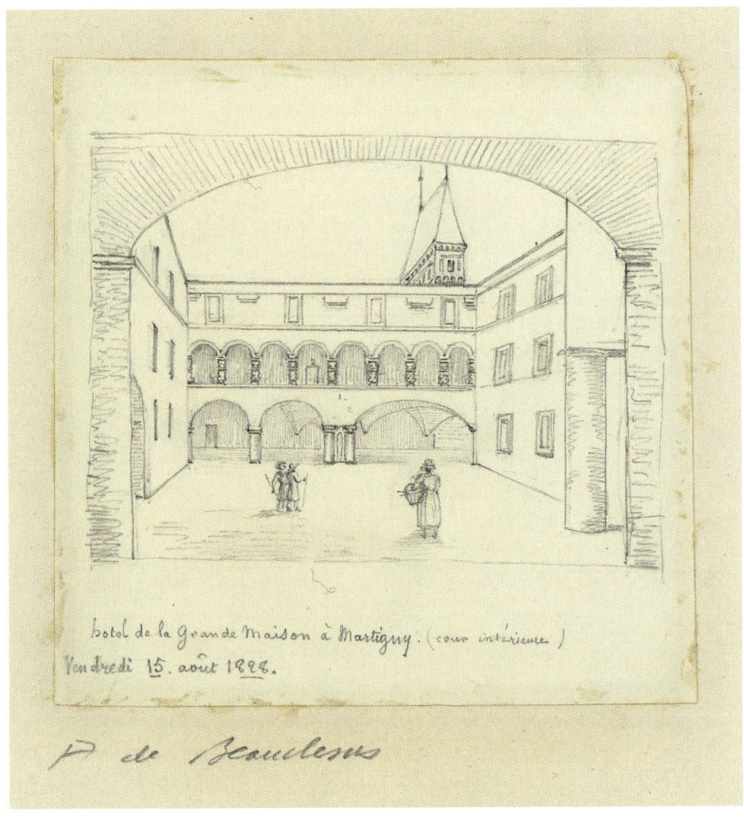

106
«hotel de la Grande Maison à Martigny. (cour intérieure) Vendredi 15. août 1828.»
Signé en bas à gauche, hors du cadre, *A. de Beauchesus*
Crayon sur papier, 9,5×12,3 cm
Collection Frédéric Künzi, Praz-de-Fort

Si Bonaparte loge à la Maison du Saint-Bernard, les chefs de groupe (Lannes, Watrin, Murat, Victor, etc.) résident chacun à leur tour à la «Grande Maison».

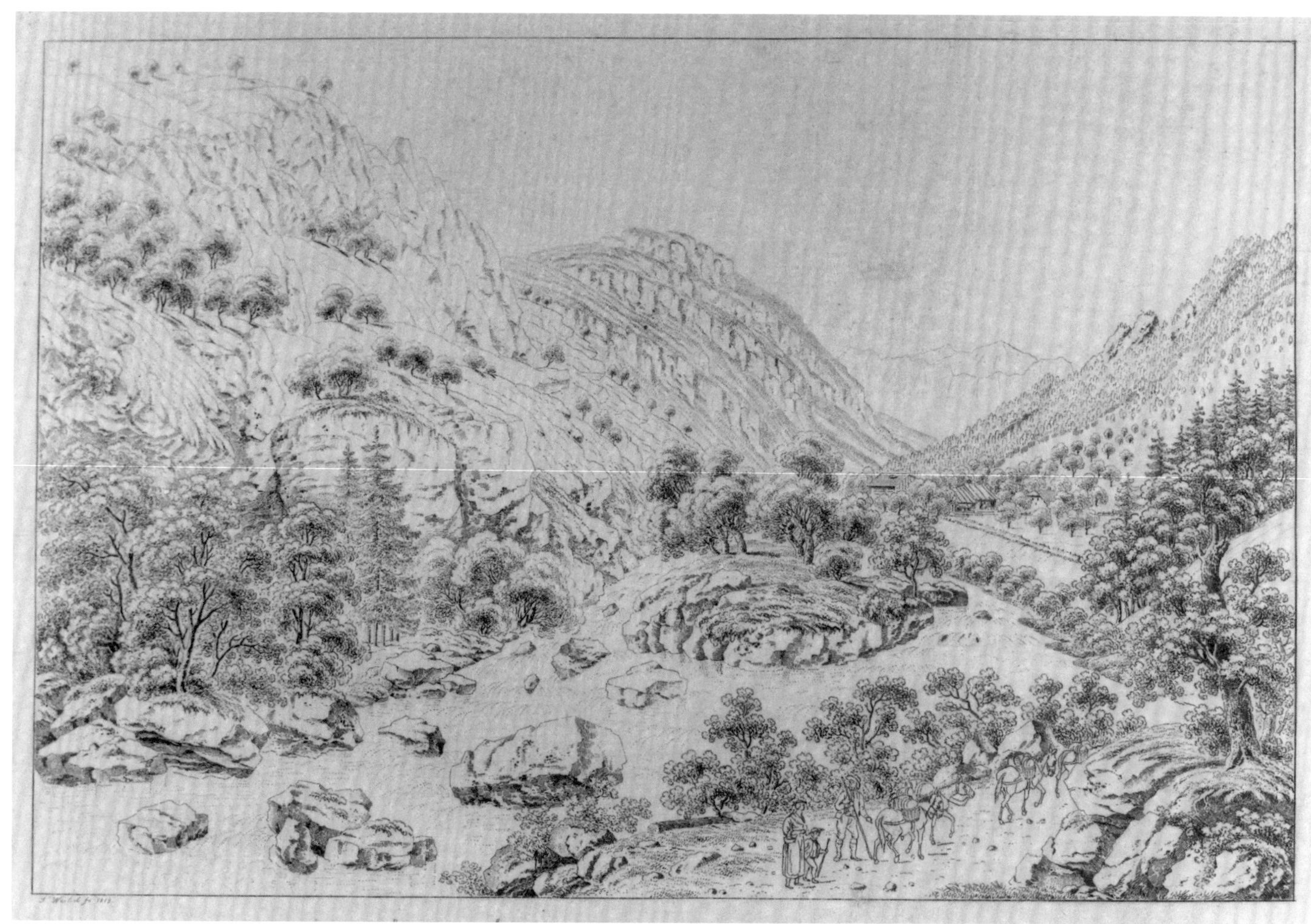

107
«L'entrée dans la Vallée d'Entremont. entre Martigny et S^t. Branchier» – 1818
[Jakob] S.[amuel] Weibel fc. 1818
Gravure au trait, 19,1×27,5 cm
Collection Frédéric Künzi, Praz-de-Fort
Photo Jean-Marc Biner, Bramois

«Bovernier: détachement de Suisses. On trouve sur la route, d'abord une forge avec quelques baraques, ensuite Bovernier, village d'une centaine d'habitants. A une demi-lieue, la gorge s'ouvre» *(P. Tourné).*
«De Martigny à Saint-Branchier, 2 lieues, chemin rapide et difficile pour les voitures» *(Marescot).*
Les vues de ce petit maître suisse représentent fidèlement les sites. Nous voyons ici la sente telle qu'elle cheminait lors du passage de l'armée de réserve. Cette maigre route se situait sur la rive gauche de la Dranse, depuis Martigny jusqu'à l'agglomération d'Orsières, où le premier pont conduisait les troupes sur l'autre rive. Il est intéressant de voir cet artiste utiliser alternativement la gravure au trait et l'aquatinte (Fig. 108) pour réaliser son art.

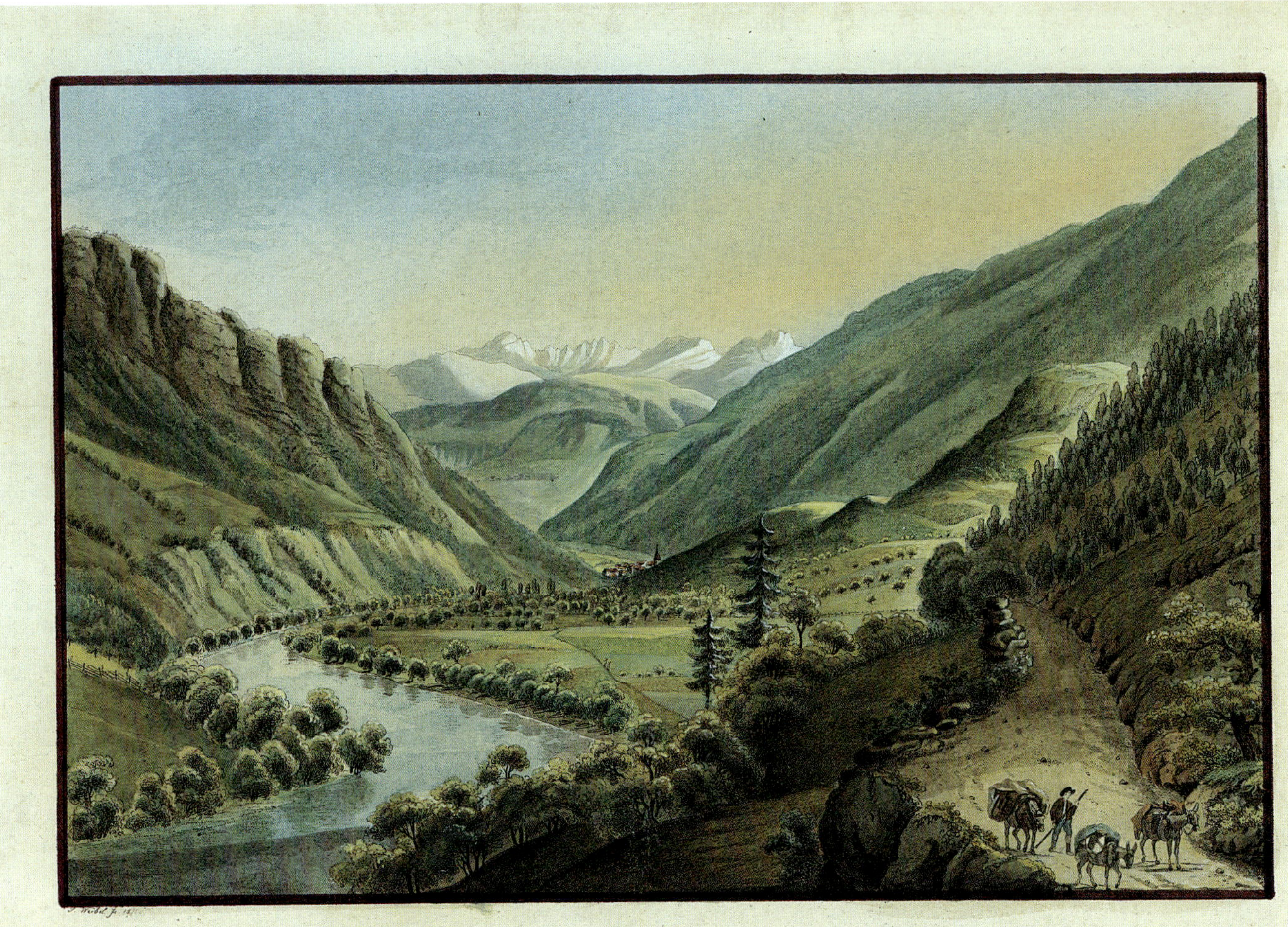

108
«Les environs de S[t]. Branchier. du côté de la Vallée de Bagne»
– 1818
[Jakob] S.[amuel] Weibel fc. 1818
Aquatinte en couleur, 19,2×27,7 cm
Collection Torrione, Martigny
En dépôt à la Commune de Martigny

«Saint-Branchier: quelques magasins, détachement de Suisses. Saint-Branchier est un bon village de 200 habitants. Ici la vallée se partage: celle de gauche, appelée val de Bagne; il n'a qu'un débouché très difficile, qui longe le glacier de Tchemontana et descend dans le val d'Aoste. On y a laissé constamment une compagnie très dispersée dans divers cantonnements; le poste avancé est Lourtier. L'été, on le porte à un point appelé Monvoisin» *(P. Tourné)*.

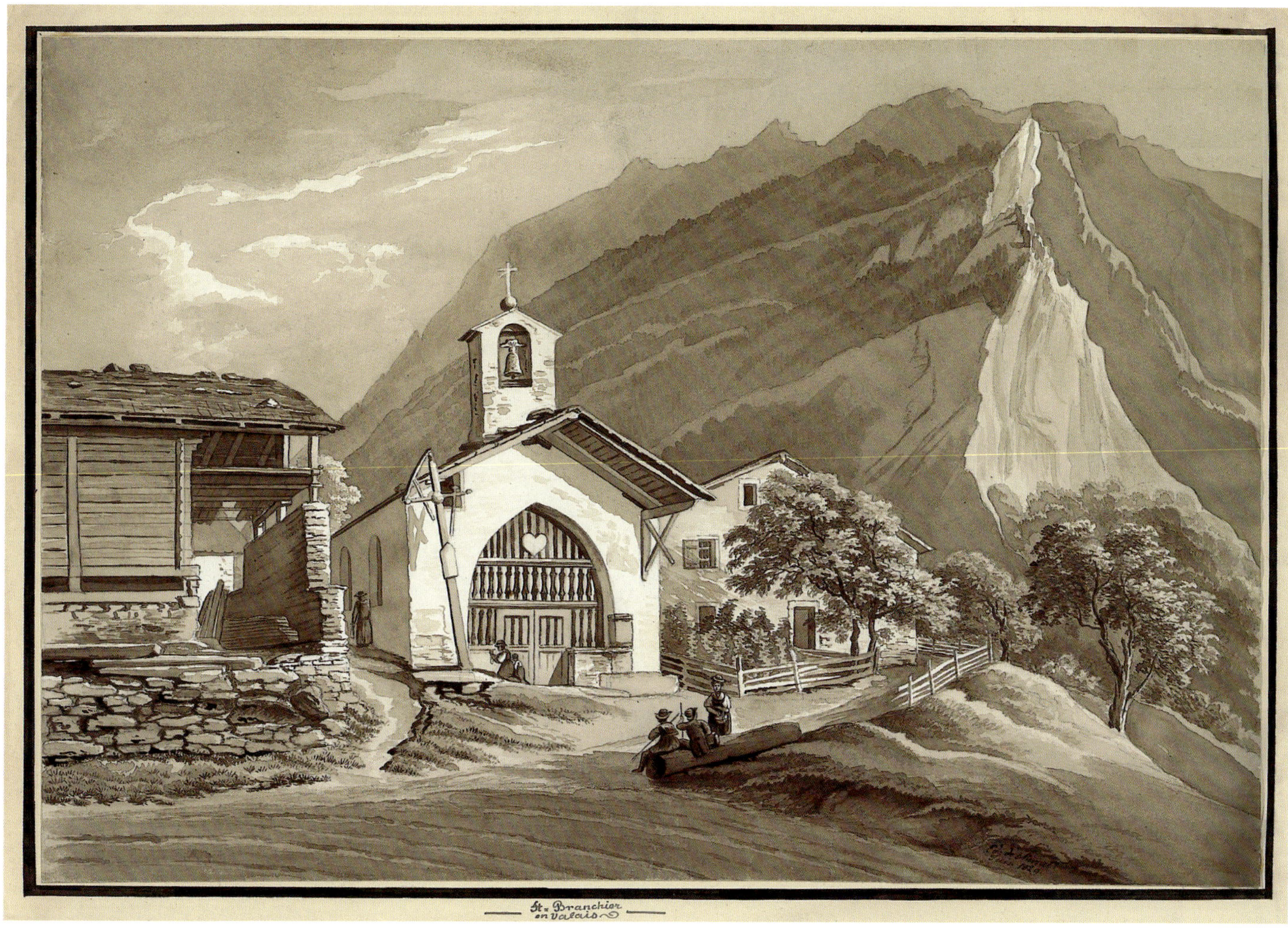

109
«**St = Branchier/en Valais**» – 1829
Signé et daté en bas à droite *Ed. de Muralt*[8]; *Juin 1829*
Sépia sur papier, 27×39 cm
Collection Frédéric Künzi, Praz-de-Fort

Le 17 mai, la division Chambarlhac arrive à Sembrancher en provenance de Martigny. Des dispositions sont prises pour ne cantonner dans cette localité que l'état-major et les compagnies d'élite. «Les autres resteront au bivouac.» «Logeront seuls à Sembrancher: le général Chambarlhac et son aide de camp, le général Rivaud et son aide de camp, le général Herbin et son aide de camp, le général Delort et ses adjoints, les chefs de brigade, un commissaire des guerres, les chefs d'artillerie, du génie, 6 compagnies de grenadiers dans les granges, les quartiers-maîtres, les officiers de santé» *(Archives de Sembrancher)*.

Le bâtiment rural croqué sur la gauche est un «raccard». Ces granges réservées aux céréales ont accueilli de nombreux soldats pour une ou plusieurs nuits suivant leur affectation. En effet, si les hussards se rendent de Martigny à Aoste en une seule journée, les troupes du génie ou de l'intendance peuvent être tenues de résider pendant une certaine période dans un même village, les unes pour réparer un pont ou creuser des troncs, les autres pour subvenir aux besoins quotidiens des soldats. L'habitation située à droite nous renvoie au texte concernant le mobilier décrit sous chiffre 152.

110 non illustré
«Orsières Sur la route du Grand St. Bernard ‹Dixain d'Entremont›» – 1839
[Lorenz-Justin] Ritz
Lithographie, 15×21,3 cm
Collection Frédéric Künzi, Praz-de-Fort

«Orsières: détachement de Suisses. La route, au sortir d'Orsières, devient beaucoup plus montante et plus étroite en divers endroits. A une demi-lieue, elle est sur le flanc des montagnes, soutenue à droite par un échafaud de poutres» *(P. Tourné).*

111
«Bourg de St. Pierre/ Maison où Bonaparte a couché/colonne Romaine»
Daté et monogrammé en bas à gauche dans le dessin
Jeudi 14 août 1828; BA
Signé en bas à gauche, hors du cadre,
A. de Beauchesus
Crayon sur papier, 14×23,6 cm
Collection Frédéric Künzi, Praz-de-Fort

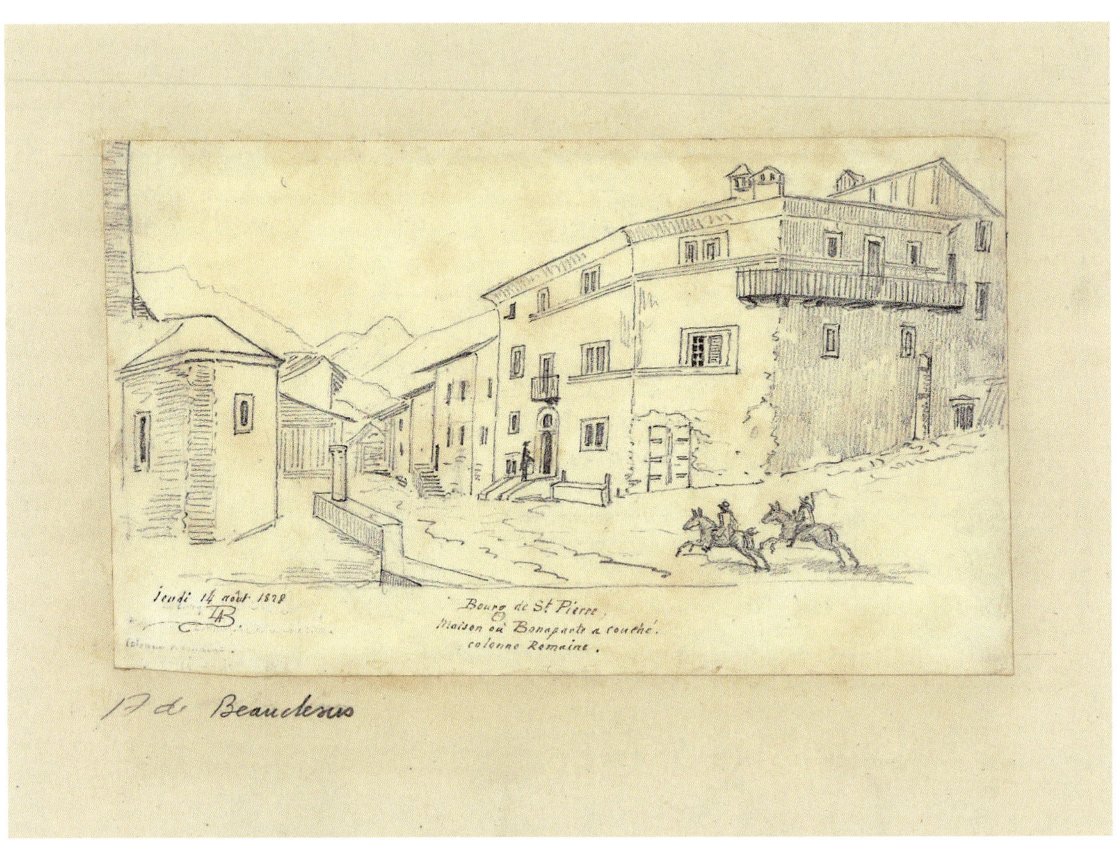

«Saint-Pierre: 15 fantassins. Saint-Pierre est un petit endroit, d'environ 100 à 150 habitants sans ressources; il ne vivent que des passagers. C'est à Saint-Pierre que l'on prend des mulets pour monter au Saint-Bernard» *(P. Tourné).*
En réalité, Bonaparte n'a pas résidé en ce lieu, mais seulement pris une collation. Au pied de cet escalier, il rencontre pour la première fois son guide muletier Pierre-Nicolas Dorsaz. Celui-ci le conduira à dos de mulet jusqu'à l'hospice et, pour avoir contrôlé un faux pas dangereux de l'animal, sera récompensé d'une somme de mille deux cents francs donnés par le Premier Consul en 1801. Bien qu'étant resté dans un certain anonymat, A. de Beauchesus a croqué en Suisse de nombreux sites intéressants avec une extrême précision.

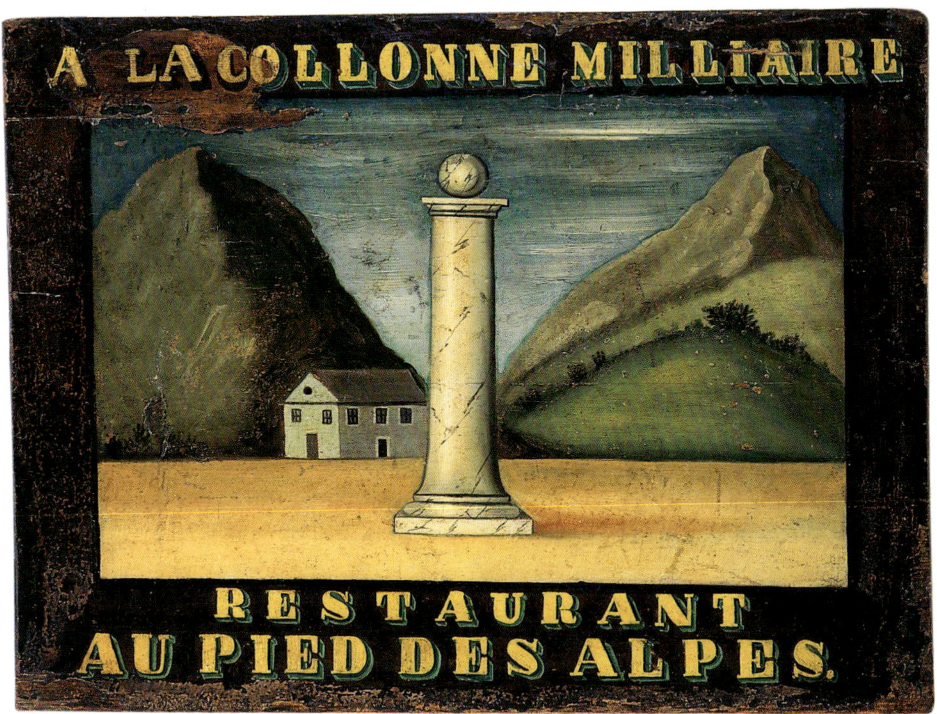

112
Enseigne de l'auberge «A la Collonne Milliaire/Restaurant au pied des Alpes» – s.d.
Huile sur papier marouflé sur bois, peint recto et verso
Auteur anonyme
Dimensions 42,2×54,6 cm
Famille de Ferdinand Moret-Gay, Bourg-Saint-Pierre
Photo Studio & Prolabo Bonnardot, Sion

Selon la chronique, Bonaparte a mangé dans cette auberge. Toutefois, si le bâtiment et les faits ne sont pas contestés, un dessin exécuté le jeudi 14 août 1828 ne fait état que d'une «Maison où Bonaparte a couché» sans mention d'une quelconque auberge. Il n'est pas impossible qu'en 1828 elle n'ait plus été en activité. Parti de Martigny vers 1 h du matin, il arrive à l'auberge de la Collonne Milliaire *(sic)* vers 6 h 30 et y reste une heure.*

* Selon Léonard-Pierre Closuit, Saint-Maurice, 1999.

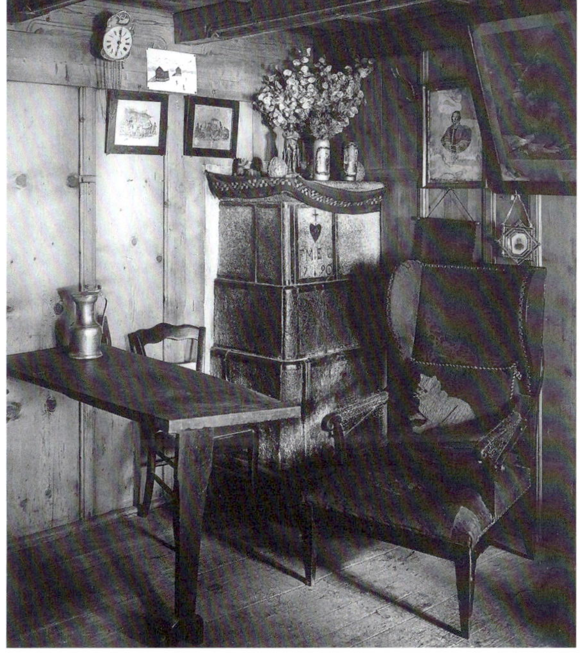

113
Fauteuil présent dans la pièce où Bonaparte s'est restauré à Bourg-Saint-Pierre – s.d.
Famille de Ferdinand Moret-Gay, Bourg-Saint-Pierre

© Editions Perrochet SA, Lausanne

Dans la pièce reconnue pour avoir hébergé Bonaparte se trouvait ce fauteuil. Il est logique qu'il s'y soit assis.

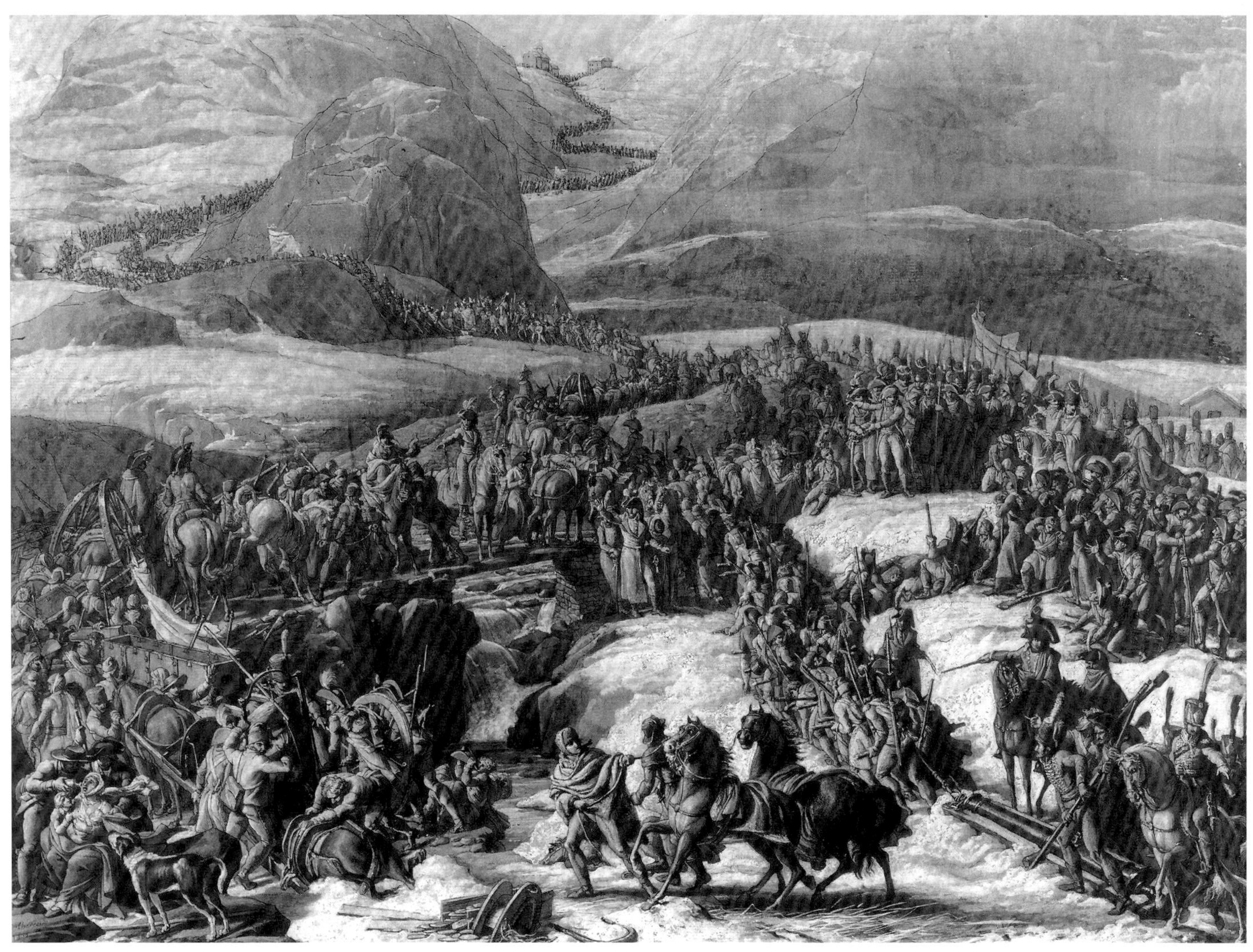

114
«Passage des Alpes par Napoléon en 1800» – 1802
Charles Thévenin (1764-1838)
Signé et daté en bas à gauche *C. Thévenin; 1802*
Dessin gouaché sur papier bleu, 47×62 cm
Musée cantonal d'histoire et d'ethnographie, Sion

Cette réduction signée par Charles Thévenin lui-même, et dont l'œuvre originale occupe un espace de 4,65 par 7,95 m dans la salle Empire du château de Versailles, a suggéré plusieurs estampes d'interprétation. Il s'agit malheureusement souvent de gravures de très petit format dont les détails sont peu perceptibles.

Le tableau recèle, lui, une vue magistrale de cette épopée. L'armée de réserve est représentée au pont de Nudry, pont qui existe toujours sous la forme d'une grosse dalle jetée au-dessus du torrent qui préfigure la Dranse.

Bien centré et surélevé, s'en détachant sans être séparé du groupe, Bonaparte désigne le col du Grand-Saint-Bernard. Son cheval, saillant par sa couleur blanche parmi une masse de teintes brunes, rue et se défend de franchir le pont. Est-ce une allusion à la monture moins pompeuse réellement utilisée? Derrière Bonaparte apparaissent les généraux de son état-major et, à l'arrière-plan, une belle colonne de grenadiers à cheval de la Garde des consuls. En sus de la colonne spectaculaire des soldats, les personnages des premiers plans se distinguent parfaitement dans chacun des rôles qu'ils interprètent. Les différents corps de troupe (la cavalerie, l'artillerie ou l'infanterie) sont dispersés dans l'œuvre au gré des besoins d'une mise en scène présentant d'intéressantes particularités historiques. Dans son exactitude, Thévenin n'a pas oublié de présenter çà et là des grenadiers qui portent encore le bonnet issu de la Révolution.

En bas à gauche, bien en évidence, une femme tient un enfant dans ses bras. Les chanoines qui la réconfortent et le chien du Saint-Bernard sont là pour symboliser le rôle qu'ils ont exercé.

115
«Une scène du passage du mont St. Bernard par l'armée française ‹an 1800›» – vers 1820
Dessiné par W. Heuer d'après Carle Vernet; Imp[rimer]ie de C. Motte; Litho[graphi]e de S.A.S. Mgr. Le Duc d'Orléans, rue des Marais, Fbg St. Ger[ma]in
Lithographie, 33,6×45,8 cm
Bibliothèque Thiers, Institut de France, Paris
Nº d'inventaire 23715537/Photo Jean-Marc Biner, Bramois

«Donnez l'ordre au général Rivaud de partir avec sa cavalerie à 2 heures précises du matin pour se rendre à Aoste et rejoindre l'avant-garde» *(Alex. Berthier)*. Bien qu'il s'agisse ici de la cavalerie, la distance à parcourir reste considérable, particulièrement sur la neige et de nuit. «Le danger de la route vient de ce que si l'on dévie à droite ou à gauche, on risque de tomber dans la neige et d'y demeurer enseveli» *(P. Tourné)*.

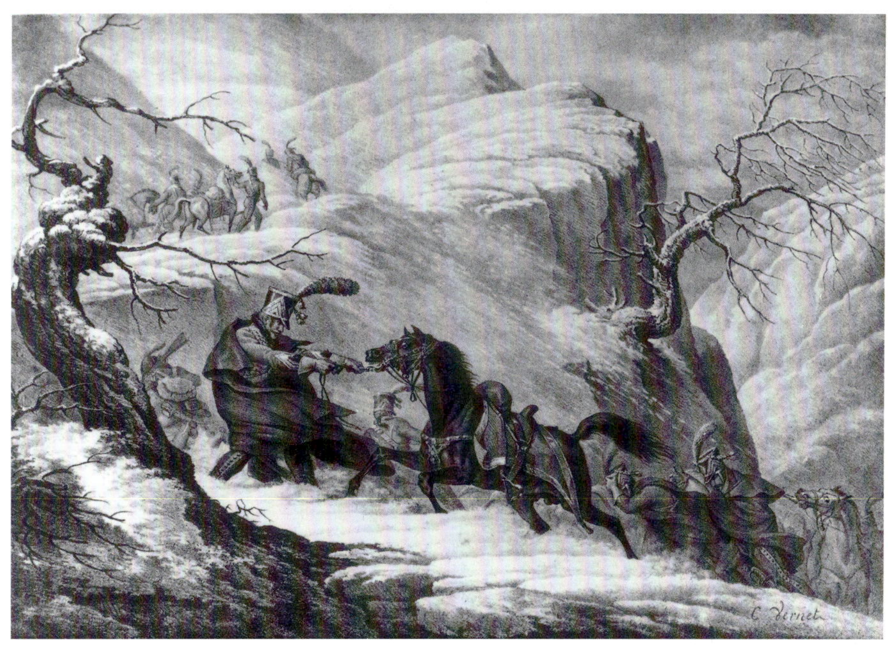

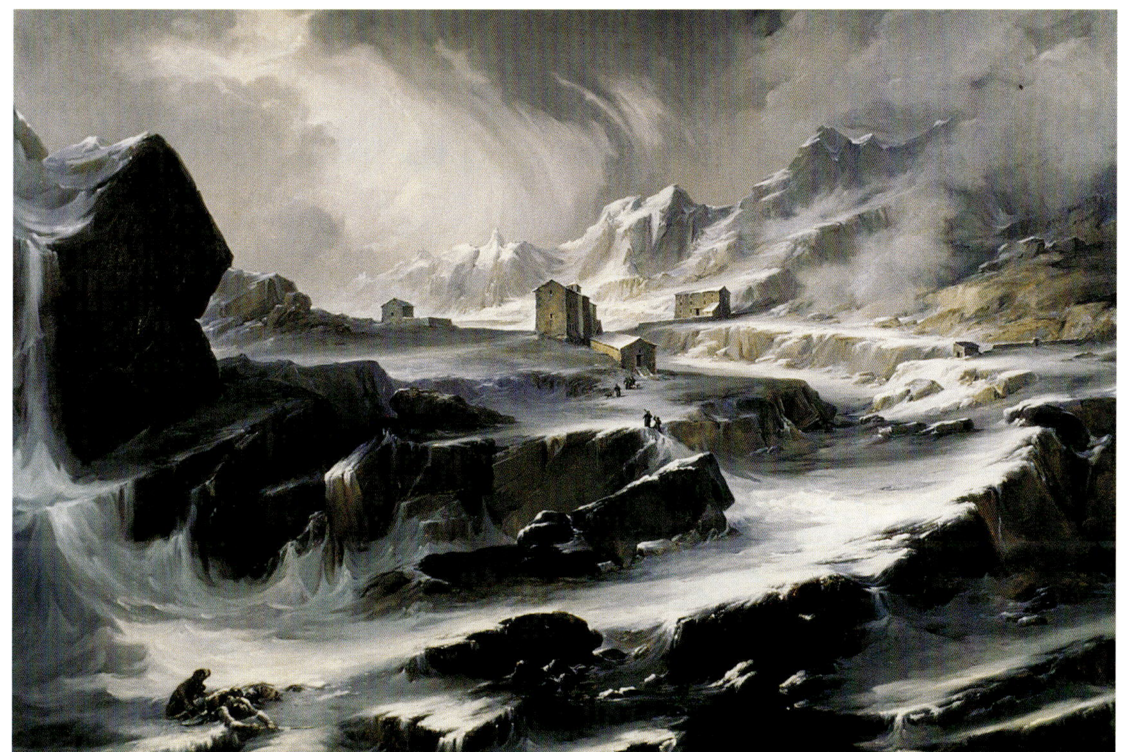

116
«Le Col du Grand-Saint-Bernard» – 1836
Alexis Noël[9]
Huile sur toile, 113×166 cm
Musée des beaux-arts de Chambéry, Chambéry
© Photo Musée des beaux-arts de Chambéry

«Couvent du Saint-Bernard: 3 compagnies, deux pièces de 2. On doit observer, sur la nature de ce chemin, que ce n'est qu'un sentier tracé sur la neige, qu'il s'efface à chaque instant; les habitants du pays peuvent seuls le reconnaître [...] Le couvent est sur le point le plus élevé du passage» *(P. Tourné)*.

117
«Appartement du premier consul Bonaparte / à son passage par le grand S^{t}. Bernard le 16 Mai 1800» –
vers 1825/1830
[Publié pr. J. P. Lamy à Berne, Basle, Lausanne, Genève]
Aquatinte en couleur, 11,5×15,5 cm
Collection Torrione, Martigny
En dépôt à la Commune de Martigny

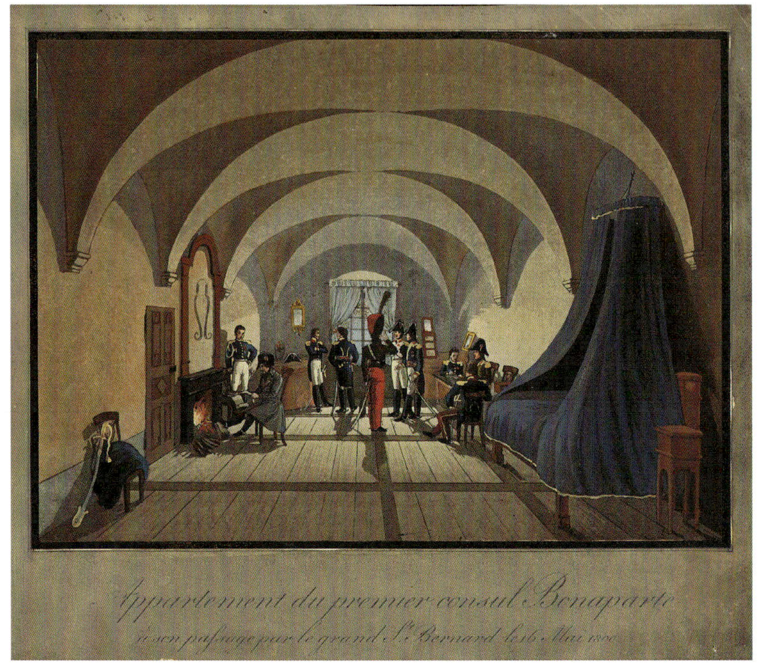

«Au rez-de-chaussée deux compagnies sont casernées; une troisième l'est dans le bâtiment en face. Les moines sont au premier étage. Il y a 5 ou 6 chambres disponibles» *(P. Tourné)*.
Si Bonaparte n'a séjourné que deux heures à l'hospice pour y manger, il a peut-être pris le temps de s'installer sur une chaise pour se détendre un moment. En effet, la chaise était pour lui un moyen privilégié pour réfléchir ou se reposer quelques instants sans pour cela risquer de sombrer dans le sommeil, dangereux pour la progression comme pour la vigilance.

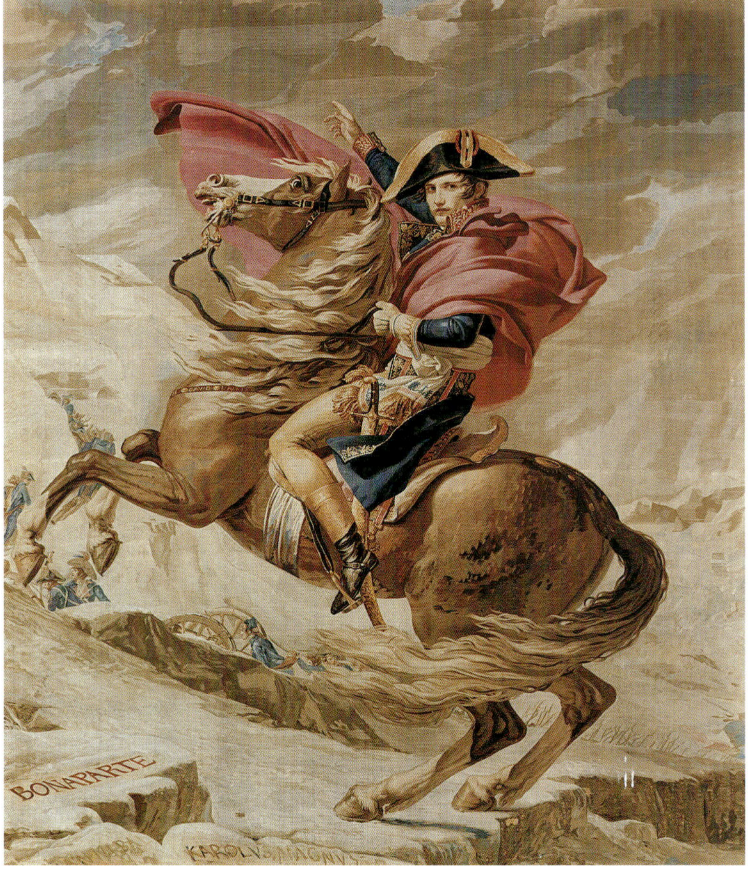

118
Tapisserie *Le Premier Consul Napoléon Bonaparte franchissant les Alpes au col du Grand-Saint-Bernard, le 20 mai 1800, en route pour Marengo* – s.d.
Tapisserie réalisée par la Manufacture «Les Gobelins» à Paris, d'après un carton inspiré par l'œuvre de Jacques Louis David
Dimensions 267×226 cm
Don de M. André Morand à la Commune de Martigny, Martigny

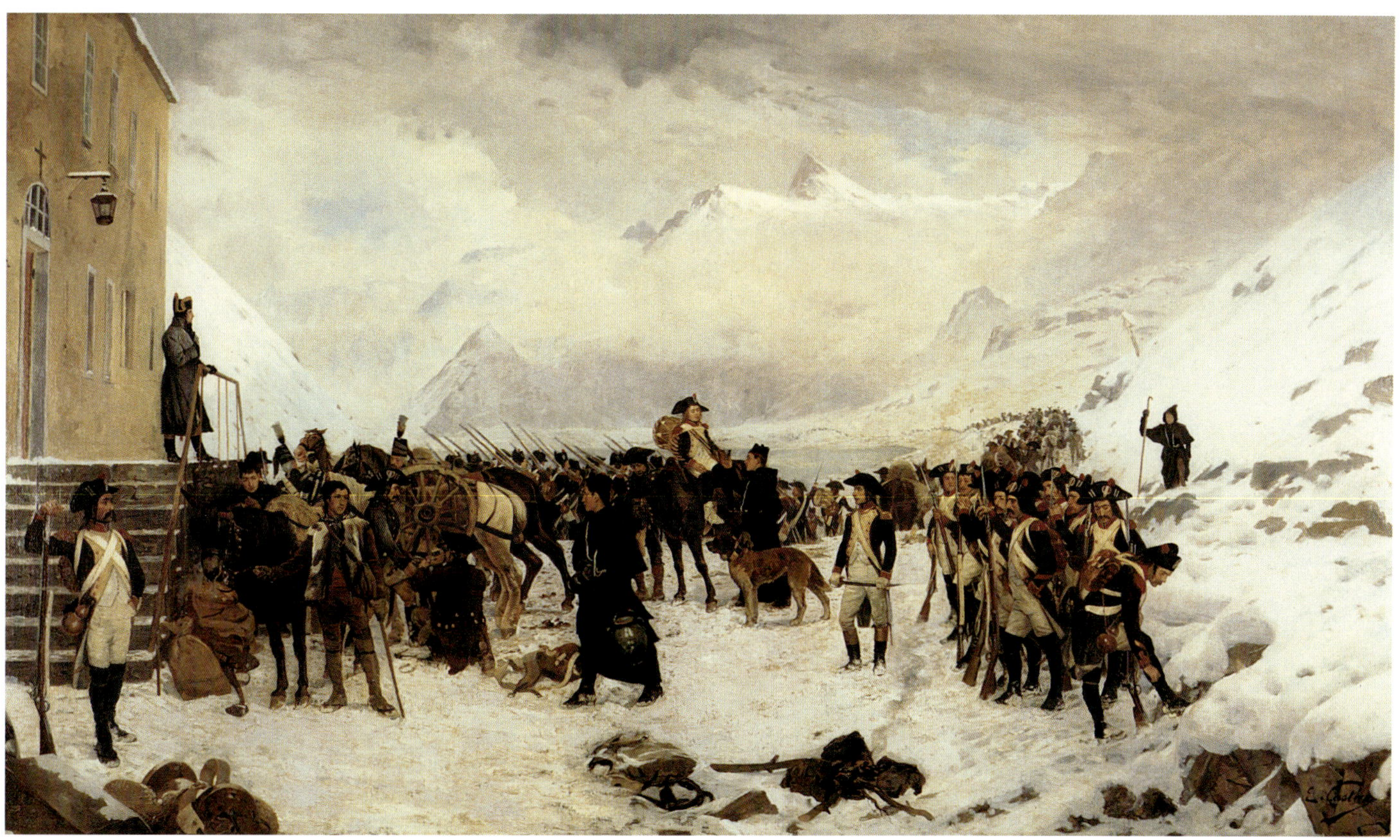

119
«Bonaparte au St-Bernard» – s.d.
Signé en bas à droite *E. Castres*[10]
Huile sur toile, 96×163 cm
Musée cantonal des beaux-arts, Lausanne
En dépôt au Musée militaire vaudois, Morges
Nº d'inventaire 810

Bien que la route soit encore longue et l'avenir incertain, il émane de cette œuvre une atmosphère de tranquillité. Elle contraste avec les œuvres qui privilégient l'effort, évoquent les difficultés du terrain, requièrent l'action d'éclat. Au sortir de l'hospice, peu avant que Bonaparte ne reprenne la route pour Aoste, c'est sans doute cet apaisement que l'artiste a voulu faire ressortir. Le Premier Consul regarde fièrement le cortège de ses unités, se détachant d'elles par son élévation sur le parvis de l'hospice.

Le regard des protagonistes ne converge pas vers Bonaparte, mais se situe en rapport direct avec les quelques belles scènes de vie que recèle le tableau. En effet, le chanoine du premier plan, tout en vaquant à son ouvrage, porte son regard sur le maréchal-ferrant et son teneur de pieds, occupés tous deux à remettre ou à retendre quelques clous. Le guide Dorsaz, sa tâche parfaitement accomplie, pense certainement à la maison de ses rêves. A l'opposé, sur la droite, un fusilier d'infanterie de ligne assure un bouton de sa guêtre sous le regard songeur d'un camarade.

Mais le centre est judicieusement affecté à un petit tambour, juché provisoirement sur une monture d'emprunt. Le jeune homme soutient une conversation attentive avec un chanoine. Sera-t-il toujours en état de le faire après Marengo?

En effet, non seulement les tambours battent la charge, mais comment, dans le vacarme d'une bataille où rivalisent le tonnerre du canon, le crépitement de la fusillade et les cris des blessés, comment pourrait-on, sans eux, transmettre des ordres aussi vitaux que le ralliement ou la retraite?

Les tambours pour l'infanterie et les trompettes pour la cavalerie sont, au combat comme en campagne, les seuls moyens de transmettre des ordres. Les premières lignes leur sont donc parfaitement familières.

Une citation de Brossier sur la bataille de Montebello illustre les propos tenus ci-dessus: «On a vu un jeune tambour, nommé Gabriel Coctil, natif de Romagny, s'élancer seul au milieu des champs, marcher en avant, battre la charge, et attirer à lui un peloton de braves qui débusquèrent l'ennemi d'une des hauteurs qu'il occupait» *(Journal de la campagne de l'armée de réserve).*

120
Diorama inspiré de l'œuvre d'Edouard Castres:
Bonaparte au Grand-Saint-Bernard – vers 1970
Production de M. Hermann Lanz
Dimensions 67×53×42 cm
Jean-Pierre Demierre, Martigny
Photo Studio & Prolabo Bonnardot, Sion

Hormis Bonaparte d'après David, Delaroche ou Girardet, il n'existe pas, dans le commerce spécialisé, de figurines spécifiques au passage du Grand-Saint-Bernard. L'auteur a donc peint et façonné, à partir de soldats ou de matériaux qui n'étaient pas destinés à cet usage, des éléments de l'armée de réserve.

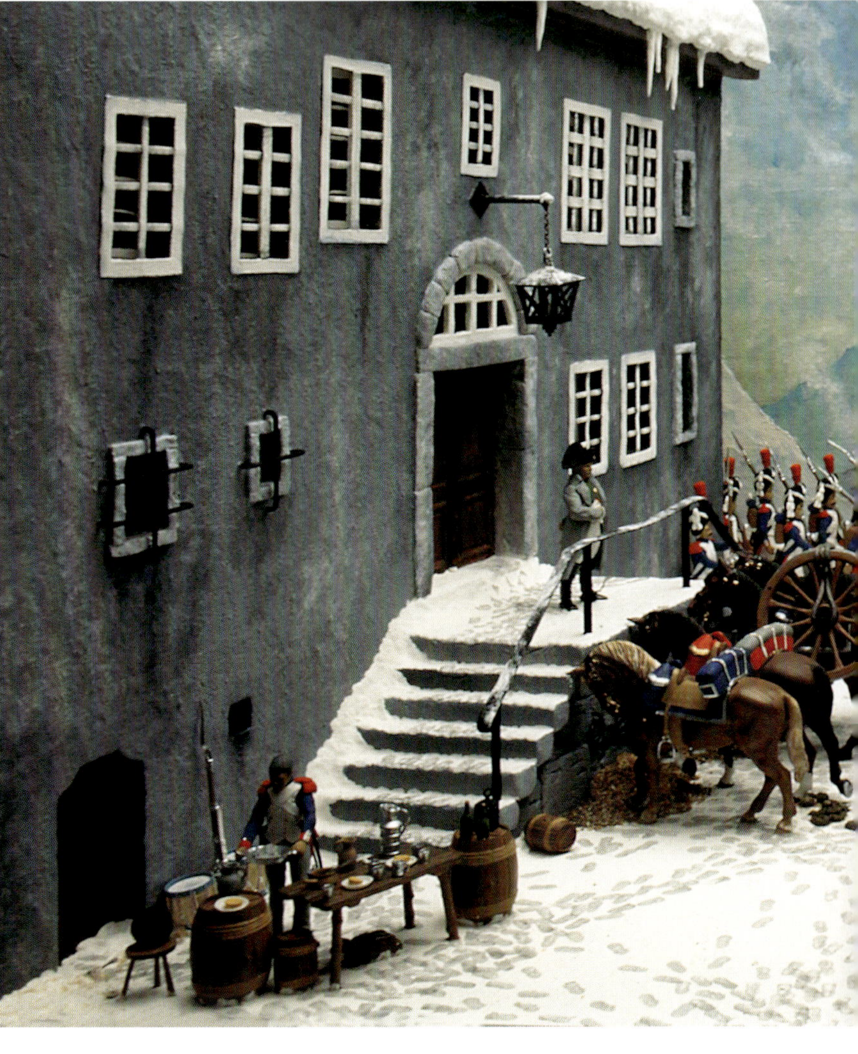

121 non illustré
«**Etude de personnage**» – s.d.
Edouard Castres
Monogrammé en bas à droite *E. C.*
Huile sur toile, 29×17 cm
Musée cantonal des beaux-arts, Lausanne
En dépôt au Musée militaire vaudois, Morges
N° d'inventaire 808

122 non illustré
«**Etude de soldat**» – s.d.
Edouard Castres
Monogrammé en bas à droite, entre les pattes du chien, *E. C.*
Huile sur carton, 42×31 cm
Musée cantonal des beaux-arts, Lausanne
En dépôt au Musée militaire vaudois, Morges
N° d'inventaire 809

123 non illustré
«**Village de S^t. Rémy, sur la descente du M^t. S^t. Bernard, vallée d'Aoste**» – [vers 1835]
H. VanderBurch; Fig. par V. Adam
Lithographie coloriée, 35×45 cm
Collection Léo Garin, Courmayeur

«Vous calculerez votre marche avec assez de précision pour que le 26 floréal, une heure avant le jour, vous ayez passé le Saint-Bernard et que vous vous trouviez sur les postes avancés de l'ennemi que vous culbuterez» *(Bonaparte à Lannes).*

Immédiatement après la descente du col, le général Lannes fait face à la première confrontation. Là, une unité de Croates tente de lui disputer le passage. Bousculé, le détachement autrichien se reforme derrière les murs de Saint-Rhémy, d'où il est promptement débusqué.

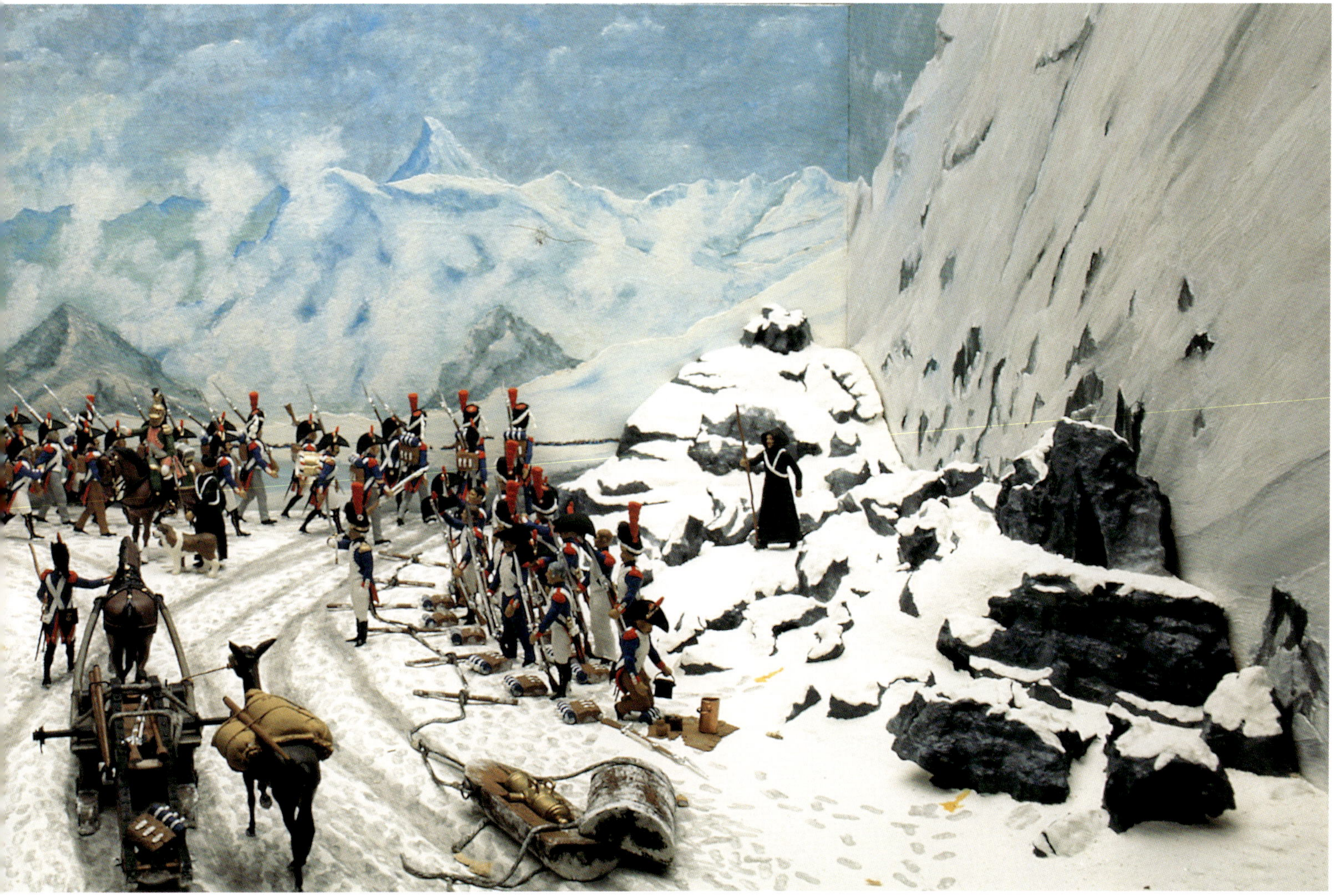

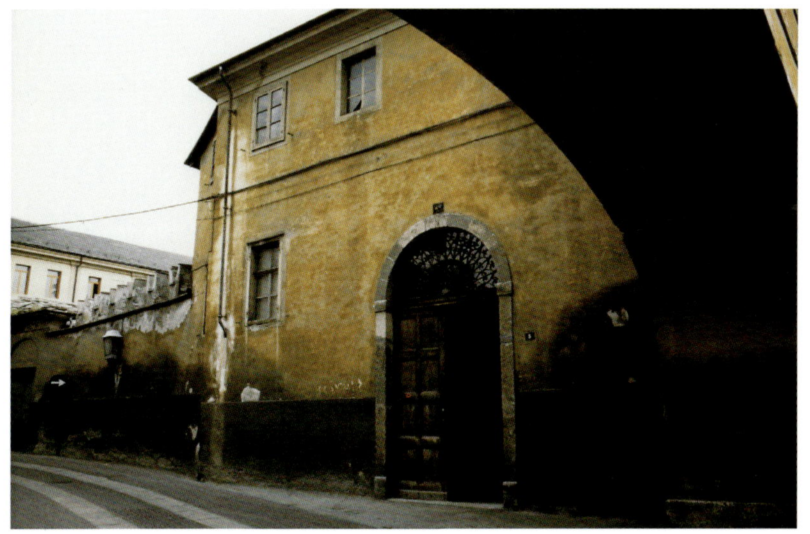

124
Palais épiscopal à Aoste
Photographie, 17,4×27,5 cm
Alain Pigeard, Dijon
© Alain Pigeard, Dijon

Bonaparte y loge du 21 au 24 mai. De ce lieu, le Premier Consul a écrit de très nombreuses lettres, par exemple celle adressée au citoyen Max à Bourg-Saint-Pierre.

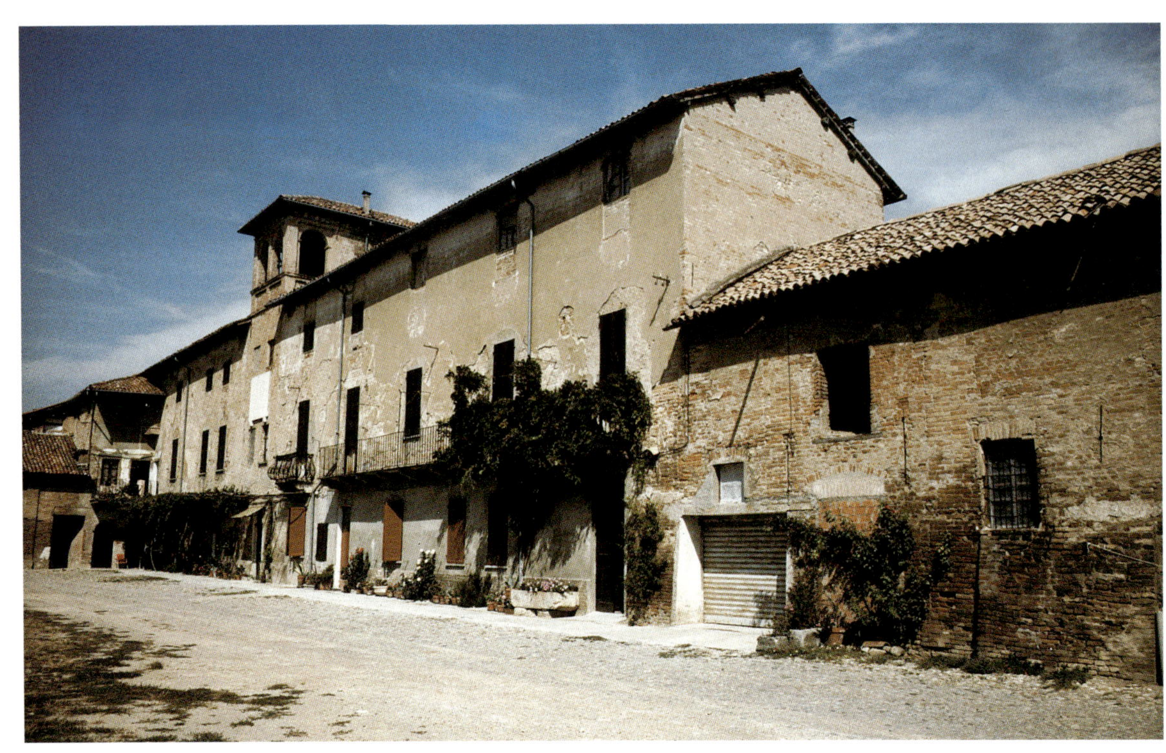

125
Maison de Torre di Garofoli
Photographie, 17,4×27,5 cm
Alain Pigeard, Dijon

Sur le champ de bataille de Marengo, cette bâtisse sert de quartier général à Bonaparte.
«Il apprend, à moitié chemin, à Torre di Garofoli, qu'aucun mouvement n'a eu lieu sur la rive gauche du Pô, au corps du général Chabran; il est informé que la Scrivia grossit de manière à rendre le passage difficile, il se décide à fixer dans ce hameau son quartier-général» *(Berthier)*.

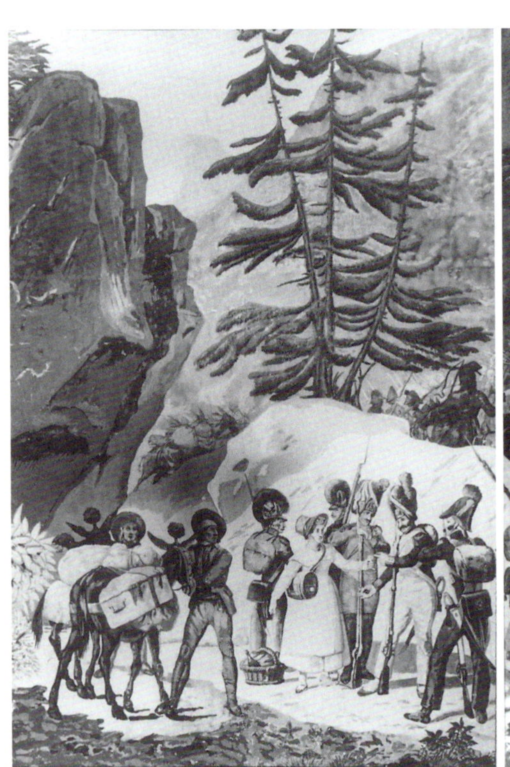

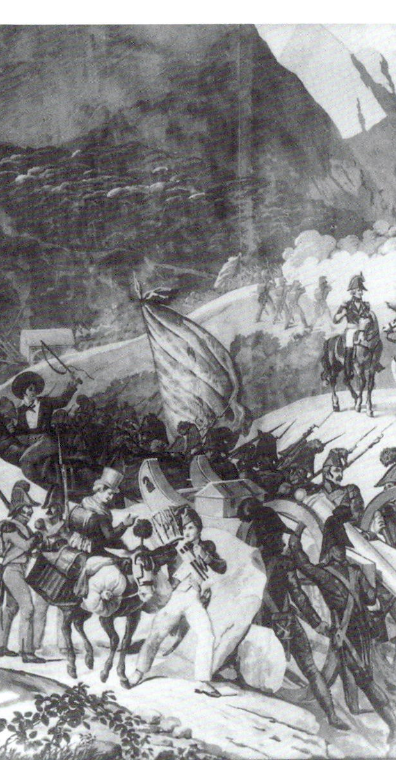

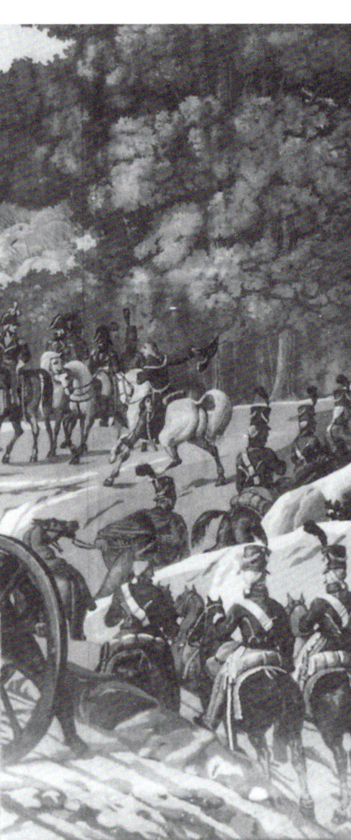

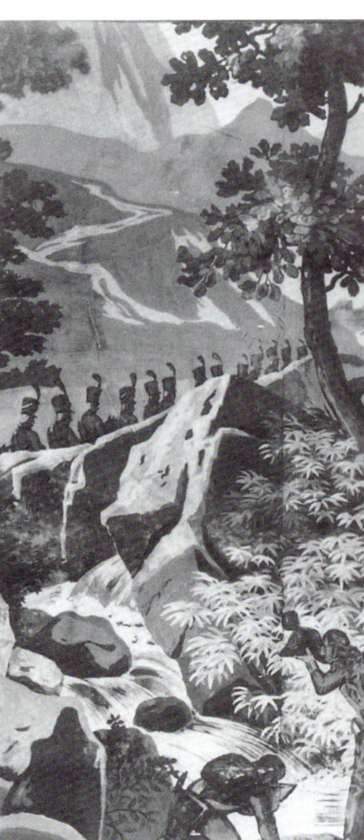

126
Reproduction d'une série de sept panneaux d'un papier peint d'époque Empire, représentant des scènes de la campagne d'Italie depuis le passage du Grand-Saint-Bernard jusqu'à l'entrée à Milan – s.d.
Manufacture Dufour et Leroy, Paris
Musée historique et des porcelaines, Nyon
Reproduction réalisée par le Centre valaisan de l'image et du son, Martigny

Ce décor panoramique d'époque Empire, dont on ne connaît aujourd'hui qu'un unique exemplaire, était à l'origine au château de Prangins.
L'artiste a tenu à faire apparaître l'alliance avec les habitants, tant dans la montée au col du Grand-Saint-Bernard que lors du séjour en Italie. Les soldats, représentés sous les ordres de Murat, sont accueillis en libérateurs. On devine immédiatement les desseins de l'auteur par l'attitude bon enfant des soldats, les conversations cordiales avec les habitants, les hurrahs des Italiens, les chants et les danses. «Les horreurs qui ont été commises par les agents de l'Empereur [les Autrichiens], à Milan, sont sans exemple. On n'a épargné ni le sexe, ni l'âge, ni les talents» *(Bulletin de l'armée du 14 prairial an 8).*

Le rapport sur le Valais et les passages de ce pays en Italie requis par le Premier Consul

P[re]. Tourné (1772-1802), sous-lieutenant et aide de camp du général Clarke, fut chargé en mars 1800, lorsque le Premier Consul songeait à franchir les cols du Splügen ou du Saint-Gothard, de se rendre en Valais pour compléter les renseignements déjà en possession du Dépôt de la guerre sur la haute vallée du Rhône.
Ce rapport, extrêmement précis, avait pour objet de détailler les lieux qui jalonnent la route reliant Villeneuve à Aoste par le Grand-Saint-Bernard, puis Martigny à Brigue, etc.
L'état précis des routes, les distances d'une agglomération à l'autre, la situation politique, les effectifs militaires déjà en place, les services administratifs, mais surtout les ressources en vivres et fourrage, ces renseignements précieux pour Bonaparte le sont aussi pour documenter notre iconographie sur le thème de la route. Autant que possible, il sera donc fait bon usage des citations utilisées.

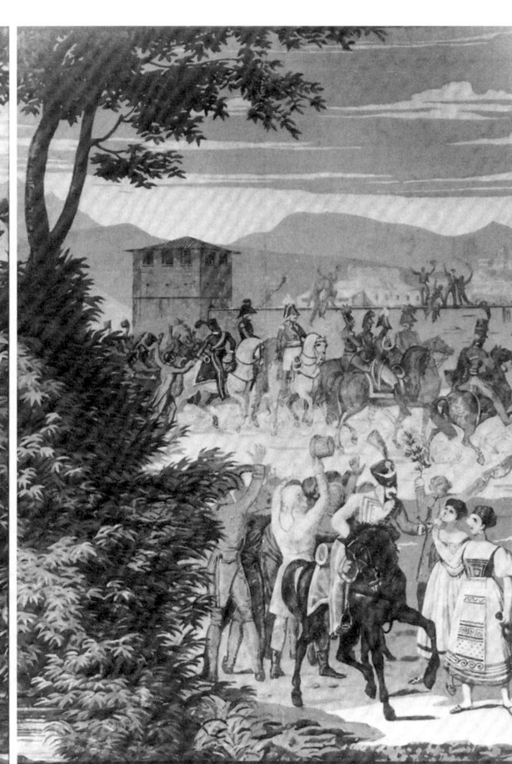
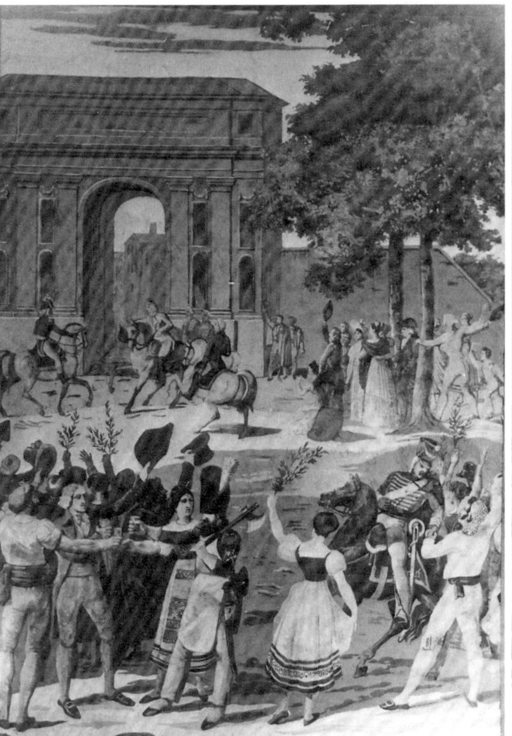
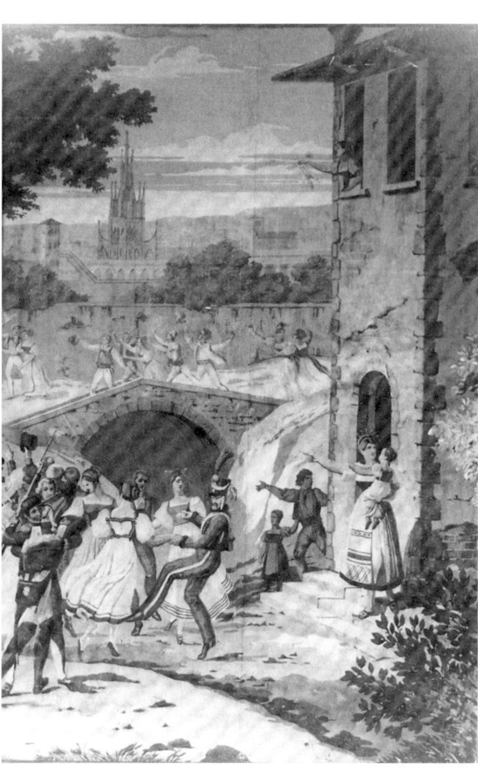

Le Premier Consul Bonaparte et la deuxième campagne d'Italie

par André Palluel-Guillard,
Professeur d'histoire contemporaine
Université de Savoie

En cette année 1800, Bonaparte, qui a pris le pouvoir en brumaire, a mené avec entrain la réorganisation d'une France épuisée moins par la Révolution que par l'instabilité gouvernementale, de sorte qu'en quelques mois le pays donne l'impression d'être en complète renaissance. Sitôt installé à la fin de novembre, le gouvernement s'est activement mis au travail. Des conseils et des assemblées ont été mis en place dès janvier; un mois plus tard, on avait restructuré l'administration locale, puis ce fut le tour de la justice, de sorte qu'au printemps on peut dire que l'essentiel avait été fait et que la nouvelle France pouvait enfin se remettre au travail dans l'ordre et la stabilité. La vie mondaine réapparaissait à Paris, où l'on revoyait des salons et où le carnaval avait été fêté en mars pour la première fois depuis bien longtemps.

Bonaparte, qui jusqu'alors était apparu seulement comme un chef de guerre, jouait maintenant pleinement son rôle de chef de l'Etat, courant des Tuileries au Conseil d'Etat, à moins que ce ne fût à l'Institut, et donnant l'impression d'avoir autant de sagesse que d'activité. On n'avait pas vu depuis longtemps un gouvernant aussi jeune (Fig. 130), aussi simple (Fig. 134), aussi ouvert, aussi dynamique.

Il est peu de périodes dans l'histoire de France qui aient réussi à donner une telle impression d'optimisme et d'unanimisme, ce qui explique la satisfaction croissante de l'opinion tout au long de cette année en dépit des difficultés climatiques et économiques, tant il est vrai que seul l'espoir fait vivre. Pour la première fois depuis longtemps, on retrouvait la confiance dans l'avenir et la satisfaction du présent.

Et chacun d'espérer alors une France jeune comme l'entourage du Premier Consul (surtout celui de sa famille et de ses anciens collègues de l'état-major) et, comme il arrive souvent au lendemain des grands bouleversements, on pouvait d'autant plus avoir confiance que finalement tout était encore possible. Bien sûr, on avait le sentiment d'avoir tourné la page de la Révolution, mais les hommes et l'héritage de cette dernière étaient encore très présents même si, en même temps, on voyait revenir de plus en plus de nobles et de prêtres émigrés et réapparaître ostensiblement ceux qui s'étaient contentés jusqu'alors de discrètes retraites.

Et la légende dorée de continuer: le jeune Premier Consul, redevenant chef de guerre (Fig. 140), se lance contre l'Europe incarnée de nouveau par l'Autriche, éternelle ennemie de la France et irréductiblement réactionnaire. Son génie lui fait passer les Alpes à l'endroit le plus surprenant, donc le plus difficile (Fig. 139), mais rien ne saurait arrêter la valeur nationale, et d'ailleurs la victoire de Marengo sur des ennemis aussi surpris qu'impuissants révèle une fois de plus la primauté française et inaugure cette décennie napoléonienne qui va mettre l'Europe aux genoux du génie impérial (Fig. 133).

Et pourtant, loin des images naïves et à regarder la situation de plus près,

on ne pouvait manquer d'être inquiet. La droite et la gauche avaient trop de contentieux entre elles pour que l'on pût espérer une vraie unanimité politique et si beaucoup attendaient leur heure, d'autres entendaient bien prendre rapidement des garanties sur l'avenir: dans quelle direction allaient se diriger le gouvernement et, bien sûr, le Premier Consul? Certes, l'opinion restait ignorante de bien des choses (d'autant que la censure s'était renforcée, Bonaparte ayant fait disparaître la plupart des journaux parisiens et restauré le contrôle des théâtres), mais il n'empêche que des négociations se tramaient en coulisses, toujours plus nombreuses et passionnées, alors que d'autres, encore plus déterminés, n'hésitaient pas à ourdir complots et conspirations, d'où une atmosphère sourdement empoisonnée à Paris autour des cercles gouvernementaux, eux-mêmes bien partagés sur la conduite à tenir. Les républicains libéraux, alors fort actifs au Tribunal, pouvaient s'inquiéter du risque de dictature, et Mme de Staël avait publié, à la veille même de la campagne, *De la littérature considérée dans ses rapports avec les institutions sociales* pour défendre l'héritage des philosophes. Trois mois plus tard, son ami Benjamin Constant s'associe aux félicitations de l'Assemblée pour le vainqueur de Marengo en faisant «des vœux pour que la gloire ne fût jamais séparée de la liberté...». D'un autre côté, les royalistes, que l'exécution du chef chouan Frotté n'a pas calmés, bien au contraire, s'agitent en tous sens dans l'espoir que le Premier Consul, nouveau Monk, restaure sans coup férir la monarchie.
Or, en «haut lieu», on manquait singulièrement d'unité. Joséphine (Fig. 132) s'opposait ouvertement à ses beaux-frères Lucien et Joseph, ainsi qu'à sa belle-sœur Elisa. Le Premier Consul, partagé dans ses affections, résistait à tout mais sans bien savoir encore à qui donner ses réelles faveurs, d'où son hésitation à partir trop tôt de Paris du fait de «la situation encore précaire de l'intérieur». Quand enfin il s'en va (discrètement pour surprendre aussi bien ses ennemis de l'intérieur que de l'extérieur), c'est pour dire alors à ses collègues consuls: «Tenez-vous bien, si un événement survient, ne vous troublez pas, je reviendrai comme la foudre accabler les audacieux qui oseraient porter la main sur le gouvernement.» Comme l'a dit Bainville: «Il n'est pas encore tout à fait le maître, pas même à son foyer, et s'il l'est en France, c'est par son prestige plus que par la Constitution...»
En effet, ce régime personnel, centré sur la seule personne de Bonaparte, a tout de suite eu l'angoisse de sa pérennité, car le chef de l'Etat peut disparaître du fait de la maladie, comme Hoche, ou dans une bataille, comme Joubert. A son retour, Bonaparte avouera à Roederer avoir constamment pensé à ce qui aurait pu se passer s'il était mort au combat. Il avait raison puisque, le 20 juin, la nouvelle d'une prétendue défaite s'étant répandue à Paris «avec la rapidité de l'éclair», on avait alors vu la capitale bruisser à la perspective d'un gouvernement provisoire confié à Carnot (ministre de la Guerre), à moins que ce ne fût à Moreau ou à La Fayette, ou encore à un nouveau triumvirat composé de Fouché (alors ministre de la Police), de Talleyrand (ministre des Relations extérieures) et du sénateur Clément de Ris, ou qu'on y eût compris Lucien et les deux autres consuls que Fouché déclare avoir pourtant trouvés «consternés». Cette incertitude (ou plutôt cette angoisse) explique le retour foudroyant d'un Bonaparte aussi furieux qu'amer: «Me croient-ils un Louis XVI? Qu'ils osent et ils verront... je ferai rentrer tous ces ingrats, tous ces traîtres dans la poussière, je saurai bien sauver la France en dépit des factieux et des brouillons...» En fait, dans l'incertitude, il se garde bien de sévir et, finalement, laisse tout le monde en place, même et surtout Fouché, dont il a trop besoin, mais quelques mois plus tard, devant la multiplication des conspirations, il va «démissionner»

Lucien et Carnot et refuser dès lors que d'autres viennent lui en remontrer. Dorénavant, il sait qu'il ne peut compter sur la fidélité de personne, et des généraux encore moins que des ministres et hauts fonctionnaires civils, car «ils se croient les mêmes droits que moi et ils seraient les premiers à m'abandonner si j'éprouvais un grand échec...». Héros romantique, puissant et solitaire (Fig. 142), Bonaparte ressemblait déjà au Moïse de Vigny.
Qu'allait-il faire en Italie? A Sainte-Hélène, il a écrit: «Si en 1800 la République eût fait la paix... cela eût été un déshonneur et un encouragement aux puissances de se coaliser à nouveau contre elle... La République ne devait faire la paix qu'après avoir rétabli l'équilibre de l'Italie, elle ne pouvait, sans compromettre ses destins, signer une paix moins avantageuse que celle de Campo-Formio. La guerre était nécessaire pour maintenir l'énergie et l'unité dans l'état qui était mal organisé... Napoléon avait alors besoin de guerre... un traité de paix qui eût dérogé à celui de Campo-Formio... lui eût ôté ce qui lui était nécessaire pour terminer la révolution, établir un système définitif et permanent...» *(Notes de Sainte-Hélène sur le précis d'événements militaires).* Ainsi, dès le début, la guerre est partie prenante du régime napoléonien, élément nécessaire pour asseoir le gouvernement personnel d'un chef génial et renforcer l'unité de la nation en la maintenant dans un état de crise et d'effort, avec bien sûr le risque de tout perdre en cas de défaite. L'histoire changea, car la chance sourit (Fig. 128 et 129) alors au Premier Consul. Comment aurait survécu son régime si l'armée n'avait pu traverser le Grand-Saint-Bernard (Fig. 141) ou si les Autrichiens, prévenus, eussent pris leurs précautions? Que se serait-il passé s'il avait échoué à Marengo et surtout s'il n'avait pas été secouru par Desaix, mort à point pour ne pas gêner la gloire de son maître? Et cela au moment même où l'assassinat de Kléber empêchait celui-ci de revenir en France pour y jouer un rôle certain d'accusateur contre celui qui l'avait abandonné un an auparavant. Non content d'en profiter, Napoléon eut l'art de refaire ensuite l'histoire à son avantage: Desaix? «Sa mort a été la plus grande perte qu'il [l'Empereur] ait pu faire, leur conformité d'éducation et d'idées eussent fait qu'ils se seraient toujours entendus. Desaix se serait contenté du second rang et fût toujours demeuré dévoué et fidèle... S'il n'eût été tué à Marengo, le premier consul lui eût donné l'armée d'Allemagne au lieu de la continuer à Moreau» (*Mémorial*, 26/30 septembre 1815). Murat? «Il avait un réel besoin de femmes, aussi se compromit-il... je manquai alors le chasser de l'armée...» (à Gourgaud, le 11 décembre). Et enfin Moreau? «Il était incapable de commander à plus de 20.000 hommes» (à Gourgaud, le 24 décembre). La victoire de Hohenlinden aussi décisive que celle de Marengo pour faire céder l'Autriche? Une simple «échauffourée» où les corps «partiels» ont joué un rôle essentiel sans Moreau, peu décidé, sans esprit créatif et constamment sur la défensive (*Mémorial*, 25 juin 1816). Non seulement Napoléon Bonaparte savait profiter au maximum des circonstances, mais il était encore plus doué pour préparer sa légende dorée... (Fig. 150).

A. P.-G.

127
«Bonaparte passant le Saint-Bernard, veille de Marengo» – vers 1847
Peint par [Charles-A.] Steuben; Gravé par F. Girard; Impr[im]é. par Chardon Jeune. Paris, publié par Bulla frères & Jouy, rue Tiquetonne, 18 London, pub[lish]ed by Gambart, Junin, 25, Berner's St. Oxford St. Sous la légende, deux lignes de texte: *Le jeune guide [...] Thiers, histoire du Consulat*
Manière noire, 65×55 cm
Bibliothèque nationale de France, cabinet des estampes, Paris
Cote AA5 Girard/cliché 77 C 82 994, Bibliothèque nationale de France, Paris

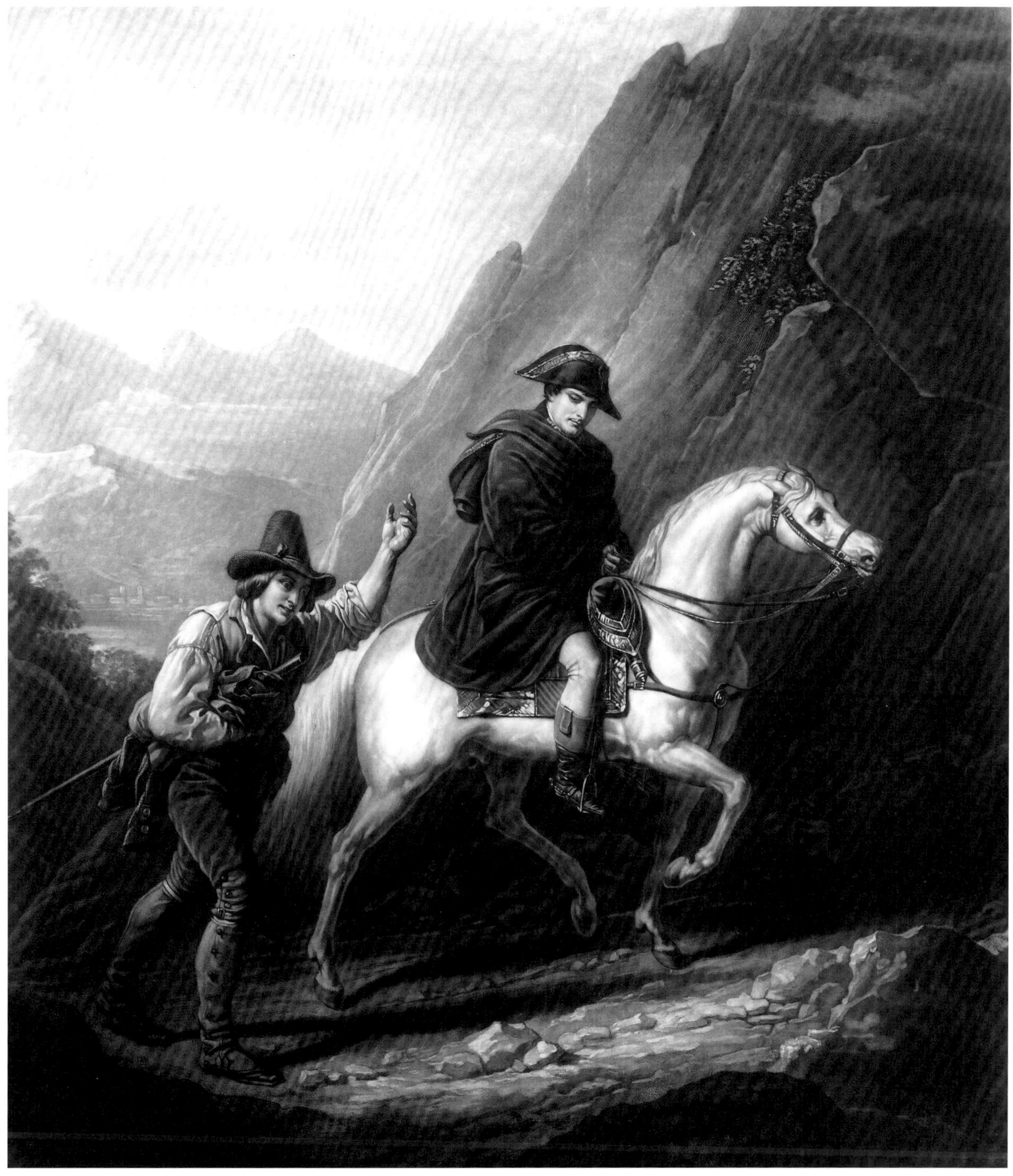

Cette œuvre se distancie considérablement de celle de Delaroche en renouant avec le mythe. En effet, Bonaparte, monté sur un cheval de parade, relègue le muletier Dorsaz à l'arrière-plan. A cette place, bien qu'il se révèle très exubérant, il n'est plus possible au jeune guide d'empêcher le Premier Consul de glisser vers l'abîme. Steuben place donc de manière erronée cet épisode dans la légende. Le cheval blanc introduit à propos une belle lueur au centre de l'œuvre.

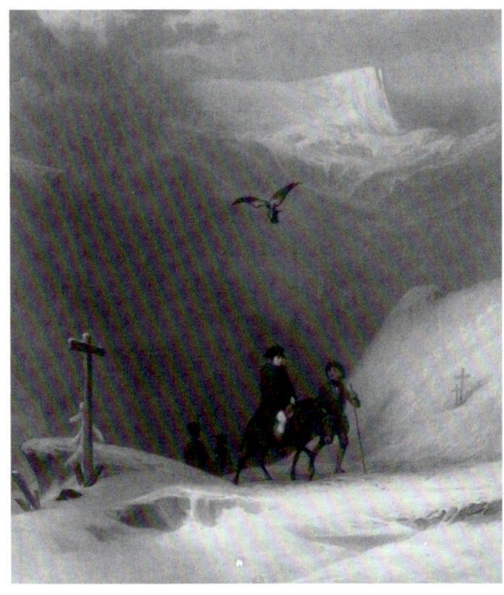

128
«L'Aigle le guide, Guided by the Eagle, Der Adler leitet ihn» – 1851
Peint par Karl Girardet; Gravé par Gautier; Imprimerie de Goupil & Cie.
New York – Pubd. by Goupil & Co. 289, Broad-way
Paris – Goupil & Cie. – éditeur, Boulevart, Montmartre, 19 – & rue d'Enghien 12.
Eau-forte, 49,8×41,4 cm
Bibliothèque nationale de France, cabinet des estampes, Paris
Cote AA4 Gautier/cliché 99 C 228 653, Bibliothèque nationale de France, Paris

Bien que la scène ait lieu dans les Alpes, l'aigle qui survole Bonaparte symbolise d'abord sa destinée impériale. La croix peut exprimer, hormis le rôle de l'hospice du Grand-Saint-Bernard, que le devenir de tout homme est aussi lié à la volonté divine. «Il sait par son génie triompher du hasard, / Montant l'artillerie sur le Mont Saint-Bernard; / Passant travers la neige, De cent lieux il s'abrège, / Protégé du très-haut…» *(Texte d'une chanson publiée en juillet 1800 par les citoyens Aubert et Dubocq).*

131 non illustré
«Bonaparte Premier Consul» – 1803
D'après [Jean-Baptiste] Isabey
Eau-forte coloriée, 38×26 cm
Collection Frédéric Künzi, Praz-de-Fort

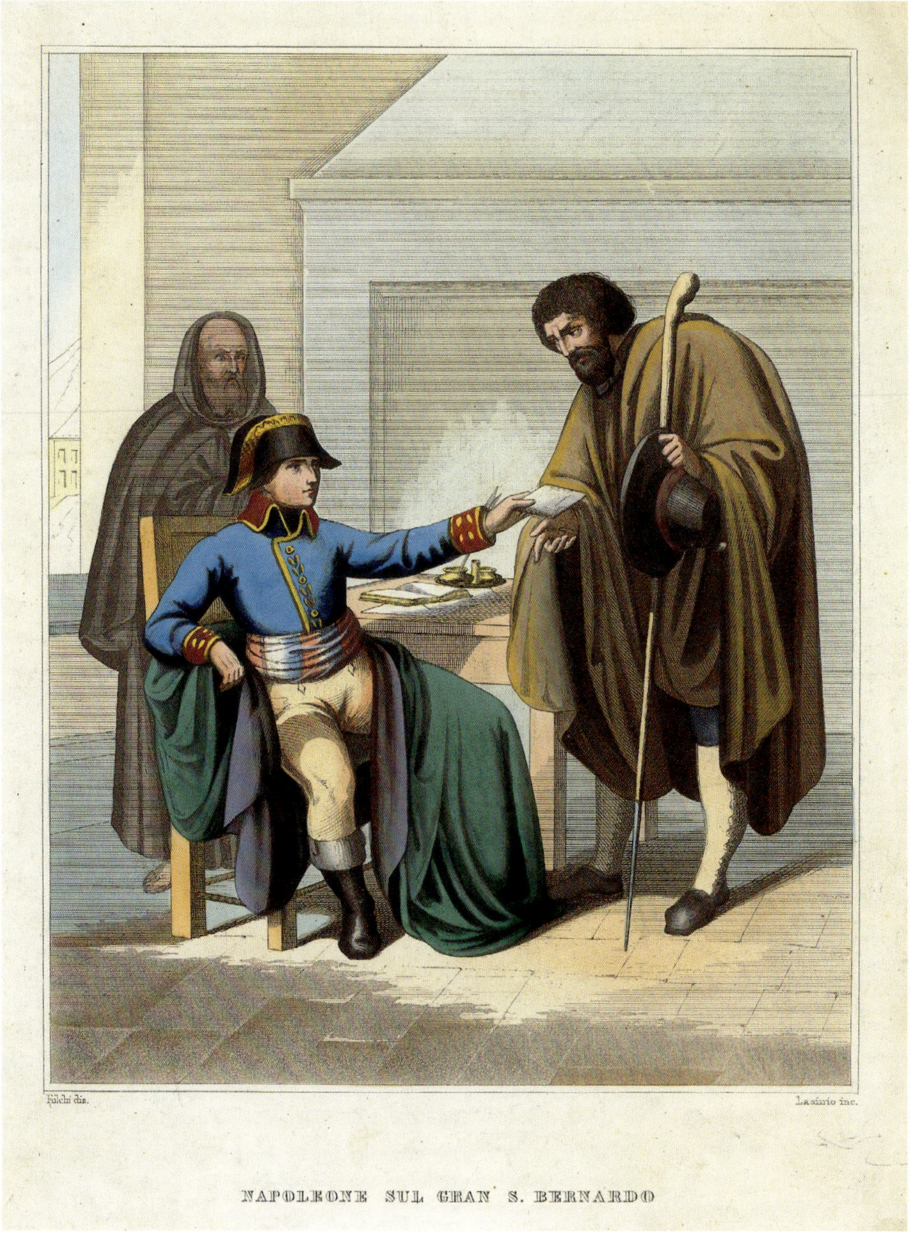

NAPOLEONE SUL GRAN' S. BERNARDO

129
«Napoleone sul Gran S. Bernardo» – 1846
Folchi dis.; Lasinio inc.
Gravure sur acier coloriée, 22×17 cm
Collection Léo Garin, Courmayeur

Selon toute vraisemblance, Bonaparte est représenté ici en train de remettre la somme qu'il a octroyée au guide Nicolas Dorsaz pour ses bons services. Selon la chronique, il s'agit d'une récompense pour avoir évité au Premier Consul une chute dans un ravin provoquée par la maladresse de son mulet.
«A peine descendu de sa monture, il écrivit un billet qu'il confia à son guide, en lui recommandant de le remettre exactement à l'administrateur de l'armée, resté de l'autre côté du Saint-Bernard» (Histoire du Consulat *par Adolphe Thiers).*

130
«Portrait de Napoléon I *(sic)* en Premier Consul, vers 1800»
Anne Louis Girodet de Roucy, dit Girodet-Trioson[11]
Huile sur toile, 62×48 cm
Napoleon-Museum Arenenberg, Mannenbach-Salenstein
Photo Napoleon-Museum Arenenberg, Salenstein

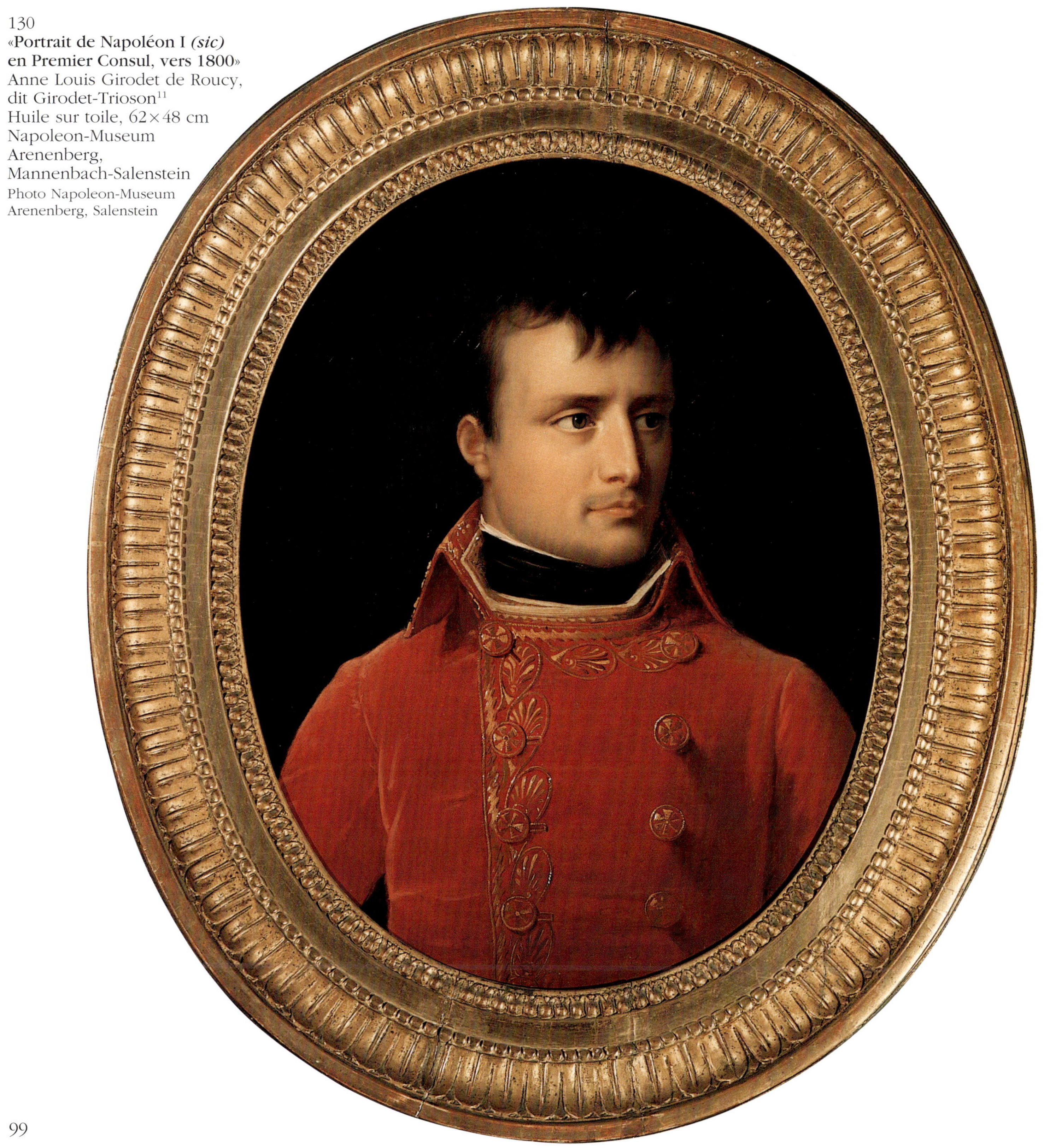

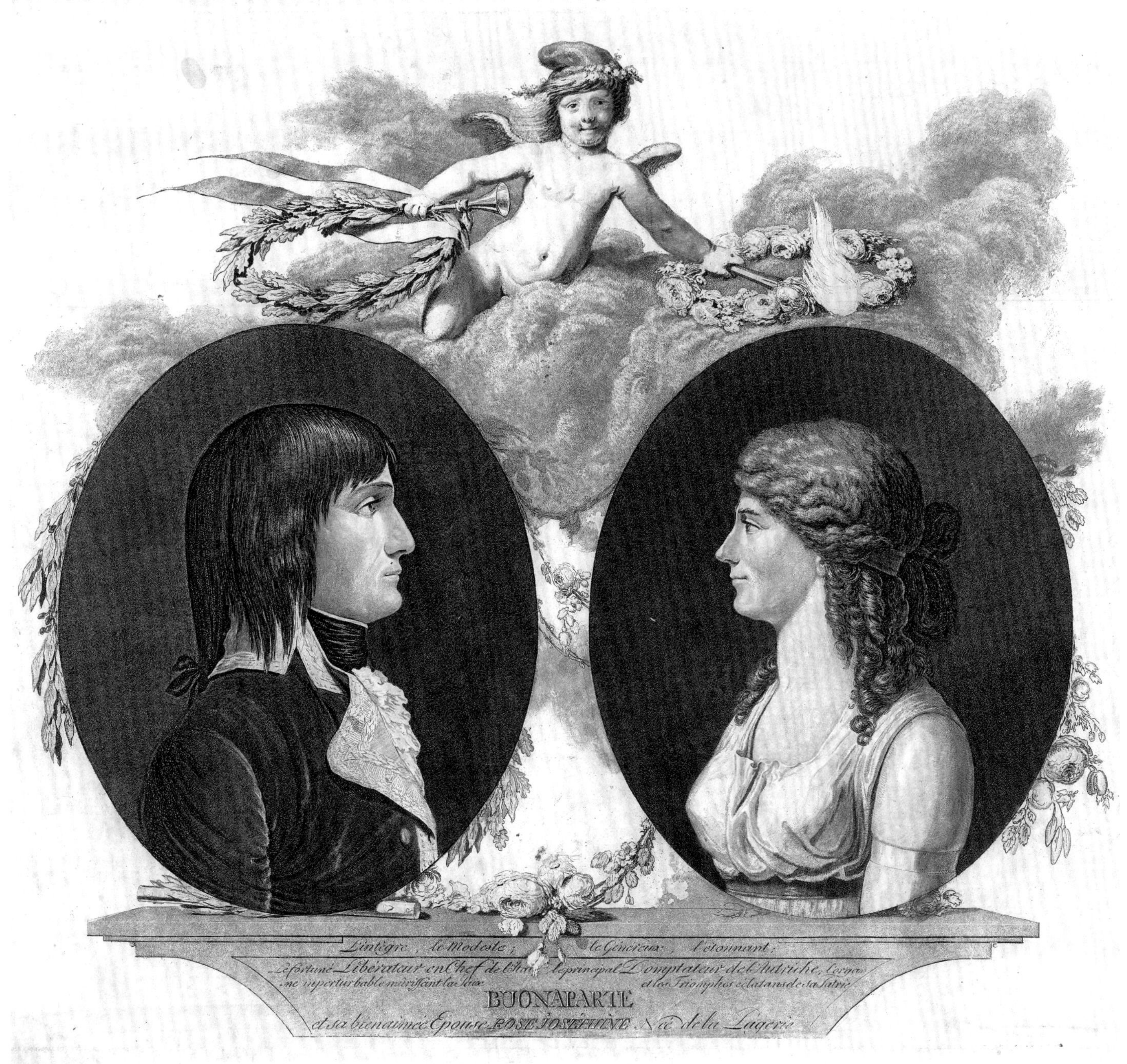

132
«Buonaparte et sa bienaimée Epouse Rose Joséphine Née de la Pagerie» – 1800
[D'après une peinture de Zauerio faite à Milan; graveur anonyme]
[A Paris, chez Mail rue Vaugirard]
Aquatinte, 22,8×26,8 cm
Collection Frédéric Künzi, Praz-de-Fort

Cette rarissime estampe a été publiée à la gloire du chef de la campagne d'Italie, mais elle trace aussi le portrait d'un couple alors épris. Comme lors de chacune de ses premières campagnes, Bonaparte écrit de nombreuses lettres à Joséphine. A Lausanne, il lui annonce la venue de son fils Eugène, censé le rejoindre à Saint-Maurice le lendemain.

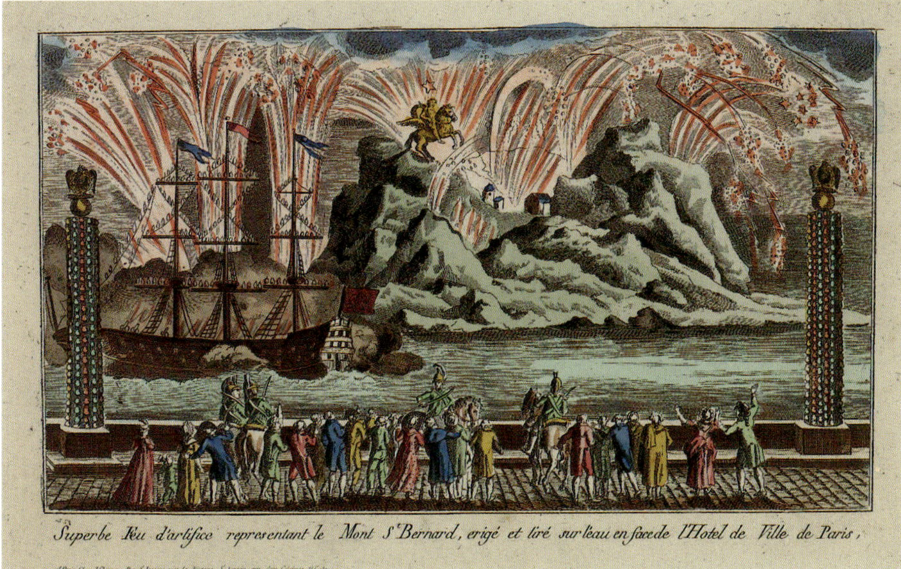

133
«Superbe Feu d'artifice représentant le Mont St Bernard, erigé et tiré sur l'eau en face de l'Hotel de Ville de Paris.» [A l'occasion du glorieux avenement de Napoleon 1^{r} Empereur des Français, le Dimanche 26 Frimaire de l'an 13 N.S. 16 Decembre V.S. a 7hres du Soir au quel ont assisté leurs Mtés Impériales] – vers 1805
A Paris chez J. Chéreau.
Rue S. Jacques pres la Fontaine.
S^{t}. Severin. aux deux Colonnes N° 257
Eau-forte coloriée, 19,3×33 cm
Collection Léo Garin, Courmayeur

Il est manifeste que le passage du Grand-Saint-Bernard a été un épisode marquant pour Bonaparte, lui laissant un souvenir durable. En effet, les motifs de gloire ne manquaient pas à Sa Majesté l'Empereur comme thèmes pour cette fête impériale: le pont d'Arcole, les pyramides ou le mont Thabor auraient pu être des sujets tout aussi prestigieux. Son choix s'est pourtant orienté vers le passage des Alpes.

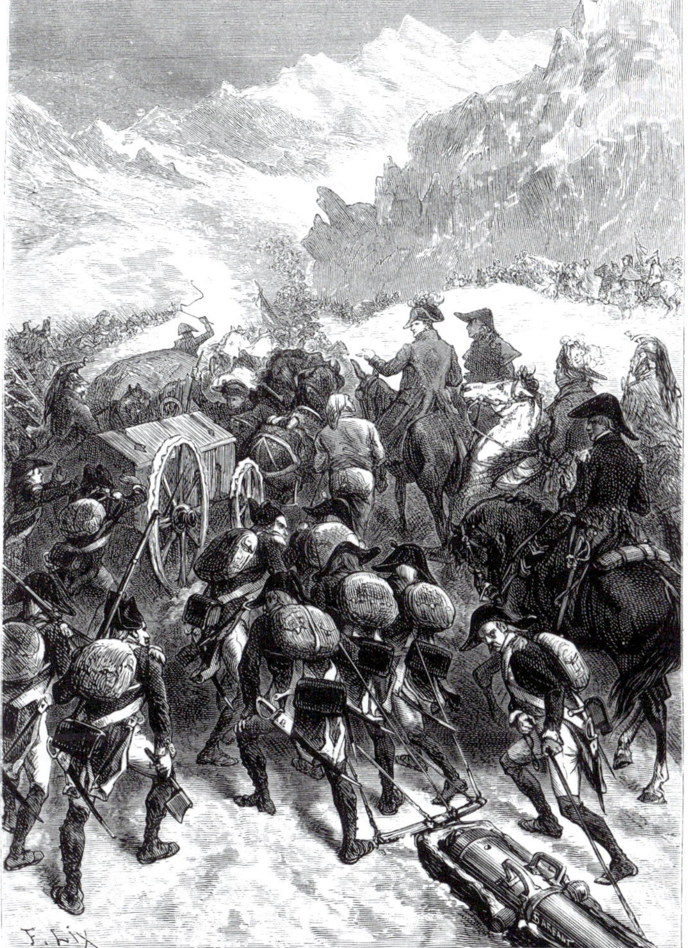

134
***L'Histoire de France depuis 1789 jusqu'en 1848 racontée à mes petits-enfants* par M. Guizot. Tome Premier, Leçons recueillies par Madame de Witt, née Guizot Illustré de 104 gravures dessinées sur bois**
M. Guizot
Hachette, Paris, 1878
Avec, en illustration: *Passage de Saint-Bernard*
Dans l'image, en bas à gauche: *F. Lix*;
à droite, sur le canon: *Barbant*
Xylographie, 19×13 cm
Bibliothèque publique et universitaire, Genève
Cote V 3280/Photo Jean-Marc Biner, Bramois

Monté sur une bête de somme, Bonaparte discute visiblement avec son guide. On est interpellé par la proximité qui se manifeste entre son armée et le Premier Consul, malgré une difficulté de progression manifeste.

135 non illustré
Histoire du Consulat et de l'Empire Faisant suite à l'Histoire de la Révolution Française – T. 1
M. A. Thiers
Genève, Razimbaud [1845]
Frontispice: *Bonaparte 1er Consul*
A. Adam; Im. par Lemercier, à Paris
Lithographie, 15,8×10,5 cm
Bibliothèque cantonale du Valais, Sion
Cote Rh 421

136 non illustré
Peregrinazione al Gran San Bernardo, Losanna, Friburgo, Ginevra…
Don Giacinto Amati
Milano, Presso Paolo Ripamonti Carpano, 1838
Avec, en illustration: *Veduta del G. S. Bernardo e passaggio dell'armata francese guidata dal Primo Console Bonaparte*
F. Citterio inc.
Aquatinte, 9,8×15,3 cm
Bibliothèque cantonale du Valais, Sion
Cote TA820

138 non illustré
«Erinnerungen vom Grossen Manne» – vers 1830
Verlag der Maximilian Mackenschen Buch- u. Kunsthandlung in Reutlingen
Grand motif central rectangulaire, entouré de 18 petites vignettes de même forme. La vignette située à l'angle en haut à gauche est intitulée *Uebergang über den St Bernhard*
Eau-forte, 20,4×28,8 cm;
dimensions de la vignette 4,6×6,7 cm
Lithographie, 35×32,8 cm
Zentralbibliothek Zürich, Zurich
Cote Ia, 42/© Photo Zentralbibliothek, Zurich

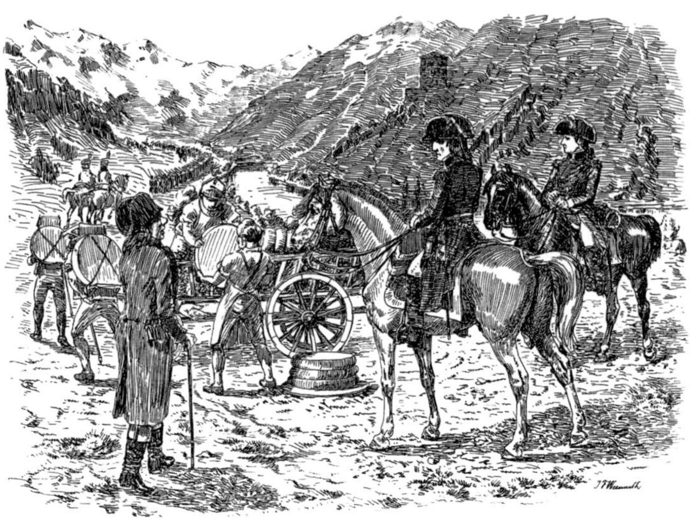

Ämmetalerchäs. Gäng für dryssg Ma e Chäs. (S. 66).

137
's Järbsyte-Peters Gschichtli vom alte Napolion u vom Chräjebüel
Emile Günter
Druck und Verlag von K. J. Wyss, Berne, 1908
Avec, en illustration: *Ämmetalerchäs. Gäng für dryssg Ma e Chäs. (S. 66).*
J. F. Wermuth
Xylographie, 7,5×10,5 cm
Bibliothèque nationale suisse, Berne
Cote N 13748/© Photo BNS, Berne

Seule représentation iconographique de Bonaparte à Martigny.

Le Jeune représente de manière ostentatoire le conquérant du Grand-Saint-Bernard en Empereur. Très vite, les contemporains de Bonaparte, et Bonaparte lui-même, font une relation entre le passage de Charlemagne et celui du Premier Consul. A Martigny, le 19 mai 1800, il écrit au citoyen Talleyrand, alors ministre des Relations extérieures: «[…] le Saint-Bernard nous a offert quelques difficultés. Depuis Charlemagne, il n'avait vu une armée aussi nombreuse…»
A l'identique, le passage des Alpes par Annibal est rapidement mentionné. Dans un ouvrage paru en 1806 chez Aubert et illustré par Carle Vernet, on peut lire: «Pendant deux mille ans on a eu peine à concevoir comment le général carthaginois avait pu conduire ses hommes, ses chevaux, et surtout ses éléphants, à travers des rochers couverts de neige, des glaces aussi vieilles que la terre qui les porte, des précipices dont la vue fait pâlir celui qui ose en mesurer de l'œil la profondeur, et des torrents dont le fracas porte l'épouvante dans l'âme la plus intrépide. Ce prodige, qui a été le sujet de tant de commentaires, s'est renouvelé de nos jours, et la France peut montrer son Annibal à l'Europe étonnée.»

139
«Descente du Mont S. Bernard» – vers 1805/1815
Peint par [Louis-François] le Jeune;
Gravé par [F.] Jourdan
Eau-forte, 26×19,7 cm
Malmaison, Musée national du château, Rueil-Malmaison
Nº d'inventaire MM 40.47.9461/© Musée de Malmaison

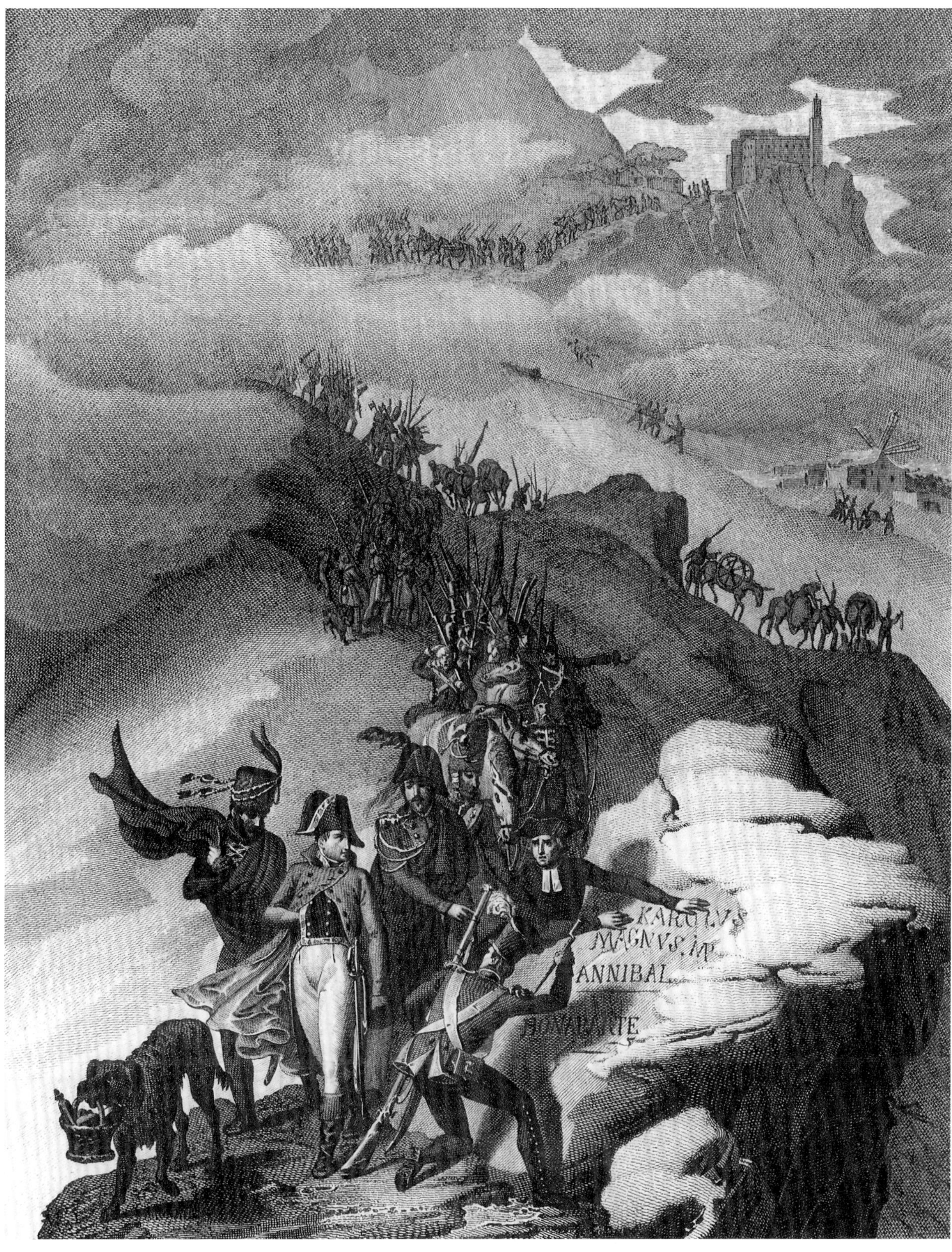

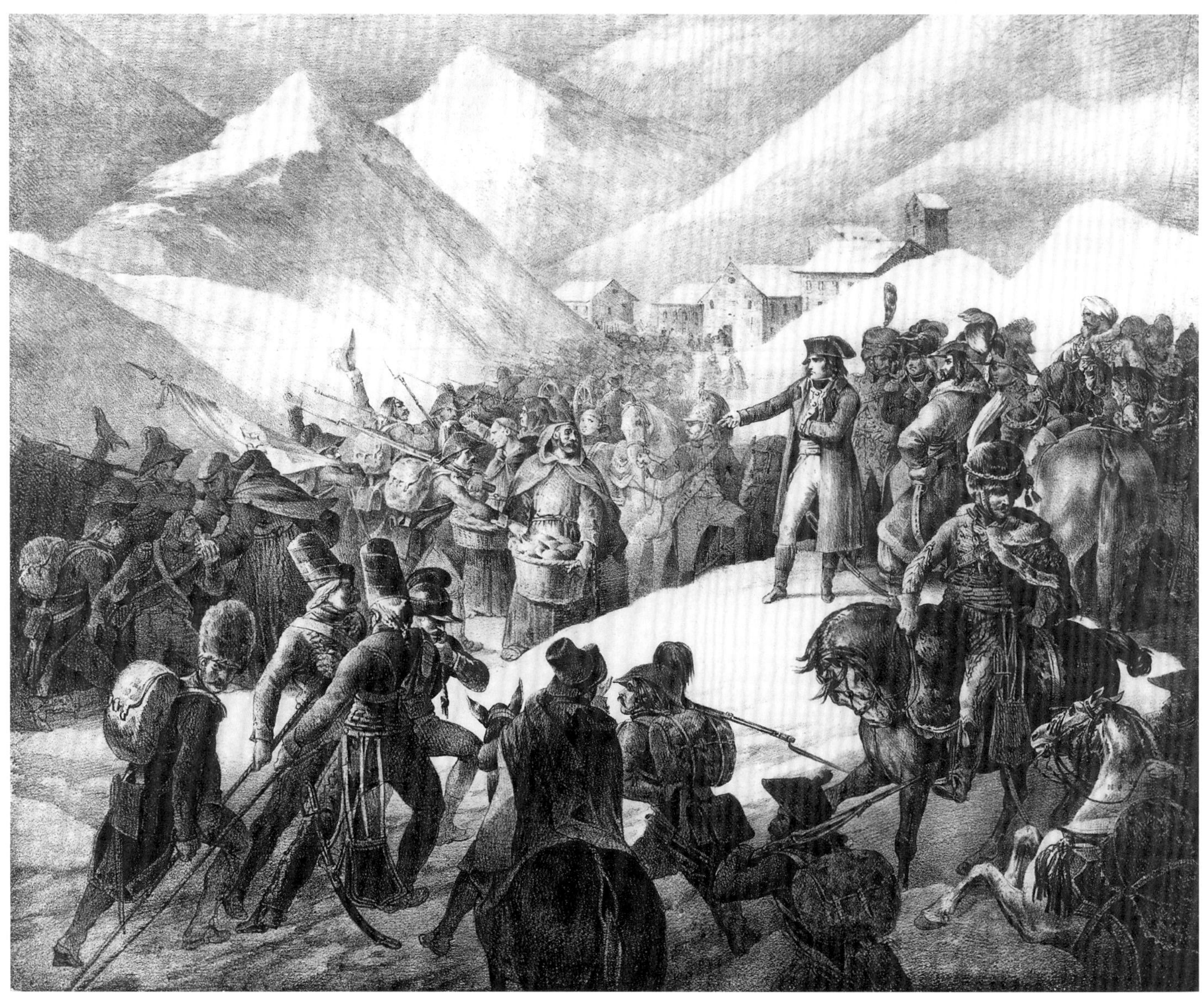

140
«Passage du Mont S[t]. Bernard» – 1822-1826
Géricault del.; Litho. de C. Motte, R. des marais
Lithographie, 35,8×41,6 cm
Collection Frédéric Künzi, Praz-de-Fort
Photo Jean-Marc Biner, Bramois

Si Géricault est un maître incontesté de l'évocation picturale des chevaux, ses personnages n'en sont pas moins transcendants. Ce peintre romantique, élève de Carle Vernet, a mené à bien la prouesse de faire de Bonaparte, bien qu'il ne soit ni particularisé ni séparé de l'ensemble, le centre visuel de l'œuvre. En effet, lorsque le regard se porte sur cette lithographie, l'œil est d'emblée accaparé par le Premier Consul, délaissant dans un premier temps des personnages pourtant fort remarquables. Les soldats tirant le canon, l'état-major, ou encore les chanoines faisant don du pain n'apparaissent que dans un deuxième temps, lorsque le regard peut enfin se soustraire à l'attirance inconsciente que l'on a pour Bonaparte. Comme à l'accoutumée, les chevaux de Géricault, musclés, l'œil vif et le col enroulé, portent en eux le feu de l'action.

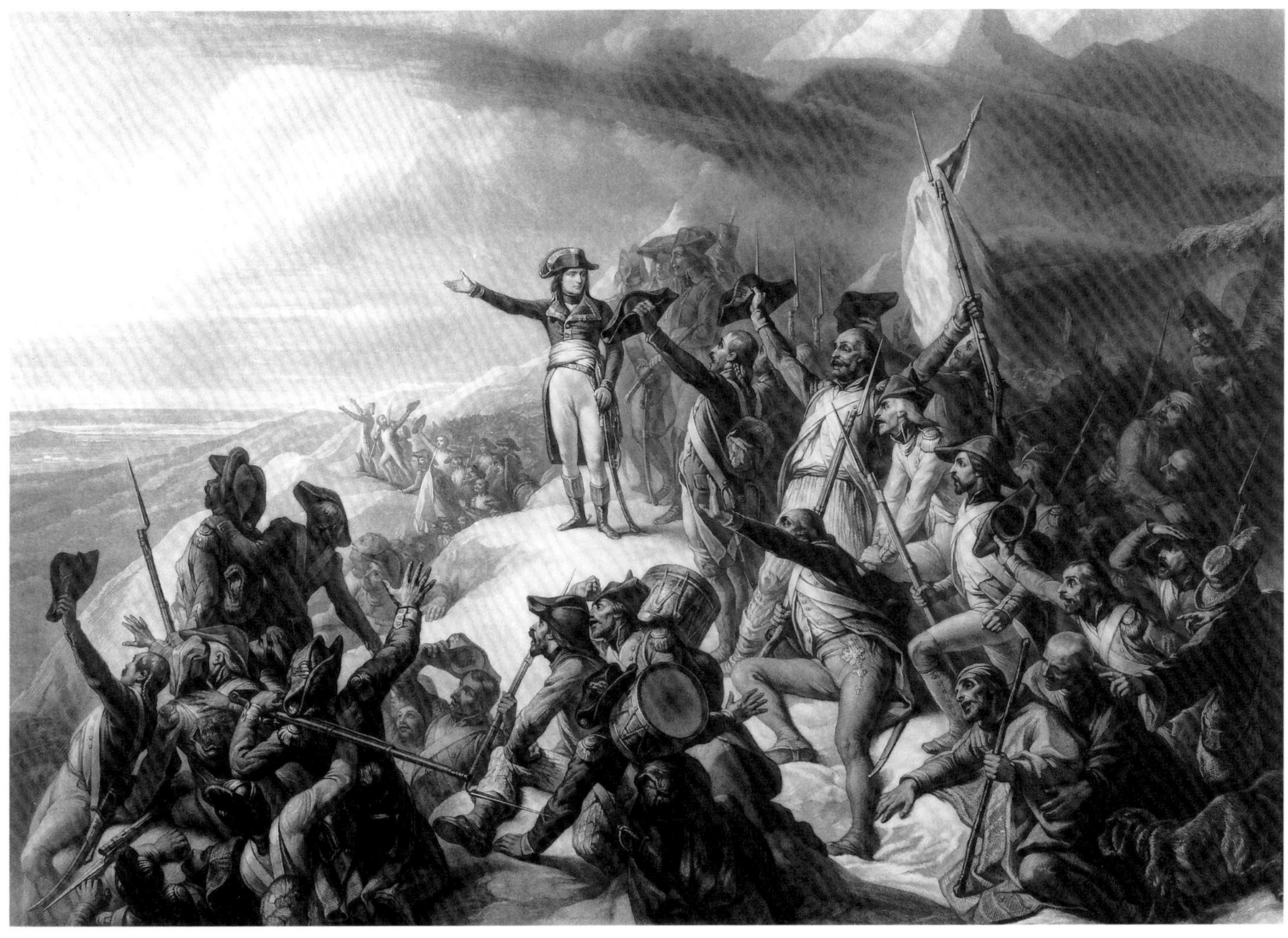

141
«Le Général Bonaparte Franchissant les Alpes» – 1854
Peint par Bouchot; Imp[rim]é par Alfred Charton jeune, 3, Rue Racine, Paris; Gravé par Sixdeniers et terminé par C. Manigaud
Paris, Bulla frères & Jouy Editeurs; Berlin, F[erdinan]d Ebner, 196 Friedrichstrasse
London, E. Gambart & Co. 25, Berners, Oxford Street.
New York, Emile Seitz, 413 Broadway
Eau-forte, 55×76,5 cm
Bibliothèque nationale de France, cabinet des estampes, Paris
Cote AA6 Sixdeniers/cliché 83 A 51 636, Bibliothèque nationale de France, Paris

Harassées par l'effort, les troupes font une arrivée triomphale au terme de l'étape consistant à franchir les Alpes. Leur joie est visible face au panorama des riches campagnes italiennes. Le contraste entre les soldats et Bonaparte est perceptible dans le choix vestimentaire comme dans les physionomies. Les hommes de troupe semblent contempler une véritable terre promise, leurs magnifiques visages révélant des expressions pathétiques. Quant au Premier Consul, il sait, comme à l'accoutumée, rester parfaitement impassible.

Les personnages secondaires mis en exergue sont: le soldat aux bras écartés – tranchant parfaitement sur le fond blanc du drapeau –, ses voisins aux uniformes clairs et les deux tambours du premier plan. Dans un deuxième temps apparaissent les groupes de gauche, puis de droite, l'auteur ayant accordé une place privilégiée aux soldats de l'infanterie. Les arrière-plans se fondent dans le paysage.

142
Le Premier Consul Bonaparte
– 1802
Buste en marbre, sculpté par Antonio Canova (1757-1822)
Hauteur 48 cm
Largeur 25 cm
Profondeur 20 cm
Napoleon-Museum Arenenberg, Mannenbach-Salenstein
Photo Napoleon-Museum Arenenberg, Salenstein

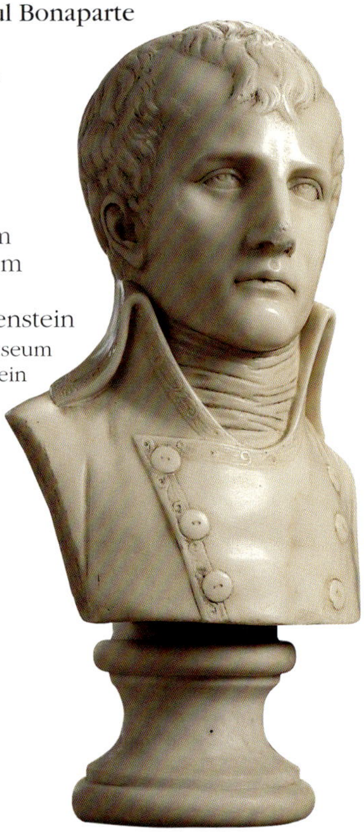

143
Epée de Napoléon Bonaparte portée pendant les campagnes d'Egypte et d'Italie et présente à la bataille de Marengo – dernière décennie du XVIIIe siècle. Accompagnée d'un coffret conçu comme un écrin et offert par les donateurs – 1842-1843
Manufacture française de Versailles (?)
A part le dessin de la garde, qui reprend des motifs courants à la fin du XVIIIe siècle, le bleuissement de la lame – non moins significatif pour l'époque – fait magnifiquement ressortir la dorure des motifs floraux. Les décorations de la monture sont réalisées avec des feuillages traditionnels associés à des thèmes «à l'antique». Le pommeau est façonné en forme de heaume du XVIe siècle pourvu d'un ventail et dont le plumet est en argent massif. Cette ornementation héroïco-historique est relativement courante dans les épées de luxe napoléoniennes, faisant ainsi allusion à leur fonction militaire. Dans la même Armurerie royale, un heaume tout à fait similaire, mais avec un plumet en bronze doré, décore la monture du sabre du général Steinghel (G 280), commandant de la cavalerie de Bonaparte durant la campagne de 1796.
Longueur totale de l'épée 104,5 cm
Longueur de la lame 87 cm
Largeur de la lame 2,1 cm
Longueur de la monture 16,2 cm
Largeur de la monture 12 cm

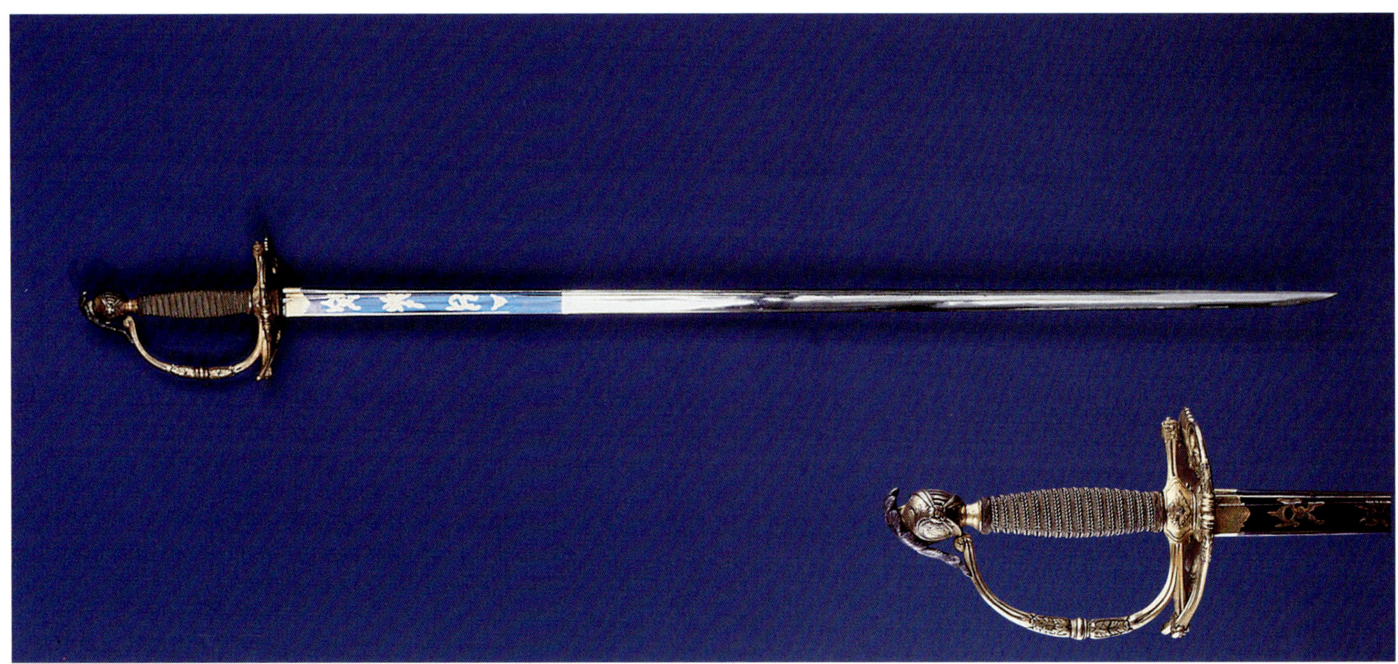

Coffret en noyer incrusté d'ivoire, garniture intérieure de velours vert surmontée d'une plaque de cristal. La décoration et les inscriptions révèlent un goût classique sur le panneau frontal et néomédiéval à l'arrière, dans la ligne de la sensibilité éclectique piémontaise du milieu du XIXe siècle.
L'épigraphe frontale en marqueterie, ceinte de feuilles de laurier, énonce en lettres majuscules: *spada di Napoleone I.* Sur l'arrière, à l'intérieur d'un cadre fait d'un sarment de lierre, inscription en caractères gothiques: *per la galleria delle armi di Torino Ricordo di Annibale Saluzzo.* Sur les côtés, des couronnes de laurier mettent en relief l'initiale N de l'Empereur Napoléon. Deux plaquettes d'ivoire, dépendantes du panneau frontal, rappellent les noms du concepteur (Cav. Casalegno diresse) et de l'ébéniste (Mazzola Carlo esegui).
Restauré en l'an 2000 par Santo Maccarrone, Laboratoire de l'Armurerie royale de Turin
Longueur 116 cm / Largeur 22 cm / Hauteur 20 cm
Armurerie royale, Turin
N° d'inventaire cat. G 376/© Armurerie royale, Turin

Texte en italien de Fulvio Cervini, Vice-Directeur de l'Armurerie royale de Turin, adapté et traduit en français par Frédéric et Sophie Künzi

En avril 1814, lors de sa première abdication, Napoléon lègue au comte de Turenne, premier chambellan et maître de la Garde-robe impériale, «une des épées dont Sa Majesté s'était servie et qu'elle avait portée comme général en chef des armées françaises en Egypte et en Italie» *(Armurerie royale, archives historiques, fascicule A 74).* La même année, le comte de Turenne donne l'épée à Annibale Saluzzo comme présent à un vieux compagnon d'armes. Le 7 juin 1853, se faisant les interprètes des dernières volontés de leur frère depuis peu disparu, Cesare et Roberto Saluzzo remirent à l'Armurerie royale de Turin «l'épée que l'Empereur Napoléon ceignait dans la campagne d'Egypte et dans la journée de Marengo», comme ils le déclarèrent eux-mêmes dans la lettre qui l'accompagnait, adressée au directeur du musée, le colonel Vittorio Seyssel d'Aix *(Armurerie royale, archives historiques,* ibidem*).* Annibale Saluzzo (1776-1852), Turinois, avait servi Napoléon comme écuyer et colonel du troisième régiment des Gardes d'honneur, méritant ainsi en 1810 le titre de baron de l'Empire et, en 1813, la Légion d'honneur sur le champ de bataille de Hanau.
L'iconographie de la campagne de 1800 attribue au général Bonaparte diverses armes, dont une épée semblable à celle de Turin dans les tableaux *Le 1er Consul visite l'hospice du Mont Saint-Bernard* par Charles Jacques Lebel et *Passage du Saint-Bernard* par Charles Thévenin. Toutefois, ces armes sont généralement d'un genre correspondant plutôt à la typologie du sabre, à commencer par le célèbre portrait équestre de Jacques Louis David. Il n'y a cependant aucune raison de douter du témoignage de Turenne. Malgré sa bonne facture et sa nature de relique napoléonienne, l'épée de l'Armurerie royale de Turin n'a eu que peu d'écho dans la bibliographie critique sur l'armurerie.
Il n'est cependant pas obligatoire de prendre position de manière tranchée sur cette question. En effet, il est notoire qu'un général en chef, par surcroît Premier Consul, ne se déplaçait pas en campagne sans une ample «garde-robe» d'armes diverses. Un ou des sabres de combat, des épées d'apparat ou de commandement accompagnaient un homme de son rang dans un véhicule hippomobile spécialement réservé à ses divers effets personnels.
D'autre part, les documents historiques manuscrits nous donnent quelques indications irréfutables et convaincantes sur la variété des armes présentes:
– Le Premier Consul reçoit, à Martigny, un sabre envoyé par Nicolas Noël Boutet lui-même. Ce n'est pourtant pas ce sabre qu'il porte en quittant le lieu.
– Bonaparte quitte Martigny muni d'une épée d'apparat. On peut donc affirmer qu'en ce lieu il possède un sabre ainsi qu'une épée. Cela plaide en faveur du témoignage du comte de Turenne.
– Charles Jacques Lebel, dans son œuvre sur le passage du Grand-Saint-Bernard, a placé dans la main du Premier Consul une épée analogue à celle de Turin. Ce peintre, bien connu entre 1810 et 1827, est crédible. En effet, il est le seul artiste à avoir représenté les chanoines vêtus de soutanes réalistes et garnies de leur rochet blanc. Les visages et les uniformes représentés sont aussi d'une grande exactitude.

On peut donc imaginer que Bonaparte a franchi le Grand-Saint-Bernard avec l'épée considérée ici et qu'il la porte au moins pendant la première partie de la deuxième campagne d'Italie. Elle peut aussi être présente sur le champ de bataille de Marengo, sans qu'il s'en serve pour autant. En effet, militairement parlant, le sabre est plus approprié au combat que l'épée. Le comte de Turenne et Jacques Louis David détiennent donc sûrement chacun une part de vérité.

144a
Bride d'apparat de Napoléon Ier – s.d.
Fer, argent et cuir
Toutes les pièces en argent sont dotées d'un poinçon «coq de profil» et d'un poinçon de titre «tête casquée ou guerrier de profil». Ces poinçons ne sont pas identifiés.
Hauteur depuis les barres de l'embouchure jusqu'au sommet de la têtière 41 cm
Musée cantonal d'archéologie et d'histoire, Legs Noverraz, Lausanne
No d'inventaire 6574/neg.AC 5594/Photo Fibbi-Aeppli, Grandson

Sellerie d'apparat léguée par l'Empereur Napoléon Ier à son valet Noverraz, qui l'avait accompagné à Sainte-Hélène.

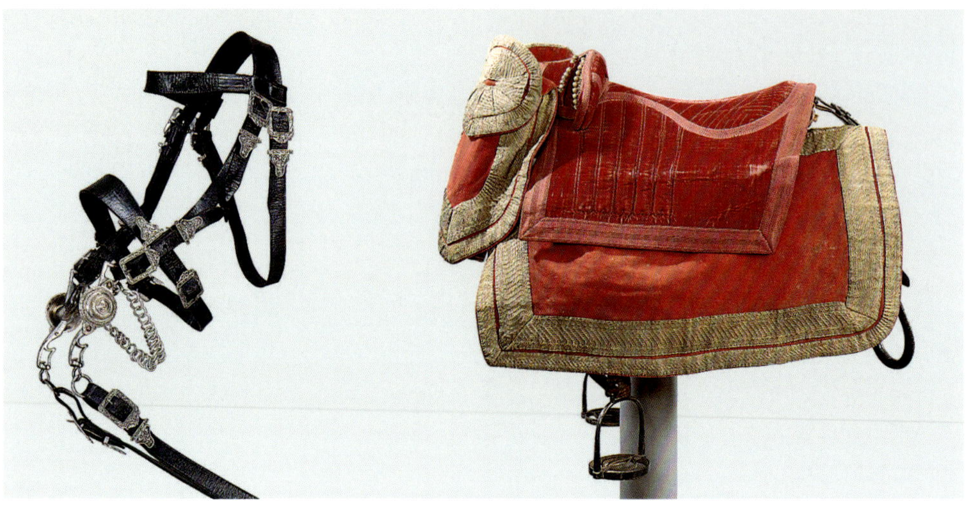

144b
Selle d'apparat de Napoléon Ier – s.d.
Selle en velours rouge bordé d'un ruban tissé (passementerie rouge)
Tapis de selle et fontes en drap rouge, ruban tissé (passementerie or)
Longueur de la selle sans les fontes 56 cm
Hauteur de la selle sans les fontes 44 cm
Longueur du tapis de selle 76 cm
Hauteur du tapis de selle 52 cm
Musée cantonal d'archéologie et d'histoire, Legs Noverraz, Lausanne
No d'inventaire 6570/neg.AC 5891/Photo Fibbi-Aeppli, Grandson

Les Canonnier Bombardier & garde magazin des batteries
auront le
premier Canonnier Commandant la batterie cent vingt livres par mois.
le second Canonnier de la batterie aura cent livres par mois.
le troisième Canonnier aura quatre vingt livres par mois.
le quatrième Canonnier aura soixante et dix huit livres par mois
le garde magazin aura quatre vingt livres par mois.
le Bombardier chef de mortier aura cent livres par mois.

Tout premier Canonnier établi aux batteries de Côte & qui aurait plus du tarif ci-dessus, seront diminué, et défense est faite aux commissaires des guerres et payeurs de leur donner davantage.

L'exécution du présent arrêté datera du premier Ventose.
Fait au Port la Montagne le 30. Nivose l'an 2me de la république

Signé à l'original Ricord & Saliceti.

Certifié Conforme à l'original.
Le Général D'artillerie./.
Buonaparte

146
Copie conforme de l'arrêté pris par les Représentants du Peuple et signé par «Buonaparte» comme «Général d'artillerie» – 30 nivose an II (19 janvier 1794)
Manuscrit de deux pages, non adressé, signé et daté de Port-la-Montagne (Toulon). Texte au recto et au verso. Feuille de 28,2×31,5 cm
Collection François Gianadda, Martigny

Voici un mois a eu lieu la prise de Toulon au cours de laquelle Bonaparte s'est historiquement illustré. Ces deux pages marquent le début de sa reconnaissance comme stratège et sa nomination comme général de brigade. Le document est la copie signée de sa main d'un arrêté des Représentants du Peuple envoyés par la Convention. Il concerne plusieurs mesures que devra suivre le général d'artillerie chargé de l'inspection de la côte.

145

Lettre du Prince de Montbarey adressée à «M. de Buonaparte, Député de la Noblesse de Corse», attestant de l'admission de Napoleone de Buonaparte à l'école de Brienne – 28 mars 1779

Lettre manuscrite datée de Versailles.
Une page de 20,3×32 cm pliable en quatre parties.
Signature du Prince de Montbarey, texte au recto, adresse du destinataire au recto.
Sous la signature et en bas de page:
M. de Buonaparte, Député de la Noblesse de Corse, à Ajaccio, et actuellement à l'Hôtel d'Hambourg, Rue Jacob, à Paris
Collection François Gianadda, Martigny

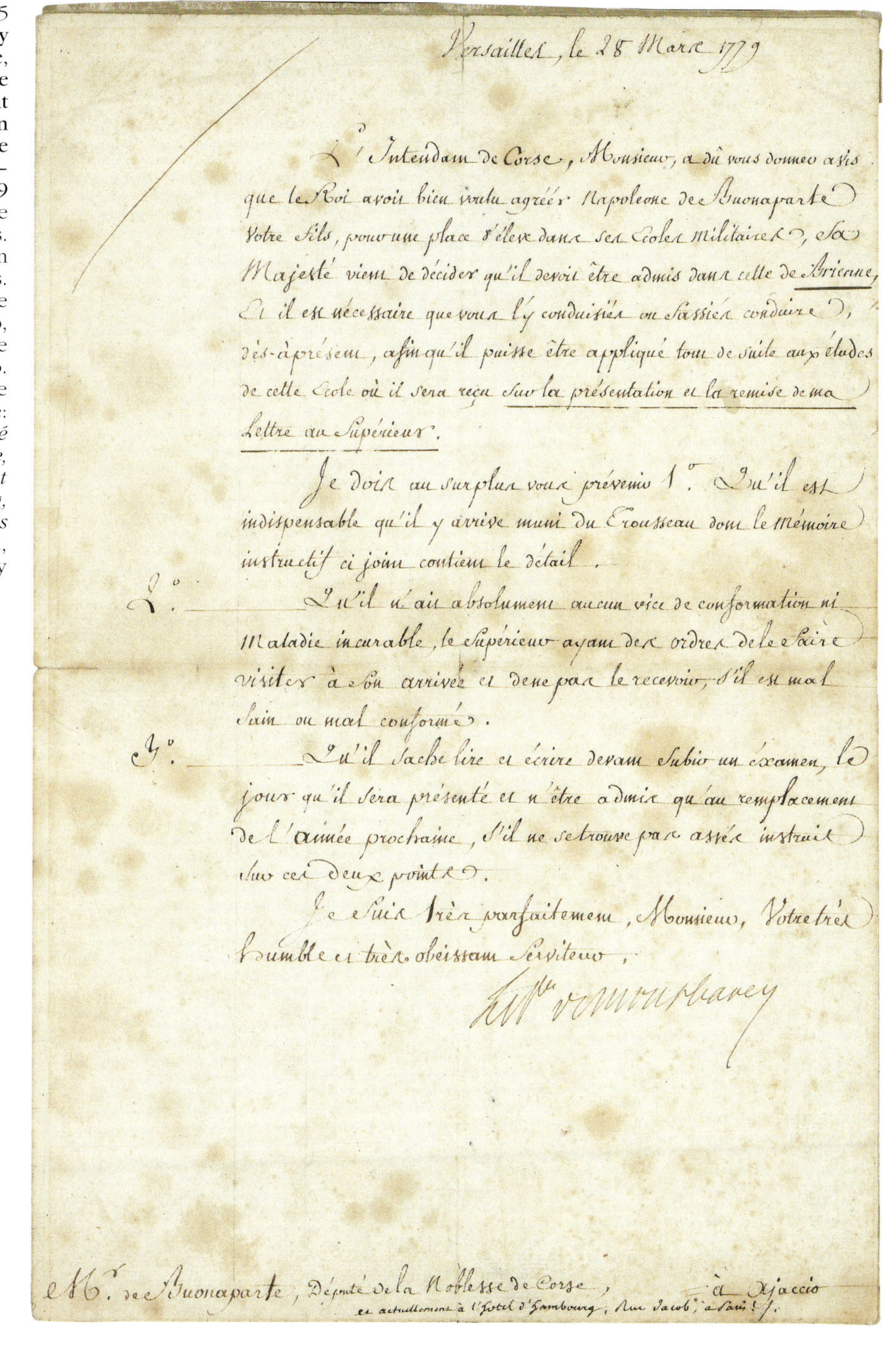

Versailles, le 28 Mars 1779

L'Intendant de Corse, Monsieur, a dû vous donner avis que le Roi avoit bien voulu agréer Napoleone de Buonaparte Votre fils, pour une place d'élève dans ses Ecoles militaires, Sa Majesté vient de décider qu'il devoit être admis dans celle de Brienne, et il est nécessaire que vous l'y conduisiez ou fassiez conduire, dès-à-présent, afin qu'il puisse être appliqué tout de suite aux études de cette Ecole où il sera reçu sur la présentation et la remise de ma Lettre au Supérieur.

Je dois au surplus vous prévenir 1°. Qu'il est indispensable qu'il y arrive muni du Trousseau dont le Mémoire instructif ci joint contient le détail.

2°. Qu'il n'ait absolument aucun vice de conformation ni maladie incurable, le Supérieur ayant des ordres de le faire visiter à son arrivée et de ne pas le recevoir, s'il est mal sain ou mal conformé.

3°. Qu'il sache lire et écrire devant subir un examen, le jour qu'il sera présenté et n'être admis qu'au remplacement de l'année prochaine, s'il ne se trouve pas assez instruit sur ces deux points.

Je suis très parfaitement, Monsieur, Votre très humble et très obéissant Serviteur,

Pce de Montbarey

Mr. de Buonaparte, Député de la Noblesse de Corse, à Ajaccio
et actuellement à l'Hôtel d'Hambourg, Rue Jacob, à Paris.

L'école de Brienne était un des douze collèges désignés en 1776 par le comte de Saint-Germain, ministre de la Guerre, pour préparer les enfants de la noblesse pauvre* au métier des armes. Bonaparte y étudia de 1779 à 1784.
Sans la rédaction de ce document, historiquement de toute première importance, la carrière de Bonaparte eût été sans doute fort différente.

* Le choix de l'hôtel d'Hambourg a sans doute été fait par souci d'économie.

ARMÉE DE L'INTÉRIEUR.

N°.

RÉPUBLIQUE FRANÇAISE.

Liberté. Egalité.

Au Quartier Général, à Paris, le 13 Ventose an 4 de la République, une et indivisible.

BUONAPARTE, Général en chef de l'Armée de l'Intérieur,

Au Cn Gassendy à Nuits dept de la Côte d'or

J'ai été nommé au commandement de l'armée d'Italie. Je pars sous peu de jours pour m'y rendre.

Le Directoire vous à nommé à la place de chef de Brigade directeur du parc de l'artillerie de l'armée d'italie.

Je vous expédie un Courier extraord.re qui va jusqu'à Chalons sur Saône et prendra au retour votre Reponse. — Je vous prie de m'instruire de vos intentions afin que je porte avec moi votre Brevet et votre commission:

Je vous offre une place dans ma voiture jusqu'à Nice. je viendrai vous prendre en passant.

Rien n'égale le plaisir que j'aurois à restituer à l'artillerie un officier aussi Distingué et d'être à Même de profiter de vos lumières dans la Campagne que nous allons faire.

Buonaparte

147

Lettre de «Buonaparte» au citoyen Gassendi, chef de brigade d'artillerie – Paris 13 ventose IV (3 mars 1796)

Lettre manuscrite de deux pages, signée et datée.
Feuille de 31,5×42 cm pliée en quatre.
Texte entièrement au recto.
Adresse du destinataire placée en haut à gauche verticalement: *Citoyen Gassendi, chef de brigade d'artillerie, Nuits (Côte-d'Or)*
Attestation du Directeur des postes certifiant que la lettre n'est arrivée que le Vingt ventose placée au recto, en haut à droite, tête-bêche avec l'adresse du destinataire
Papier à en-tête de *BUONAPARTE, Général en chef de l'Armée de l'Intérieur*
A gauche: vignette *ARMÉE DE L'INTÉRIEUR,*
au centre: cachet de cire rouge
Collection François Gianadda, Martigny

«J'ai été nommé au commandement de l'armée d'Italie. Je pars sous peu de jours pour m'y rendre. Le directoire vous a nommé à la place de chef de brigade directeur du parc de l'artillerie de l'armée d'Italie.»
Cette lettre est écrite le lendemain de la nomination de Bonaparte à la tête de l'armée d'Italie, huit jours avant son départ de Paris pour cette première campagne (11 mars 1796) et six jours avant son mariage avec Joséphine de Beauharnais (9 mars). Elle marque donc trois étapes fondamentales de sa vie.
Quant au futur général Gassendi, il sera toujours directeur du parc de l'artillerie lors du passage du Grand-Saint-Bernard par l'armée de réserve.

148
Lettre du Premier Consul Bonaparte au citoyen Max, Président de la municipalité de Saint-Pierre – Aoste, le 4 Prairial an 8 de la République (25 mai 1800)
Lettre manuscrite d'une page de 23,7×36,5 cm, fermée par quatre plis. Papier à en-tête au nom de *Bonaparte 1er. Consul de la République* signé et daté. Texte entièrement au recto. Sur la partie gauche, l'adresse du destinataire. En bas et au centre, cachet de cire rouge et, à droite, une déchirure faite en décachetant.
Commune de Bourg-Saint-Pierre, Bourg-Saint-Pierre
Archive de la commune F 225

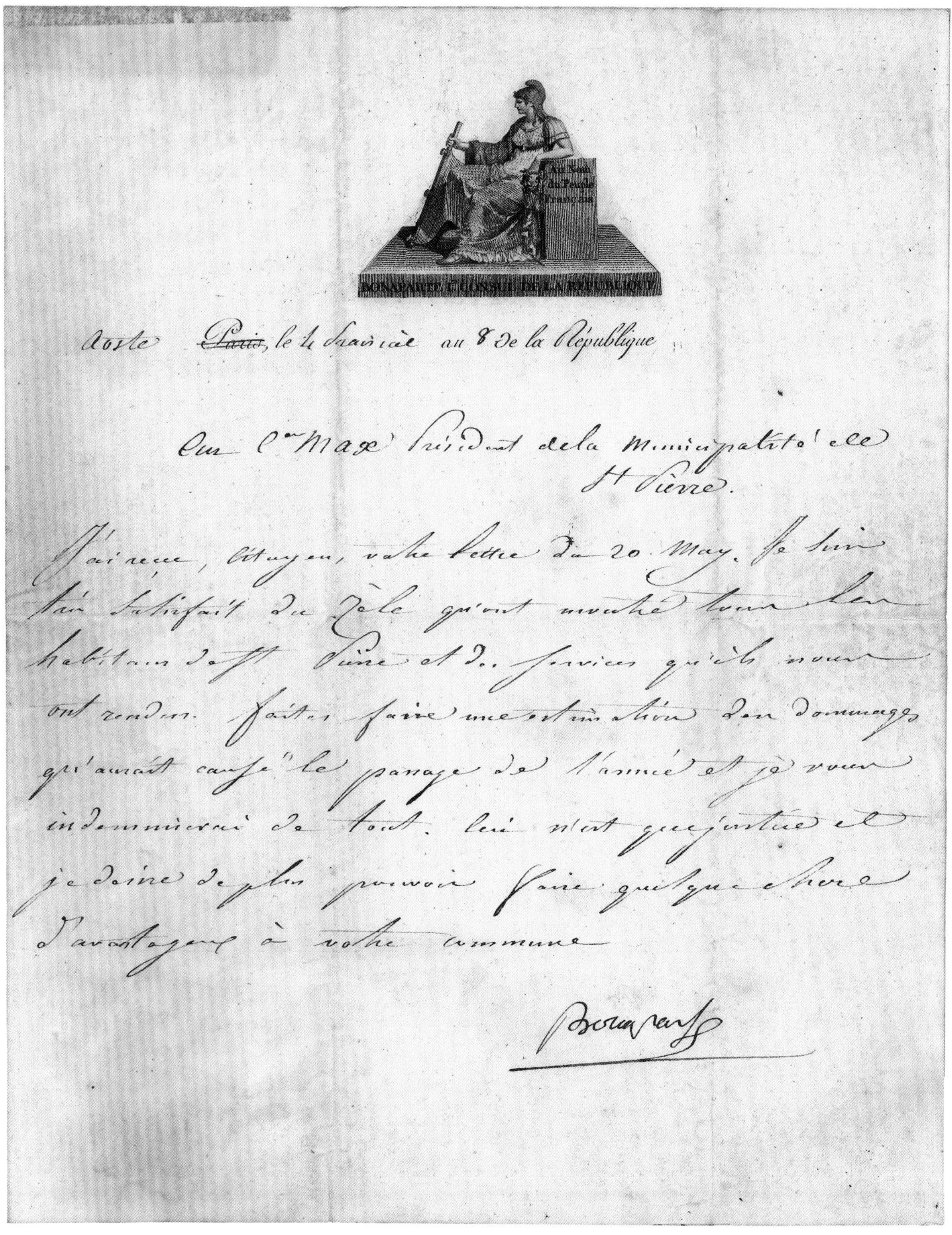

Aoste ~~Paris~~, le 4 Prairial an 8 de la République

Au Cen Max Président de la Municipalité de St Pierre.

J'ai reçu, citoyen, votre lettre du 20 May. Je suis très satisfait du zèle qu'ont montré tous les habitans de St Pierre et des services qu'ils nous ont rendus. Faites faire une estimation des dommages qu'aurait causé le passage de l'armée et je vous indemniserai de tout. Ceci n'est que justice et je désire de plus pouvoir faire quelque chose d'avantageux à votre commune

Bonaparte

«J'ai reçu, citoyen, votre lettre du 20 may. Je suis très satisfait du zèle qu'ont montré tous les habitants de Saint-Pierre et des services qu'ils nous ont rendus. Faite faire une estimation des dommages qu'aurait causé le passage de l'armée et je vous indemniserai de tout. Ceci n'est que justice, et je désire de plus pouvoir faire quelque chose d'avantageux à votre commune» *(Bonaparte)*.
Cette lettre marque le passage du Grand-Saint-Bernard et l'arrivée de Bonaparte en Italie pour y commander une des batailles les plus glorieuses de sa carrière.

149
«SENATUS = CONSULTE» proclamant Napoléon Bonaparte Premier Consul à vie – 14 thermidor an X (3 juillet 1802)
Affiche, 53×42 cm
Collection François Gianadda, Martigny

Le consulat à vie fut plébiscité par 3 508 885 oui contre seulement 8374 non. C'est assurément une des nombreuses conséquences différées de la deuxième campagne d'Italie, car «Marengo fut le baptême de la puissance personnelle de Bonaparte» *(Hyde de Neuville)*. Cette étape fut l'ultime marche avant le trône impérial et représente aussi une nouvelle et décisive reconnaissance publique de ses mérites.

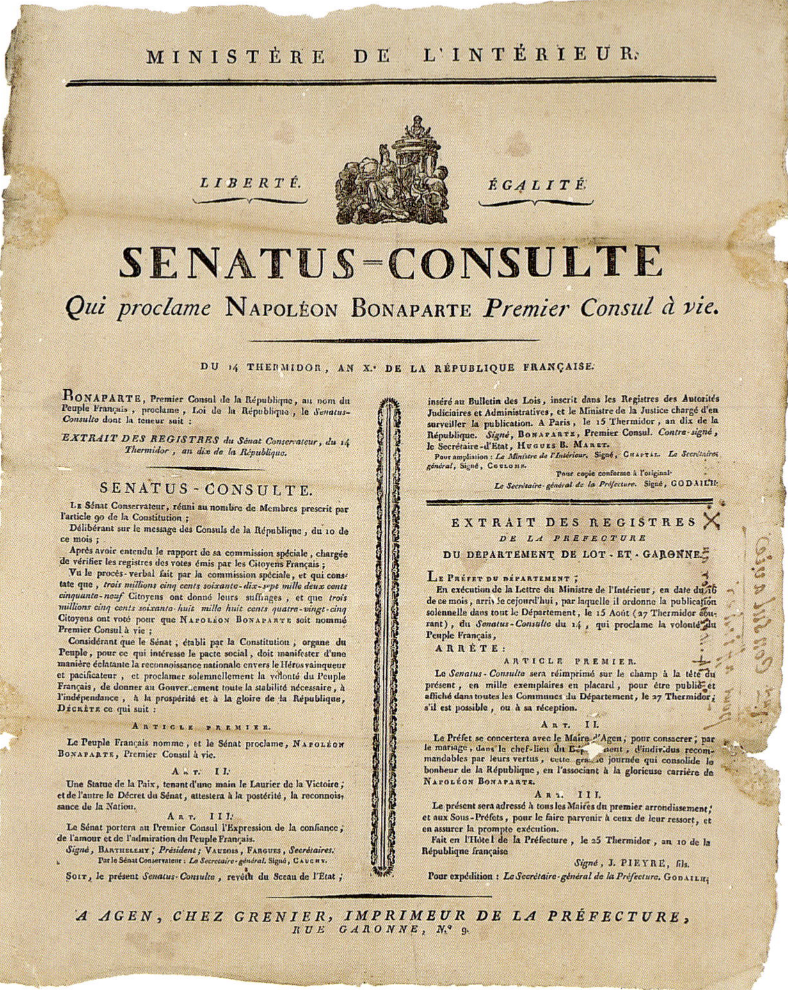

MINISTÈRE DE L'INTÉRIEUR.

LIBERTÉ. *ÉGALITÉ.*

SENATUS-CONSULTE

Qui proclame NAPOLÉON BONAPARTE *Premier Consul à vie.*

DU 14 THERMIDOR, AN X. DE LA RÉPUBLIQUE FRANÇAISE.

BONAPARTE, Premier Consul de la République, au nom du Peuple Français, proclame, Loi de la République, le *Senatus-Consulte* dont la teneur suit :

EXTRAIT DES REGISTRES du Sénat Conservateur, du 14 Thermidor, an dix de la République.

SENATUS-CONSULTE.

Le Sénat Conservateur, réuni au nombre de Membres prescrit par l'article 90 de la Constitution ;

Délibérant sur le message des Consuls de la République, du 10 de ce mois ;

Après avoir entendu le rapport de sa commission spéciale, chargée de vérifier les registres des votes émis par les Citoyens Français ;

Vu le procès-verbal fait par la commission spéciale, et qui constate que, *trois millions cinq cents soixante-dix-sept mille deux cents cinquante-neuf* Citoyens ont donné leurs suffrages, et que *trois millions cinq cents soixante-huit mille huit cents quatre-vingt-cinq* Citoyens ont voté pour que NAPOLÉON BONAPARTE soit nommé Premier Consul à vie ;

Considérant que le Sénat, établi par la Constitution, organe du Peuple, pour ce qui intéresse le pacte social, doit manifester d'une manière éclatante la reconnoissance nationale envers le Héros vainqueur et pacificateur, et proclamer solemnellement la volonté du Peuple Français, de donner au Gouvernement toute la stabilité nécessaire, à l'indépendance, à la prospérité et à la gloire de la République,

DÉCRÈTE ce qui suit :

ARTICLE PREMIER.

Le Peuple Français nomme, et le Sénat proclame, NAPOLÉON BONAPARTE, Premier Consul à vie.

ART. II.

Une Statue de la Paix, tenant d'une main le Laurier de la Victoire, et de l'autre le Décret du Sénat, attestera à la postérité, la reconnoissance de la Nation.

ART. III.

Le Sénat portera au Premier Consul l'Expression de la confiance, de l'amour et de l'admiration du Peuple Français.

Signé, BARTHELEMY ; *Président* ; VAUBOIS, FARGUES, *Secrétaires.*

Par le Sénat Conservateur : *Le Secretaire-général.* Signé, CAUCHY.

SOIT, le présent *Senatus-Consulte*, revêtu du Sceau de l'Etat ; inséré au Bulletin des Lois, inscrit dans les Registres des Autorités Judiciaires et Administratives, et le Ministre de la Justice chargé d'en surveiller la publication. A Paris, le 15 Thermidor, an dix de la République. *Signé*, BONAPARTE, Premier Consul. *Contre-signé*, le Secrétaire-d'Etat, HUGUES B. MARET.

Pour ampliation : *Le Ministre de l'Intérieur.* Signé, CHAPTAL. *Le Secrétaire général*, Signé, COULOMB.

Pour copie conforme à l'original.

Le Secrétaire-général de la Préfecture. Signé, GODAILH.

EXTRAIT DES REGISTRES

DE LA PREFECTURE

DU DÉPARTEMENT DE LOT-ET-GARONNE.

LE PRÉFET DU DÉPARTEMENT ;

En exécution de la Lettre du Ministre de l'Intérieur, en date du 16 de ce mois, arrivée cejourd'hui, par laquelle il ordonne la publication solennelle dans tout le Département, le 15 Août (27 Thermidor courant), du *Senatus-Consulte* du 14, qui proclame la volonté du Peuple Français,

ARRÊTE :

ARTICLE PREMIER.

Le *Senatus-Consulte* sera réimprimé sur le champ à la tête du présent, en mille exemplaires en placard, pour être publié et affiché dans toutes les Communes du Département, le 27 Thermidor, s'il est possible, ou à sa réception.

ART. II.

Le Préfet se concertera avec le Maire d'Agen, pour consacrer, par le mariage, dans le chef-lieu du Département, d'individus recommandables par leurs vertus, cette grande journée qui consolide le bonheur de la République, en l'associant à la glorieuse carrière de NAPOLÉON BONAPARTE.

ART. III.

Le présent sera adressé à tous les Maires du premier arrondissement, et aux Sous-Préfets, pour le faire parvenir à ceux de leur ressort, et en assurer la prompte exécution.

Fait en l'Hôtel de la Préfecture, le 25 Thermidor, an 10 de la République française

Signé, J. PIEYRE, fils.

Pour expédition : *Le Secrétaire-général de la Préfecture.* GODAILH.

A AGEN, CHEZ GRENIER, IMPRIMEUR DE LA PRÉFECTURE, RUE GARONNE, N.° 9.

150
Invitation pour la «CÉRÉMONIE DU SACRE ET COURONNEMENT / NAPOLÉON Ier. EMPEREUR DES FRANCAIS – COTE GAUCHE DU TRONE, / 3me. RANG / Dans la Nef. / Tribune N°. 2.» – 1804
Avec le sceau du Grand Maître des Cérémonies
Eau-forte, 8,6×6 cm
Collection particulière, Martigny

Ce document exceptionnel marque une nouvelle étape solennelle dans la vie de Bonaparte. Dès le jour marqué par cette eau-forte, il deviendra Napoléon Ier, traçant d'un trait de plume le caporal, le général et bien d'autres titres dont d'aucuns se seraient satisfaits. Cette invitation suscite donc une émotion sans pareil, nul ne pouvant ici s'empêcher de penser au tableau de Jacques Louis David *Le Sacre* et d'imaginer la personne occupant la place désignée.

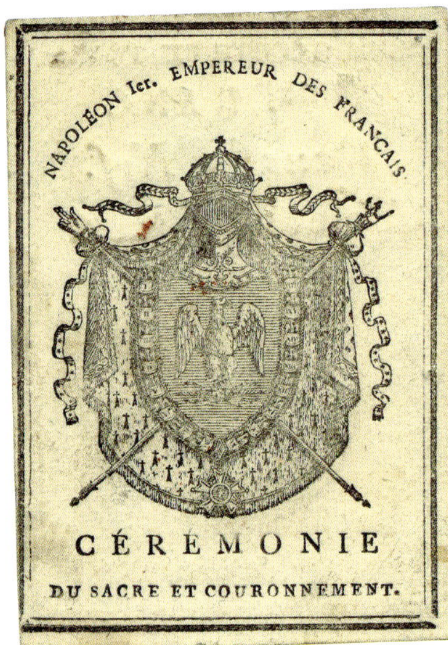

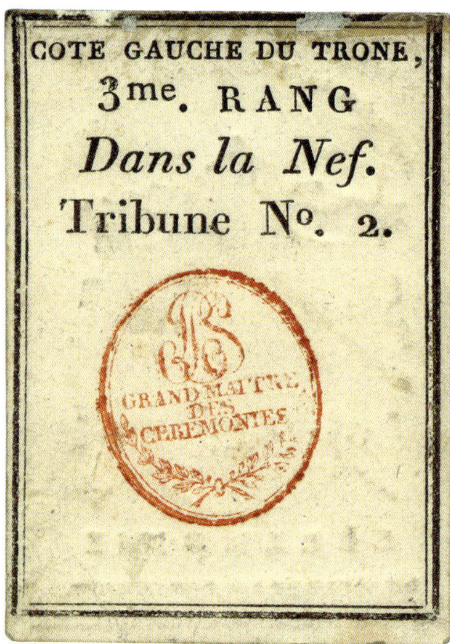

151 non illustré
Invitation: «Esplanade des Invalides / Funérailles de l'Empereur / 6e. Estrade. - Côté droit / Une Personne» – 1840
Lith. Claus, Boulevart St Denis. 18 Paris
Lithographie, 10,8×14 cm
Collection particulière, Martigny

Dernière et ultime étape de la vie de Bonaparte, un retour d'exil dont seule son âme peut encore se réjouir.

152 non illustré
Mobiliers représentatifs de ceux témoins du passage de l'armée de réserve en Valais
Salon Louis XVI: Collection particulière, Lausanne
Mobilier Louis XIII: Fernand Antille, antiquaire, Sierre
Parois anciennes: Yves Piller, antiquaire, Corminbœuf

Dans les villages émaillant la montée au col du Grand-Saint-Bernard, les soldats ont principalement gîté sous tente, dans des granges à foin ou des «raccards» (granges affectées à la conservation des céréales). Beaucoup d'unités ont même fait le chemin de Martigny à Etroubles en une seule journée. Toutefois, quelques privilégiés, principalement des officiers, ont été hébergés chez l'habitant. C'est le cas de Chambarlhac à Sembrancher (voir légende de la figure 109).
Nous présentons deux types d'ameublement qu'ils ont pu côtoyer. Dans les montagnes, c'est un mobilier modeste de style Louis XIII qui prévalait. Et encore, il était souvent bien moins riche que celui présenté dans l'exposition. Les boiseries traditionnelles qui garnissent la pièce rustique se nomment parois en «beudrons». Les murs de l'auberge où Bonaparte a fait halte à Bourg-Saint-Pierre en étaient revêtus.
Quant aux sièges rembourrés des salons, seules les familles bourgeoises citadines disposaient des ressources suffisantes pour en posséder. Comme la province française, le Valais était en retard sur Paris pour l'évolution des styles. C'est donc un salon Louis XVI, tel que présenté ici, que les officiers de l'armée de réserve ont pu rencontrer. Toutefois, quelques pièces du Directoire, de facture toute locale, apparaissent déjà dans ces mêmes familles, particulièrement à Sion ou à Brigue. Rappelons à ce sujet que le général Béthencourt, pour rejoindre le Simplon, a parcouru toute la vallée du Rhône. Par surcroît, les villes de Sion et de Brigue recelaient des magasins de l'armée de réserve destinés à couvrir en intendance une éventuelle retraite par le Simplon.
«Envoyez vos ordres [...] à Saint-Maurice, pour faire passer, aussitôt après la réception de votre ordre, tous les courriers de l'armée par le Simplon, même ceux du Premier Consul, cette route étant désormais la ligne de direction de l'armée. Vous donnerez également l'ordre [...] de faire filer tous les biscuits qui, de Villeneuve, arriveraient à Saint-Maurice, et jusqu'à concurrence de 200 000 rations sur Brieg, où ils resteront en dépôt. Vous donnerez le même ordre pour 500 000 cartouches» *(Berthier, le 31 mai).*

153 non illustré
«The political see = Saw. / Die Politische Schauckel.» – 1802
[David Hess]
Drawn by Gilbray, Junior.; London, Cheapside; missery=street; February 1802
Eau-forte coloriée, 24,5×38,1 cm
Bibliothèque nationale suisse, cabinet des estampes, Berne
Cote PP Fc

La deuxième campagne d'Italie, de Saint-Rhémy à Marengo

par Frédéric Künzi

Les premières escarmouches

Immédiatement après la descente du col, le général Lannes se trouve confronté aux premières difficultés n'ayant pas trait à la seule nature du terrain. Là, une unité de Croates tente de lui disputer le passage. Bousculé, le détachement autrichien se reforme derrière les murs de Saint-Rhémy d'où il est promptement débusqué pour se reformer encore et se retirer en direction d'Etroubles. La colonne Malher y convergeant également, un nouvel accrochage se produit, provoquant la débandade et la fuite de l'ennemi vers le fond de la vallée. Regroupé une nouvelle fois au lieu dit «La Cluse», l'adversaire tente encore de repousser les Français, en vain.

Relevons ici que Lannes et ses troupes furent, dès leur descente du col et jusqu'à Marengo, les seuls à combattre presque journellement.

Lorsqu'il confia, le jour même de son arrivée à Genève, le commandement de l'avant-garde à Lannes, Bonaparte savait ce qu'il faisait. Pétri d'initiative, n'attendant pas les ordres pour agir, Lannes n'en oublie pas pour autant les recommandations et prend des décisions remarquablement adaptées à chaque situation.

Combat de Châtillon

Le 16 mai, l'avant-garde, composée de trois demi-brigades d'infanterie (6e légère, 28e et 44e de ligne) et de trois régiments de cavalerie (11e et 12e de hussards et 21e de chasseurs), prend Aoste, qui n'oppose d'ailleurs pas de résistance. Elle trouve dans cette ville de grandes ressources.

Le 17, s'avançant sur Châtillon, l'avant-garde trouve en position un corps de 4000 à 5000 hommes. A l'issue d'un sévère combat, les Autrichiens sont culbutés, laissant quelques pièces d'artillerie, 100 morts et plus de 300 prisonniers qui sont ensuite évacués vers Genève par le Grand-Saint-Bernard.

Poursuivant les fuyards de Châtillon, la cavalerie est soudainement freinée par le grondement des canons du fort de Bard.

Le fort de Bard

«Cet obstacle, selon Bonaparte, fut plus considérable que le passage du Grand-Saint-Bernard lui-même.» Le Premier Consul en connaissait l'existence, mais les plans et les renseignements permettaient de le supposer facile à enlever. Il en fut tout autrement.

Placé à la tête d'un défilé entre Aoste et Ivrée, le fort occupe le sommet d'une élévation située entre deux pentes abruptes et, à ses pieds, coule la Doire. La «ville» de Bard ne comporte qu'une seule rue, longue et étroite, où il est impérieux de passer malgré les fortifications et le feu de l'ennemi.

Sommé par Lannes de se rendre, le capitaine Bernkopf, commandant du fort, rétorqua: «Je connais toute l'importance du poste qui m'est confié et je saurai faire usage des moyens de défense qui sont en mon pouvoir.»

L'alerte se communique rapidement vers l'arrière de la vallée que l'armée de réserve commençait à encombrer. Bonaparte se porte alors rapidement devant Bard et gravit les pentes d'Albaredo d'où il peut voir le fort et sa situation à l'entour. Par ce chemin étroit, quelques demi-brigades d'infanterie avaient déjà franchi cet obstacle réputé insurmontable et «auprès duquel, dit un document d'état-major, le chemin du Saint-Bernard est une grand'route de poste». Le Premier Consul décide d'y faire passer l'infanterie, mais aussi la cavalerie. Il donne immédiatement des ordres pour que les troupes du génie améliorent le passage à cet effet. Berthier dit de cet épisode: «1500 hommes commandés pour aller pratiquer un chemin sur la montagne d'Albard y travaillent avec activité. Là où la pente eût été trop rapide, des escaliers sont construits; là où le sentier, devenu plus étroit encore, se terminait à droite ou à gauche par un précipice, des murs sont élevés pour garantir de la chute; là où les rochers étaient séparés par des excavations profondes, des ponts ont été jetés pour les réunir; et, sur une montagne regardée depuis des siècles comme inaccessible à l'infanterie, la cavalerie française a effectué son passage.» Restait le problème de l'artillerie, qui n'avait d'autre solution que de franchir Bard par la route située au pied du fort, à une portée de pistolet du feu ennemi.

Le 25 mai, à la nuit tombante, la 58e demi-brigade, escaladant l'enceinte, prend la «ville» de Bard édifiée au pied de l'escarpement. Toute la nuit, la garnison autrichienne fait pleuvoir sur l'agglomération investie une pluie de mitraille, mais en vain. Cette occupation est la clé du passage de l'artillerie, sans laquelle il eût été impensable d'aller plus avant. Cela permet à une grande audace de se manifester. Les troupes d'artillerie, après avoir entouré les roues des canons de paille et, pendant la nuit, recouvert la route de fumier et de paille, halent leurs pièces, à l'aide de bricoles, au nez et à la barbe de l'ennemi. Cela prend plusieurs nuits. Les Autrichiens, bien que ne se doutant de rien, tirent de temps en temps quelques décharges qui tuent ou blessent l'un ou l'autre canonnier. Mais leurs remplaçants n'en montrent pas moins de zèle et de courage.

Ainsi fut astucieusement franchi cet obstacle qui, par la force, eût coûté une part trop importante de l'armée de réserve, déjà inférieure aux forces autrichiennes présentes en Italie. Le fort se rendra après un siège confié au général Chabran et une attaque massive. Dans la nuit du 31 mai au 1er juin, les forces françaises investissent le village de Bard, installent deux canons de 12 dans le vestibule de la chapelle (et non pas dans le clocher, ce qui n'était pas possible) et forment trois colonnes d'infanterie. Laissons la parole au général Chabran pour présenter quelques phases de cette attaque: «L'artillerie placée sur la route et dans la batterie d'Albard aura également pour but de renverser la tour [...] Le feu commencera sur tous les points à 8 heures du matin et sera continué avec vivacité jusqu'au moment où il sera nécessaire de faire reposer les canonniers. Le feu cessera encore à 6 heures du soir pour l'envoi d'un parlementaire au commandant du fort.» «Tous les tirailleurs sous vos ordres doivent faire le plus grand feu pendant la journée du 12 [prairial]; ils le cesseront absolument à 6 heures du soir.» «Vous choisirez dans ces corps 200 hommes d'élite, qui seront partagés en trois colonnes, l'une de 100 et les deux autres de 50 hommes chaque [...] cherchera à s'introduire dans le fort par le pont-levis de la tour du Cadran et les brèches qui pourront être faites ou ouvertes dans le mur en crémaillère à gauche [...] L'ennemi ne vous attend pas, il n'a aucun feu préparé [...] une fois au pied de ces rochers, ils ne peuvent plus rien sur vous.»

A 9 h du soir, le commandant Bernkopf capitule, laissant au général Chabran 400 prisonniers et 12 canons.

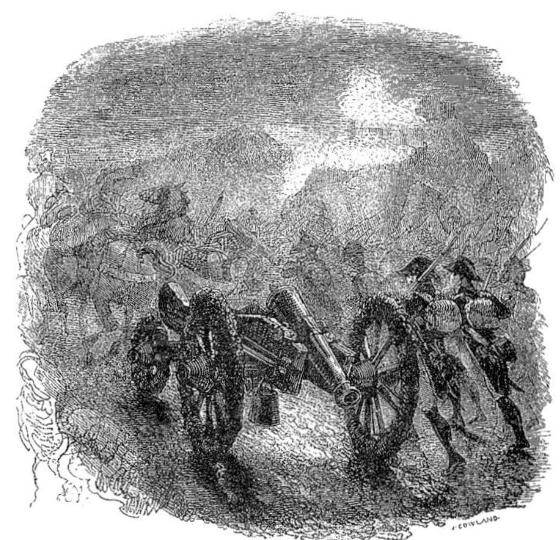

176a
«[...] par une nuit obscure, on enveloppa de paille les roues des voitures et des canons, et l'on parvint à dépasser le fort [...] sous le feu d'une batterie»
(P.-M. Laurent de l'Ardèche).

176
Histoire de l'Empereur Napoléon
Paul-Mathieu Laurent [de l'Ardèche]
Chez Dubochet, Paris, 1859
Avec en illustration:
[La charge de Kellermann]
[Alexandre] Belhatte sc. d'après
Horace Vernet
Xylographie, 9×10,5 cm

Reproductions photographiques de xylographies d'après Horace Vernet

a) Cowland sc., 9×9 cm
b) [H.V.] sc., 7×9,5 cm
c) [S.] Sears sc., 5,5×9 cm
d) Porret sc., 8,3×10,7 cm
e) Lacoste sc., 8×11,2 cm
f) Porret sc., 8,3×10,6 cm
g) [Alexandre] Belhatte sc., 9×10,5 cm
h) [H.V.] sc., 9,5×12,3 cm

Dépôt des bibliothèques universitaires, Genève
Cote DBUB 3082

176b
«Vous êtes dans la capitale de la Cisalpine [Milan]; l'ennemi épouvanté n'aspire plus qu'à regagner ses frontières. Vous lui avez enlevé ses hôpitaux, ses magasins, ses parcs de réserve» *(Bonaparte cité par P.-M. Laurent de l'Ardèche).*

Quelques moments clés avant Marengo

Avant d'aller plus avant dans le récit des événements précédant Marengo, il faut préciser qu'ils ne sont pas décrits exhaustivement. En effet, la deuxième campagne d'Italie est trop complexe pour être retracée en trois ou quatre pages. Rappelons à ce sujet que plusieurs cols ont été franchis par des unités détachées. Par surcroît, les divisions ayant passé par le Grand-Saint-Bernard se sont échelonnées dans le temps et dans l'espace. En effet, si l'avant-garde combat à Aoste le 16 mai déjà, le 9e régiment de dragons et le 11e de hussards ne pénètrent en Italie que vers le 4 juin, combattant néanmoins à Marengo le 14. Compte tenu de cette complexité, seuls les événements marquants sont décrits ci-dessous.
Après avoir pris Ivrée, où 5000 à 6000 hommes s'étaient retranchés dans la citadelle derrière 10 ou 15 bouches à feu, les généraux Lannes et Watrin doivent affronter l'ennemi retiré derrière la Chiusella.
Dans ce combat opiniâtre pour la possession du pont, et dont l'avantage définitif revient à l'armée française, les jeunes soldats voient avec étonnement les superbes escadrons de cavalerie de l'armée autrichienne plier devant leurs baïonnettes. L'avant-garde ayant rallié Chivasso, elle réalise sur le Pô le gain d'un grand nombre de barques chargées. A plusieurs occasions, les différentes divisions en action s'empareront de barques. Celles-ci permettront chaque fois de franchir des cours d'eau, par exemple le Pô, au moyen de ponts volants.
Après avoir rejoint Chivasso et passé en revue l'avant-garde, Bonaparte arrête définitivement le projet de marcher sur Milan. En effet, l'armée française, qui est maîtresse de ce lieu, prend aussi le contrôle de ses magasins, de ses dépôts et de ses hôpitaux. Bonaparte tient également compte de ses possibilités de retraite sur Sion par le Simplon, la cité valaisanne renfermant des magasins de vivres pour l'armée.
Le Premier Consul entre dans Milan le 2 juin et fait immédiatement cerner la citadelle. Bonaparte, ce libérateur, établit son quartier général dans cette cité, où les habitants manifestent leur joie et leur satisfaction avec cette exubérance propre aux Italiens lorsqu'ils expriment leurs sentiments.
Dès le 30 mai, le général Lannes et son avant-garde, laissant une garnison dans Ivrée, se sont mis en mouvement sur Pavie, où, le 1er juin, ils s'emparent d'importants magasins. Conférons à Lannes la satisfaction non dissimulée de détailler à Bonaparte le butin: «Vous serez étonné que nous ayons trouvé ici 3 ou 400 bouches à feu, soit de siège, soit de campagne, et sur leurs affûts; que nous avons trouvé encore des bombes et des boulets en très grande quantité, 1000 barils de poudre et beaucoup de cartouches d'infanterie; des fusils, des magasins entiers de draps de lit et de couvertures; des grains et des farines en abondance; 4 ou 5000 quintaux de chandelle.» Duhesme, quant à lui, entre dans Lodi avec sa division.

Le passage du Pô

Dès le 5 juin, Murat se porte devant Plaisance. Bien que le général Melas ne craigne rien de cette prétendue armée de réserve et que la ville ne soit que peu défendue, Murat se trouve confronté au problème de la traversée du Pô: «Ma division, qui avait forcé sa marche, arriva en face de la tête de pont de Plaisance, défendue par 12 pièces d'artillerie et 5 à 600 hommes d'infanterie. Il y avait, en outre, de l'autre côté de la rive, une même quantité de bouches à feu qui prenaient en flanc tous les points sur lesquels on pouvait se présenter.» Vers 10 h du soir, les forces autrichiennes abandonnent tout de même le pont et se retirent.

De son côté, Lannes fait réunir le 7 juin toutes les barques disponibles sur le fleuve pour le franchir au moyen d'un pont édifié sur ces dernières (pont volant). Le général Watrin débarque le premier afin de protéger le passage des autres unités par le pont. Précaution fort utile, car, sitôt débarqués, ses bataillons sont assaillis par une division autrichienne. Watrin étant secondé efficacement par la brigade Gency, l'ennemi est néanmoins repoussé.
Murat, quant à lui, est toujours devant Plaisance avec sa cavalerie et la division d'infanterie de Boudet.
La ville, avec le faible soutien de 400 hommes seulement, renferme les chancelleries, les caisses, les gros bagages de l'armée impériale et des approvisionnements considérables. Sous les assauts répétés de Murat et de Boudet, les Autrichiens se retirent le 7 juin à l'aube, entraînant l'occupation de la ville. La réunion de Lannes et de Murat à Plaisance a pour conséquence leur passage en force au-delà du Pô. Bien que le fleuve soit en crue, nous les retrouvons le 8 juin au soir sur la rive droite, au moment où les Autrichiens attaquent. Lannes repousse ces 4000 à 5000 assaillants.

La bataille de Montebello

Berthier ayant appris que le général Ott a quitté Gênes avec trente bataillons, il commande à Lannes de se rendre à Casteggio, le 9 juin, pour y attendre l'ennemi. Après un dur combat, les Autrichiens abandonnent ce village pour se retrancher dans Montebello. C'est en ces lieux que Lannes rencontre un des corps principaux de l'armée impériale formé de 18 000 hommes. Les grenadiers, élite de l'armée autrichienne, en font partie. Ott engage le combat contre Lannes, en position avec ses 12 000 hommes. La bataille est sanglante. Elle dure de 11 h du matin à 8 h du soir. Lannes s'y couvre de gloire, mais toutes les troupes présentes (Watrin, Gency, Rivaud, Chambarlhac, Malher, Noguès) ont fait des prodiges d'intrépidité. Sur le midi, l'arrivée de la division Victor décide irrémédiablement de la victoire. Remarquable, le général Victor cède tous les lauriers à Lannes, qui deviendra duc de Montebello. A l'arrivée de Bonaparte sur le champ de bataille, l'ennemi a perdu 3000 hommes et les Français détiennent 5000 prisonniers.

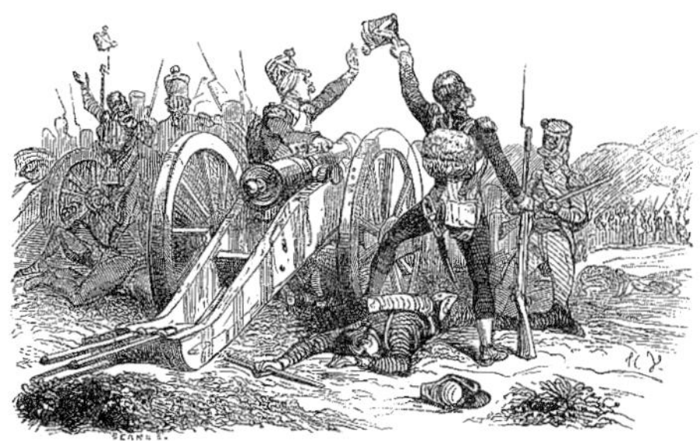

176c
«L'avant-garde a, le 24, rencontré l'ennemi [au village de Marengo] qui défendait les approches de la Bormida et les trois ponts qu'il avait près d'Alexandrie, l'a culbuté, lui a pris deux pièces de canon et fait cent prisonniers» *(P.-M. Laurent de l'Ardèche).*

Epilogue – la bataille de Marengo

Dès lors, l'absence de combat est génératrice de confusion sur les intentions autrichiennes. A tel point que Bonaparte, dans son quartier général de Torre di Garofoli, ne doute plus que le général Melas marche sur Gênes au lieu de l'attendre sur la plaine de Marengo. Celle-ci est pourtant avantageuse au développement de la nombreuse cavalerie autrichienne. Depuis Montebello, la confusion est complète dans les rangs de l'état-major autrichien. Le 12, le 13 et la nuit du 13 au 14 se passent en vaines délibérations. Ne voyant paraître aucun ennemi, Bonaparte ordonne une reconnaissance. Mais laissons Berthier décrire cet épisode: «Le 24 prairial, à huit heures du matin, il se rendit à Castel-Nuovo, et fit battre la plaine de Marengo par la cavalerie légère; il apprend que l'ennemi n'a point de poste à San-Giuliano, ni dans la plaine; il juge alors devoir se mettre en marche; il arrive à trois heures après midi; à quatre heures on trouve à Marengo les avant-postes ennemis. Aussi-tôt il ordonne l'attaque du village.» Au soir de ce 13 juin, ce sont les divisions de Gardanne et de Chambarlhac qui se sont portées sur Marengo, où elles débusquent 5000 Autrichiens et occupent le terrain. «Nos bataillons, marchant au pas de charges, ont rompu les ennemis, et les ont forcés à se retirer en désordre jusque sur le pont de la Bormida, laissant en notre pouvoir

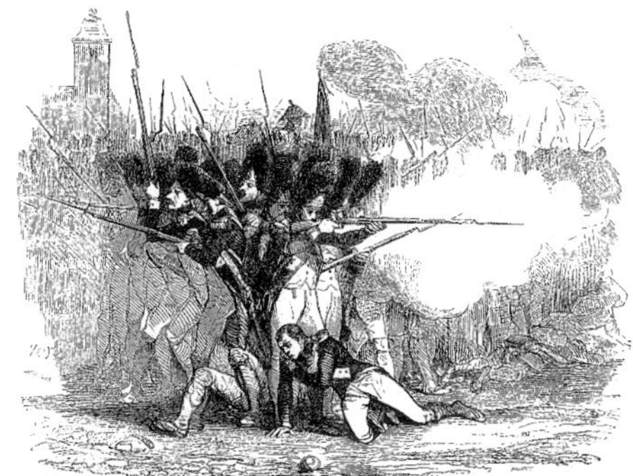

176d
«Les grenadiers de la garde furent placés comme une redoute de granite au milieu de cette immense plaine [de San Giuliano]: rien ne put l'entamer» *(P.-M. Laurent de l'Ardèche).*

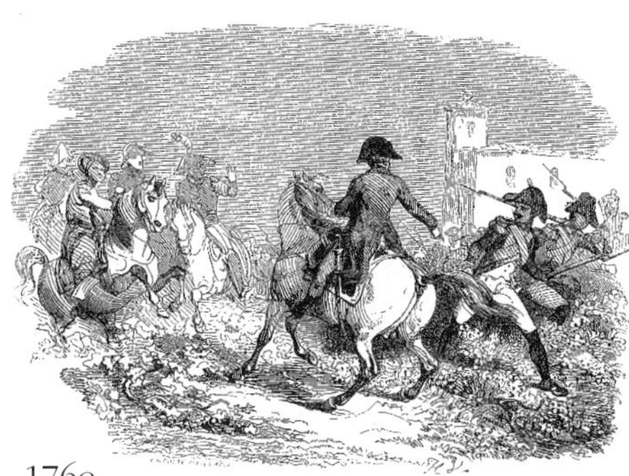

176e
La présence du Premier Consul ranima le moral des troupes. «Enfants! leur disait-il, souvenez-vous que mon habitude est de coucher sur le champ de bataille» *(P.-M. Laurent de l'Ardèche).*

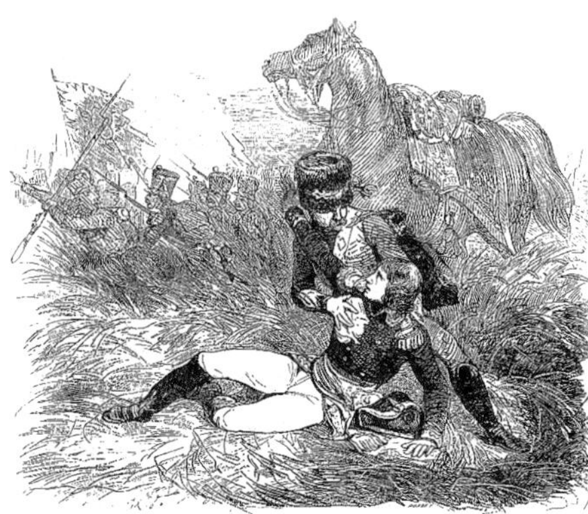

176f
«Desaix a été frappé par une balle au commencement de la charge de sa division [...] Il dit à Lebrun qui était avec lui [...]» *(P.-M. Laurent de l'Ardèche).*

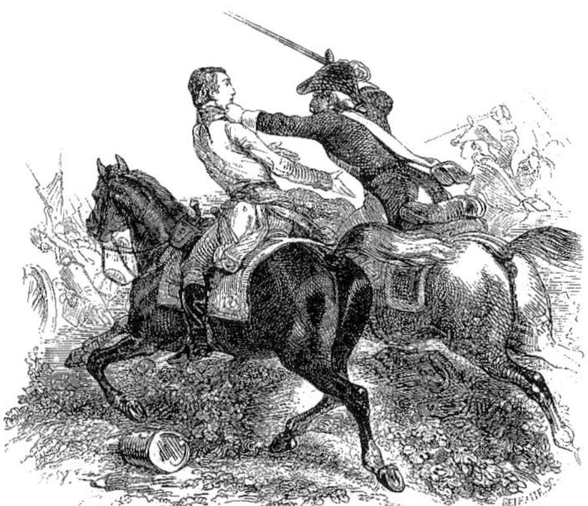

176g
«Le général Kellermann, qui, avec sa brigade de grosse cavalerie, avait toute la journée protégé la retraite de notre gauche, exécuta une charge dont toute l'armée suivit le mouvement» *(P.-M. Laurent de l'Ardèche).*

deux pièces de canons, leurs caissons et environ 100 prisonniers» *(Victor).* Sur ce, Bonaparte s'arrête à la ferme de Torre di Garofoli pour y passer la nuit. Enfin, le 14 juin à l'aube, l'armée autrichienne sort d'Alexandrie, franchit la Bormida et attaque avec fureur pour s'ouvrir un passage au travers de l'armée française. Ce sont 30 000 impériaux qui se dressent face aux 22 000 Français. Une lutte qui se révèle d'avance inégale!
La division Gardanne reçoit le premier heurt, un combat vif et meurtrier. Les 44e et 51e demi-brigades doivent se retirer sur Marengo après avoir soutenu le choc tant bien que mal. Dès lors, on n'ignore plus que ce village est le point stratégique de l'action. Le général Victor reçoit l'ordre de le défendre le plus longtemps possible, sans pour autant tenter de reprendre le terrain perdu par la division Gardanne placée maintenant sur la droite du village. Au même moment, les 24e légère et 96e de ligne, sous les ordres de Chambarlhac, sont elles aussi abordées.
Le village de Marengo est encore occupé par le général Victor. De son côté, Lannes, un peu en retrait de Marengo, est déjà débordé par les troupes du général Ott, en bataille devant la division française. Le Premier Consul, pour s'opposer à ce mouvement, envoie les grenadiers à pied de sa garde se placer en carré sur la droite de Lannes. Ils forment ainsi une redoute inexpugnable, brisant les efforts réitérés des escadrons ennemis. Le général Carra Saint-Cyr profite du désordre créé par la résistance des grenadiers pour les dépasser et occuper Castelceriolo en réserve. Dès lors, Bonaparte ordonne une retraite calme et progressive.
Obligés de battre en retraite au milieu de cette vaste plaine, les différents corps le font lentement, avec ordre et sang-froid, sous le feu de mitraille des multiples canons ennemis.
A 3 h, tous les généraux considèrent la bataille comme perdue. Seul Bonaparte ne désespère pas, comptant sur l'arrivée de Desaix et de ses 6000 hommes frais. Cette brave division arrive enfin et le Premier Consul, à 6 h du soir, donne l'ordre de marcher, l'artillerie opérant un feu redoutable pendant dix minutes. Desaix marche le premier au feu, mais la charge est battue en même temps sur toute la ligne, communiquant la flamme au cœur de chacun. L'ennemi est abordé avec impétuosité, la mêlée est terrible. Plusieurs braves succombent, Desaix n'est déjà plus...
A ce moment, Bonaparte ordonne à la cavalerie qu'il conservait à l'arrière de passer au galop par les intervalles réalisés par l'infanterie. C'est Kellermann qui, se déployant sur le flanc de l'ennemi, lance sur lui la moitié de sa brigade, laissant l'autre moitié en bataille pour contenir la cavalerie autrichienne et lui masquer le coup hardi qu'il va porter.
Simultanément, sur la droite, les grenadiers et les chasseurs à cheval de la Garde renversent tout ce qui se trouve face à eux.
Quant à la division Boudet et au corps de Victor, ils reprennent le village de Marengo abandonné le matin.
Les Autrichiens, fatigués et affaiblis malgré leur supériorité numérique, doivent céder.
Laissons le futur duc de Montebello raconter le dénouement: «Le général Bessières, commandant les grenadiers et les chasseurs à cheval de la garde, saisit cette occasion de gloire et, jaloux de donner à la troupe d'élite qu'il commande l'honneur de la dernière charge, il prévient l'ennemi, s'élance, fait plier ce corps [la réserve de cavalerie], et le jette en désordre sur le ruisseau; il découvre par-là le flanc de l'infanterie, et détermine la retraite générale en portant le trouble et l'effroi dans les rangs ennemis.»
Dès cet instant, 8000 à 10 000 cavaliers se mettent en retraite au galop, culbutant tout ce qui se trouve sur leur passage, mettant leur propre armée dans

la plus grande déroute, créant un encombrement extrême sur les ponts de la Bormida. Au soir de cette bataille historique, tout ce qui se trouve sur la rive gauche du cours d'eau est possession des Français.
Ce n'est que le lendemain que le général Melas demandera à parlementer. Après une première conférence, Bonaparte donne au général Berthier les pouvoirs nécessaires pour aller traiter à Alexandrie la capitulation autrichienne.
Toutefois, le bilan reste lourd d'un côté comme de l'autre. Si 7000 Autrichiens sont prisonniers, 4500 morts et 8000 hors de combat, ils ne rendront pas à la France, pas plus que les 30 canons conquis, les hommes qui jamais plus ne combattront.

F. K.

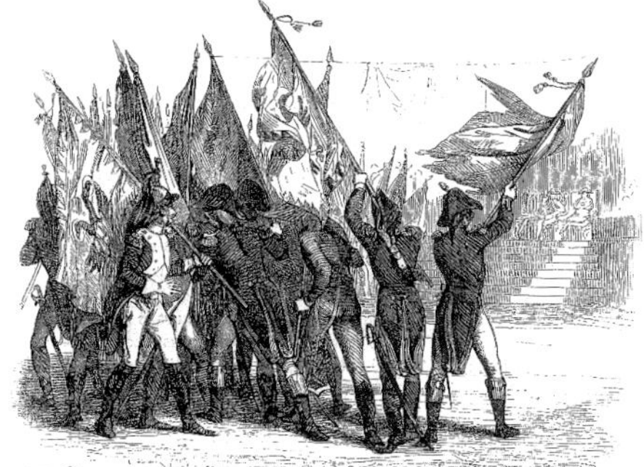

176h
«Des officiers envoyés par les deux armées du Rhin et d'Italie déployèrent en effet, devant les consuls, les drapeaux pris à l'ennemi» *(P.-M. Laurent de l'Ardèche).*

154
«Carte Générale des Marches, Positions, Combats et Batailles, de l'Armée de Réserve, depuis le passage du Grand S[t]. Bernard, le 24 Floréal An 8, jusqu'à la Victoire complette et décisive remportée à Marengo, le 25 Prairial suivant. Présentée au Général Bonaparte, Premier Consul de la République Française, par Le Général P. Dupont, Chef de l'Etat Major Général de l'Armée. Faite à Turin en l'An 8 par Lapie, Ing. Géogr. employé à cette Armée. - Paris, chez Lapie et Picquet [1803]» – 1803

Gravé par P. F. Tardieu, Place de l'Estrapade N° 18
En bas à gauche, vignette représentant le passage du Grand-Saint-Bernard
Eau-forte coloriée, 43,7×62,3 cm; dimensions de la vignette 9,5×13,8 cm
Médiathèque Jean-Jacques Rousseau, Chambéry
Cote Carte SAV B 004

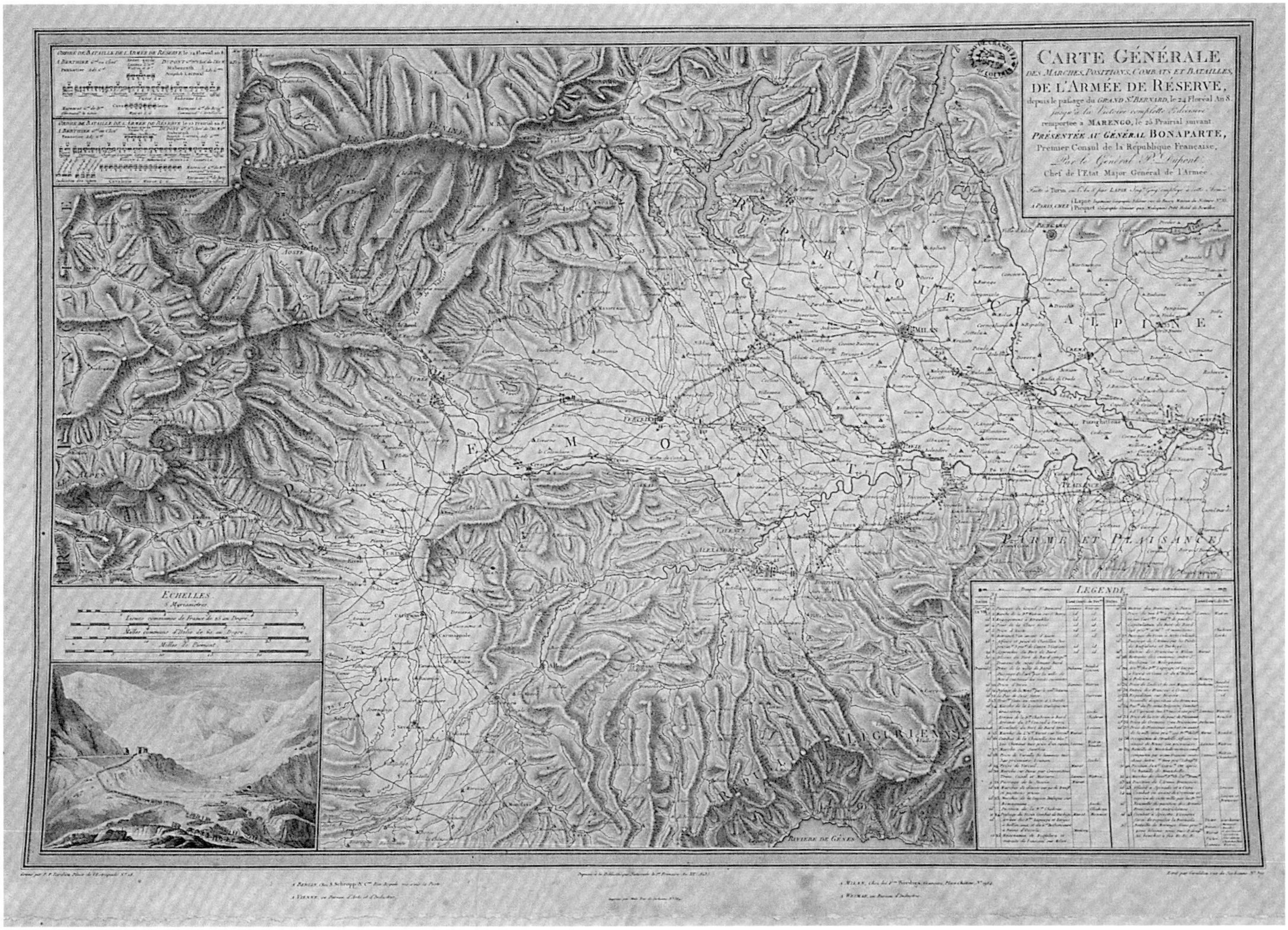

155
«Passage du col du Grand-Saint-Bernard par l'armée française le 20 mai 1800»
– s.d.
Giuseppe-Pietro Bagetti[12]
Aquarelle gouachée sur papier, 56×82 cm
Musée national des châteaux de Versailles et de Trianon, Versailles
N° d'inventaire MV 2524/© Photo RMN-Gérard Blot/98DE18360

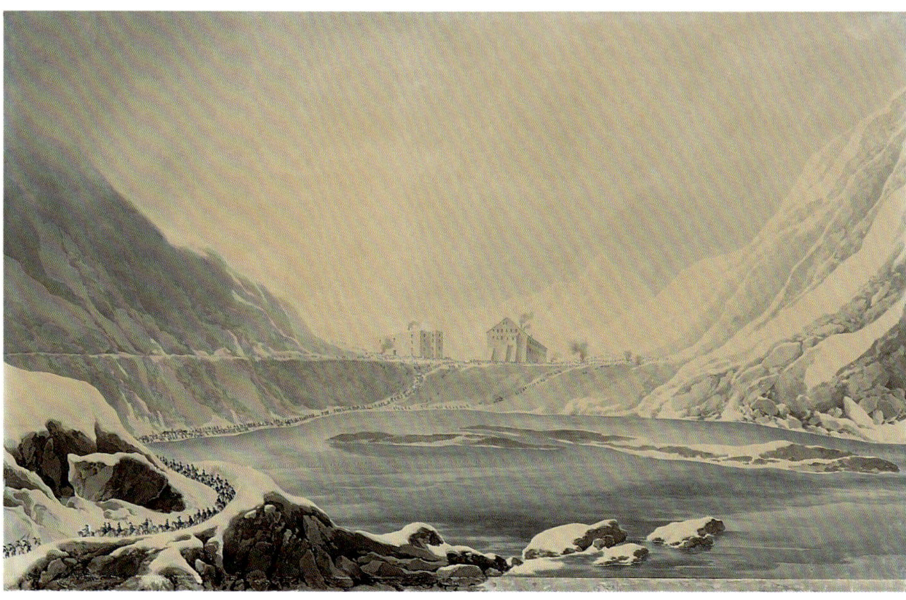

C'est au moment même où Napoléon redescendait sur le Val d'Aoste que l'artiste a peint cette aquarelle. L'interminable file de cavaliers qui se découpe dans un paysage de neige est brossée dans un style où les personnages jouent un rôle auxiliaire et peu anecdotique. L'auteur a certainement voulu symboliser de la sorte le gigantisme de la contrée traversée. Il a dessiné, sur les lieux mêmes, un paysage que les occupants de l'hospice ne renieraient certes pas. Pour expliquer le style de cet artiste, d'aucuns prétendent qu'il ne dessinait sur place que les paysages, laissant pour une étape ultérieure le soin d'y disposer les troupes. Cela avait pour effet une certaine carence de détails. Ce commentaire n'est rapporté qu'avec les réserves d'usage.

156
«Les Français forcent l'ennemi à abandonner le défilé fortifié de La Cluse dans la vallée d'Aoste le 21 mai 1800»
– s.d.
Giuseppe-Pietro Bagetti
Aquarelle gouachée sur papier, 66,2×95,5 cm
Musée national des châteaux de Versailles et de Trianon, Versailles
N° d'inventaire MV 2525/© Photo RMN-Gérard Blot/80EE1380

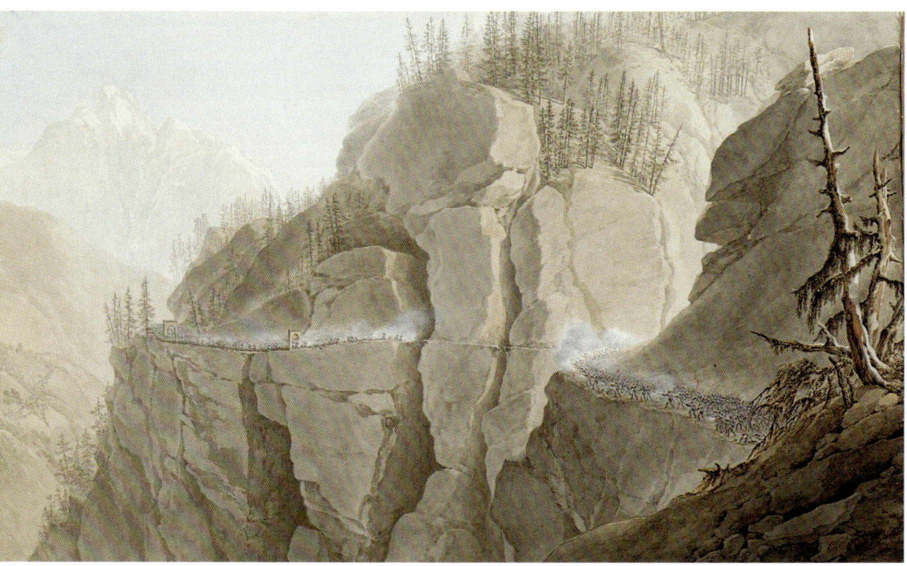

Cette vue constitue une énigme de l'iconographie de la deuxième campagne d'Italie. S'il s'agit du défilé de «La Clusaz» près du mont Gignod, comme l'indique le catalogue Peyrot, les dates ne concordent pas. Un engagement a bien eu lieu avec l'avant-garde au pont de la Cluse, mais peu avant son entrée dans Aoste, soit vers le 15 mai. De plus, ce défilé semble irréel compte tenu de la topographie des lieux. En vertu de la date indiquée, il pourrait aussi s'agir d'un combat qui a eu lieu près de Saint-Martin, entre Bard et Ivrée. Le bulletin de l'armée de réserve paru dans le *Moniteur* du 29 mai en dit ce qui suit: «Le 2 prairial [en réalité le 30 floréal, soit le 20 mai], l'avant-garde a rencontré l'ennemi, qui défendait le débouché de la gorge, du côté de Saint-Martin, l'a repoussé et fait 50 prisonniers.» Dans cette hypothèse, trois éléments concordent: l'ennemi a abandonné sa position, la date est conforme (il y a souvent plus d'un jour d'écart entre les différents témoignages à propos de la date d'un combat) et cela se passe dans une gorge.

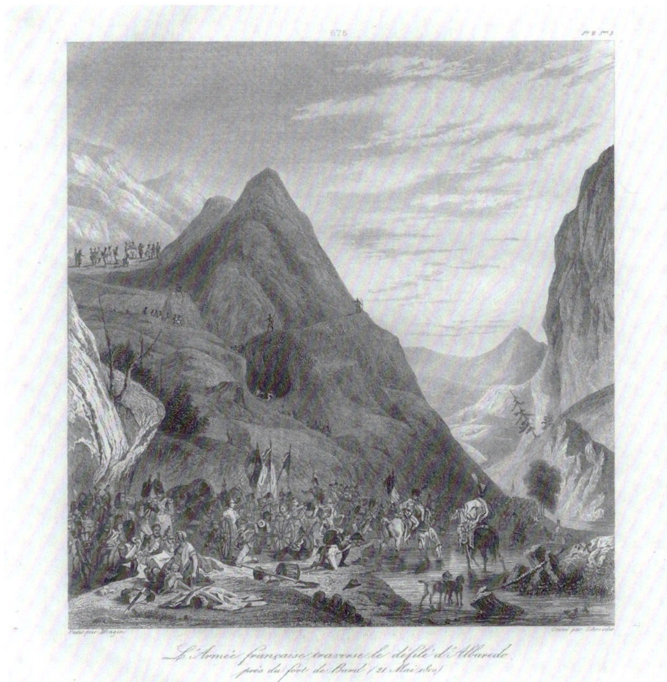

157
«L'Armée française traverse le défilé d'Albaredo près du fort de Bard (21 Mai 1800)» – 1837-1844
Peint par Mongin; Gravé par Schroeder; Dessiné par Loeillot; Diagraphe et Pantographe-Gavard
Gravure sur acier, 19,5×17,5 cm
Collection Léo Garin, Courmayeur

Prévoyant que les fortifications du fort de Bard ne pourraient être franchies dans un bref délai, Bonaparte imagine, sur les rapports qui lui sont faits, de contourner l'obstacle par la montagne. L'infanterie et la cavalerie passeront toutes deux par un étroit et vertigineux sentier dont le tracé est amélioré par les troupes du génie. Cette vue montre que certaines unités le gravissent déjà, d'autres attendant leur tour pour ne pas encombrer le chemin. Bonaparte se trouve au sommet avec son état-major. Là, il imagine avec bon sens qu'une percée peut être faite par le bas: «Il gravit les rochers d'Albaredo qui dominaient à la fois la ville et le fort, et bientôt reconnut la possibilité de s'emparer de la ville» *(A. Hugo).*

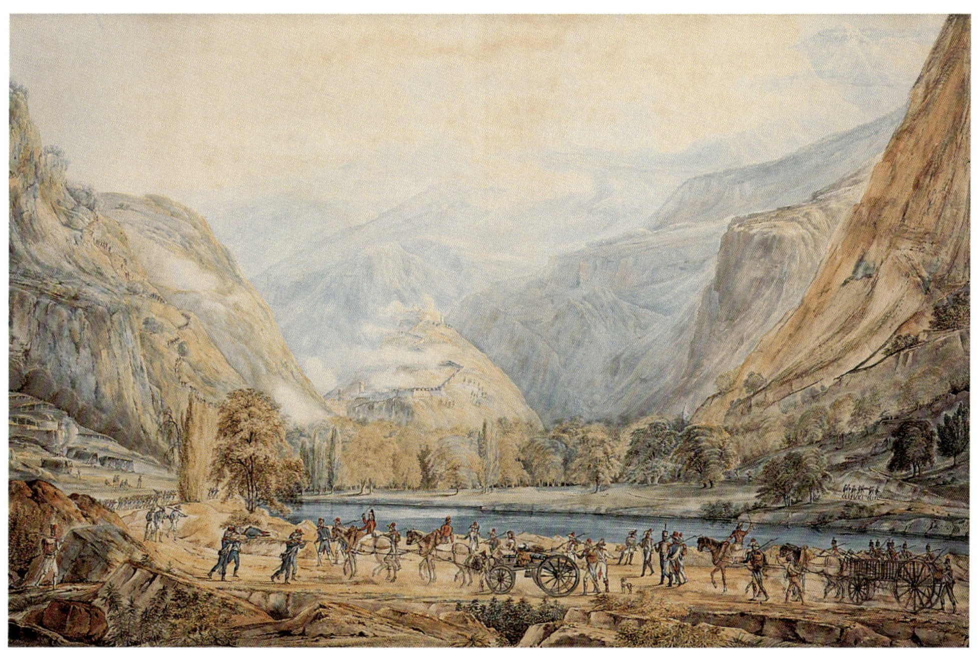

158
«Vue du Fort de Bard. Pris sur les Autrichiens 1er Juin 1800» – 1800
Signé et daté en bas à gauche: *Gautier*[13]; *1800*
Aquarelle gouachée sur papier, 74×104 cm
Musée national des châteaux de Versailles et de Trianon, Versailles
N° d'inventaire MV 2528/© Photo RMN-Gérard Blot/98DE18510

Cette vue montre le fort de Bard de loin, donnant la primeur à l'action de l'armée de réserve pour le contourner. Au premier plan, un attelage charroie des bagages hétéroclites, certainement destinés au bivouac que l'on distingue sur la gauche. Quant au second char, il transporte les outils indispensables pour réaliser l'élargissement du chemin d'Albaredo, par lequel Bonaparte a décidé de faire passer l'infanterie et la cavalerie, et «auprès duquel, dit un document d'état-major, le chemin du Saint-Bernard est une grand'route de poste». Ledit chemin est visible à gauche le long de la pente. Le moribond transporté sur un brancard est manifestement l'un des 1500 ouvriers affectés au travail de mise en état et il symbolise les difficultés rencontrées.

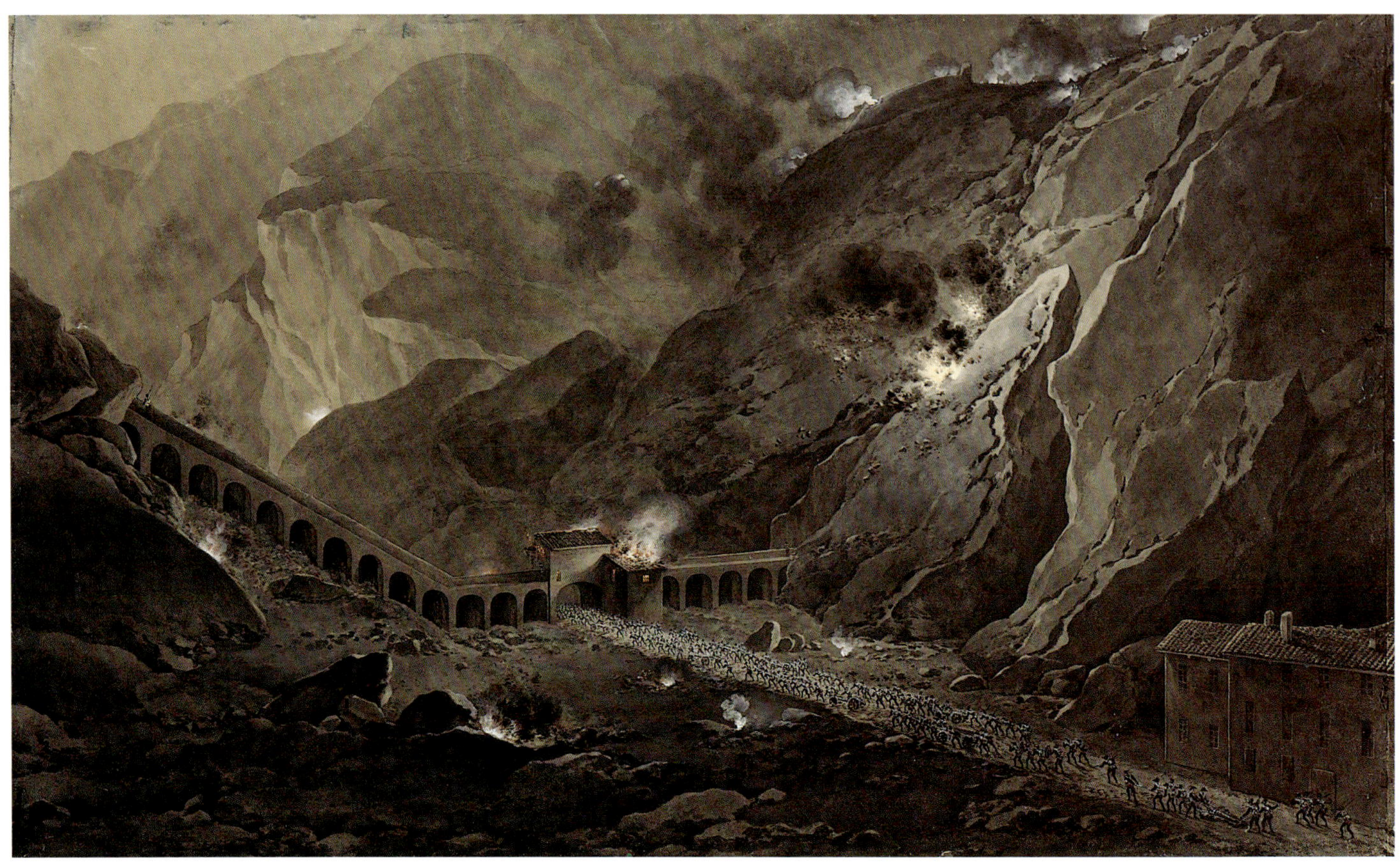

159
«Passage de l'artillerie française, de nuit, sous le fort de Bard, occupé par les autrichiens le 21 Mai 1800» – s.d.
Giuseppe-Pietro Bagetti
Aquarelle gouachée sur papier, 65,5×96,5 cm
Musée national des châteaux de Versailles et de Trianon, Versailles
N° d'inventaire MV 2526/© Photo RMN-Gérard Blot/80EE1465

Cette vue montre les dernières maisons du village de Bard, la fortification et l'étroite route qui seule permet le passage des canons et des charrois. Les troupes d'artillerie, pendant plusieurs nuits et après avoir entouré de paille les roues des canons, halent leurs pièces à l'aide de bricoles au nez et à la barbe de l'ennemi, qui tire depuis le fort quelques salves imprécises, au cas où…
Soulignons, par deux exemples parmi tant d'autres, que l'obscurité est un cadre familier pour les déplacements, les reconnaissances et même les combats de l'armée de réserve:
Le 20 mai, Bonaparte quitte Martigny entre minuit et 1 h du matin et, dans la même journée, va jusqu'à Etroubles pour y dormir.*
Pour les troupes, cela est encore plus fréquent: «Le 19 [prairial], à 2 heures du matin, le lieutenant général Lannes m'ordonna de me diriger sur Stradella, où l'on ne rencontra que l'arrière-garde des Autrichiens» *(F. Watrin)*.
Pour en attester, il faut remarquer que les chandelles, pour le bivouac comme pour la progression, occupent une place égale aux munitions dans le relevé des prises de guerre d'importance vitale: «Nous faisons à tous les moments de nouvelles découvertes; vous serez étonné que nous ayons trouvé ici [à Pavie] 3 ou 400 bouches à feu, soit de siège, soit de campagne, et sur leurs affûts; […] des bombes et des boulets en très grande quantité, 1000 barils de poudre et beaucoup de cartouches d'infanterie; des fusils, des magasins entiers de draps de lit et de couvertures; des grains et des farines en abondance; 4 ou 5000 quintaux de chandelle» *(Lannes)*.

* Selon Léonard-Pierre Closuit, Saint-Maurice, 1999.

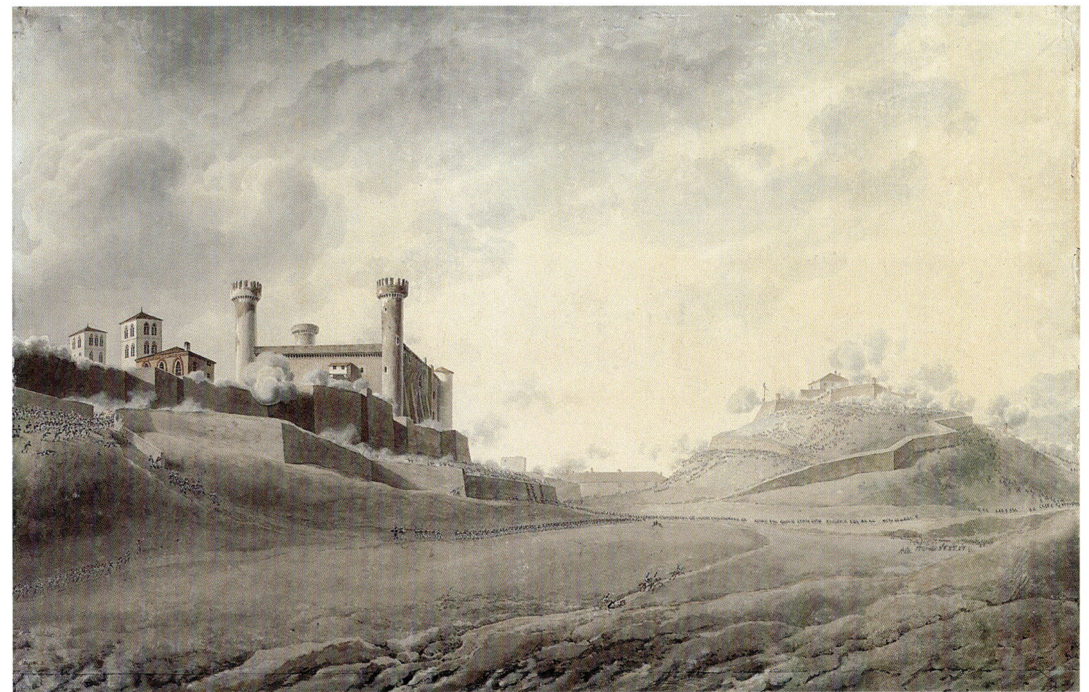

160
«Vue de l'avant-garde de l'armée française, escaladant la Citadelle d'Ivrée et entrant de vive force dans la ville, le 21 mai 1800» – s.d.
Giuseppe-Pietro Bagetti
Reproduction d'une aquarelle gouachée sur papier, 54×82 cm
Musée national des châteaux de Versailles et de Trianon, Versailles
N° d'inventaire MV 2527/
© Photo RMN-Gérard Blot/
98DE18417

«Il s'est établi entre la garnison qui tirait du haut des remparts et nos troupes, un feu de mousqueterie très vif, qui a duré deux heures. Le général Lannes s'est alors décidé à une attaque de vive force. L'impétuosité française a surmonté, en un moment, toutes les difficultés, et la place a été soumise.
»Le général de division Watrin, le général de brigade Malher et l'adjudant général Hulin, ont marché les premiers à l'assaut. Le général Lannes donne les plus grands éloges à toute l'avant-garde, dont l'intrépidité s'est signalée dans cette glorieuse action» *(Dupont).*
«On y mettra en garnison un bataillon de la division Chabran. La 12e de ligne restera dans la ville d'Ivrée pour la défendre contre la cavalerie ennemie» *(Alex. Berthier).*

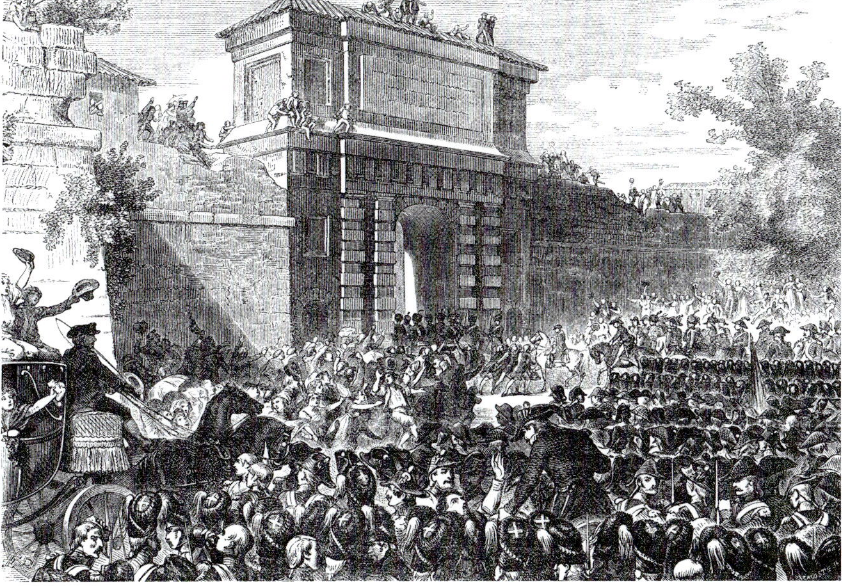

161
«Entrée de Bonaparte à Milan. (P. 124)»
Extrait de *Histoire du Consulat*
Par M. A. Thiers
Paris, Lheureux et Cie, éditeurs, 1865
Reproduction d'une xylographie, 11,6×14,9 cm
Paris, Typ. H. Plon
Collection Léonard-Pierre Closuit, Martigny

«Le général Murat est entré le 13 à Milan [en réalité le 2 juin]. Il a sur-le-champ fait cerner la citadelle. Trois heures après, le Premier Consul et tout l'état-major ont fait leur entrée au milieu d'un peuple animé du plus grand enthousiasme» *(Bulletin de l'armée du 14 prairial).*

162
«Vue de la ville et de la Citadelle de Plaisance investie par la division du Général Boudet, le 6 juin 1800» – s.d.
Giuseppe-Pietro Bagetti
Reproduction d'une aquarelle gouachée sur papier, 50×80 cm
Musée national des châteaux de Versailles et de Trianon, Versailles
N° d'inventaire MV 2541/
© Photo RMN-Gérard Blot/
98DE18659

Depuis le 5 juin, Murat se trouve devant Plaisance. Il ne peut franchir le pont sur le Pô pour prendre la ville en raison de l'artillerie qui le tient sous son feu croisé. Enfin, le 7 juin, le pont étant pris, il peut s'emparer de la cité:
«[...] ayant appris que l'ennemi venait de recevoir un renfort considérable et en attendait encore un qui venait par la route de Parme, il [le général Musnier, de la division Boudet] se portât précipitamment en avant sur Plaisance. Il y rencontra la cavalerie ennemie qui voulut charger ses troupes, mais il se forma en colonnes serrées, et les carabiniers, tout en criant qu'ils voulaient venger la journée de la veille, marchèrent, la baïonnette en avant, sur cette cavalerie, l'enfoncèrent et la dispersèrent. Alors, une seule opération était à faire, et le moment pressait: c'était de pénétrer dans la ville en même temps que les ennemis eux-mêmes. Le général Musnier jugea ce mouvement et le fit exécuter avec une telle rapidité, que l'ennemi, qui avait le projet et les moyens de s'opposer à cette entrée, ne put se reconnaître. Nos troupes parcoururent en un instant toutes les rues, chargeant et enlevant tout ce qui se présentait [...] l'ennemi, dans un désordre parfait, s'était retiré de toutes parts dans la citadelle, d'ou il fit pendant très longtemps un feu très actif» *(Rapport des marches et opérations de la division Boudet).*
Le 8 juin, profitant de l'appui que leur procure l'occupation de Plaisance, Lannes et Murat se réunissent sur la rive droite du Pô.

163 non illustré
«Bataille de Montebello et Casteggio, le 20 prairial, An VIII (9 Juin 1800)» – 1806
Composé et Dessiné par Carle Vernet; Gravé à l'eau-forte par [Jean] Duplessi-Bertaux; Terminé par [Robert] De Launay
Eau-forte, 28×41,4 cm
Musée de l'armée, collection Vanson, Paris
N° d'inventaire 999.620, Fb

Apprenant que le général Ott marche sur Plaisance, Berthier détache Lannes à sa rencontre. Le premier affrontement a lieu à Casteggio. La bataille dite de Montebello, bien que n'ayant pas fait couler autant d'encre que celle de Marengo, alignait un nombre imposant de combattants. Dans cet affrontement, les Autrichiens engagent 18000 hommes contre 30000 à Marengo. Quant à eux, les Français sont entre 11000 et 12000 devant Montebello et 28000 à Marengo. Les forces en présence représentaient donc plus de la moitié de celles engagées dans la bataille décisive. Telles que sont représentées les unités autrichiennes sur cette œuvre de Vernet, nul ne donnerait, tout comme à Marengo, une quelconque chance aux Français de vaincre. Ils le firent pourtant dans les deux cas.
«Mais la 40e de bataille qui arrivait en ce moment, est tombée sur l'ennemi avec vigueur, et l'a forcé d'abandonner les hauteurs dont il s'était rendu maître. Ces positions furent vivement attaquées par nos troupes et défendues avec opiniâtreté par l'ennemi. La 28e de bataille arrive alors, et, la réunissant avec le 22e et 40e, je parviens à entrer dans Casteggio par les derrières, et à chasser entièrement, de ce bourg et des hauteurs, les Autrichiens...» *(Watrin).*

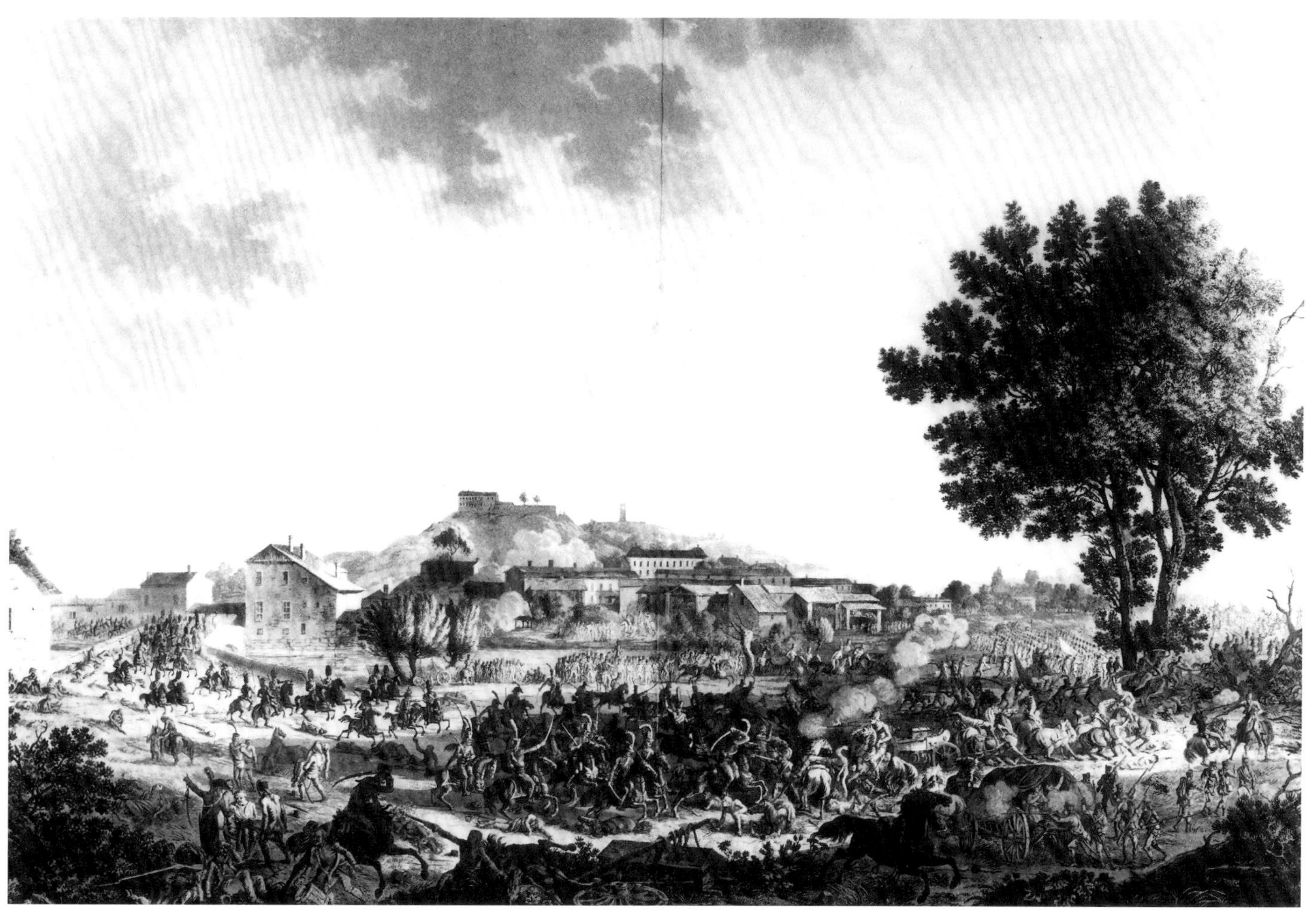

164
«Bataille de Montebello, le 9 juin 1800» – s.d.
[Johann Lorenz Rugendas]
Aquatinte, 53,5×72,5 cm
Musée de l'armée, collection Vanson, Paris
N° d'inventaire 999.624, Fd 1198/© Photo K15663 Musée de l'armée, Paris

«L'avant-garde se battait depuis quatre heures, le terrain était disputé pied à pied, les positions importantes étaient tout à tour prises et reprise; jamais combat ne fut plus opiniâtre» *(Berthier).*
«L'escadron du 12e de hussards par son audace et sa contenance en impose à 1500 hommes de cavalerie [l'engagement central] et oblige l'ennemi à se retirer en arrière d'un cimetière où il avait placé de l'artillerie [le canon à droite de ce même engagement]…» *(Relation de la bataille de Montebello).*
A ce moment, le général Victor arrive en renfort:
«[…] la 6e légère et le 3e bataillon de la 96e passent le Coppo, au-dessous du bourg, à l'effet de tourner les pièces et d'envelopper l'ennemi […] L'ennemi, justement effrayé de ce mouvement, veut battre en retraite, pour éviter d'être pris en flanc sur sa gauche par la 6e légère, réunie à la 24e. Attaqué en même temps de front par le général Lannes et les deux bataillons de la 96e [l'infanterie derrière l'arbre], chargé, en outre, par les troupes à cheval [à gauche de la fumée], il se débande et fuit en déroute [à l'extrême droite, derrière l'arbre]» *(Journal de la campagne de l'armée de réserve).*
Au centre, sous les habitations, dans une petite plaine déjà libérée des affrontements, les premiers prisonniers autrichiens sont sous la garde de quelques rares cavaliers français. A la nuit tombante, ils seront 5000 et leurs camarades tués au nombre de 3000.

165
«Bataille de Marengo»
Extrait de *France militaire, Histoire des armées françaises de terre et de mer de 1792 à 1833*, T. 3
Revu et publié par A. Hugo, Paris, Delloye, 1836
Reproduction d'une gravure sur acier, 10,9×15,6 cm
[Pierre] Martinet del.;
[François-Louis] Couché scup.
Bibliothèque cantonale du Valais, Sion
Cote TB370/3

Derrière le chaos d'un caisson d'artillerie brisé, d'hommes et de chevaux morts apparaît Bonaparte auquel on présente un drapeau pris aux Autrichiens qui défilent sur le pont. Ce sont certainement des prisonniers faits dans le village de Marengo le 13 juin. En fait, la bataille du 14 fait rage, mais les prisonniers ne foisonnent point encore, la victoire étant en ce moment aux mains des Autrichiens. Au centre, la cavalerie ennemie vient se briser sur les grenadiers de la Garde. Ces braves tiendront jusqu'à l'arrivée des renforts.

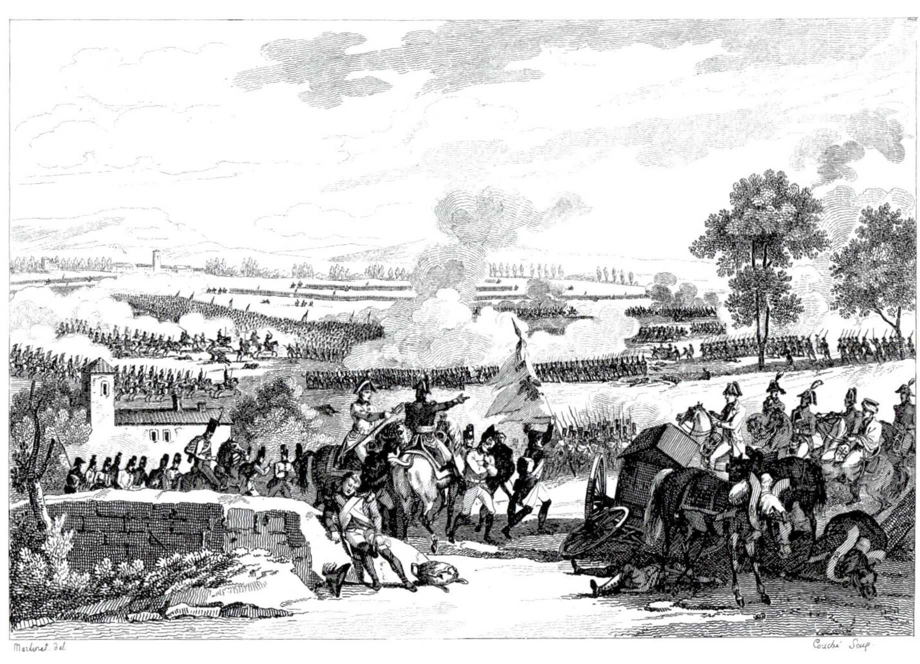

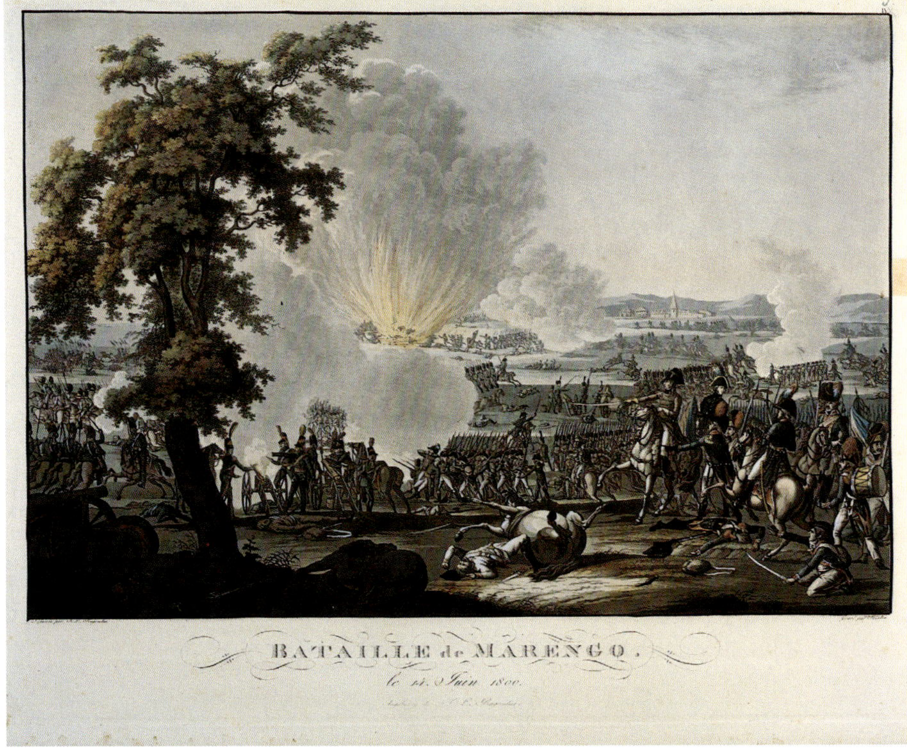

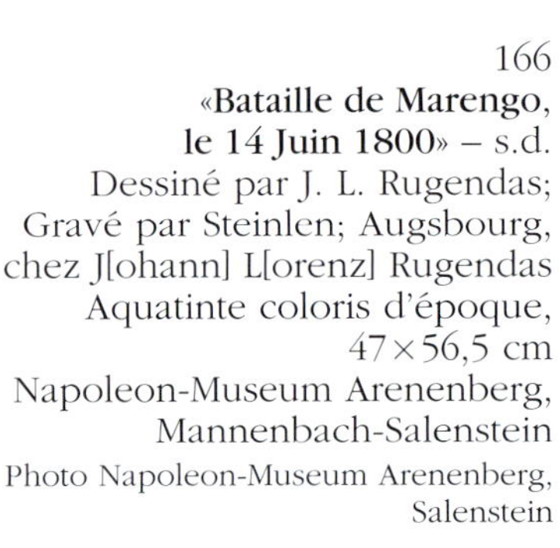

166
«Bataille de Marengo, le 14 Juin 1800» – s.d.
Dessiné par J. L. Rugendas; Gravé par Steinlen; Augsbourg, chez J[ohann] L[orenz] Rugendas
Aquatinte coloris d'époque, 47×56,5 cm
Napoleon-Museum Arenenberg, Mannenbach-Salenstein
Photo Napoleon-Museum Arenenberg, Salenstein

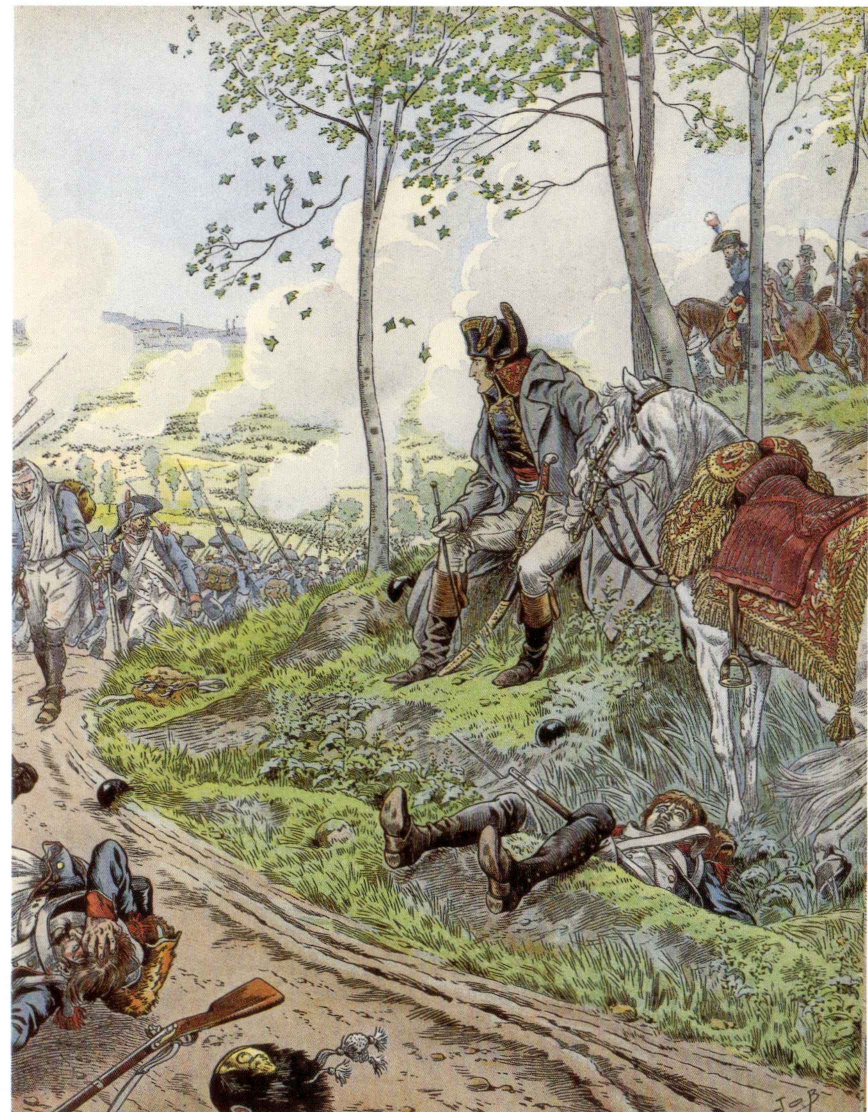

167
[Bonaparte, soucieux, sur le champ de bataille de Marengo]
Fac-similé d'une chromotypogravure grand in-4°, d'après une aquarelle de Job illustrant le *Bonaparte* de Montorgueil
Collection Alain Pigeard, Dijon

«Quatre fois, jusqu'au milieu du jour, la victoire a hésité» *(G. de Montorgueil)*.
«Les ennemis cédaient déjà du terrain, lorsqu'une partie de leur réserve vint à leur secours; leur colonne de gauche s'avançait sur Castel-Ceriolo; le général Lannes la reçut avec la vigueur qui lui est familière. Je fis alors remplacer les bataillons de nos troupes qui avaient le plus souffert par ceux de la division Chambarlhac. Le combat fut aussitôt rétablit et devint en un instant plus opiniâtre et plus sanglant; les ennemis sont repoussés une seconde fois; on les poursuit la baïonnette aux reins; ils reçoivent des nouveaux secours en infanterie et en cavalerie; nos troupes, après une forte résistance, se retirent quelques pas, soutiennent les efforts de l'ennemi jusqu'à ce qu'un tiers au moins de nos forcent aient été mises hors de combat et que le reste ait manqué de munitions de guerre» *(Rapport de Victor sur la bataille de Marengo)*.

168 non illustré
«18 - Desaix à Marengo» – 1870
par [Arthur] Horcholle d'après Karl Girardet
Paris, Typ. H. Plon
Xylographie, 13,8×10,1 cm
Institut de France, Bibliothèque Thiers, Paris
N° d'inventaire TCL 688 Réserve (n° 18)

Le général Desaix arrivant en renfort, le Premier Consul lui demande ce qu'il pense de la situation. Ce bon et brave général lui répond: «La bataille est complètement perdue, mais il n'est que 2 heures, nous avons le temps d'en gagner une aujourd'hui.»

169 non illustré
«Marengo» – s.d.
Paris, chez Dupin et Cie. Galerie Colbert.; Im. de Lemercier, Benard et Ce.
Sous l'image, texte sur quatre lignes: *Il est 3^bes^ de l'après midi, la victoire est incertaine [...] sur le Champ de bataille*
Lithographie, 19×45,5 cm
Malmaison, Musée national du château, Rueil-Malmaison
N° d'inventaire MM 58.3.239

Vers la fin de l'après-midi, après avoir ordonné la retraite en bon ordre, Bonaparte harangue ses soldats. Il proclame: «Le moment est venu de faire un pas décisif en avant», et les interpelle: «Souvenez-vous que je couche toujours sur le champ de bataille.»

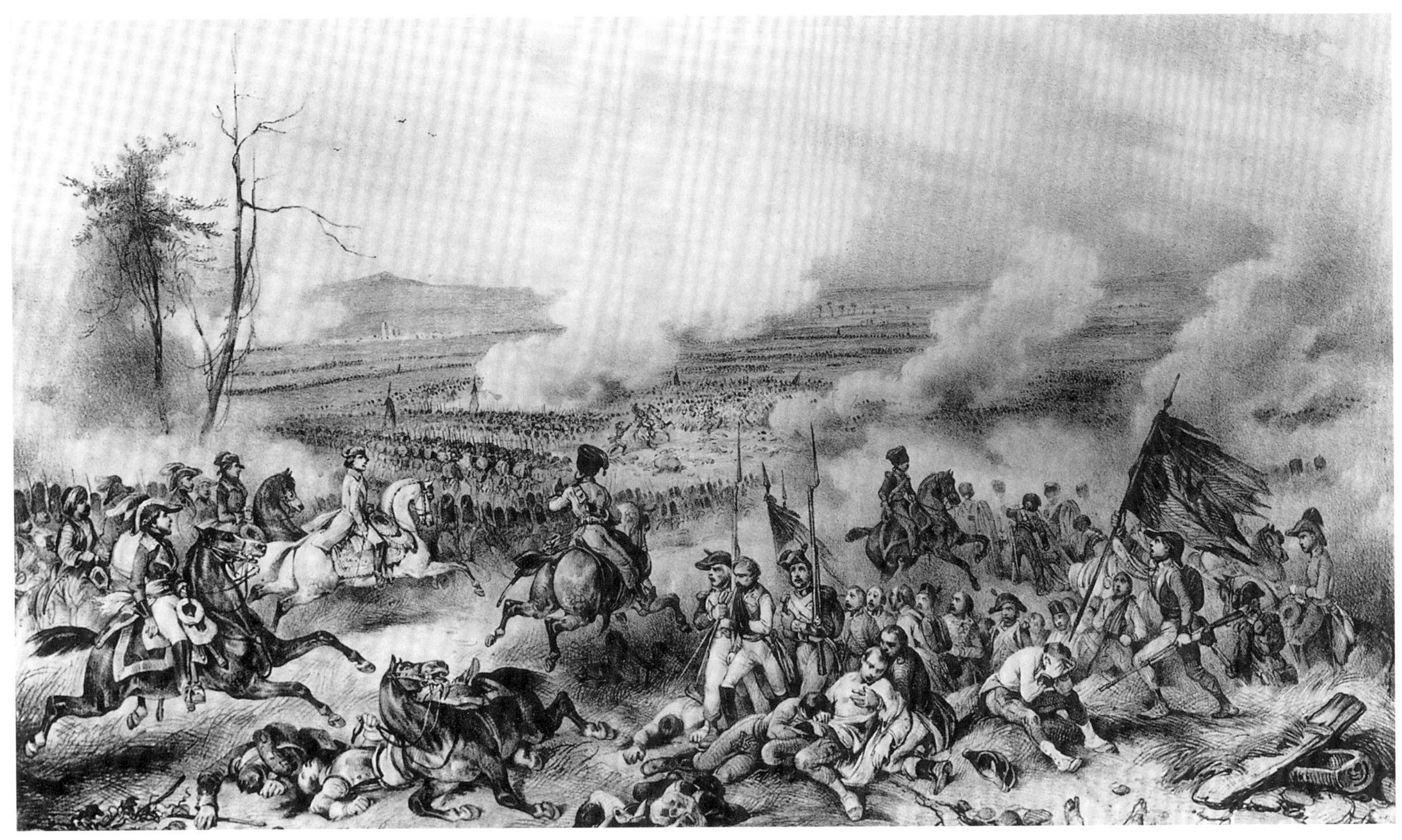

170
«Bataille de Marengo, 14 juin 1800» – s.d.
Composé et lith. Par V.[ictor-Jean] Adam;
Imp. Lemercier, Benard et Ce.; à Paris,
publié par Jeannin, Place du Louvre, 20
Lithographie, 23,8×38,5 cm;
avec cadre décoratif, 29,5×41,5 cm
Musée de l'armée, collection Vanson, Paris
N° d'inventaire 999.619, Fb/© Photo K26339 Musée de l'armée, Paris

«Il s'engagea une fusillade extrêmement vive, à bout portant; elle dura un gros quart d'heure; les hommes tombaient comme grêle de part et d'autre; je perdis dans un instant la moitié de ma ligne; ce ne fut plus qu'un champ de carnage: tout ce qui, dans ma brigade était à cheval fut tué ou blessé; les chefs de bataillons, les capitaines furent atteints dangereusement; mes ordonnances furent tués; mon aide de camp eu la cuisse droite traversée d'une balle; je fus moi-même blessé à la cuisse par un biscaïen: la plaie était horrible; mais je sentais que, si je cédais, l'ennemi s'emparerait du village, déboucherait dans la plaine avec sa cavalerie et son artillerie et prendrait toutes les troupes qui avaient déjà pris part au combat et qui étaient en désordre dans la plaine» *(Rapport de Rivaud sur la bataille de Marengo).*

«Il était alors 5 heures du soir. Tous les généraux, avides de danger, parcouraient les rangs pour ranimer l'ardeur des troupes; rien ne pouvait l'exciter plus vivement que la présence du Premier Consul, bravant tous les hasards et opposant sa fortune à la confiance momentanée de l'ennemi. C'était l'instant décisif» *(Rapport de Dupont sur la bataille de Marengo).*

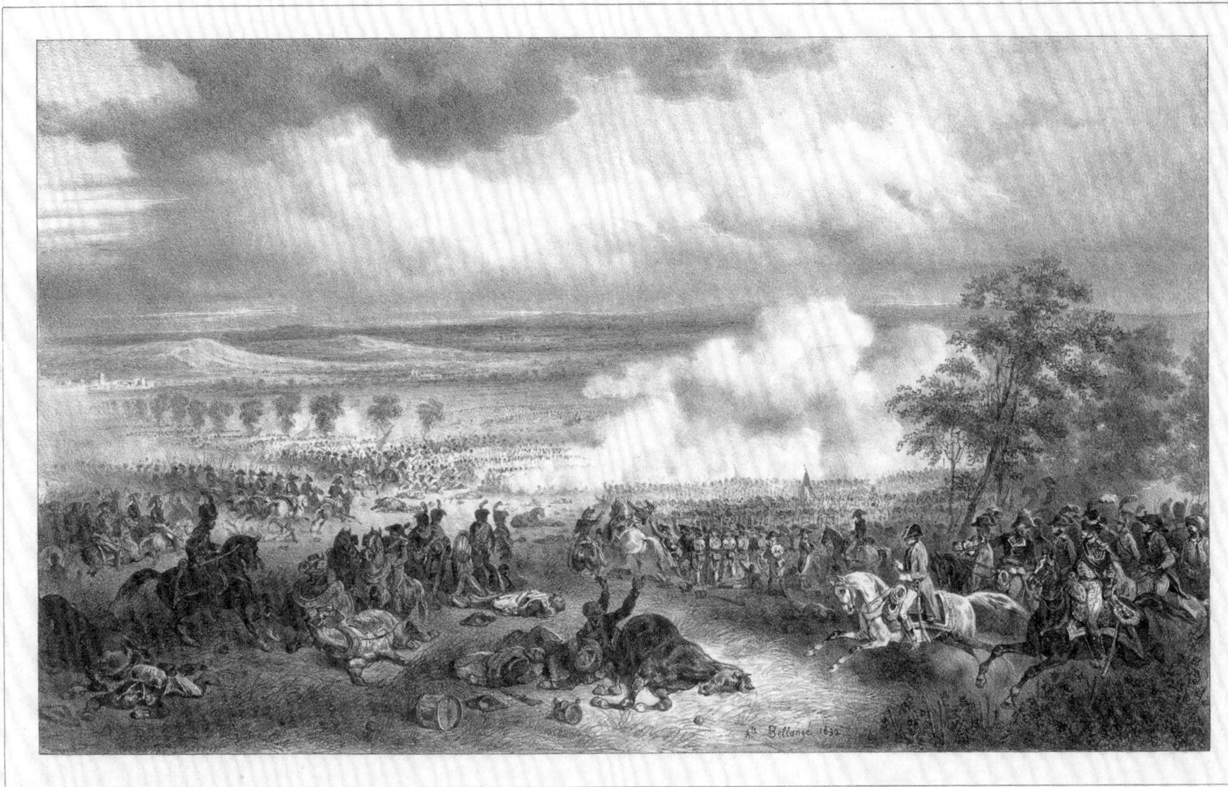

171
«Marengo. 25. Prairial an 8 (14 Juin 1800) Bonaparte 1er Consul.» – 1834
[Josephe-Louis] H[ippoly]te Bellangé 1832;
J. Lith. De Gihaut frères éditeurs.; Boulevard des Italiens n° 5.
Lithographie, 18,5×30,5 cm
Musée Espace Alpin, Verbier

L'auteur a représenté la phase décisive de la victoire de Marengo dans une perspective triangulaire. A gauche, le général Kellermann frappe par surprise le flanc vulnérable de la colonne de grenadiers du général Zack. A droite, l'infanterie attaque l'ennemi sous les yeux déterminés de Bonaparte et de son état-major.
Il montre aussi les deux visages de la bataille. Si les ailes évoquent les phases positives, le centre en démontre également les aléas. En effet, à la gauche de l'infanterie, le général Desaix tombe de sa monture, frappé d'une balle en pleine poitrine. Au premier plan, le canon immobilisé par un cheval au sol symbolise le reliquat d'une artillerie complètement décimée. Les hommes et les chevaux morts ou blessés prouvent que, jusqu'ici, la bataille a été rude et sanglante de part et d'autre. Une seule planche peut ainsi témoigner à la fois de la gloire et de la détresse d'une journée historique: «Ce fut là qu'il s'engagea une charge terrible et telle que cette journée mémorable n'en avait point encore vue d'aussi meurtrière […] La mort volait dans tous les rangs et frappait de tous les côtés; elle moissonna plus du tiers de ces braves, sans que leur masse en fût ébranlée» *(Brossier)*.

172

«Vue de la bataille de Marengo, au moment de la Victoire.»

Extrait de *Relation de la bataille de Marengo, gagnée le 25 prairial an VIII, par Napoléon Bonaparte, Premier Consul, commandant en personne l'armée française de réserve, sur les Autrichiens, aux ordres du lieutenant-général Melas*
Rédigé par le Général Alex. Berthier, Ministre de la guerre, commandant sous les ordres immédiats du Premier Consul
A Paris, de l'Imprimerie impériale, an XIV – 1805
Reproduction photographique d'une eau-forte dépliante, 11,5×39,2 cm
Dessiné par [Giuseppe-Pietro] Bagetti, Cap^{ne}. Ingr. Géo^{phe}.; Gravé par Coiny
Collection Frédéric Künzi, Praz-de-Fort

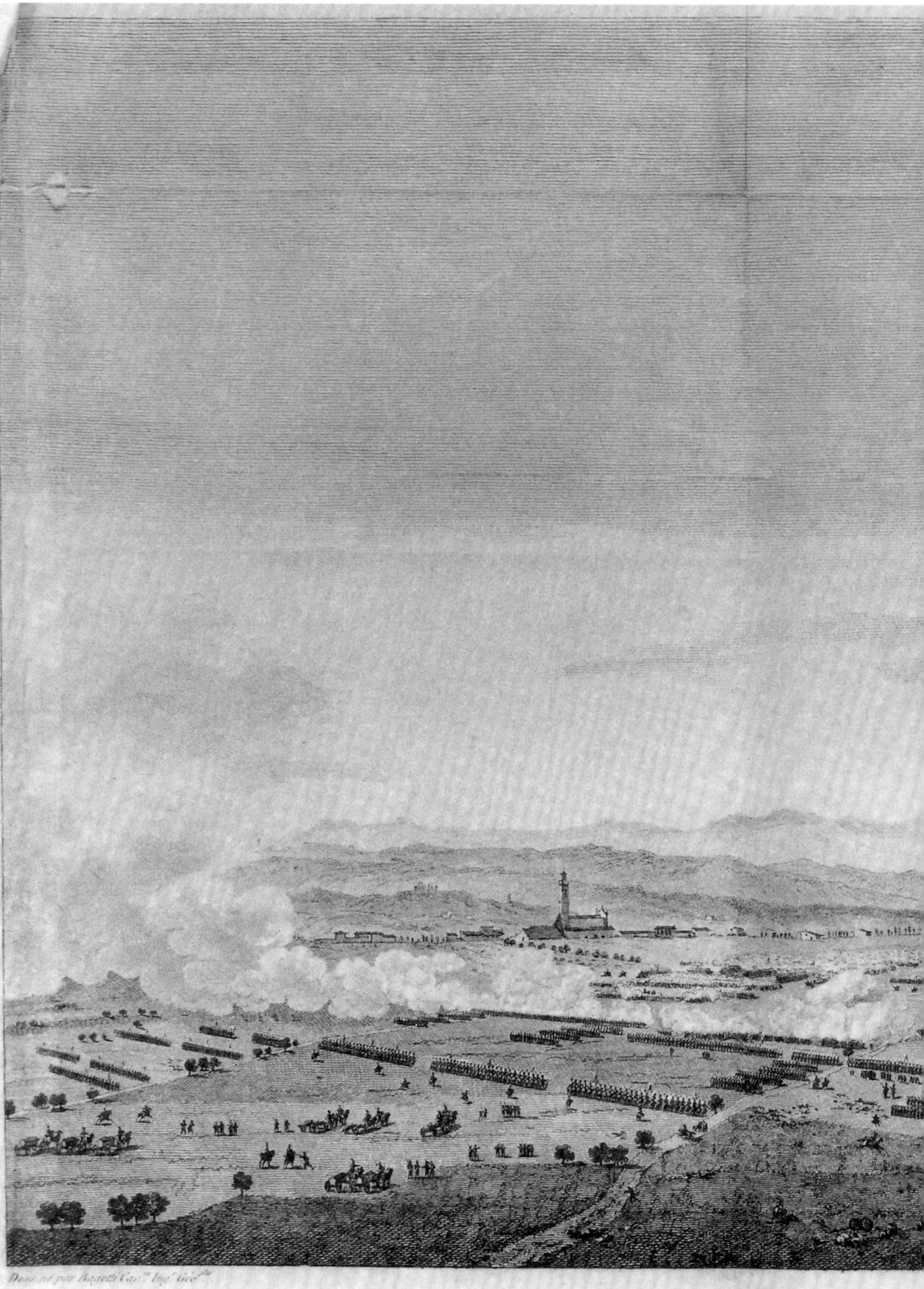

Cette eau-forte est assurément l'une des vues les plus explicites sur la position des troupes françaises au moment de la victoire. Nous y voyons distinctement:

Au premier rang, juste au-dessus du mot «Marengo», les cavaliers de la Garde consulaire, bien reconnaissables à leurs bonnets à poils.

Un peu plus haut, le bel alignement des cinq demi-brigades de la division Watrin (sous le commandement de Lannes) avec, de gauche à droite, les 40e, 28e, 22e, 6e et 72e demi-brigades. En face d'eux se trouvent les divisions de Haddick, faisant feu sans quartier, et, en retrait à gauche, la division de Kaim.

A droite, dans l'éloignement de la plaine, le carré des grenadiers de la Garde et la division Monnier prolongent tous deux la ligne.

A la gauche des unités de Lannes se place la division Boudet avec ses 9e et 59e demi-brigades disposées en échelons et reliées par l'alignement de la 30e. C'est le corps tant attendu de Desaix.

Devant la 30e en ligne, le rideau de fumée est provoqué par le feu d'une batterie de canons requise par Bonaparte pour lancer la contre-attaque. Cette vague de feu est dirigée contre la vigoureuse colonne de grenadiers du général Zack, qui arrive le long de la route de Tortone. La confusion est déjà totale dans ses rangs.

Les intervalles ouverts dans cette colonne sont mis à profit par Kellermann pour sa mémorable charge qui contribuera à renverser la situation. Derrière la petite *casa*, l'autre moitié de cette brigade se garde de la cavalerie autrichienne et lui masque le coup porté à l'infanterie.

Entre les troupes de Desaix et les caissons d'artillerie dessinés au premier plan se trouvent trois groupes de cavaliers. Ce sont, respectivement de gauche à droite, les 9e, 6e et 1er régiments de dragons de la brigade Champeaux, qui attendent de pouvoir charger par les intervalles.

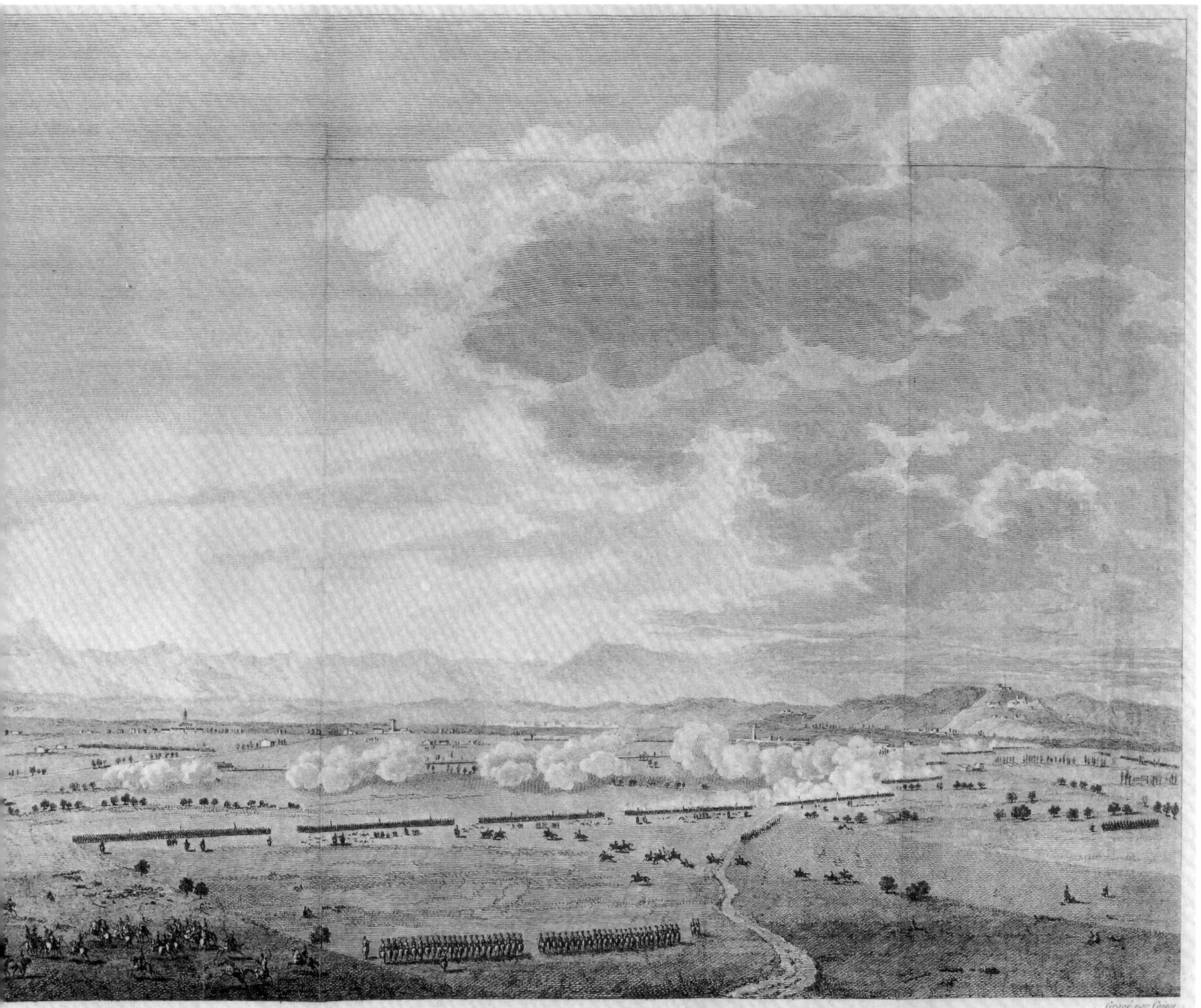

A l'extrême gauche, de l'autre côté de la route de Tortone, les divisions Gardanne (101e et 44e) et Chambarlhac (43e, 24e et 96e) sous le commandement du général Victor.

Peu après, le sauve-qui-peut est général dans les rangs autrichiens. 8000 à 10 000 cavaliers battent en retraite au galop, culbutant tout ce qui se trouve sur leur passage, causant dans leur propre armée la plus grande déroute.

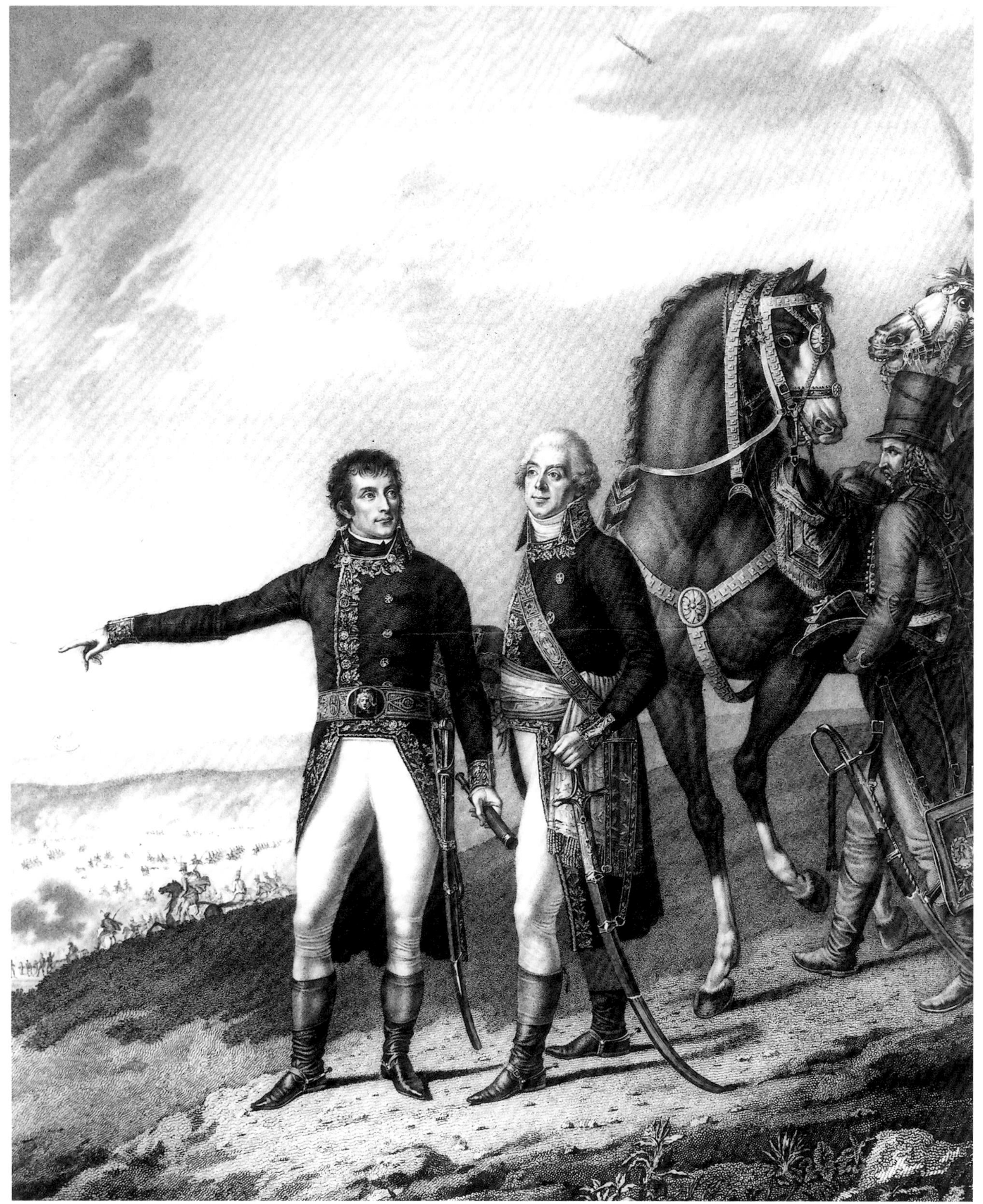

◁ 173
«Bonaparte, accompagné du Général Berthier, a la bataille de Marengo, au moment de la Victoire» – 1802
Dédié à Louis Guillaume Otto, Ministre Plénipotentiaire de la République Françoise, près Sa Majesté Britannique *(sic)*; Titre en français et en anglais; par J. Boze; J[osep]h. Boze pinx.; Anth[on]y. Cardon sculp.; Se trouve a Paris. Chez J. Boze, au College des quatre Nations.; London, Published Septr. 1, 1802, by J. Boze, & Anthy. Cardon, No. 31, Clipstone Street, Fitzroy Square.
[Eau-forte], 62×49,8 cm
Musée de l'armée, Paris
Nº d'inventaire 999.621, Fb/© Photo K19642 Musée de l'armée, Paris

«Jamais combat ne fut plus opiniâtre, jamais victoire ne fut disputée avec plus d'acharnement; Autrichiens et Français admiraient respectivement le courage de leurs ennemis. Les deux armées se sont trouvées engagées pendant quatorze heures à portée de la mousqueterie. Dans cette journée mémorable les troupes de toutes armes se sont couvertes de gloire. Pour citer tous les braves qui se sont distingués, il faudrait nommer tous les officiers et plus de la moitié des soldats…» *(Rapport de Berthier sur la bataille de Marengo).*

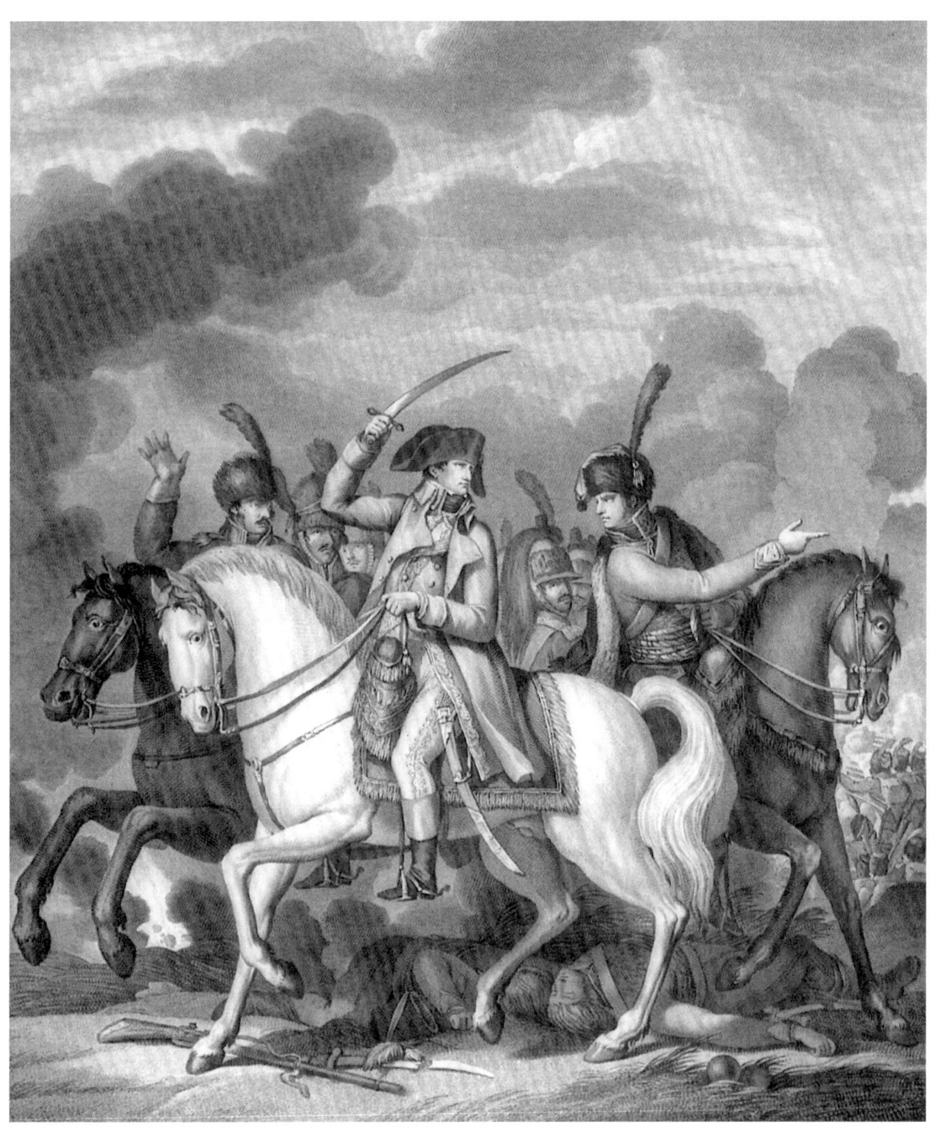

174
«Le 1er Consul à Marengo» – [1805-1813]
Gravé par F[rançois] A[nne] David, de l'Académie de Berlin
Eau-forte, 56,5×45 cm
Malmaison, Musée national du château, Rueil-Malmaison
Nº d'inventaire N 2270/
© Musée de Malmaison

Bonaparte, affligé, apprend la mort du général Desaix. Il se serait écrié: «Ah! Pourquoi ne m'est-il pas permis de pleurer?»

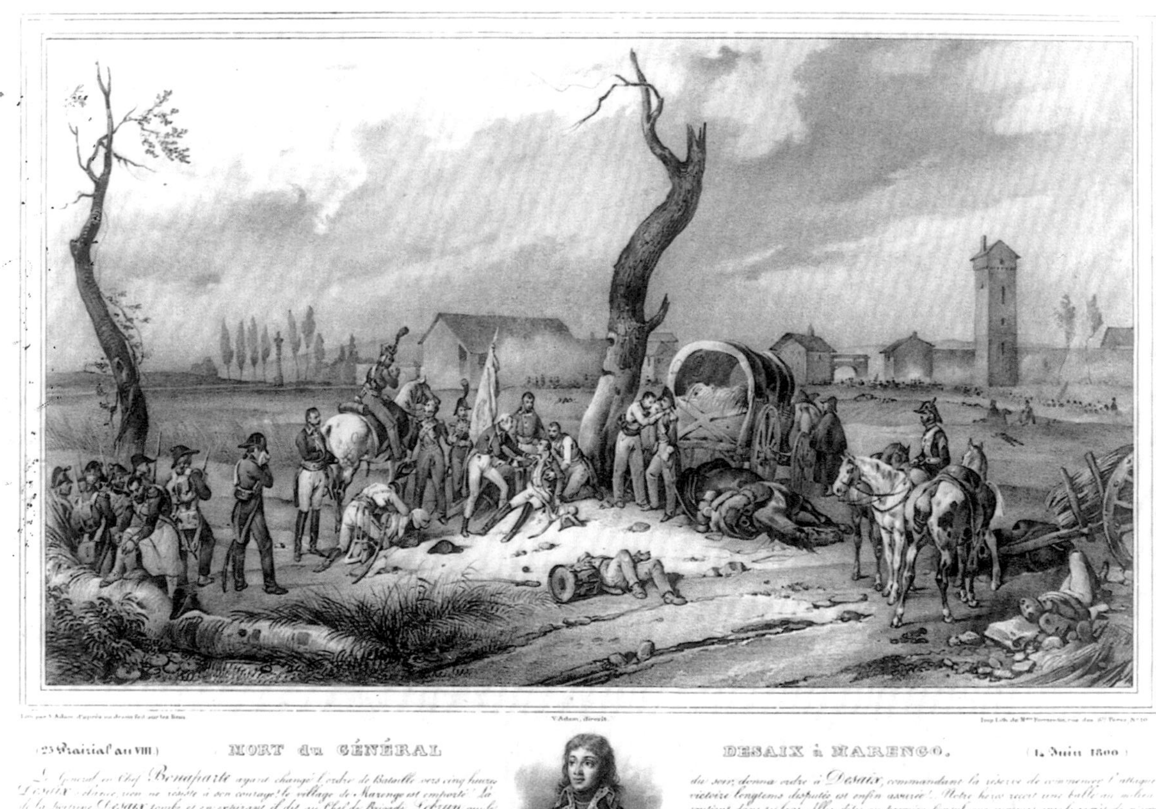

175
«(25 Prairial an VIII) Mort du Général Desaix à Marengo (14 Juin 1800)» – 1er novembre 1829
Lith. par V. Adam, d'après un dessin fait sur les lieux.; Imp. Lith. de Mlle. Formentin, rue des St Pères, no 10
Sous l'image, quatre lignes de texte:
Le Général en Chef Bonaparte […] pour la Patrie et la postérité, avec un portrait de Desaix en médaillon au centre du texte
Lithographie, 20,4×33,8 cm
Institut de France, Bibliothèque Thiers, Paris
No d'inventaire 33/1565/© Cliché du prêteur

Touché d'une balle en pleine poitrine, le général Desaix se meurt dans les bras du chef de brigade Lebrun, fils du Consul Charles-François Lebrun. Officiers et soldats, de la cavalerie ou de l'infanterie, tous versent des larmes pour ce général renommé pour sa sagesse. C'est ce qui ressort de cette lithographie dont l'inspiration romantique très fantaisiste est spécifique au style de Victor Adam. Elle en est un exemple criant.
En effet, contrairement à ce que laisse supposer le texte, Desaix n'est pas mort dans le village de Marengo, mais entre San Giuliano et Cassina Grossa. De plus, la découverte faite de son corps par Savary n'a rien à voir avec cette interprétation de V. Adam: «[…] Le colonel du 9e léger m'apprit qu'il n'existait plus. Je n'étais pas à cent pas du lieu où je l'avais laissé; j'y courus et je le trouvai par terre, au milieu des morts déjà dépouillé et dépouillé entièrement lui-même. Malgré l'obscurité, je le reconnus à sa volumineuse chevelure, de laquelle on n'avait pas encore ôté le ruban qui la liait […] Je pris à l'équipage d'un cheval mort à quelques pas, un manteau qui était encore à la selle du cheval; j'enveloppai le corps du général Desaix dedans et un hussard, égaré sur le champ de bataille, vint m'aider à remplir ce triste devoir envers mon général. Il consentit à le charger sur son cheval, et à le conduire par la bride jusqu'à Garofoli, pendant que j'irais apprendre ce malheur au Premier Consul, qui m'ordonna de le suivre à Garofoli, où je lui rendis compte de ce que j'avais fait; il m'approuva et ordonna de faire porter le corps à Milan pour qu'il fût embaumé» *(Mémoires du duc de Rovigo).*
Ces paroles, prononcées par celui-là même qui a trouvé le corps, jettent un sérieux discrédit sur les différentes légendes colportées.

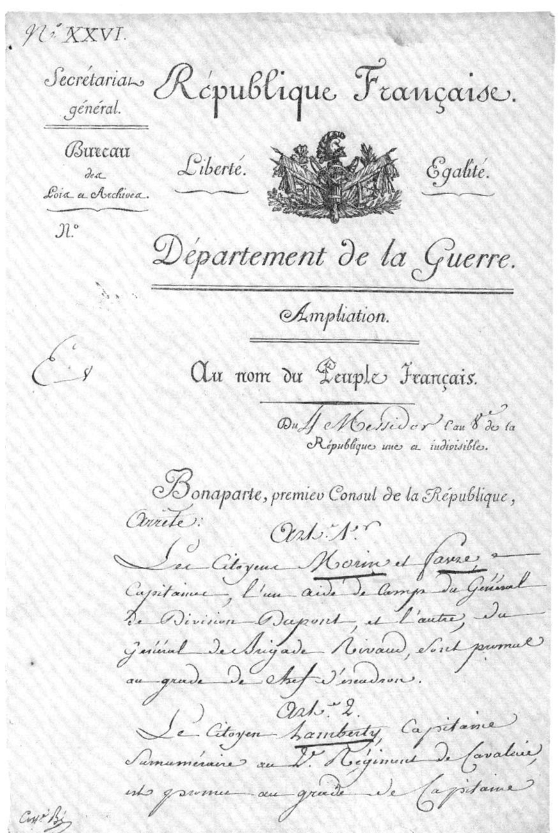

N° XXVI.

Secrétariat général.

Bureau des Lois et Archives.

N°

République Française.

Liberté. Egalité.

Département de la Guerre.

Ampliation.

Au nom du Peuple Français.

Du 4 Messidor l'an 8 de la République une et indivisible.

Bonaparte, premier Consul de la République,

Arrête:

Art. 1er

Les Citoyens Morin et Favre, capitaines, l'un aide de camp du Général de Division Dupont, et l'autre, du général de Brigade Rivaud, sont promus au grade de chef d'escadron.

Art. 2.

Le citoyen Lamberty, capitaine surnuméraire au 2e Régiment de Cavalerie, est promu au grade de capitaine

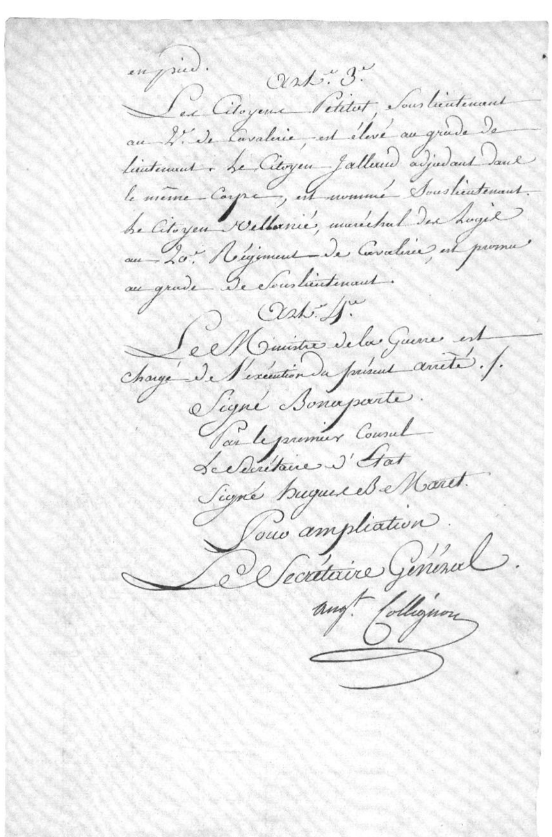

en pied.

Art. 3e

Le Citoyen Petitot, Sous lieutenant au 2e de Cavalerie, est élevé au grade de lieutenant. Le Citoyen Jalland adjudant dans le même Corps, est nommé Souslieutenant. Le Citoyen [illegible], maréchal des logis au 20e Régiment de Cavalerie, est promu au grade de Souslieutenant.

Art. 4e

Le Ministre de la Guerre est chargé de l'exécution du présent arrêté.

Signé Bonaparte

Par le premier Consul

Le Secrétaire d'Etat

Signé Hugues B. Maret.

Pour ampliation

Le Secrétaire Général.

Aug. Collignon

177

Ampliation du Département de la Guerre, signée aux noms du Premier Consul Bonaparte et du secrétaire d'Etat Hugues Maret – le 4 Messidor an 8 de la République (23 juin 1800)

Manuscrit d'une page non pliée, écrite au recto et au verso, signée au verso

Dimensions 32,5×21 cm

Musée Espace Alpin, Verbier

Ce manuscrit charge le ministre de la Guerre, au nom de Bonaparte, de l'exécution de plusieurs promotions concédées pour des actes de bravoure accomplis lors de la deuxième campagne d'Italie. On y trouve quelques noms notoires des archives de cette campagne.

Les citoyens Morin, aide de camp du général de division Dupont, et Favre, aide de camp du général de brigade Rivaud, sont nommés au grade de chef d'escadron. Morin a été blessé au bras lors du passage du Tessin et, malgré cela, a capturé, avec seulement six chasseurs, 80 Autrichiens.

Le citoyen Lamberty, capitaine surnuméraire au 2e de cavalerie, est nommé capitaine. Au verso de la page, les citoyens Petitot, sous-lieutenant au 2e de cavalerie, et Jalland, adjudant au même corps, sont élevés respectivement au grade de lieutenant et de sous-lieutenant. Tous deux sont promus pour s'être particulièrement distingués à la bataille de Marengo.

«Je vous demande, pour le citoyen Lamberty, officier plein d'intelligence, de bravoure et d'exactitude, la première place de capitaine qui viendra à vaquer dans le 2e de cavalerie, où il sert actuellement avec le brevet de capitaine surnuméraire audit corps. Je vous demande le grade de lieutenant pour le citoyen Petitot, sous-lieutenant, et celui de sous-lieutenant pour le citoyen Jalland, adjudant» *(Rapport de Kellermann sur la bataille de Marengo).*

«J'ai l'honneur de vous demander le grade de chef de bataillon pour le citoyen Favre, mon aide de camp, qui est capitaine depuis huit ans, qui a fait neuf campagnes de la Révolution dans les armées les plus actives et est mon adjoint ou aide de camp depuis six ans. A l'affaire du 20, devant Montebello, l'aide de camp Favre a conduit une colonne de la 43e avec le plus grand courage, il a partout repoussé l'ennemi et a rendu de très grands services. A la bataille de Marengo, le 25, le général Rivaud a soutenu, avec deux bataillons, trois charges d'infanterie faites sur lui et une de cavalerie; pendant qu'il était à la droite de sa ligne, son aide de camp Favre était à la gauche où, par son sang-froid et son courage, il a beaucoup contribué à maintenir les militaires à leurs rangs et à les porter en avant. Au même instant où le général Rivaud a reçu un biscaïen à la cuisse, son aide de camp Favre a eu une cuisse traversée par une balle, ce qui l'a forcé à quitter le combat…» *(signé conjointement par Alex. Berthier et Rivaud).*

Il est captivant, et même émouvant, de voir les requêtes de ces généraux, héros de la bataille de Marengo, scrupuleusement exaucées.

178
Bataille de Marengo An VIII – 1800
Médaille en argent ornée des motifs
Hercule, l'Italie couchée et Victoire
Gravé par Lavy d'après Appiani
Diamètre 52,34 mm
Poids 63,77 g
Collection
François Gianadda,
Martigny

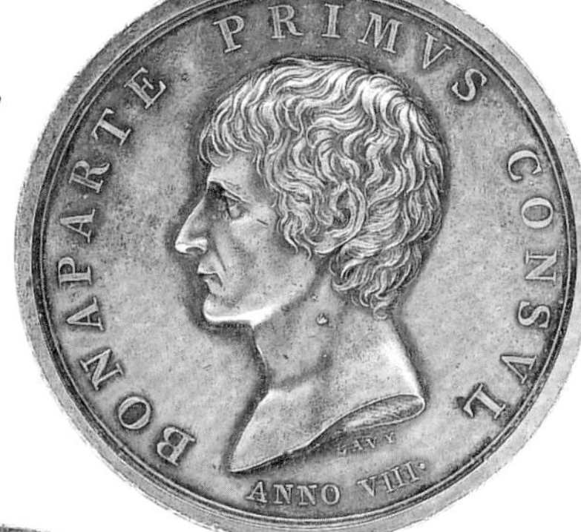

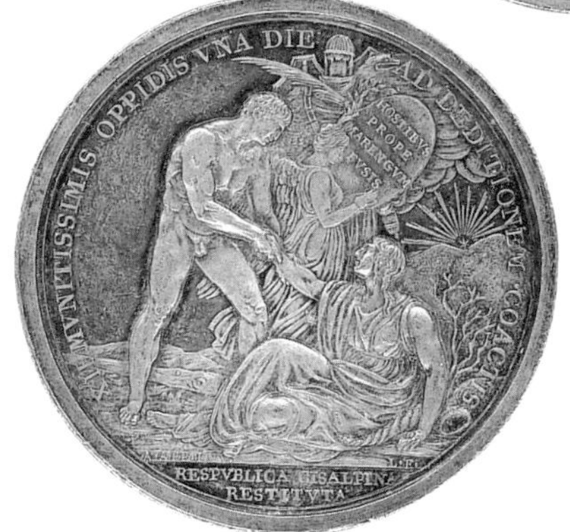

179 non illustré
Bonaparte
Georges de Montorgueil
Paris, Boivin & Cie., 1910
Avec en illustration: *[Bonaparte, soucieux, sur le champ de bataille de Marengo]*
Chromotypogravure grand in-4°
d'après une aquarelle de Job
Collection Alain Pigeard, Dijon

180 non illustré
Histoire du Consulat
M. A. Thiers
Paris, Lheureux et Cie, éditeurs, 1865
Avec en illustration: *Entrée de Bonaparte à Milan. (P. 124)*
Paris, Typ. H. Plon
Xylographie, 11,6×14,9 cm
Collection Léonard-Pierre Closuit, Martigny

183 non illustré
Une Excursion au Grand Saint-Bernard. La Route - l'Hospice…
Frédéric Regamey
Librairie de Firmin-Didot et Cie - Imprimeurs de l'Institut, Paris, [vers 1895]
Avec en illustration: *Fig. 28 – Bas-relief du tombeau de Desaix, d'après Moitte*
Gravure de l'auteur
Xylographie, 6×9 cm
Collection Frédéric Künzi, Praz-de-Fort

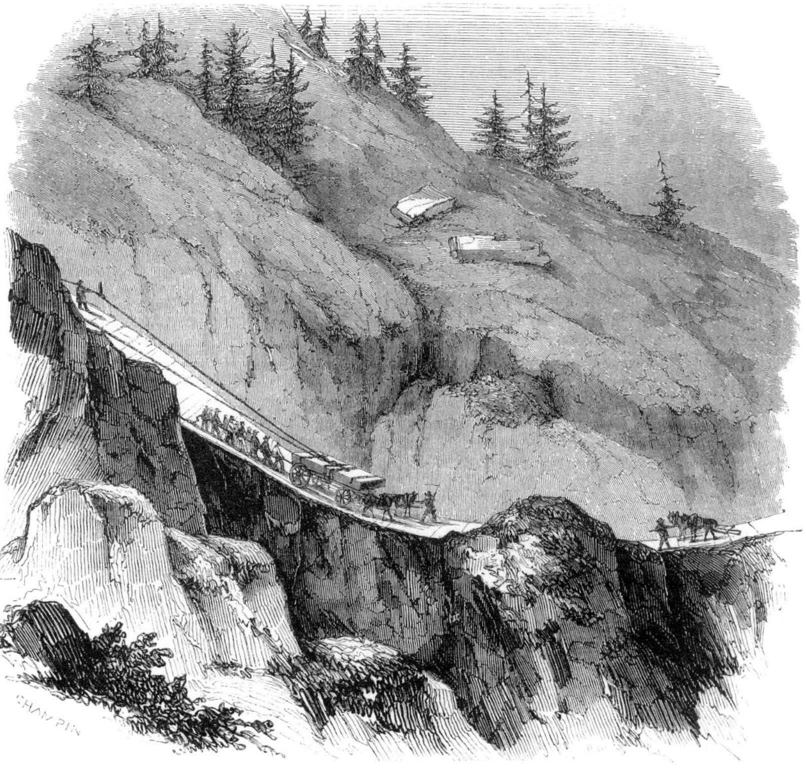

181
Le magasin Pittoresque
Sous la direction de M. Edouard Charton
Année 12, Paris, 1844
Avec en illustration: *Transport du Tombeau de Desaix à l'église du grand Saint.Bernard.: Fig. 1* [Près Bourg-Saint-Pierre]
[Jean-Jacques] Champin
Xylogravure, 13×13 cm + plan de l'attelage
Bibliothèque publique et universitaire, Genève
Cote Rb 86/Photo Jean-Marc Biner, Bramois

Un poids élevé et un chemin peu praticable réclament un attelage monumental pour hisser le tombeau du général Desaix jusqu'à l'hospice du Grand-Saint-Bernard.

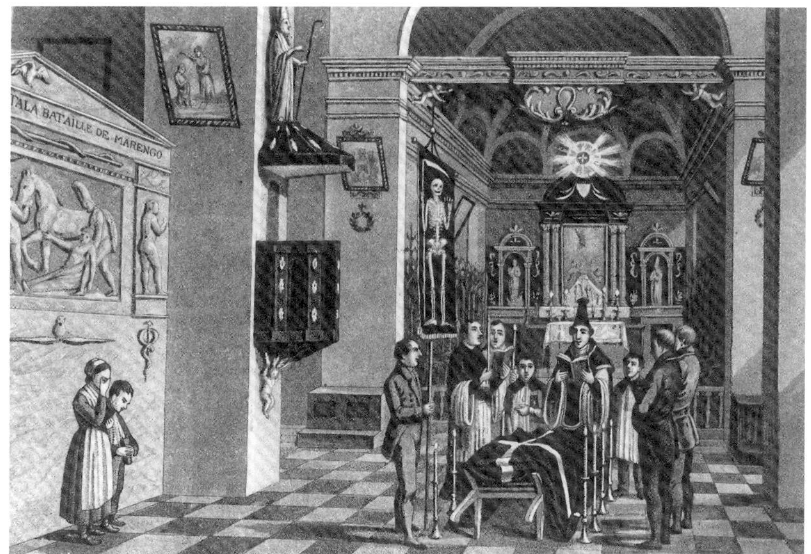

182
**«Die Kirche im Hospitium auf den S^{t}. Bernhard.
L'Eglise à l'hospice du grand S^{t}. Bernard»** –
1836-1837
Danzer del.; Nilson sculp.; No. 30. S^{t}.; Basel bey. Maehly & Schabelitz
Aquatinte, 7,7×11,1 cm
Collection Frédéric Künzi, Praz-de-Fort
Photo Jean-Marc Biner, Bramois

A l'hospice du Grand-Saint-Bernard, le monument dédié au général Desaix n'est plus dans la chapelle comme représenté ici, mais en face de la bibliothèque. Son corps, lui, n'a pas quitté le lieu sacré.

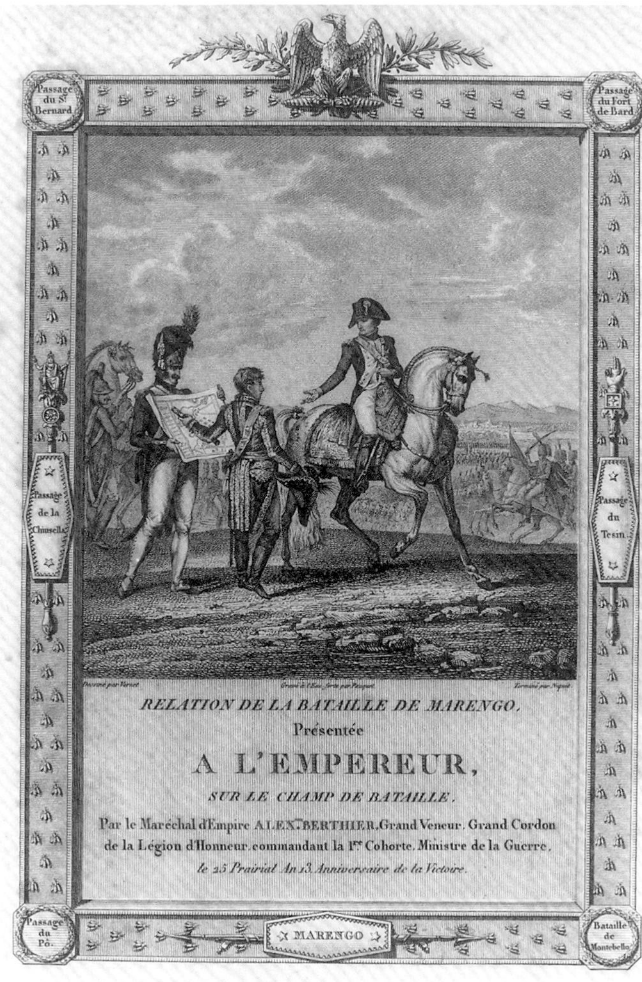

184
Relation de la bataille de Marengo, gagnée le 25 prairial an VIII, par Napoléon Bonaparte, Premier Consul, commandant en personne l'armée française de réserve, sur les Autrichiens, aux ordres du lieutenant-général Melas
Rédigé par le Général Alex. Berthier, Ministre de la guerre, commandant sous les ordres immédiats du Premier Consul
A Paris, de l'Imprimerie impériale, an XIV – 1805
[Imprimé par les soins de J. J. Marcel]
Titre-frontispice: *Relation de la bataille de Marengo, Présentée à l'Empereur sur le champ de bataille Par le Maréchal d'Empire Alex.^{dre} Berthier, Grand Veneur, Grand Cordon de la Légion d'Honneur, commandant la 1re Cohorte, Ministre de la Guerre, le 25 Prairial An 13, Anniversaire de la Victoire*
Dessiné par Vernet; Gravé par Pauquet; Terminé par Niquet
Eau-forte, 18×11,9 cm
Collection Frédéric Künzi, Praz-de-Fort

En 1803, par ordre de Bonaparte, le Dépôt de la Guerre établit une étude destinée à la publication sur les différents mouvements de la bataille de Marengo. Les documents manuscrits sont étudiés point par point et les généraux présents en 1800 interrogés. Un premier manuscrit est lu et corrigé par Bonaparte lui-même. Il adhère intégralement au texte, mais corrige les cartes à grands coups de plume. Les mouvements de la bataille et le texte ainsi arrêtés furent présentés à l'Empereur par le maréchal Berthier, alors ministre de la Guerre. Selon le dessein de Berthier, cela fut fait sur le champ de bataille de Marengo, le jour anniversaire de cette glorieuse victoire.
Le frontispice de cet ouvrage, gravé d'après cette intention, évoque la présentation des cartes à l'Empereur. C'est en 1805 seulement que la publication requise par Bonaparte vit le jour sous la forme du présent ouvrage.

Quelques officiers supérieurs de l'armée de réserve

par Maurice Messiez,
Docteur en histoire contemporaine
Vice-président de la Société savoisienne d'histoire et d'archéologie

BERTHIER Louis Alexandre (1753-1815), devenu ultérieurement maréchal d'Empire, prince de Neuchâtel et de Wagram, duc de Valangin

Fils d'un colonel ingénieur géographe, il entre en 1764 à l'Ecole royale du génie. Capitaine, il participe à la guerre d'Amérique. Major général de la garde nationale à Versailles, il protège la famille royale, d'où sa destitution en 1792. Après sa réintégration, Bonaparte en fait son chef d'état-major durant la première campagne d'Italie. Leur entente va durer jusqu'en 1814. Comme la Constitution n'autorise pas le Premier Consul à être général en chef, Berthier est nommé à la tête de l'armée de réserve, mais c'est Bonaparte qui donne les ordres. Cet excellent chef d'état-major est aussi un combattant courageux, un entraîneur d'hommes. Il est blessé à Marengo. A travers ses comptes rendus quotidiens au Premier Consul, qui se terminent par la formule «Attachement [ou dévouement] et respect», la marche de l'armée et les obstacles rencontrés nous sont bien connus.

BESSIÈRES Jean-Baptiste (1768-1813), devenu ultérieurement maréchal de France et duc d'Istrie

Fils d'un médecin du Lot, il arrête ses études à la Révolution pour entrer dans la garde nationale. Capitaine lors de la première campagne d'Italie, où Bonaparte lui confie le corps des guides, il est ensuite de ceux qui rentrent d'Egypte avec le futur Premier Consul. A Marengo, en chargeant avec la Garde des consuls, il brise l'ultime résistance des Autrichiens, culbutant la réserve de cavalerie ennemie et créant par là une dispersion fatale. Son attachement pour Bonaparte restera sans réserve envers l'Empereur. Le 1er mai 1813, en Saxe, un boulet lui ôte la vie.

BOUDET Jean (1769-1809)

Dragon en 1785 au régiment de Penthièvre, en congé de 1788 à 1792, il reprend du service dans le rang comme volontaire, puis est promu lieutenant. C'est à la Guadeloupe qu'il devient général de brigade. Le 6 juin 1800, c'est sa division qui investit la citadelle de Plaisance. Il commande à Marengo une des divisions du corps de Desaix, d'où son départ vers le sud le 14 juin au matin, son retour précipité et sa charge avec Desaix. Blessé sur le champ de bataille, il est obligé de rester en Italie jusqu'en 1801. Sa division était formée par la 9e légère et les 30e et 59e de ligne.

CHABRAN Joseph (1763-1843)

Engagé comme volontaire en 1792, général de brigade le 23 mai 1797, il est nommé général de division le 23 juin 1799. Durant la deuxième campagne d'Italie, il affirme sa valeur, d'abord en franchissant le Petit-Saint-Bernard (2188 m) avec 8000 hommes et de l'artillerie lourde, puis en obtenant la capitulation du fort de Bard le 1er juin. Bien que son rôle soit moins important que celui de Bonaparte, il a certainement été décisif pour la suite des événements. Le jour de Marengo, il est avec sa division au sud du lac Majeur, où l'a envoyé Bonaparte.

CHAMBARLHAC Vital Jean-Jacques (1754-1826)

En 1796, il a été fait général de brigade par Bonaparte sur le champ de bataille d'Arcole. En 1800, il commande une division du corps de Victor dans l'arrière-garde. Le Premier Consul passe en revue ses troupes à Dijon et à Martigny. Il est à Bourg-Saint-Pierre le 20 mai et franchit le col le lendemain. A Marengo, avec Gardanne, il reçoit le principal choc autrichien en arrière de la Bormida. Le grenadier Coignet, soldat de sa division, a écrit: «A force de brûler des cartouches, il était impossible de les faire descendre dans notre fusil. Il fallut p... dans les canons pour les dégraisser...». Malgré sa vaillance lors de la deuxième campagne d'Italie, il ne sera nommé général de division qu'en 1803.

DESAIX Louis Charles Antoine des Aix de Veygoux, dit (1768-1800)

Officier en 1783, il se rallie à la Révolution, sert à l'armée du Rhin sous le nom plus roturier de Desaix. Ses mérites lui valent d'être général de division dès 1793. En 1797, il se lie d'amitié avec Bonaparte qu'il suit en Egypte, où il réussit la conquête du Fayoum et effectue la remontée du Nil jusqu'à Assouan. Pour sa bonne administration, les Egyptiens le surnomment le «Sultan juste», tandis que les savants apprécient sa culture. Débarqué à Toulon le 5 mai, il rejoint le 11 juin Bonaparte, qui lui confie deux divisions pour se porter sur Novi. Le son du canon le ramène précipitamment à Marengo, où sa charge décide de la victoire et... de sa mort.

DUBRETON Jacques Paul Toussaint (1758-?)

Commis à la liquidation de la Compagnie des Indes le 1er janvier 1776, il devient ordonnateur en chef le 6 mars 1793. A sa retraite en 1814, il a pris part à toutes les campagnes de 1792 à 1806. Pendant la deuxième campagne d'Italie, sa correspondance quotidienne avec Berthier est incontestablement décisive dans la connaissance que nous avons des événements.

DUHESME Philibert Guillaume (1766-1815)

Commandant de la garde nationale en 1789, il est promu général de brigade à l'armée du Nord. Général de division depuis 1794, il se distingue à Fleurus, sert sous les ordres de Desaix et participe, en janvier 1799, à la prise de Naples. A Marengo, il commande le 2e corps de cavalerie comportant les divisions Harville, Chabran, Loison et Turreau (31 escadrons).

DUPONT DE L'ÉTANG Pierre Antoine (1765-1840)

Il commence sa vie militaire comme sous-lieutenant dans l'armée hollandaise (1787-1790), puis entre au service de la France comme sous-lieutenant au 12e régiment d'infanterie le 21 juillet 1791. Sa carrière est agitée, mais il est général de division le 2 mai 1797. Chef d'état-major général de Berthier durant la deuxième campagne d'Italie, il combat à Marengo. C'est lui qui informe le ministre de la Guerre de la capitulation du capitaine Stockard de Bernkopf, commandant du fort de Bard, après lui avoir adressé deux sommations.

DUROC Géraud Christophe Michel (1772-1813), devenu ultérieurement grand maréchal du palais de Napoléon Ier et duc de Frioul

Cadet en 1789, il émigre pour peu de temps en 1792, avant d'être lieutenant d'artillerie l'année suivante, de servir au siège de Toulon, puis d'être choisi comme aide de camp par Bonaparte et de rentrer d'Egypte avec lui. Entre deux missions diplomatiques, il participe à la deuxième campagne d'Italie et combat à Marengo. Avant cela, il faillit se noyer lors du passage du Tessin, rendu fort difficile par la crue.

GARDANNE Gaspard Amédée (1758-1807)

Il était canonnier garde-côte en Provence avant la Révolution. Barras le remarque à Toulon et Bonaparte l'emmène à la première campagne d'Italie, puis il participe au 18-Brumaire. Nommé général de division le 6 mars 1800, il commande une division de 3691 hommes (44e, 101e et 102e de ligne) dans le corps de Victor. A Marengo, il reçoit de plein fouet le choc principal autrichien en compagnie de Chambarlhac.

GASSENDI Jean-Jacques Basilien (1748-1828)

Apparenté au philosophe Pierre Gassendi et fils d'un avocat d'Aix-en-Provence, il entre dans l'artillerie. Bonaparte sert sous ses ordres au régiment de La Fère, où ils se lient d'amitié. Peu avant le 3 mars 1796, il est nommé par le Directoire chef de brigade, directeur du parc de l'artillerie de l'armée d'Italie. En 1800, il a toujours la charge du parc d'artillerie, mais de l'armée de réserve. Il organise son passage au col du Grand-Saint-Bernard et en fait bon usage à la bataille de Marengo. Il sera nommé général de brigade le 14 septembre 1800 et de division en 1805 seulement.

HULIN Pierre Augustin (1758-1841), devenu ultérieurement comte d'Empire

Soldat dès 1771 (à 13 ans) au régiment de Champagne-infanterie, il est à 22 ans adjudant-major de la place de Genève. En 1787, il entre aux Gardes suisses et, peu après, l'année de la Révolution, au service du marquis de Conflans, qui réveille son goût pour les armes. C'est lui qui fait pointer les canons sur la Bastille avant de reprendre du service à l'armée du Nord, puis d'Italie à partir de 1795. Lui qui fut un soldat indiscipliné, déserteur en 1785, incarcéré en 1794, il est l'adjoint du général Dupont, chef d'état-major de l'armée de réserve, ce qui ne l'empêche pas de combattre à Châtillon. Il est promu général de brigade en 1803.

KELLERMANN François Etienne (1770-1835), devenu ultérieurement duc de Valmy

Fils du vainqueur de Valmy, comme lui soldat à 15 ans, ses éclats lors de la première campagne d'Italie lui valent d'être retenu par Bonaparte pour porter à Paris les drapeaux ennemis et d'être nommé général de brigade le 28 mai 1797 lors de la deuxième coalition. Il combat en Italie jusqu'en août 1799. L'audace des charges accomplies avec sa brigade de cavalerie lourde en fait l'un des acteurs décisifs de la victoire à Marengo. En récompense, il est nommé général de division le 5 juillet 1800.

LANNES Jean (1769-1809), nommé ultérieurement maréchal de France, colonel général des Suisses et duc de Montebello

Volontaire en 1792 au régiment du Gers, général de brigade le 17 mars 1797, de division le 10 mai 1799, il est blessé à Arcole, à Saint-Jean-d'Acre et à Aboukir. D'abord commandant de la Garde des consuls, Bonaparte lui confie l'avant-garde de l'armée de réserve le 10 mai, avec la mission d'occuper au plus vite Ivrée pour bloquer la remontée des Autrichiens. Il concentre ses troupes à Martigny, demeure les 13 et 14 mai à Bourg-Saint-Pierre, puis franchit le col le 15. En quatre jours, il élimine du Val d'Aoste les 1500 Austro-Croates chargés de s'opposer à son passage. Ayant contourné le fort de Bard, il est à Ivrée le 22, puis s'empare à Pavie des magasins autrichiens avant d'emporter la victoire sur le général Ott à Montebello. Ce succès lui vaudra, plus tard, son titre de duc.

LOISON Louis Henri (1771-1816)

Sous l'Ancien Régime, il est déjà soldat, à 16 ans, dans le bataillon des colonies. Comme son père, député à la Constituante, il choisit la Révolution. Sa carrière est alors rapide puisqu'il est général de brigade le 26 août 1795, seconde Bonaparte au 13-Vendémiaire, préside le tribunal qui juge les insurrectionnels. En Suisse dès 1799, il est nommé général de division le 19 octobre de cette même année et affecté à l'armée de réserve. Il passe le Grand-Saint-Bernard le 17 mai.

MARESCOT Armand Samuel (1758-1832)

Ancien élève du Collège militaire de La Flèche, officier du génie, il mène les travaux d'approche du siège de Toulon dont le plan a été conçu par Bonaparte. Celui-ci lui confie le génie de l'armée de réserve. Il est nommé général de division le 8 novembre 1794, inspecteur général des fortifications le 13 juin 1795 et premier inspecteur général le 5 janvier 1800. Sévère et rigoureux, il lui revient d'organiser le passage du matériel au col, ainsi que le siège du fort de Bard sous les ordres du général Chabran, qui avait fait passer les gros canons nécessaires par le col du Petit-Saint-Bernard. Marescot avait pressenti, bien que minimisées par le Premier Consul, les difficultés qui devraient être surmontées.

MARMONT Auguste Frédéric Louis (1774-1852), nommé ultérieurement maréchal de France et duc de Raguse

A 26 ans, il est déjà général de division et commandant en chef de l'artillerie, bien réduite avant la prise des pièces autrichiennes à Pavie. Ayant fait sa carrière militaire dans l'artillerie depuis le 1er mars 1792, il est nommé général de brigade le 10 juin 1798. C'est lui qui a séjourné le plus longtemps dans l'Entremont (du 14 au 23 mai), précisant à Bonaparte qu'on n'y obtient rien, ni cordage ni mulet, «sans argent à la main». Il avait requis de Bonaparte une brigade d'infanterie, mais le Premier Consul ne lui laissa pas le choix et le confirma dans ses fonctions à la tête de l'artillerie.

MONNIER Jean-Charles (1758-1816)

Après s'être illustré à Lodi et à Rivoli, il participe à nouveau aux opérations d'Italie en 1799. Nommé général de brigade le 23 mai 1797, de division le 6 mars 1800, il prend Milan et participe à la bataille de Marengo au commandement des 19e, 70e et 72e demi-brigades avec Desaix. Son éviction en 1802 a pour cause son hostilité à Bonaparte.

MURAT Joachim (1767-1815), devenu ultérieurement maréchal de France, amiral et prince de l'Empire, grand-duc de Berg et de Clèves, roi de Naples

Fils d'aubergiste, élève des lazaristes, il s'engage en 1787 dans les chasseurs à cheval. Représentant de son canton à la fête de la Fédération, il est l'adjoint efficace de Bonaparte pour mitrailler les royalistes le 18-Vendémiaire à Saint-Roch. Leur sort est désormais lié: c'est l'Italie, l'Egypte, le mariage avec Caroline Bonaparte. Aide de camp du général Bonaparte le 20 février 1796, général de brigade le 10 mai de cette même année, il devient général de division le 19 octobre 1799 et lieutenant du général en chef le 1er avril 1800. Commandant les 6000 cavaliers qui franchissent le col, il se rend maître de Verceil le 27 mai, de Milan le 2 juin, de Plaisance le 7 et reçoit un sabre d'honneur à Marengo.

RIVAUD Jean (1755-1803)

Dès 1773, il est dragon et la Révolution le trouve lieutenant. Capitaine à l'armée du Rhin en 1792, il est promu l'année suivante général de brigade sous les ordres de Desaix. Après avoir servi en Hollande, il rejoint l'armée de réserve le 15 mars 1800. Intégré à l'avant-garde, il passe avec Lannes le Grand-Saint-Bernard et conduit les charges de la 21e demi-brigade de chasseurs associée au 12e de hussards à Marengo, où il est blessé.

VICTOR Claude Victor Perrin (1764-1841), nommé ultérieurement maréchal de France et duc de Bellune

Il est artilleur à 17 ans. Au siège de Toulon, il enlève le mont Faron, qui domine le port. Il est général de brigade le 13 juin 1795 et de division le 10 mars 1797. Durant la première campagne d'Italie, il se distingue à Mondovi et Peschiera. Il est encore en Italie quand Bonaparte l'appelle et lui confie l'arrière-garde de l'armée de réserve, qui passe le col le 21 mai. A Marengo, il contient la poussée autrichienne jusqu'à épuisement des munitions, puis reforme sa division pour l'attaque finale. Un sabre d'honneur lui est décerné.

WATRIN François (1772-1802)

Né à Beauvais, il s'engage comme volontaire à 20 ans et participe à la pacification de la Vendée sous la direction du général Hoche. Général de brigade le 1er janvier 1796, il est envoyé à Saint-Domingue pour y réprimer la révolte. Sous le commandement de Lannes, il est le premier à franchir le Grand-Saint-Bernard avec sa division. A Marengo, en retraite, il doit manœuvrer pour qu'elle se regroupe à San Giuliano. Il est le seul général commandant une division à recevoir un sabre d'honneur.

M. M.

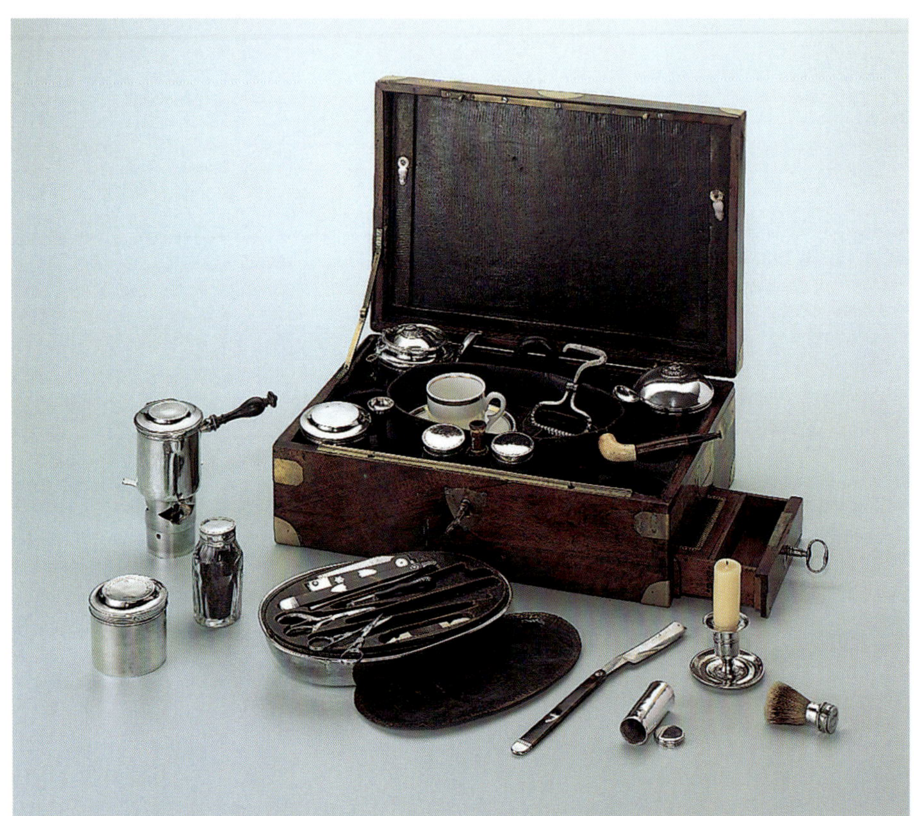

186
Nécessaire de voyage du général Berthier – s.d.
Composé de 34 pièces
Musée d'art et d'histoire, Neuchâtel
Nº d'inventaire AA 5322 à 5355/
Cliché Musée d'art et d'histoire de Neuchâtel/
Jean-Marc Breguet

Cette lettre est intégralement écrite, datée et signée de la main même de ▷ Jacques Paul Toussaint Dubreton qui fonctionnait, lors de la deuxième campagne d'Italie, comme commissaire des guerres et ordonnateur en chef de l'armée de réserve.
«Je suis instruit indirectement, Citoyen Ministre, que d'après les ordres du premier Consul, la cazerne de Courbevoye actuellement affectée aux conscrits, dois recevoir au 1er Floréal prochain un bataillon de la Garde…»
Suit un énoncé des autres casernes disponibles. La réponse de Berthier se trouve écrite et signée de sa main dans la marge de gauche: «Je ne puis rien changer aux dispositions que j'ai ordonné.»

185
Lettre de Dubreton, Commissaire ordonnateur de la 1re Division militaire, adressée au Général Berthier, Ministre de la Guerre, rue de Varenne, Paris – Datée: Au Quartier général à Paris, le 12 Germinal an 10 de la République (2 avril 1802)
Manuscrit d'une feuille pliable en quatre
Dimensions 42×32,5 cm
Papier à en-tête de la 1re Division militaire, signature de Berthier au recto en marge de la page une, de Dubreton au verso (page deux), adressé au général Berthier au recto (page quatre)
Sceau de la 1re Division militaire en bas de la quatrième page, moitié à gauche, moitié à droite
A ce dernier endroit, déchirure due à l'ouverture du pli
Musée Espace Alpin, Verbier

1.re Division militaire.

République française.

Materiel du Génie.

Au Quartier général à Paris, le 12. Germinal an 10 de la République.

N° 4003 15 Gal

Dubreton, Commissaire ordonnateur de la 1.re Division militaire,

Au Général Berthier Ministre de la Guerre.

Je suis instruit indirectement, Citoyen Ministre, que, d'après les ordres du premier Consul, la caserne de Courberoye actuellement affectée aux Conscrits, doit recevoir au 1er floréal prochain un Bataillon de la Garde des Consuls. Le Commandant de cette Caserne m'a même déclaré qu'il pensoit que le Dépôt des conscrits seroit transféré à l'arsenal.

Le peu de tems qui reste à s'écouler jusqu'à l'époque cy dessus indiquée et la nouvelle destination donnée à la caserne de Courberoye exigeant des dispositions préalables et promptes; Je vous prie, Citoyen Ministre, de vouloir bien me mettre à même de prendre les mesures convenables, en me faisant connoître vos intentions sur cet objet.

Quant à l'arsenal où l'on se propose de placer le Dépôt des Conscrits, je crois devoir vous représenter que le nombre des casernes de la Place pourant à peine suffire aux besoins, celle-ci pourroit être de la plus grande utilité dans les cas imprévus et extraordinaires, et que celles de St Denis ou de Vincennes atteindroient le même but, en même tems qu'elles offriroient

Berthier

Je ne peux rien changer aux dispositions que j'ai ordonnées

SECRET. PART.

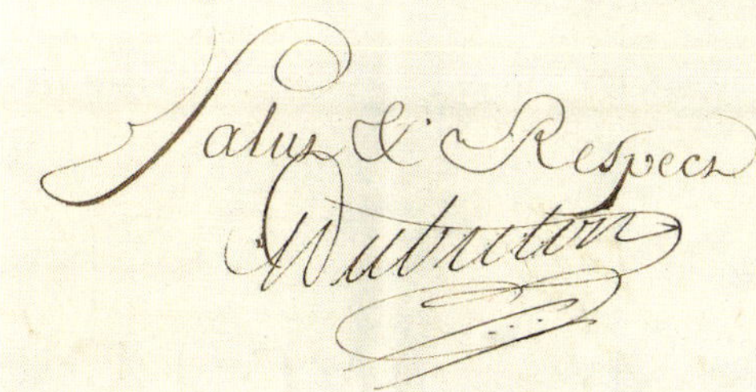
Salut & Respect
Dubreton

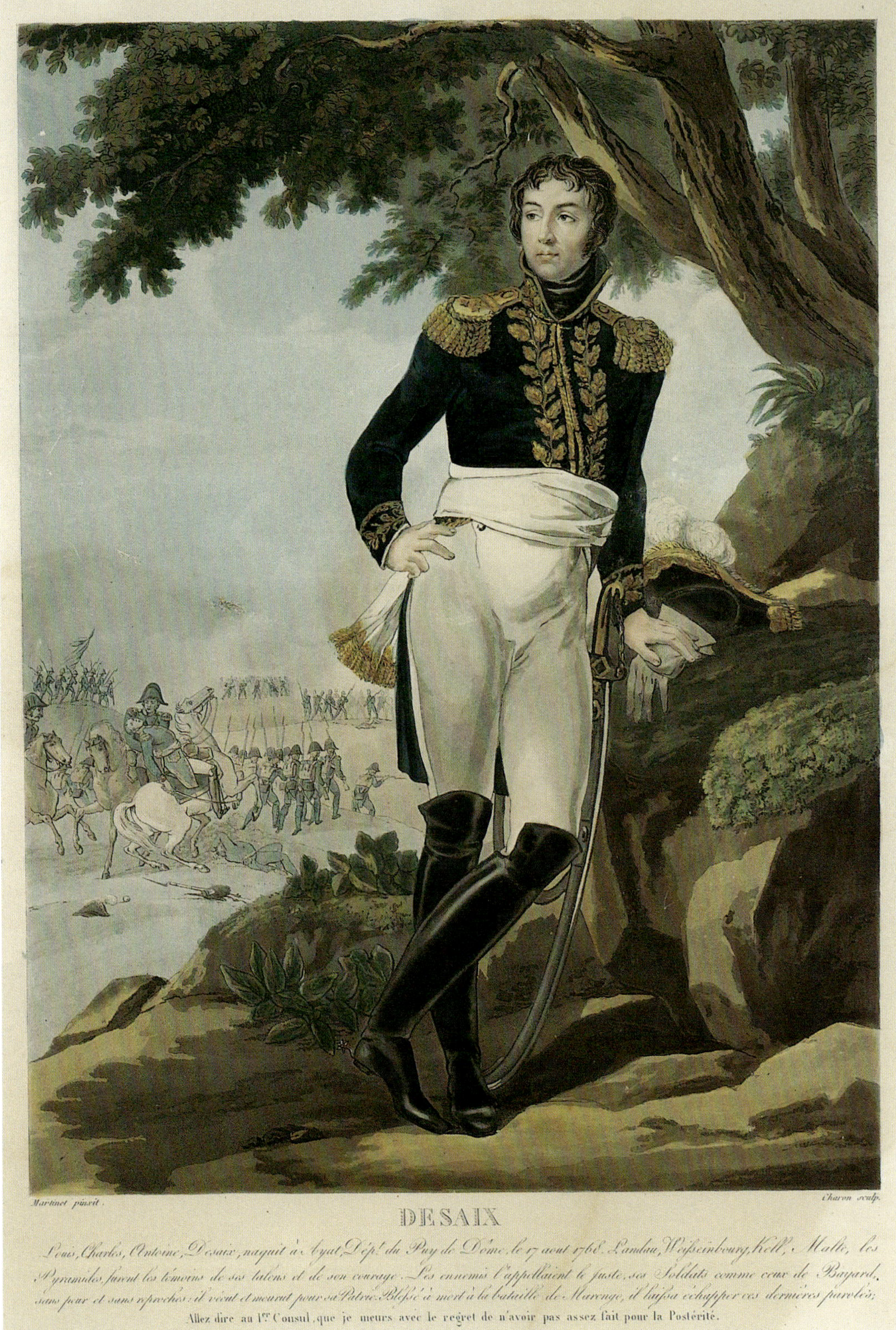

187
«Desaix» – s.d.
Martinet pinxit; Charon sculp.; A Paris chez Jean, Rue St. Jean de Beauvais, No. 10; Déposé
Sous la légende, quatre lignes de texte: *Louis, Charles, Antoine, Desaix, naquit à Ayat […] Allez dire au 1er. Consul, que je meurs avec le regret de n'avoir pas assez fait pour la Postérité*
Aquatinte en couleur, 46×32 cm
Napoleon-Museum Arenenberg, Mannenbach-Salenstein
Photo Napoleon-Museum Arenenberg, Salenstein

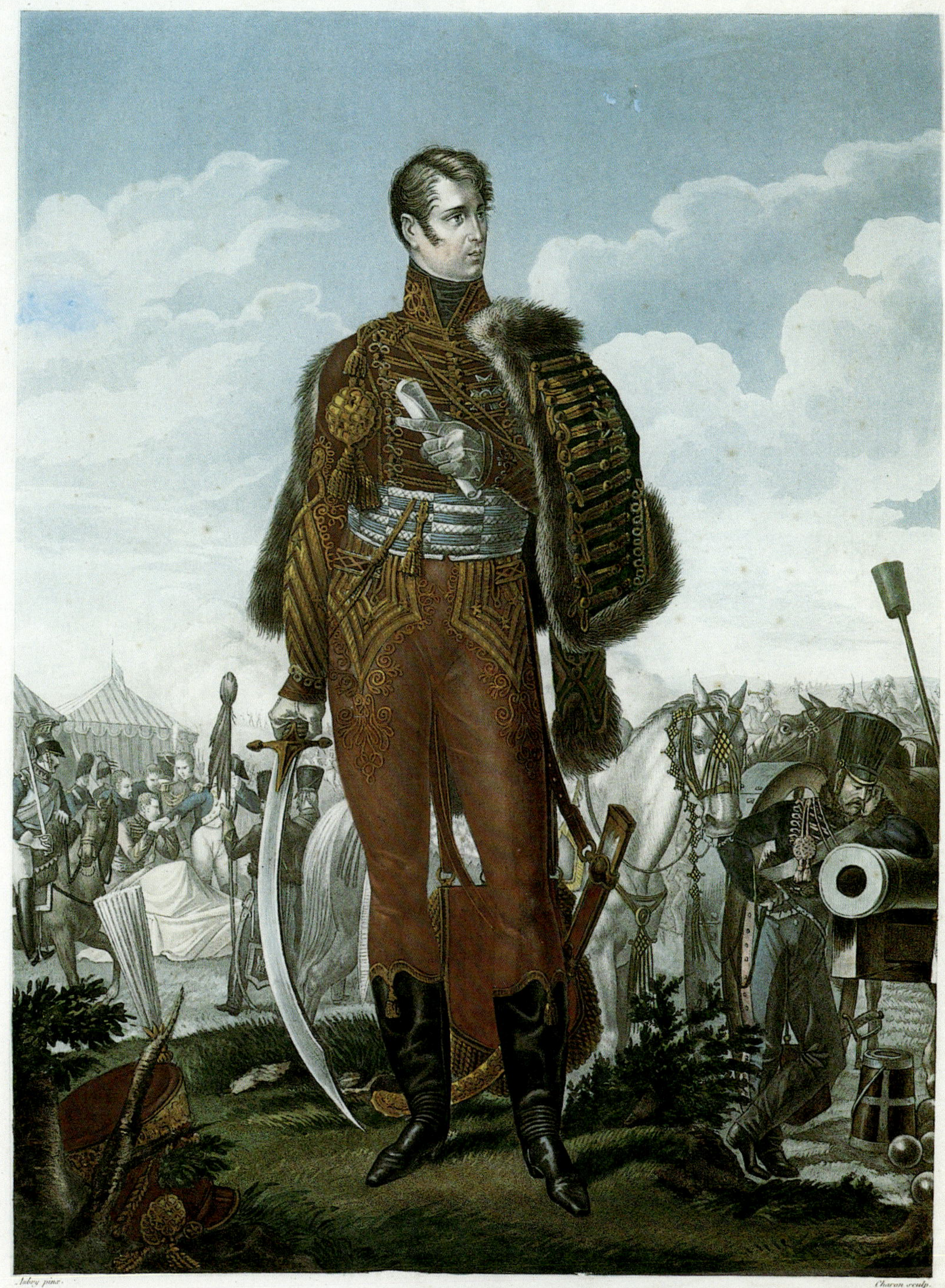

188
«Lannes» – s.d.
Aubry pinx.; Charon sculp.;
A Paris chez Jean, Rue St. Jean de Beauvais, N°. 10;
Déposé à la Direction Générale
Sous la légende, cinq lignes de texte: *Duc de Montebello, Maréchal de France […] celui qui meurt avec la conviction d'avoir été et d'être encore votre meilleur ami*
Aquatinte en couleur, 46×32 cm
Napoleon-Museum Arenenberg, Mannenbach-Salenstein

Photo Napoleon-Museum Arenenberg, Salenstein

Portraits d'officiers extraits de *France militaire, Histoire des armées françaises de terre et de mer de 1792 à 1833*, T. 2 à 5
Revu et publié par A. Hugo, Paris, Delloye, 1835 à 1838
Bibliothèque cantonale du Valais, Sion
Cote TB370/3

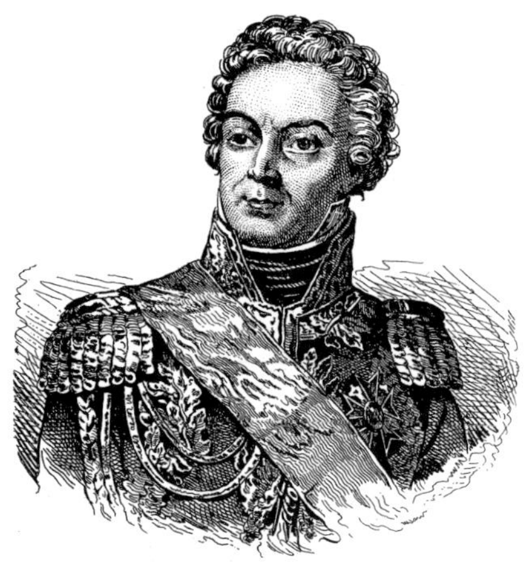

189
Berthier
Reproduction d'une gravure sur acier, 8×5,6 cm
[François-Louis] Couché del.; Réville sculp.

Portrait du général Louis Alexandre Berthier, général d'armée, commandant en chef de l'armée de réserve.

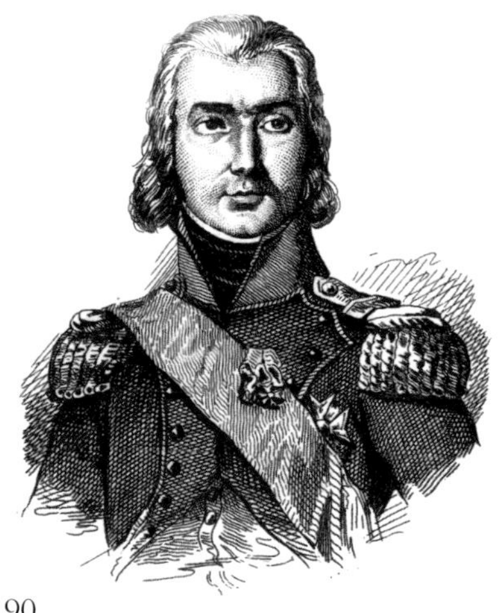

190
Bessières
Reproduction d'une gravure sur acier, 8,7×6 cm
[François-Louis] Couché del.; Réville sculp.

Portrait de Jean-Baptiste Bessières, commandant de la cavalerie de la Garde des consuls. A la bataille de Marengo, il a engagé 180 grenadiers à cheval et 180 chasseurs.

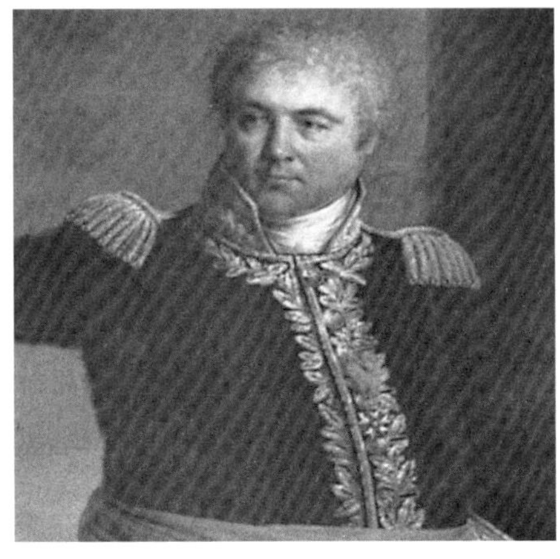

192
Vital Jean-Jacques Chambarlhac
Reproduction photographique d'une gravure
Dimensions 21×29,7 cm
Alain Pigeard, Dijon

Nommé général de brigade le 6 décembre 1796, c'est avec ce grade qu'il franchit le Grand-Saint-Bernard et combat à Marengo. A cette bataille, il a sous ses ordres les brigades Herbin (24e légère et 43e de ligne) et Rivaud (96e de ligne).

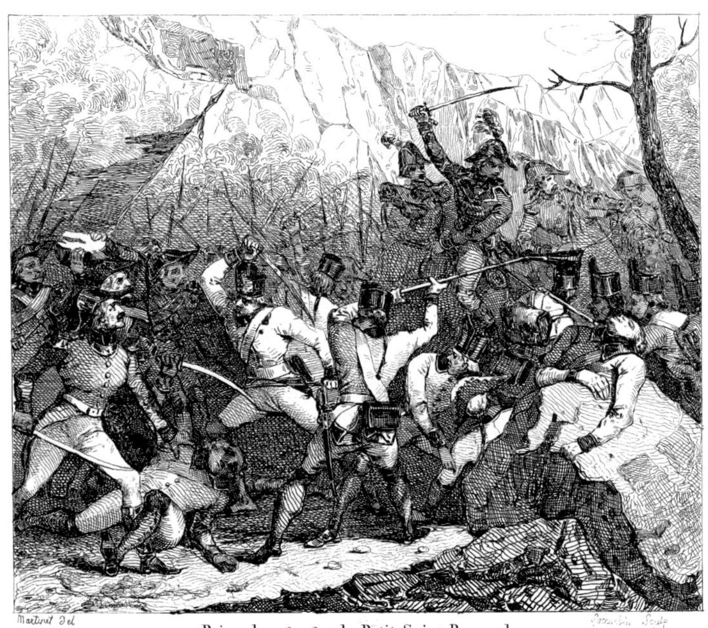

191
Chabran lors de la «Prise des gorges du Petit-Saint-Bernard»
Reproduction d'une gravure sur acier, 9,5×11 cm
[Pierre] Martinet del.; Lacauchie sculp.

Gravure illustrant le rôle du général Chabran dans un combat pour le passage du Petit-Saint-Bernard. Cet épisode de la deuxième campagne d'Italie n'a pratiquement pas été illustré. Sa division sur les rives du Pô sera composée des 1re, 2e et 3e demi-brigades des bataillons complémentaires de l'armée d'Orient, ainsi que des 12e et 15e légères.

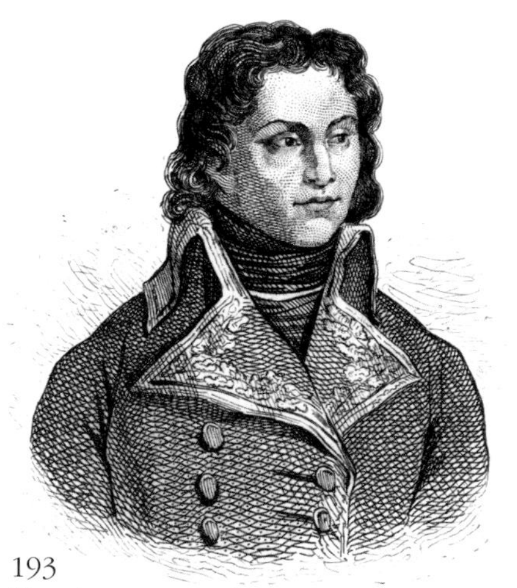

193
Desaix
Reproduction d'une gravure sur acier, 7,5×5,6 cm
[François-Louis] Couché del.;
Masson sculp.

Portrait de Louis Charles Antoine des Aix de Veygoux, dit Desaix, général de division, mort à la bataille de Marengo. Au moment de sa dernière charge, il commande les divisions Monnier (2700 hommes) et Boudet (5316 hommes).

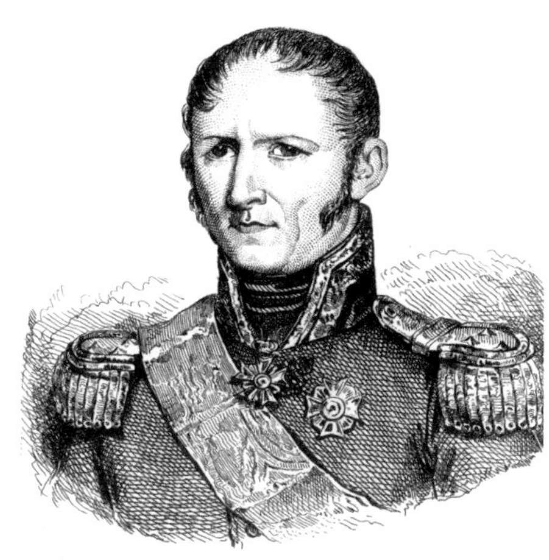

194
Dubreton
Reproduction d'une gravure sur acier, 8×5,8 cm
Réville del. et sculp.

Portrait de Jacques Paul Toussaint Dubreton, commissaire des guerres, ordonnateur en chef de l'armée de réserve.

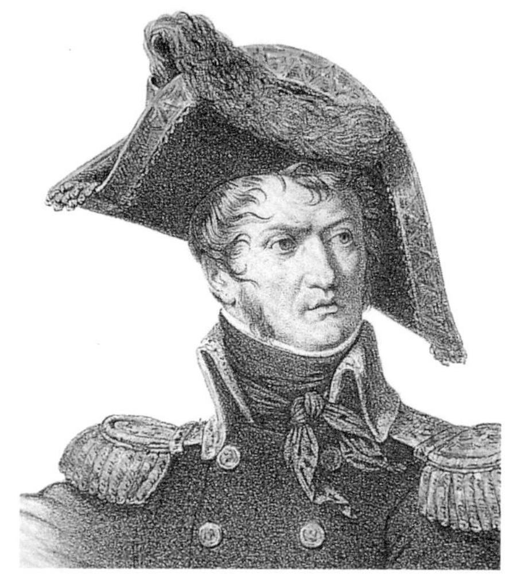

195
Philibert Guillaume Duhesme
Reproduction photographique d'une gravure
Dimensions de la photographie 21×29,7 cm
Alain Pigeard, Dijon

Il est commandant du 2e corps lors du passage du Grand-Saint-Bernard. Sur les rives du Pô, il a sous ses ordres 3312 hommes (1re, 5e, 7e, 14e, 21e, 22e, 25e de cavalerie, 4e, 9e, 14e, 15e de chasseurs, 11e de hussards et 15e de dragons).

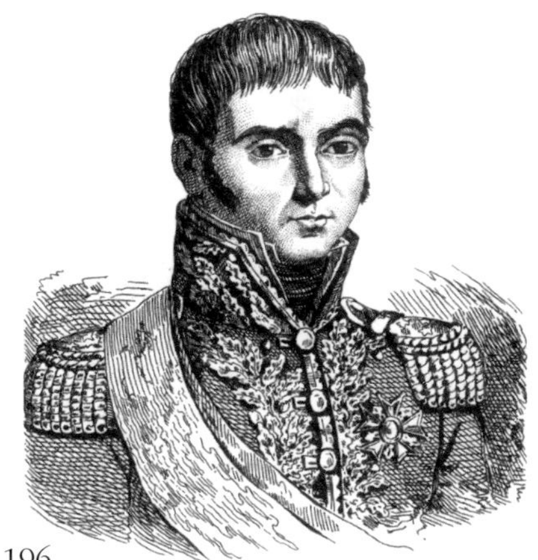

196
Dupont
Reproduction d'une gravure sur acier, 8,5×5,6 cm
[François-Louis] Couché del.;
Réville sculp.

Portrait de Pierre Antoine Dupont de l'Etang, général de division, chef d'état-major général de l'armée de réserve.

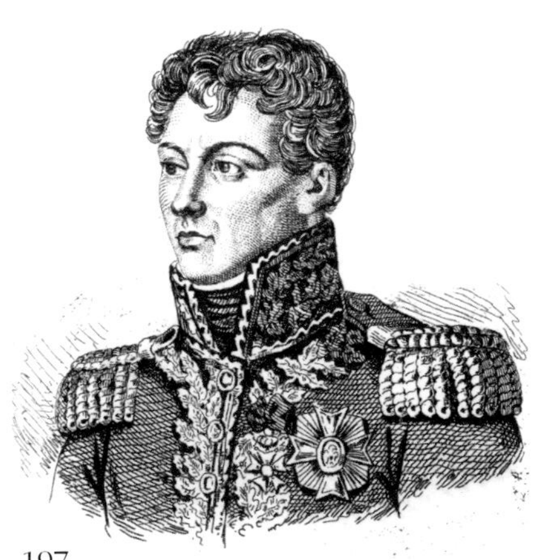

197
Duroc
Reproduction d'une gravure sur acier, 8,6×5,5 cm
[François-Louis] Couché del.;
Réville sculp.

Portrait de Géraud Christophe Michel Duroc, général de brigade et premier aide de camp de Bonaparte.

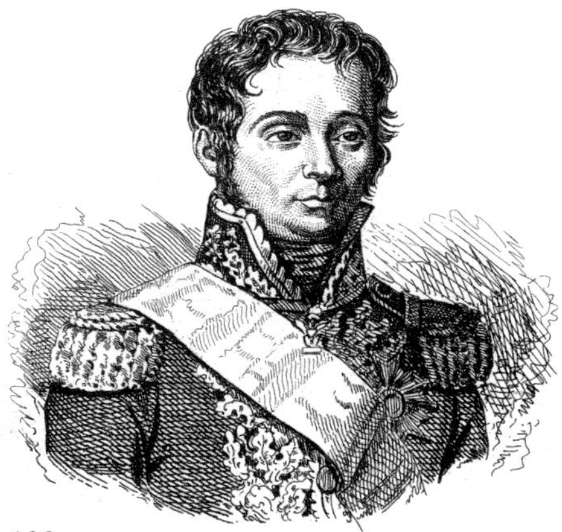

198
Kellermann fils
Reproduction d'une gravure sur acier, 7,7×5,6 cm
[François-Louis] Couché del.;
Réville sculp.

Portrait du général de brigade François Etienne Kellermann. Les 2e, 20e et 21e de cavalerie (470 hommes) sont sous ses ordres à Marengo.

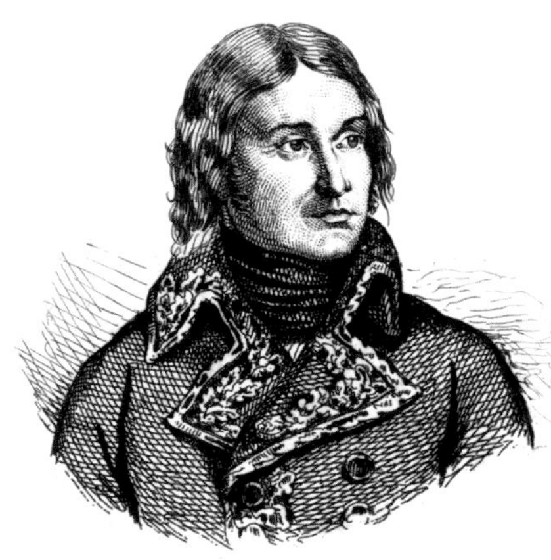

199
Lannes
Reproduction d'une gravure sur acier, 8,9×5,7 cm
[François-Louis Couché] del.;
[Réville] sculp.

Portrait de Jean Lannes, général de division, commandant de l'avant-garde. Les 5083 hommes de la division Watrin sont sous ses ordres à Marengo.

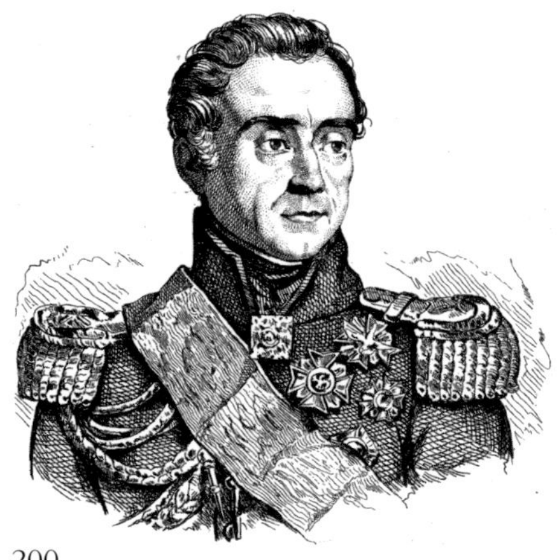

200
Marmont
Reproduction d'une gravure sur acier, 8,9×6,3 cm
[François-Louis] Couché del.;
Réville sculp.

Portrait d'Auguste Frédéric Louis Viesse de Marmont, général de brigade, commandant de l'artillerie.

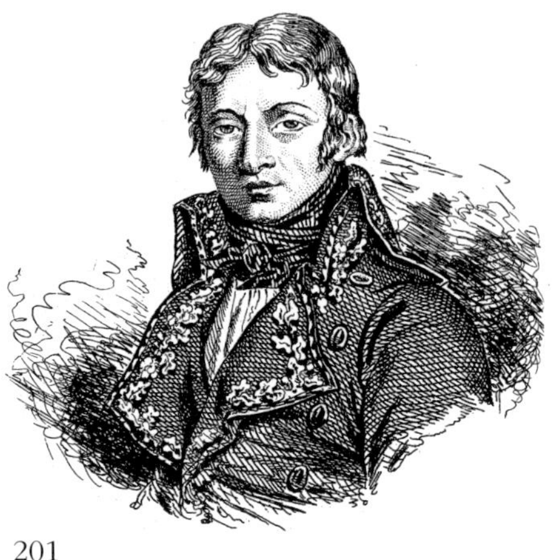

201
Monnier
Reproduction d'une gravure sur acier, 8,7×5,7 cm
[François-Louis] Couché del.;
Réville sculp.

Portrait du général de division Jean-Charles Monnier. A Marengo, il a sous ses ordres les brigades Schilt (19e légère et 70e de ligne) et Saint-Cyr (72e de ligne).

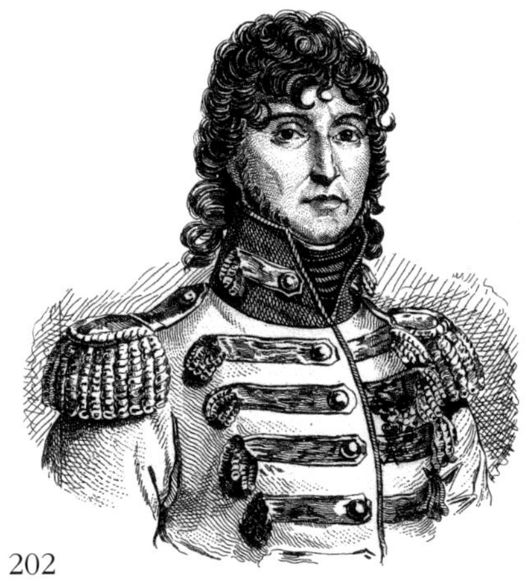

202
Murat
Reproduction d'une gravure sur acier, 8,8×5,6 cm
[François-Louis] Couché del.;
Réville sculp.

Portrait de Joachim Murat, général de division, commandant en chef de la cavalerie. Quarante escadrons (3688 cavaliers) ont participé à la bataille de Marengo sous ses ordres.

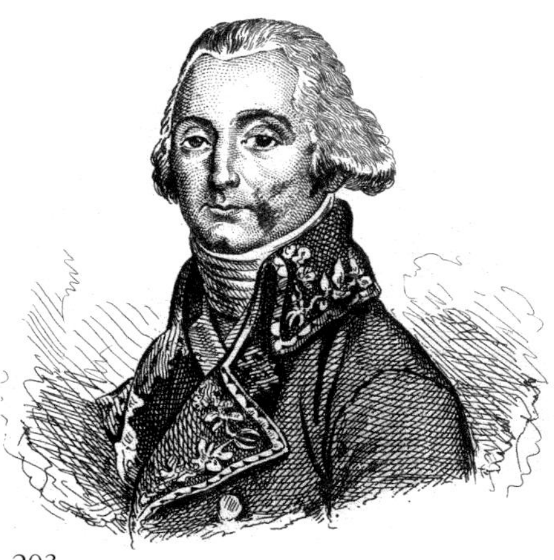

203
J. [B.] Rivaud
Reproduction d'une gravure sur acier, 7,8×5,6 cm
[François-Louis] Couché del.;
Réville sculp.

Portrait du général de brigade Jean Rivaud. A Marengo, il est sous les ordres du général Murat et commande le 21e de chasseurs et le 12e de hussards (en tout 759 hommes).

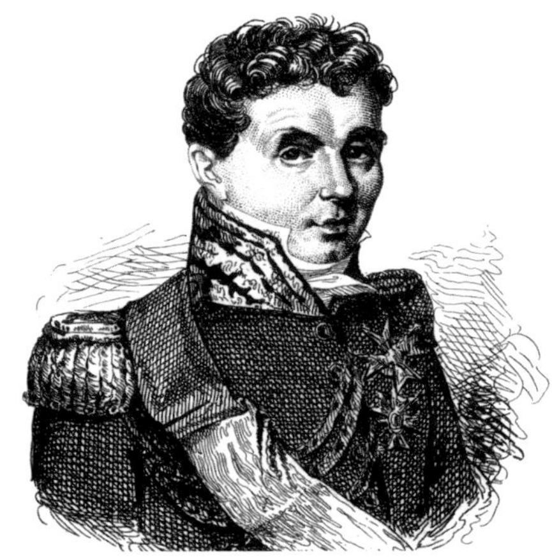

204
Victor
Reproduction d'une gravure sur acier, 8,7×6 cm
[François-Louis] Couché del.;
Réville sculp.

Portrait de Claude Victor Perrin, dit Victor, général de division, commandant du 3e corps de l'armée de réserve (arrière-garde). A Marengo, il a sous ses ordres les divisions Gardanne et Chambarlhac (en tout 8979 soldats d'infanterie).

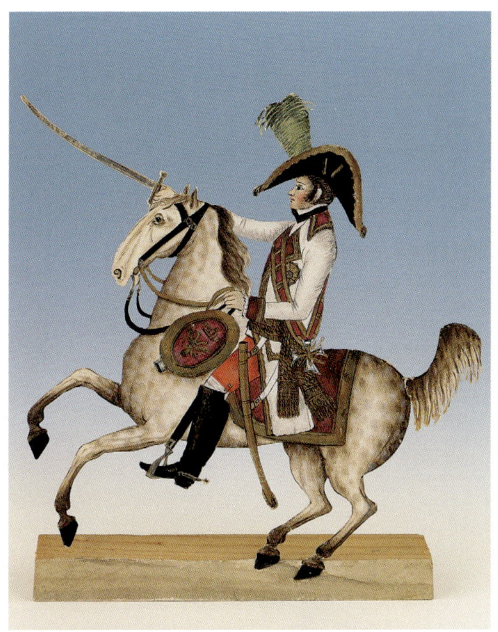

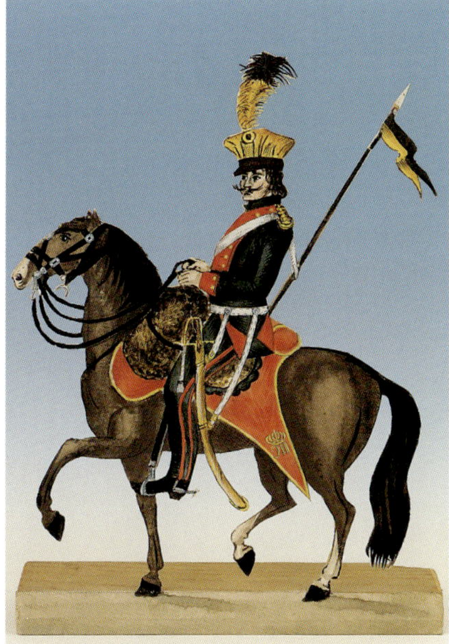

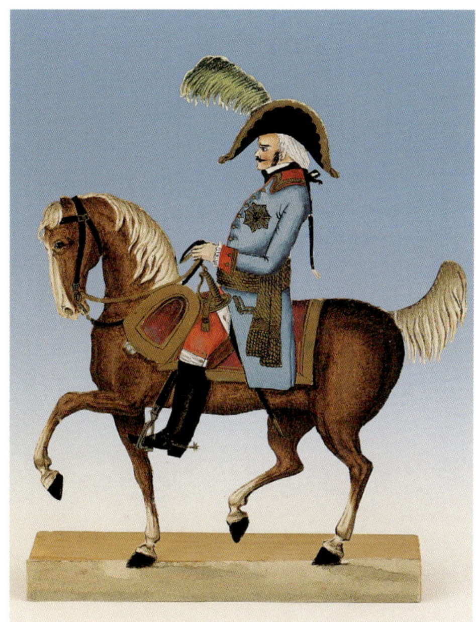

206a à 206c

Soldats de carte représentant des membres de l'état-major et des soldats de l'armée autrichienne en uniformes de 1800 –
Premières années du XIXe siècle
Ensemble de 22 figurines en carton, peintes à l'aquarelle par Benjamin Zix[14]
Hauteur de 13 à 15 cm
Largeur de 10 à 13,5 cm
Collection Hubert de Varine Bohan, Paris
Clichés ArtGo, Paris

Benjamin Zix a peint ces soldats et ces officiers en collaboration avec J. D. Fleischhauer, qui a participé à la réalisation de ces figurines en procédant à leur découpage. Cet ensemble exceptionnel de Zix – dont on avait connaissance sans pouvoir le situer – est formellement décrit par le possesseur et ses ancêtres comme ayant été peint dans la jeunesse de l'artiste, ce dernier ayant été ensuite appelé aux plus hautes destinées comme illustrateur des campagnes napoléoniennes. La boîte contenant ces figurines, approximativement depuis leur origine, porte la mention suivante: *Etat Major autrichien / Campagne de l'An 9 (?) / dessiné et peint par B. Zix / découpé par mon Père J. D. Fleischhauer.*
Les uniformes représentés par l'artiste, parfaitement conformes à ceux présents dans l'armée autrichienne lors de la bataille de Marengo, sont les suivants:

a) Général en chef de l'armée autrichienne. Selon la documentation iconographique étudiée, ce pourrait être François II, dernier empereur du Saint Empire romain germanique et futur Empereur héréditaire d'Autriche. C'est en son nom que fut signé le traité de Lunéville.
b) Un cavalier uhlan (4 régiments dans l'armée autrichienne) armé d'une lance et portant la chapska de couleur jaune avec plumet jaune et vert.
c) Un officier de haut rang non identifié.

206d à 206n non illustrés
d) Deux officiers uhlans, portant le même uniforme que le soldat, mais parés de la ceinture-écharpe dorée du régiment n° 1.
e) Un officier des hussards du 8e régiment, avec son shako surmonté d'une aigrette blanche. A cette époque, il y a 12 régiments de hussards dans l'armée impériale.
f) Six hussards du régiment de Transylvanie n° 11, appelés aussi hussards de frontière (Grenz-Hus.).
g) Deux officiers de dragons habillés de blanc avec casque noir à garnitures dorées. Celui qui possède le collet bleu appartient au régiment n° 10 et l'autre, avec son collet noir, au régiment n° 9. Il y a 15 régiments de dragons.
h) Deux cuirassiers du régiment n° 11, avec cuirasse noire sur le devant.
i) Un cuirassier du régiment n° 9, sans cuirasse et avec des parements et un collet de couleur bleue. Le casque porte un plumet jaune et vert. A cette époque, il existe 12 régiments de cuirassiers.
j) Un soldat, qui pourrait être une ordonnance, menant à la main un cheval d'officier.
k) Général de l'armée autrichienne. Selon la documentation iconographique consultée, il pourrait s'agir de Charles de Habsbourg, dit l'archiduc Charles.
l) Général de l'armée autrichienne. Selon la documentation iconographique consultée, il pourrait s'agir de l'archiduc Ferdinand III, grand-duc de Würzburg.
m) Un officier de haut rang non identifié.
n) Un officier non identifié.

208
Paire de petites bibliothèques Empire – s.d.
Hauteur 172,5 cm
Largeur 80,5 cm
Profondeur 38,5 cm
Napoleon-Museum Arenenberg,
Mannenbach-Salenstein
Photo Napoleon-Museum Arenenberg, Salenstein

Précieux meubles revenus de Sainte-Hélène après la mort de l'Empereur.

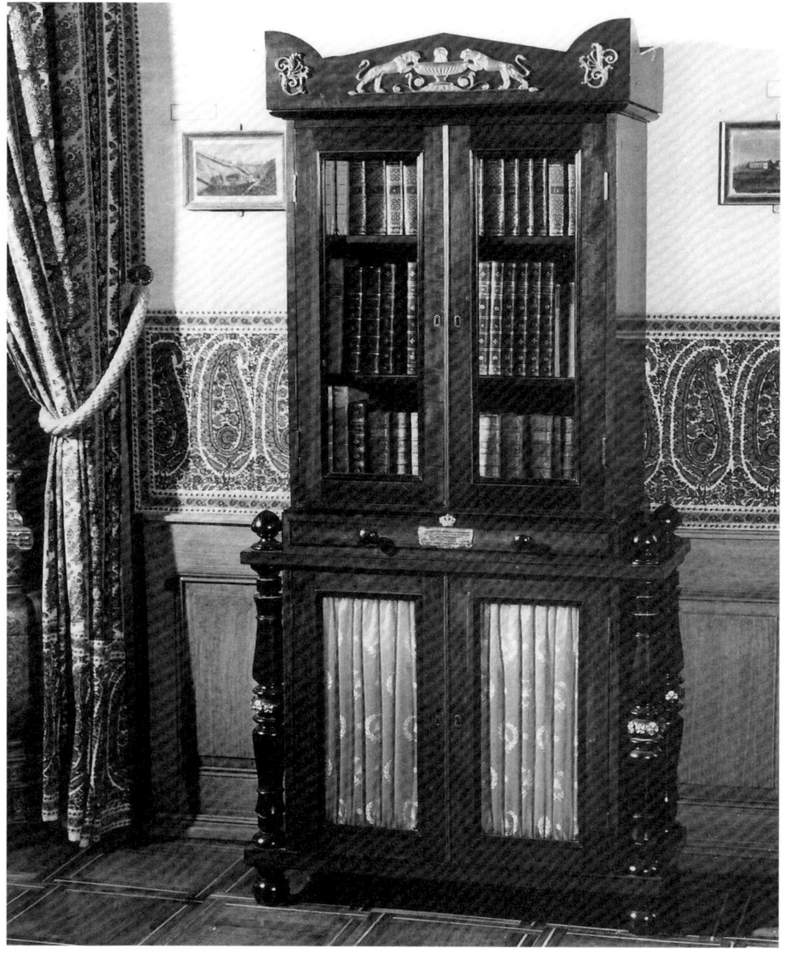

205 non illustré
Portrait équestre du général François Watrin (1772-1802)
Reproduction photographique d'une gravure
Dimensions de la photographie 21×29,7 cm
Collection Alain Pigeard, Dijon

Nommé général de division le 30 juin 1799, il a sous ses ordres à Marengo les brigades Malher (6e légère et 40e de ligne), Gency (22e de ligne) et Mainoni (28e de ligne).

207 non illustré
«Premier Consul» – 1822-1826
C[har]les Vernet Pinxit.; Weber Lithogr;
Imp[rimer]ie de C. Motte.
Lithographie coloriée, 42,8×36 cm
Collection Léo Garin, Courmayeur

209 non illustré
Cartes postales anciennes éditées
pour le centième anniversaire du passage de Bonaparte
au col du Grand-Saint-Bernard – 1900
Sans éditeur: Centenaire du passage des Alpes par Bonaparte…
Trub & Cie., Lausanne: Le fauteuil et la table de Napoléon
Müller & Trub, Lausanne: Flacon à liqueur du Premier Consul – Inscription votée […] par la République à la gloire de Napoléon – Ecrin renfermant l'auge, la truelle et divers instruments… – Tombeau de Desaix – Le Prévôt Luder – Le Chanoine Murith – La maison du Guide de Bonaparte – Bourg-Saint-Pierre et le plateau de Raveyre – Le mauvais pas de Sarreyre – Le Vallon des Morts – La descente vers l'Italie
Collection Léonard-Pierre Closuit, Martigny

210 non illustré
Reproductions de quelques cartes postales retraçant
le passage de Bonaparte au col du Grand-Saint-Bernard
et la bataille de Marengo
Editeurs non mentionnés
Musée Espace Alpin, Verbier

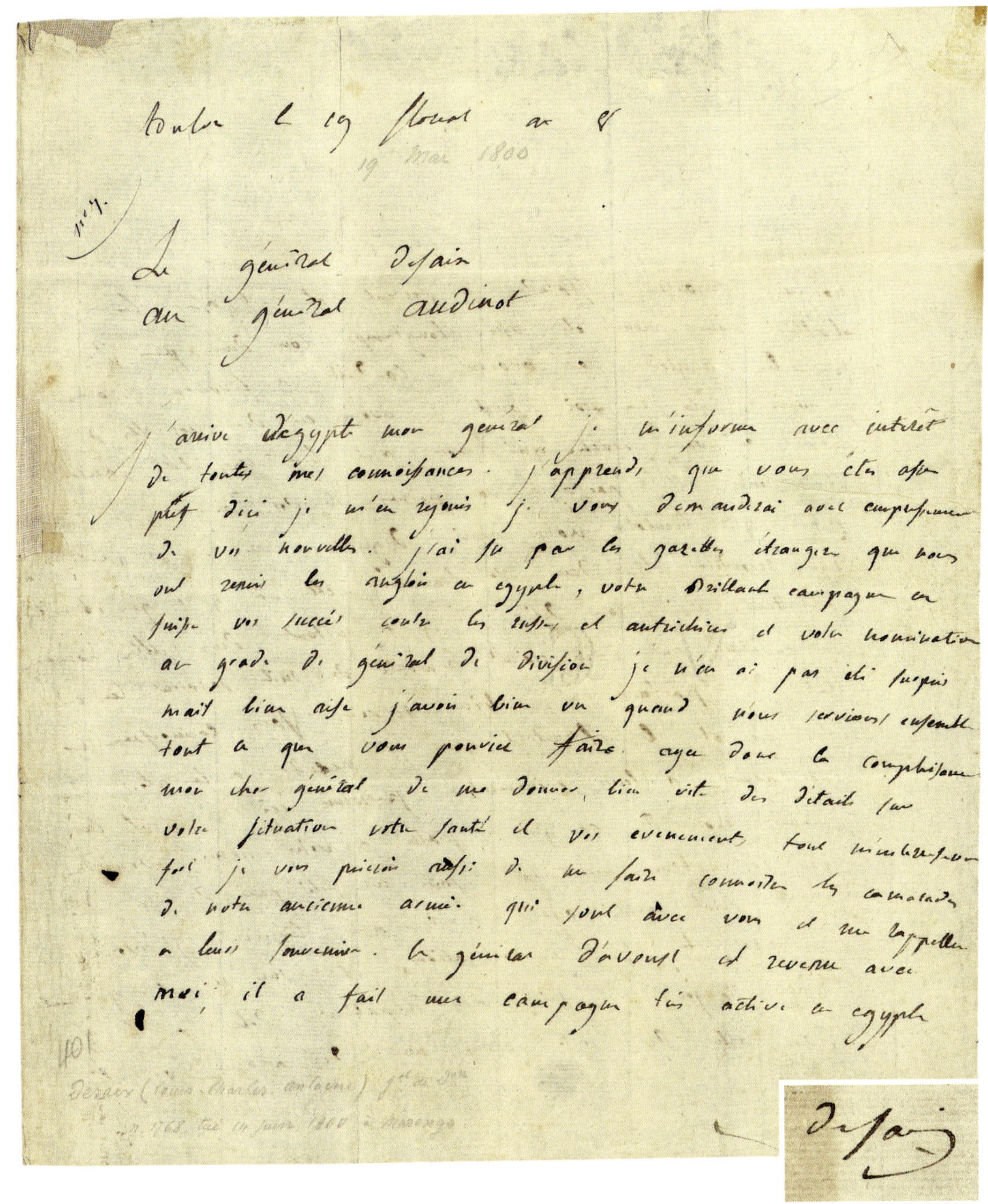

Toulon le 19 floreal an 8

19 Mai 1800

n° 7.

Le général Desaix
au général audinot

j'arrive d'egypte mon general je m'informe avec interet de toutes mes connoissances. j'apprends que vous etes assez pres d'ici je m'en rejouis je vous demanderai avec empressement de vos nouvelles. j'ai su par les gazettes etrangeres qui nous ont venues les anglois en egypte, votre brillante campagne en suisse vos succès contre les russes et autrichiens et votre nomination au grade de général de division je n'en ai pas été surpris mais bien aise j'avois bien vu quand nous servions ensemble tout ce que vous pouviez faire. ayez donc la complaisance mon cher général de me donner bien vite des détails sur votre situation votre santé et vos evenements tout m'interessera fort je vous prierois aussi de me faire connoitre les camarades de votre ancienne armée qui sont avec vous et me rappeller a leurs souvenirs. le général davoust est revenu avec moi, il a fait une campagne très active en egypte

Desaix

211
Lettre du général Desaix
au général Oudinot, à l'Armée d'Italie –
Toulon, le 19 floréal VIII (9 mai 1800)
Lettre manuscrite datée et signée. Quatre pages, dont trois écrites et la quatrième réservée à l'adresse. Feuille de 20,2×40,4 cm pliée en cinq. Adresse placée en hauteur, au centre de la quatrième page: Au général / De Division Audinot *(sic)* / a larmée ditalie *(sic)* / a son quartier général. Cachet de cire rouge brisé
Collection François Gianadda, Martigny

Lettre écrite par Louis Charles Antoine Desaix de sa quarantaine, au retour d'Egypte. Dès son arrivée, il demande avec empressement des nouvelles. Sa lettre dit, entre autres: «Je suis bien impatient d'etre a la fin [de la quarantaine] pour aller de suite dans une des armées ou le gouvernement voudra m'employer si cetoit avec vous jen serois bien aise.»
Un peu plus d'un mois plus tard, le général Desaix aura rejoint l'armée d'Italie, brillamment participé à la victoire de Marengo et y aura laissé la vie.

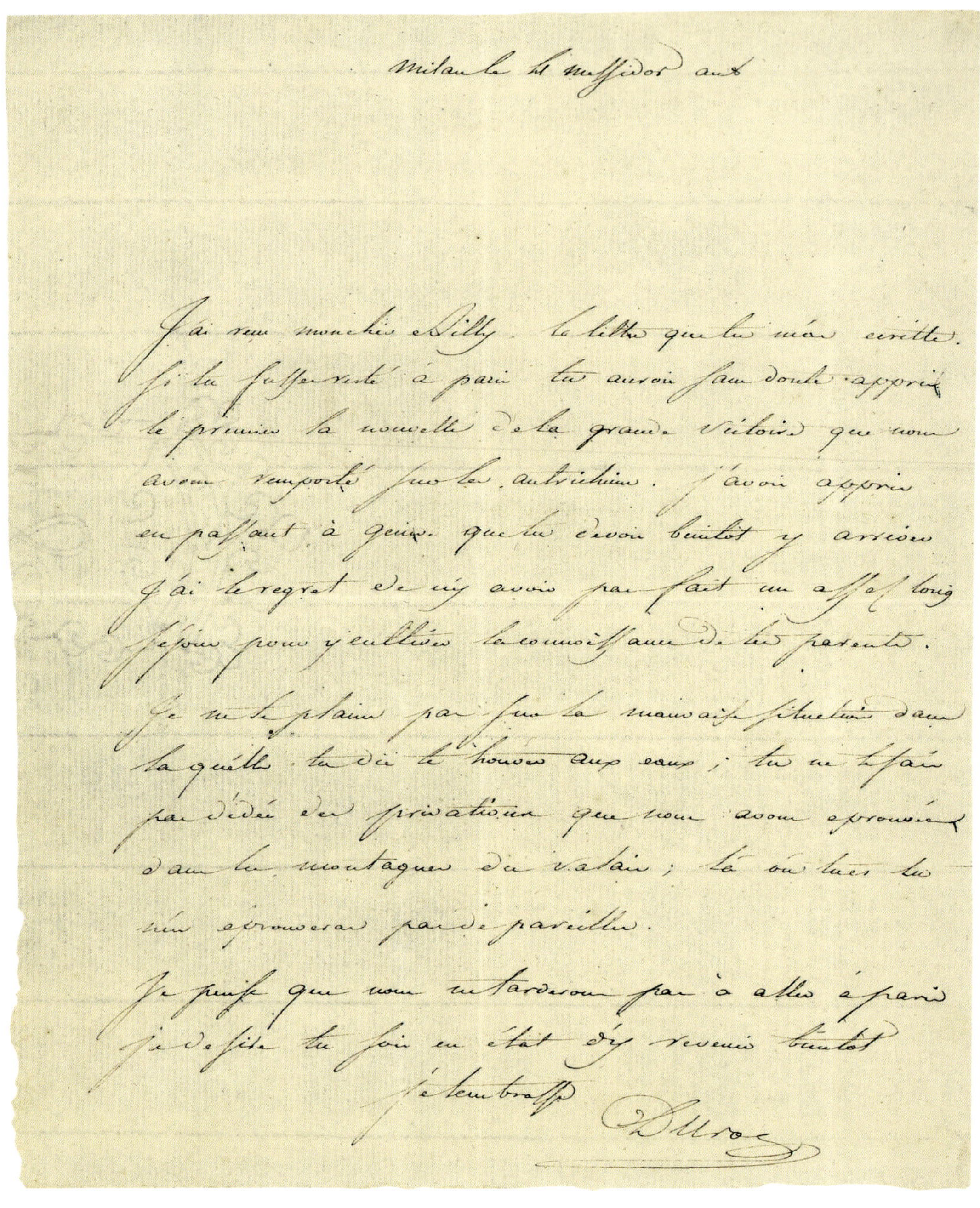

Milan le 4 messidor an 8

J'ai reçu mon cher Billy la lettre que tu m'as écritte. si tu fusse resté à paris tu aurois sans doute appris le premier la nouvelle de la grande victoire que nous avons remporté sur les autrichiens. j'avois appris en passant à genève que tu devois bientôt y arriver j'ai le regret de n'y avoir pas fait un assez long séjour pour y cultiver la connoissance de tes parents.

Je ne te plains pas sur la mauvaise situation dans laquelle tu dis te trouver aux eaux; tu ne te fais pas idée des privations que nous avons éprouvées dans les montagnes du valais; là où tu es tu n'en éprouveras pas de pareilles.

Je pense que nous ne tarderons pas à aller à paris je désire te voir en état d'y revenir bientôt

je t'embrasse

Duroc

212

Lettre de Géraud Christophe Michel Duroc, premier aide de camp de Bonaparte, à son cher Billy – Milan, le 4 messidor VIII (23 juin 1800)

Lettre manuscrite, datée et signée. Une feuille de 23,1 × 18,9 cm pliée en deux. Texte uniquement au recto, non adressée

Collection François Gianadda, Martigny

Dans cette lettre écrite après la bataille de Marengo, Duroc évoque «la grande victoire que nous avons remporté sur les Autrichiens». Il fait également mention des «privations que nous avons éprouvées dans les montagnes du Valais». Cette dernière phrase est d'une grande importance, car elle révèle que, si le passage de l'armée de réserve a laissé sans ressources les contrées traversées, les troupes, même au sein des officiers, ne semblent pas non plus avoir été épargnées. Cela est d'autant plus révélateur que les soldats de cette armée étaient extrêmement aguerris et résistants.

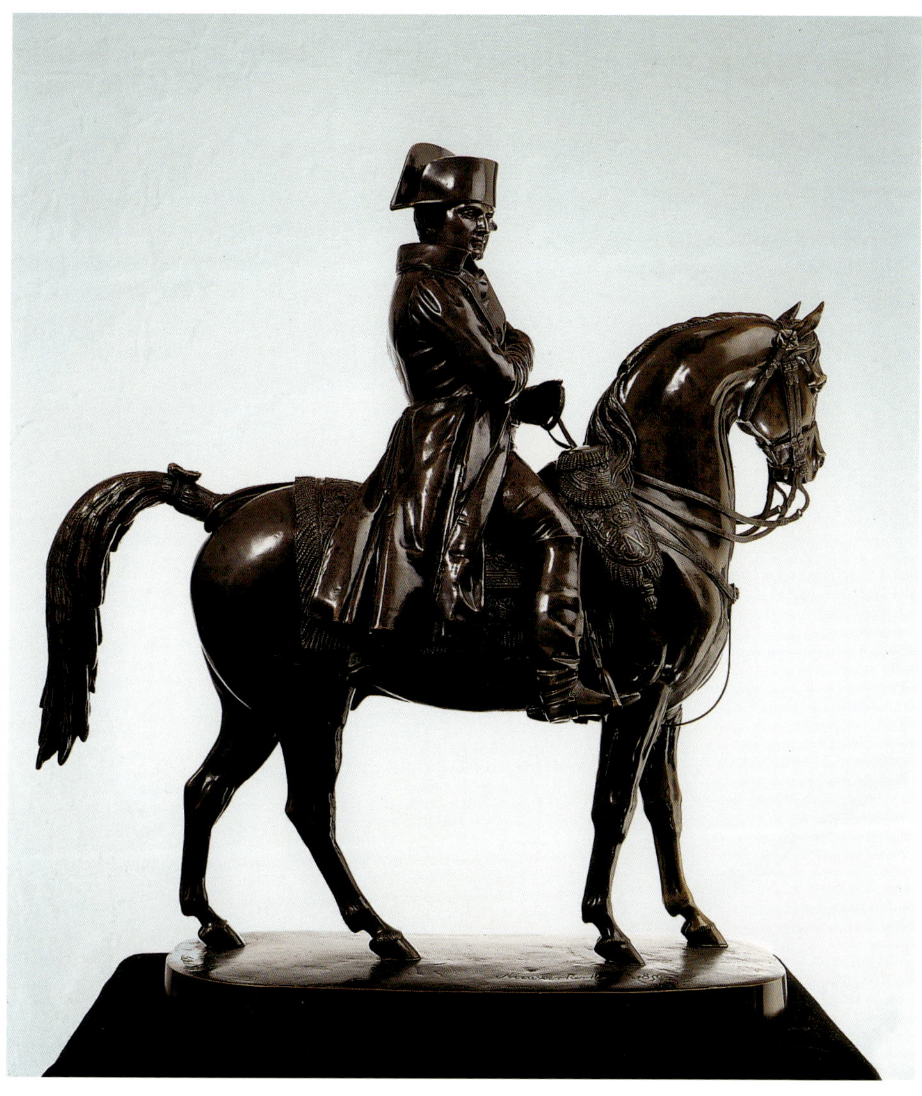

213
Statue équestre représentant Napoléon Ier – 1850
Par Nieuwerkerke Alfred Emile O'Hara, ou Emilien, comte (1811-1892), sculpteur français d'origine hollandaise
Inscriptions sur le piédestal: signature de *Nieuwerkerke*, daté *1850*, nom du fondeur, *Suse*, et de l'éditeur, *Jusse Edit*
Bronze de couleur médaille
La queue du cheval est détachable et fixée par une vis noyée
Hauteur 94 cm – Largeur 86 cm – Profondeur 34 cm
Base de repos de 32,5×67 cm
Collection de M. et Mme Antoine-Jacques Massimi-Marrel, Lyon

Ce bronze est la réduction (peut-être le modèle) d'une statue équestre élevée à Lyon sous le second Empire à la place Perrache. Le monument original ayant été détruit sous la Commune, cette réduction est l'unique spécimen restant de cette œuvre majeure. A ce jour, elle n'a jamais été exposée, mais elle apparaît dans un tableau de Charles Giraud représentant l'atelier de la princesse Mathilde, anciennement propriétaire de cette pièce unique.
L'auteur, qui jouissait de puissants appuis au sein de la famille impériale, était un ami proche de la princesse. Il pouvait s'enorgueillir de fréquenter, au même titre que tant d'autres artistes de talent, le salon de l'héritière de Jérôme Bonaparte, roi de Westphalie.
C'est aussi Napoléon III qui, en 1863, créa pour Nieuwerkerke la Surintendance des Beaux-Arts. Directeur des Musées nationaux, sénateur et chevalier de la Légion d'honneur, cet artiste peut aussi faire état de son influence positive sur le développement du Musée du Louvre.
Si l'œuvre sculptée de Nieuwerkerke est célèbre, on ignore généralement qu'il peignait aussi. Le Musée Napoléon Arenenberg possède de lui un beau portrait du roi Jérôme.

214 illustré en page de frontispice
Statue équestre d'Adolphe Jean Lavergne représentant *Le Premier Consul franchissant les Alpes au col du Grand-Saint-Bernard* d'après l'œuvre de Jacques Louis David – s.d.
Signature du sculpteur à peine lisible sur le piédestal; cachet du fondeur et mention *reproduction réservée*
Céramique, embouchure du cheval en fer et rênes en cuir
Hauteur 100 cm – Largeur 80 cm – Profondeur 40 cm
Collection de M. et Mme Antoine-Jacques Massimi-Marrel, Lyon

Adolphe Jean Lavergne, sculpteur français du XIXe siècle, est né à Hautefort, a été élève de Jouffroy et exposa au Salon de Paris entre 1863 et 1876.

L'emblématique peinture de Jacques Louis David, modèle universel s'il en est, lui a inspiré cette subtile œuvre d'art.
Lavergne, se démarquant toutefois de cette influence, attribue au Premier Consul une longue vue dans la main droite et un modèle de chapeau qu'il favorisera plus particulièrement lorsqu'il aura été sacré empereur.
Quelques concessions techniques sont aussi faites, principalement pour étayer cette statue inédite: le piédestal et le cheval sont unis par des adjonctions, la monture s'est redressée et la queue, fragile sur le côté de la jambe, a été placée entre les membres postérieurs.

215 non illustré
Histoire de Napoléon
Par M. De. Norvins
Paris, Furne et Cie, éditeurs, 1839
Avec, en illustration: *Bonaparte lui-même opère la descente [...] sur un glacier presque perpendiculaire*
Gravé par H. Lavoignat d'après Raffet
Xylographie, 11,3 × 10,7 cm
Collection Albert Christen, Neuchâtel

216 non illustré
Tableaux historiques des campagnes d'Italie, depuis l'an IV jusqu'à la bataille de Marengo
Auber, Editeur, rue Saint-Lazare, Chaussée d'Antin, N° 42; A la Librairie Stéréotype, chez H. Nicolle, rue des Petits-Augustins, N° 15; De l'imprimerie de L. E. Héran
Paris, 1806
Illustré de 25 planches d'après Carle Vernet, Augmenté de six états préparatoires
Avec, en illustration: *Victoire mémorable remportée à Marengo, par Bonaparte, commandant en personne l'armée française. Le 25 prairial an VIII*; accompagnée de son état préparatoire
Composé et Dessiné par Carle Vernet; Gravé à l'eau-forte par Duplessi-Bertaux; Terminé par Ponce
Eau-forte, 26 × 44,8 cm; état préparatoire, 14,7 × 44,8 cm
Collection Frédéric Künzi, Praz-de-Fort

Le premier état démontre que Duplessi-Bertaux s'est surtout consacré à la gravure des éléments indispensables à la compréhension de l'action (unités, artillerie, bâtiments), laissant la finition (paysages, fumée) à Ponce, désigné dans l'état final sous le terme «Terminé par...».

Notes

[1] **Charles Thévenin** (né à Paris le 12 juillet 1764, mort dans cette même ville le 21 février 1838)

Peintre d'histoire de l'école française, portraitiste et graveur, il fut élève de Vincent et Prix de Rome en 1791. Membre de l'Institut, chevalier de la Légion d'honneur, il exposa au Salon de 1793 à 1833. Ses deux huiles sur le passage du Grand-Saint-Bernard par l'armée de réserve, dont l'une est monumentale, font date dans son œuvre. Elles sont exposées au Musée de Versailles.

[2] **Louis-Joseph Masquelier** (né le 21 février 1741 à Cysoing, mort à Paris le 26 mai 1811)

Graveur de l'école française, élève de J.-P. Le Bas, il fut directeur de la revue artistique de J.-B. Wicar intitulée *La Galerie de Florence*. Il exposa au Salon de Paris de 1793 à 1803 où il obtint, en 1802, un deuxième prix.
Il a gravé de très nombreuses estampes, principalement pour le *Voyage en Italie* d'après les dessins de Saint-Non et pour *Les Tableaux de la Suisse* du baron de Zurlauben.

[3] **Johann Christian Ernst Müller, dit Christian Müller** (né le 16 mai 1766 à Troistedt, mort à Weimar le 29 octobre 1824)

Peintre d'histoire, dessinateur et graveur de l'école allemande, il est élève de Lips à Zurich. Professeur en 1820 à l'école de dessin de Weimar, il a gravé, entre autres, le portrait de *Bonaparte Premier Consul*, mais aussi illustré d'attrayants ouvrages de voyages.
Ses scènes retraçant le passage du Grand-Saint-Bernard par l'armée de réserve, notamment à l'hospice et au Val d'Aoste, sont remarquablement documentées.

[4] **Jacques Louis David** (né à Paris en 1748, mort à Bruxelles en 1825)

Peintre français, David pratique dans un premier temps un art conforme à l'esthétique rococo. Puis, ayant remporté le Prix de Rome en 1774, il subit en Italie l'influence de Valentin et du Caravage. Dès 1779, il se «convertit» à l'antique par des sujets d'œuvres empruntés à l'histoire grecque ou romaine. Il prend aussi une part active à la Révolution et produit, en ces temps troublés, *Marat assassiné*, avec l'intensité tragique du vécu. Il devient ensuite le peintre attitré de Napoléon. Hormis le tableau qui nous tient tant à cœur par son sujet sur le passage des Alpes, *Le Sacre* (1807) et *La Distribution des aigles* (1810) sont des œuvres qui l'immortaliseront. Véritable dictateur des arts, il règne sur le goût de son époque. A tel point que l'ensemble du style Empire s'inspire radicalement du néoclassicisme.

[5] **Hippolyte de la Roche, dit Paul Delaroche** (né à Paris le 17 juillet 1797 et mort dans cette même ville le 2 novembre 1856)

Peintre d'histoire, portraitiste et sculpteur de l'école française, Delaroche est également neveu de Joly, conservateur du Cabinet des estampes et fils d'un expert en peinture. En 1835, il devient aussi le gendre d'Horace Vernet. Sa vocation était donc toute tracée, bien que le talent ne découle pas forcément de ces seuls éléments, même réunis. Au même titre que David, Paul Delaroche est le créateur d'une iconographie de légende dès les premières actions d'éclat de Napoléon Bonaparte. Scrupuleux, il préparait minutieusement ses compositions, travaillant d'après des manuscrits conservés à la Bibliothèque nationale.
Elève de Gros, il reçut aussi les précieux conseils de Géricault, qui, sur son lit de mort, lui indiqua quelques retouches pour le *Saint Vincent de Paul* exposé au Salon de 1824.
Sa réputation flatteuse comme peintre d'histoire lui permit de réaliser, de son vivant, des commandes fort bien rémunérées. Cependant, à la fin du XIXe siècle, l'oubli se fait autour de son nom. Sa dernière exposition rétrospective date de 1857, au lendemain de sa mort. Il est heureux que l'an 2000 ait comblé cette lacune.

[6] **Auguste Louis Piot-Ansermier** (né à Lausanne en 1784 et mort dans cette même ville le 24 décembre 1868)

Peintre aquarelliste, élève de Jacques Louis David, il fut conservateur du Musée Arlaud de 1849 à 1855. Son œuvre en Suisse est caractérisée par des portraits miniatures et de belles aquarelles des environs de Lausanne.

[7] **François Aimé Louis Dumoulin** (né le 10 août 1753 à Vevey, mort dans cette même ville le 16 février 1834)

Peintre veveysan, graveur sur bois et à l'eau-forte, Dumoulin, cet autodidacte de talent, a peint les batailles navales des Saintes et de la Grenade, ainsi que de nombreuses autres scènes «marines». Il dessine et grave pour notre édification des soldats et des cavaliers avec une exactitude et un souci du détail qui s'apparentent au «reportage de guerre». Ses œuvres en général, mais ses gravures militaires et ses dessins sur l'armée de réserve en particulier, sont des documents inédits et fondés.

[8]**Eduard de Muralt** (né à Berne le 6 janvier 1806, mort à Morges le 14 février 1862)

Paysagiste amateur de l'école suisse.

[9]**Alexis Nicolas Noël** (né à Clichy-la-Garenne le 2 septembre 1792, mort en 1871)

Peintre d'histoire et de paysage de l'école française, il fut élève de son père Alexandre Jean Noël et de Jacques Louis David. Il débuta au Salon de Paris en 1808 et continua à y figurer jusqu'en 1850. Son œuvre est particulièrement connue pour ses lithographies (illustrations, livres de voyages, panoramas, portraits).

[10]**Edouard Castres** (né à Genève en 1838, mort à Etrembières en 1902)

Elève de l'Ecole des beaux-arts de Paris et de Michel Zamacoïs, ce peintre suisse se voua à la peinture à l'huile dès 1868. Ses scènes militaires suisses et françaises furent régulièrement exposées au Salon de Paris. Son œuvre la plus considérable fut le panorama de *L'Entrée de l'armée française aux Verrières*. Cette toile monumentale et historique, exécutée à Genève, se trouve à Lucerne, où elle est une attraction artistique et touristique majeure.
Les études réalisées par Edouard Castres pour ce panorama, mais aussi pour bien d'autres tableaux, sont particulièrement remarquables.

[11]**Anne Louis Girodet de Roucy, dit Girodet-Trioson** (né à Montargis le 29 janvier 1767, mort à Paris le 9 décembre 1824)

Son nom vient d'une alchimie dont les composants sont Antoine Girodet, son père, une terre familiale, enfin son adoption par le Dr Trioson, ami de la famille.
Venu à Paris dès l'âge de 7 ans faire ses études, Girodet s'inscrit en 1783 à l'Académie de peinture, puis, une année plus tard, est admis dans l'atelier de David. Toutefois, les cinq années qu'il passera en Italie détermineront la distance qu'il entend prendre vis-à-vis de celui-ci. C'est aussi en Italie, en 1795, qu'il se liera d'amitié avec Gros, qui y séjournait avec l'armée française.
Second Prix de Rome en 1788, il en sera lauréat en 1789. Parmi ses titres honorifiques, on note la Légion d'honneur le 22 octobre 1808, le statut de membre de l'Académie des beaux-arts le 20 mai 1815 et le cordon de l'ordre de Saint-Michel en 1817.
Girodet est un travailleur acharné. Se levant au milieu de la nuit pour traduire sur la toile une inspiration soudaine, s'enfermant à double tour pendant de très longues périodes, refusant toute visite, il était taciturne et souvent malade.
Sa peinture peut être résumée par deux citations, l'une de David, l'autre de Baudelaire. Le premier, admirant *Le Déluge*, dira: «Il a été donné à Girodet, dans cet ouvrage, d'unir la fierté de Michel-Ange à la pureté de Raphaël.» Le second a salué en Girodet «l'un des premiers peintres romantiques». Tout comme Delaroche et David, le produit de la vente de ses œuvres fut considérable.

[12]**Giuseppe-Pietro Bagetti** (né à Turin en 1764, mort en 1831)

Aquarelliste et architecte de l'école italienne, il est élève de Palmieri. En 1807, lors d'un voyage à Paris, il fut chargé de reproduire les victoires de Napoléon. De nombreuses vues aquarellées (près de 80) sont conservées au Musée de Versailles.
Ingénieur géographe, il participera aux deux campagnes d'Italie et brossera un nombre considérable de scènes relatives aux grands événements de celles-là.
Les paysages de Bagetti, peints d'après nature, sont fidèles à la réalité, mais ornés de personnages généralement petits. C'est certainement à cause de leur composition en atelier que l'artiste n'atteignit pas la même exactitude que s'ils avaient été dessinés sur place.

[13]**Jean-Rodolphe Gautier, ou Gauthier** (né à Genève le 20 janvier 1764, mort à Paris en 1820)

Peintre et émailleur de l'école suisse, on lui doit de nombreux dessins au crayon, des sépias et quelques belles aquarelles. Apprenti émailleur chez J.-F. Favre en 1784, on le retrouve ensuite en Italie, où il se passionne pour la peinture. Etabli à Paris en 1793, il expose, dès cette date, des paysages au Salon jusque vers 1817.

[14]**Benjamin Zix** (né à Strasbourg le 23 avril 1772, mort à Pérouse en 1811)

Fils de meunier, brillant élève de l'école de dessin de Joseph Melling depuis 1786, Benjamin Zix se situe dans la peinture de genre par son œuvre faite de dessins, de gouaches, d'aquarelles et de gravures. En 1798, attaché comme dessinateur à l'état-major du général Schauenberg, il part avec celui-ci pour l'armée d'Helvétie. En septembre 1805, Napoléon, en route pour la première campagne d'Autriche, s'arrête à Strasbourg. L'artiste y est remarqué par l'Impératrice. Cela lui fournit l'occasion d'officialiser son œuvre et de se lancer dans la peinture de décoration. Il est ensuite désigné comme dessinateur au quartier général de la Grande Armée par D. Vivant-Denon, alors directeur général des Musées de France. Pendant les campagnes de Prusse, de Pologne ou d'Autriche, ce dessinateur s'attache notamment à exprimer les réalités de la guerre et de la vie quotidienne des soldats par de nombreux dessins réalisés sur le vif avec un réalisme talentueux. «Traitant avec une habileté égale le paysage, l'architecture et les personnages, son crayon saisit avec une objectivité toute réaliste l'événement du jour, témoin scrupuleux de cette épopée» *(Loco)*. A titre d'exemples, citons quelques scènes réalistes comme l'ambulance de Percy, les feux de bivouac faits de fusils pris à l'ennemi à la bataille d'Iéna, le camp aménagé avec les moyens du bord devant Dantzig ou l'appropriation d'un cochon comme mets de choix par les soldats affamés.
Cet artiste est parfaitement représenté aux musées du Louvre et de Versailles, ce dernier détenant le portefeuille contenant les 101 dessins que Benjamin Zix a exécutés pendant la campagne de Prusse sous la direction de Vivant-Denon.

Table des matières

Edités par la Fondation Pierre Gianadda, Martigny

Paul Klee, 1980, par André Kuenzi (épuisé)
Picasso, estampes 1904-1972, 1981, par André Kuenzi (épuisé)
Art japonais dans les collections suisses, 1982, par E. Kondo et J.-M. Gard (épuisé)
Goya dans les collections suisses, 1982, par Pierre Gassier (épuisé)
Manguin parmi les Fauves, 1983, par Pierre Gassier
La Fondation Pierre Gianadda, 1983, par C. de Ceballos et F. Wiblé
Rodin, 1984, par Pierre Gassier
Bernard Cathelin, 1985, par Sylvio Acatos (épuisé)
Paul Klee, 1985, par André Kuenzi
Isabelle Tabin-Darbellay, 1985 (épuisé)
Alberto Giacometti, 1986, par André Kuenzi
Alberto Giacometti, 1986, photographies Marcel Imsand, texte Pierre Schneider
Egon Schiele, 1986, par Serge Sabarsky (épuisé)
Gustav Klimt, 1986, par Serge Sabarsky (épuisé)
Serge Poliakoff, 1987, par Dora Vallier (épuisé)
Toulouse-Lautrec, 1987, par Pierre Gassier
Paul Delvaux, 1987
Trésors du Musée de São Paulo, 1988:
  Ire partie: *de Raphaël à Corot*, par Ettore Camesasca
  IIe partie: *de Manet à Picasso*, par Ettore Camesasca
Le Musée de l'automobile de la Fondation Pierre Gianadda, 1988, par Ernest Schmid
Jules Bissier, 1989, par André Kuenzi
Hans Erni, Vie et mythologie, 1989
Henry Moore, 1989, par David Mitchinson
Louis Soutter, 1990, par André Kuenzi et Annette Ferrari (épuisé)
Fernando Botero, 1990
Modigliani, 1990, par Daniel Marchesseau
Camille Claudel, 1990, par Nicole Barbier
Chagall en Russie, 1991, par Christina Burrus
Sculpture suisse en plein air, 1991, par André Kuenzi, Annette Ferrari et Marcel Joray
Hodler, peintre de l'histoire suisse, 1991, par Jura Brüschweiler
Mizette Putallaz, 1991
Franco Franchi, 1991
De Goya à Matisse, estampes du Fonds Jacques Doucet, 1992, par Pierre Gassier
Georges Braque, 1992, par Jean-Louis Prat
Ben Nicholson, 1992, par Jeremy Lewison
Georges Borgeaud, 1993

Jean Dubuffet, 1993, par Daniel Marchesseau
Edgar Degas, 1993, par Ronald Pickvance
Marie Laurencin, 1993, par Daniel Marchesseau
Rodin, dessins et aquarelles, 1994, par Claudie Judrin
De Matisse à Picasso, Collection J. et N. Gelman, 1994, par William S. Lieberman
Egon Schiele, 1995, par Serge Sabarsky
Nicolas de Staël, 1995, par Jean-Louis Prat
Suzanne Valadon, 1996, par Daniel Marchesseau
Edouard Manet, 1996, par Ronald Pickvance
Michel Favre, 1996
Les Amusés de l'Automobile, 1996, par Pef
Raoul Dufy, 1997, par Didier Schulmann
Joan Miró, 1997, par Jean-Louis Prat
Icônes russes, Galerie nationale Tretiakov, Moscou, 1997, par Ekaterina L. Selezneva
Diego Rivera et Frida Kahlo, 1998, par Christina Burrus
Collection Louis et Evelyn Franck, 1998
Gauguin, 1998, par Ronald Pickvance
Hans Erni, rétrospective, 1998, par Andres Furger
Turner et les Alpes, 1999, par David Blayney Brown
Pierre Bonnard, 1999, par Jean-Louis Prat
Sam Szafran, 1999, par Jean Clair
Kandinsky et la Russie, 2000, par Lidia Romachkova
Bicentenaire du passage des Alpes par Bonaparte 1800-2000, par Frédéric Künzi
Vincent Van Gogh, 2000, par Ronald Pickvance

Coédités par la Fondation Pierre Gianadda

Ferdinand Hodler, élève de Ferdinand Sommer, 1983, par Jura Brüschweiler (épuisé)
Gaston Chaissac, 1986
Picasso linograveur, 1988, par Danièle Giraudy
Le peintre et l'affiche, 1989, par Jean-Louis Capitaine (épuisé)
Calima, Colombie précolombienne, 1991, par Marie-Claude Morand (épuisé)
Albert Chavaz, 1994, par Marie-Claude Morand
Larionov-Gontcharova, 1995, par Jessica Boissel

A paraître

Les Saints russes, Icônes, Galerie nationale Tretiakov, Moscou, 2000
Picasso et la mythologie, 2001, par Jean Clair
La sculpture à la Fondation Pierre Gianadda, par André Kuenzi

Commissaire de l'exposition

Frédéric Künzi

Conception de l'exposition

Frédéric Künzi

Comité d'organisation des festivités du bicentenaire du passage de Bonaparte à Martigny et au Grand-Saint-Bernard

Robert Franc, président
Michel Bovisi, cortèges
Michel Clerc, caissier
Léonard-Pierre Closuit, information
Monique Conforti, étude de marché
Luc Fellay, coordination et logistique
Claude Franc, cantine
François Gianadda, reconstitution historique
Frédéric Giroud, délégué de la commune de Martigny
Dominique Massimo, caissier
Jean-Michel Mathey, délégué de la bourgeoisie de Martigny
Bernadette Pasquier, secrétariat
Christiane Reyfer, secrétariat
Georges Saudan, relations publiques
Antoinette de Wolff, presse et publicité

Editeur: Fondation Pierre Gianadda, 1920 Martigny, Suisse
Tél. +41 27 722 39 78
Fax +41 27 722 31 63
http://www.gianadda.ch
e-mail: info@gianadda.ch

Maquette: Nelly Hofmann, IRL

Composition, photolitho et impression: Edipresse Imprimeries Réunies Lausanne s.a., 2000

Couverture: Graphisme de Michel Dayer d'après Jacques Louis David

ISBN 2-88443-062-8